인문고전 깊이읽기

Hegel: System of spirit, spread wings of liberty and reason

by Joonsoo Kim

Published by Hangilsa Publishing. Co., Ltd., Korea, 2015

인문고전 깊이읽기 15

헤겔

정신의 체계, 자유와 이성의 날개를 활짝 펼치다

김준수 지음

한길사

인문고전 깊이읽기 16

헤겔
정신의 체계, 자유와 이성의 날개를 활짝 펼치다

지은이 김준수
펴낸이 김언호

펴낸곳 (주)도서출판 한길사
등록 1976년 12월 24일 제74호
주소 413-120 경기도 파주시 광인사길 37
홈페이지 www.hangilsa.co.kr
전자우편 hangilsa@hangilsa.co.kr
전화 031-955-2000~3 **팩스** 031-955-2005

부사장 박관순 **총괄이사** 김서영 **관리이사** 곽명호
영업이사 이경호 **경영담당이사** 김관영 **기획위원** 유재화
편집 김광연 이상희 **마케팅** 윤민영 **관리** 이중환 김선희 문주상 이희문 원선아
디자인 창포 **출력 및 인쇄** 한영문화사 **제본** 한영제책사

제1판 제1쇄 2015년 2월 28일

값 19,000원
ISBN 978-89-356-6845-8 04100
ISBN 978-89-356-6163-3 (세트)

• 이 도서의 국립중앙도서관 출판시도서목록(CIP)은 서지정보유통지원시스템 홈페이지(seoji.nl.go.kr)와
국가자료공동목록시스템(www.nl.go.kr/kolisnet)에서 이용하실 수 있습니다.
(CIP제어번호: CIP2015001200)

• 이 저서는 2007년 정부(교육과학기술부)의 재원으로
한국연구재단의 지원을 받아 수행된 연구입니다.(NRF-2007-361-AM0059)

근대의 거인 헤겔

헤겔은 일반적으로 근대 철학의 완성자라는 평가를 받는다. 사람들은
그를 이미 생전에 '근대의 아리스토텔레스'라고 일컬었다. 아리스토텔레스가
고대 그리스의 마지막 깊은 숨결이었듯이, 헤겔의 철학은 근대의 막바지에 높이
솟아오른 산봉우리를 아름답게 물들이는 황혼의 햇살이었다.

베를린 대학교에서 강의하는 헤겔
베를린 기간은 헤겔에게 삶의 정점을 이룬 시기이자 동시에
정신적·신체적 노쇠가 차츰 나타나는 시기이기도 했다.
그는 이제 자신의 고유한 철학 체계를 완성했을 뿐만 아니라
자신의 철학이 지닌 타당성과 정당성이 이미 입증되었다고 강하게 확신했다.

System

der

Wissenschaft

von

Ge. Wilh. Fr. Hegel,

D. u. Professor der Philosophie zu Jena, der Herzogl.
Mineralog. Societät daselbst Assessor und andrer
gelehrten Gesellschaften Mitglied.

Erster Theil,

die

Phänomenologie des Geistes,

W. Kiehl

Bamberg und Würzburg,
bey Joseph Anton Goebhardt,
1 8 0 7.

Dr. med. W. O. Braun
Gedanensis

『정신현상학』 초판본 표지

애초에 『정신현상학』은 본격적 철학 체계에 들어서기 위한
'도입' 내지 '서론'으로 기획되었다. 하지만 집필 과정 중에 예기치 않게
그 내용이 대폭 확장되면서 처음의 구상과는 달리 그 자체가 체계의
독자적인 한 부분을 이루게 되었다.

알프스 산맥을 넘는 나폴레옹

예나로 입성하는 나폴레옹을 목격한 헤겔은 그를 '세계의 영혼'이라고
추앙하며 환영한다. 헤겔은 나폴레옹을 프랑스 혁명의 이념을 현실 정치 속에서
제도화하여 실현하고 유럽 전역으로 근대적 질서를 확산시키는 '세계사적
개인'으로 평가하면서 평생 옹호하는 태도를 견지했다.

"자유로운 자는 시기하지 않는다."

■ 『허멜』

헤겔

정신의 체계, 자유와 이성의 날개를 활짝 펼치다

차례

■ 일러두기

인용 출처는 번역서와 원전의 쪽수를 병기한다. 인용문의 번역은 번역서를 기초로 하되 필요한 수정을 덧붙였다.

『대논리학』/L   헤겔, 『대논리학 I/II/III』, 임석진 역, 벽호, 1994.

                Hegel, *Wissenschaft der Logik I/II*, Werke 5-6.

『법철학』/Rph   헤겔, 『법철학』, 임석진 역, 한길사, 2008.

                Hegel, *Grundlinien der Philosophie des Rechts*, Werke 7.

『역사 속의 이성』   헤겔, 『역사 속의 이성』, 임석진 역, 지식산업사, 1992.
/ViG

                Hegel, *Vernunft in der Geschichte*, Hg. von J. Hoffmeister, Hamburg, 1955.

『역사철학강의』   헤겔, 『역사철학강의』, 권기철 역, 동서문화사, 2008.
/Gph

                Hegel, *Vorlesungen über die Philosophie der Geschichte*, Werke 12.

『자연법』   헤겔, 『자연법』, 김준수 역, 한길사, 2004.

                Hegel, *Über die wissenschaftlichen Behandlungsarten des Naturrechts, seine Stelle in der praktischen Philosophie und sein Verhältnis zu den positiven Rechtswissenschaften*, Werke 2.

『정신현상학』   헤겔, 『정신현상학 1/2』, 임석진 역, 한길사, 2005.
/Phä

                Hegel, *Phänomenologie des Geistes*, Werke 3.

『차이』   헤겔, 『피히테와 셸링 철학체계의 차이』, 임석진 역, 지식산업사, 1989.

                Hegel, *Differenz des Fichteschen und Schellingschen Systems der Philosophie*, Werke 2.

E   *Enzyklopädie der philosophischen Wissenschaften*, Werke 8-10.

GW   *Georg Wilhelm Friedrich Hegel. Gesammelte Werke*, Hg. von der Rheinisch-Westfälischen Akademie der Wissenschaften, Hamburg, 1968 ff.

MEW   *Karl Marx/Friedrich Engels Werke*, Berlin, 1956 f.

W   *Georg Wilhelm Friedirich Hegel. Werke in 20 Bänden*, Frankfurt/M., 1986.

A.   Anmerkung

Z.   Zusatz

이 책의 본문 내용 가운데 일부는 필자의 다음 글들을 참조 또는 발췌했다.

제2장 헤겔 철학을 관통한 이성, 이념으로 드러나다

「헤겔에게서 이성과 현실」,『대동철학』37, 대동철학회 편, 2006.

제3장 헤겔 철학, 자유를 향한 뜨거운 열정

「헤겔의 자유 개념의 구조와 의미」,『사회와 철학』19, 사회와 철학 연구회 편, 2010.

제4장 헤겔의 변증법, 생명과 정신과 사랑 그리고 존재의 모순을 다루다

「헤겔 철학에서 모순과 변증법」,『코기토』71, 부산대학교 인문학연구소 편, 2012.

제6장 타자를 자기 자신으로 자각하는 의식의 운동, 자기의식

「승인과 사회 윤리」,『사회와 철학』3, 사회와 철학 연구회 편, 2002.
「승인 개념 그리고 스토아적 자기의식과 보편적 자기의식」,『헤겔연구』12, 한국 헤겔학회 편, 2002.

제7장 인륜성의 근대적 회복을 꾀한 헤겔의『법철학』

「헤겔의『법철학』에서 법과 인륜성」,『범한철학』65, 범한철학회 편, 2012.

제8장 헤겔의 국가론, 분리 속의 통일을 꿈꾸다

「헤겔『법철학』에서 시민사회의 이중적 성격」, 강순전 외,『이성과 비판의 철학』, 철학과 현실사, 2006.

제9장 세계를 지배하고 자유를 실현한 이성, 헤겔의 역사철학

「헤겔 역사철학의 이념과 원리」,『대동철학』62, 대동철학회 편, 2013.

헤겔, 인류 정신의 산맥을 넘다

❖ 들어가는 말

자신의 시대를 반성한 철학자

인류 정신의 역사는 하나의 거대한 산맥에 비유될 수 있다. 그 산맥에는 때로 험준한 산 하나가 불쑥 솟구쳐 오르기도 하고 때로 한없이 깊은 골짜기에 계곡이 내려앉아 있기도 한다. 또 때로는 넓은 고원 위에 높은 산봉우리들이 나란히 펼쳐지며 웅장한 산악 지대를 형성하기도 한다. 융기와 침강이 이어지는 산맥의 어느 한 지점에 역사의 한 시대가 자리한다. 우리가 살고 있는 이 시대는 어느 고도쯤에 위치할까?

헤겔이 살던 18세기 말에서 19세기 초는 '천재의 시대'라고 불린다. 서양에서는 기원전 4~5세기의 그리스 아테네 시대, 그리고 16~17세기의 르네상스와 과학혁명의 시대 이후로 이른바 '천재의 시대'는 인류의 정신이 다시 한 번 한껏 드높아진 고원의 지반 위에 서 있는 때였다. 그리고 그 무대는 역설적이게도 유럽에서 가장 낙후된 지역 가운데 하나였던 독일이 중심이었다. 사상가로는 칸트를 필두로 하여 헤르더, 피히테, 헤겔, 셸링, 쇼펜하우어, 포이어바흐, 키르케고르, 맑스 등이, 문학가로는 괴테, 실러, 슐레겔 형제, 횔덜린, 노발리스, 하이네 등이, 또 음악가로는 하이든, 모차르트, 베토벤, 슈베르트, 슈만 등이 이 시대에 우뚝 서 있는 빛나는 봉우리들이었다.

그중에서도 헤겔은 인류의 정신이 과연 어느 높이에까지 오를 수 있는지를 시험하는 가장 가파른 정상이라고 할 수 있다. 칸트가 '물 자체 X'라고 칭하며 경건하게 멈추어 섰던 곳, 피히테가 저 너머 갈망과 동경의 지점으로 남겨놓았던 곳, 낭만주의자들이 천상의 구름으로 감싸놓은 곳을 뚫고 넘어 헤겔은 미답의 고지에 서서 성층권의 찬란하고 청명한 태양을 바라보고자 했다. 헤겔의 철학은 그 자체가 하나의 커다란 산맥을 이루었다. 우리는 헤겔 이후에 그보다 더 자락이 넓고 그보다 더 높게 봉우리가 치솟은 산을 보지 못한다.

헤겔은 일반적으로 근대 철학의 완성자라는 평가를 받는다. 근대를 특징짓는 휴머니즘적 세속성, 이성에 대한 신뢰, 세계를 합리적이고 자유로운 질서로 개편하려는 열망, 민중을 계몽된 주체로 세우려는 도덕적 확신, 역사의 진보에 대한 믿음은 헤겔의 철학에서 정교하게 정당화되고 체계화된 학문적 표현을 얻는다. 그래서 사람들은 그를 이미 생전에 '근대의 아리스토텔레스'라고 일컬었다. 아리스토텔레스가 고대 그리스의 마지막 깊은 숨결이었듯이, 헤겔의 철학은 근대의 막바지에 높이 솟아오른 산봉우리를 아름답게 물들이는 황혼의 햇살이었다.

그러나 헤겔의 탁월함은 그가 단지 근대의 가장 높은 지점을 사유의 지평으로 삼아 근대 철학을 완성했다는 데에만 있는 것이 아니다. 동시에 그는 자신이 서 있는 지평인 근대성 자체를 반성적 사유의 대상으로 삼은 철학자이다. 그는 혁명의 환희만큼이나 전쟁의 비극과 처참함도 그 자신의 체험을 통해 생생하게 알고 있었다. 계몽적 합리성 이면에 있는 근대적 주체의 욕망과 불안과 동요, 근대적 질서의 허약함과 파편성, 근대적 합리성 자체의 자기 해체적 경향에 대해서도 그는 누구보다 민감했다. 그의 철학은 황혼과 함께 저물어가는 근대의 절벽 위로 날아오른 미네르바의 올빼미였다. 그는 근대를 대변하면서 동시에 근대성의 한계를 극복하고자 했다. 그래서 헤겔이 실패한 지점에서조차 우리는 근대의 내부에서 근대와 현대를 균열시키는 결정적인 절리(節理)를 감지할 수 있다.

바로 여기에 헤겔의 철학이 오늘의 우리에게도 여전히 의미를 지니는 시의성이 있다. 근대가 남겨놓은 미완의 기획을 완수하려는 사람도 또 근대의 패러다임 자체를 거부하고 넘어서려는 사람도 자신의 작업이 진지한 노력이 되기 위해서는 헤겔 철학과의 대결을 피할 수 없다. 현대의 실증주의 논쟁, 자유주의-공동체주의 논쟁, 포스트모더니즘 논쟁 등에서 헤겔은 늘 다시 살아난다.

헤겔 철학의 핵심, 자유와 이성

헤겔의 철학을 구성하는 가장 핵심적인 개념은 자유와 이성이라고 할 수 있다. 그 무엇에 의해서도 제한받지 않는 절대적 자유를 향한 불굴의 의지, 그리고 자신의 오류와 어리석음을 스스로 반성하고 스스로 바로잡을 수 있는 성찰적 사유의 능력—이 두 가지는 헤겔의 철학이 암묵적으로 전제하는 철학함의 조건이고 또 우리에게 요구하는 인간됨의 조건이다. 자유와 이성의 주체는 정신이다. 인간은 본질적으로 정신적 존재이며, 정신의 실체는 자유에 있다. 그러므로 그의 의지가 자유를 추구하지 않는 한, 그는 정신적 존재로서의 인간이기를 포기하는 것이다. 역으로 한 사람에게 자유로울 수 있는 조건이 허용되지 않는다면, 그는 인간성 자체를 박탈당한 것이다.

그런데 참다운 자유에는 이성적인 질서가 있다. 비이성적인 자유는 오히려 자유를 파괴하고 인간을 낯선 폭력의 지배 아래 내맡겨 스스로의 삶의 주체가 되지 못하도록 만든다. 자유의 이성적 질서는 나와 타자의 관계를 통해서 자유로운 정신 자신에 의해 형성되며, 그것의 학문적 구성이 바로 철학 체계이다. '자유', '이성', '정신', '체계'는 이 책의 제목이자 앞으로 우리가 살펴보게 될 가장 중요한 개념들이다.

이 책은 10개의 주제 개념을 중심으로 난해하면서도 방대한 규모를 가진 헤겔 철학을 개괄적으로 고찰하려고 한다. 헤겔의 철학을 구성하는 수많은 주제들 가운데서 필자가 보기에 가장 선차적 중요성을 지닌다고 판단된 10개의 개념을 선정했다. 그리하여 제1장 체계와 서술, 제2장 이성과 이념, 제3장 자유, 제4장 모순과 변증법, 제5장 정신, 제6장 자기의식, 제7장 법과 인륜성, 제8장 시민사회와 국가, 제9장 역사, 제10장 철학으로 본문을 구성했다. 다른 필자라면 나름대로 정당한 이유를 가지고서 다른 개념들을 중심 주제로 선정했을 수도 있겠다. 특히 제한된 지면 때문에 헤겔 철학에서 앞서 열거한 주제들 못지않게 중요성을 지닌 '자연', '종교', '예술' 등에 관해 상세하게 다루지 못한 점이 아쉽다. 제1장부터 제5장까지가 헤겔 철학의 원리에 대한 전반적인 조망이라고 하면, 제6장부터 제10장까지는 그 원리들이 적용되면서 좀 더 구체적이고 세부적인 주제들이 논의된다.

헤겔은 자신의 철학 체계를 '원환들의 원환'이라고 표현했다. 이 책에서도 각 장은 상대적인 독립성을 지니지만 하나의 유기적인 원환적 구조 속에 배치되어 있다. 헤겔의 철학에서는 하나의 개념이나 하나의 문장이 그 체계적 맥락에서 유리되는 순간 그 의미가 왜곡되거나 오인된다. 마찬가지로 이 책에서 다루어지는 개념들도 항상 상호 참조의 맥락 속에서 읽히기를 바라고 또 필자도 책의 내용을 전개하면서 기회가 되는 대로 개념들 사이의 상호 지시성을 환기하고자 노력했다.

어느 한 철학의 거장에 대한 해석과 평가는 늘 다양하고 분분하기 마련이다. 특히 헤겔 철학의 경우 그 폭의 방대함과 다면성, 독특한 정합론적 체계 구조, 난해한 문장들, 미묘한 시대적 배경 등 때문에 상반된 시각들 사이에서 벌어지는 논쟁이 비할 바 없이 복잡하고 첨예하다. 이 책에서 소개된 헤겔 철학은 필자가 바라본 모습이다. 또한 이 책으로 헤겔 철학의 전모가 남김없이 밝혀질 것이라는 주장도 필자는 감히 하지 않는다. 다른 관점에서 본 다른 모습의 헤겔 철학도 충분히 가능할 것이다. 다만 필자가 가급적 넓은 시각이 확보되는 지점에 서서 헤겔 철학을 될 수 있는 한 포괄적이고 객관적으로 조망해보려고 노력했다는 점을 밝혀둔다. 또한 학술적 깊이와 가치를 유지하면서 헤겔 철학에 일반 독자들도 좀 더 친근하게 접근할 수 있도록 만들어주는 해설서가 매우 드문 상황을 해소하는 데에도 이 책이 조금이나마 도움이 되기를 바란다.

그러나 아무리 뛰어난 해설서라도 원전을 대신할 수는 없다. 이 책의 기본적인 목적은 독자들이 헤겔의 철학에 좀 더 관심을 갖고 그의 저서에 직접 다가설 수 있도록 이끌어주는 데에 있다. 그것은 일종의 등산 안내도와 같다. 이 지도를 가지고서 헤겔 철학이라는 험준하지만 풍요로운 산을 오를 이는 결국 독자 자신이다.

근대의 거인, 헤겔은 누구인가

❧ 헤겔의 생애와 시대

헤겔 철학을 꽃피워낸 헤겔의 시대

한 철학자의 사상에는 그의 삶과 그의 시대가 묻어 있기 마련이다. 자신의 시대를 '분열의 시대'이자 '세계사의 위대한 시대'로 진단하고 또 '모든 철학은 그 자신의 시대의 철학'이라고 규정했던 헤겔의 경우에는 더더욱 그러하다. 그는 누구보다도 명확하게 자신의 철학이 지닌 역사성을 의식하고 있었고 그의 시대가 이룩한 위대한 성과와 극복되어야 할 한계를 자신의 철학 속에서 명료화하려고 애썼다.

그렇다고 그의 철학이 눈앞의 정치·사회적 현안에 대한 직접적인 응답은 아니었다. 현실에 대한 치열한 문제의식은 그의 사유 속에서 고도로 추상적인 차원에 이를 때까지 삭혀지고 숙성되어 보편적 근본 원리로 정화된 후에 다시 방대하면서도 치밀한 철학 체계의 형태로 전개된다. 그의 철학은 현실과 긴장 관계를 유지하면서 현실로부터 이성을 길어내고 또 학문적 반성을 통해 정제된 이성을 가지고서 현실을 진단하며 비판한다. 그러므로 철학자로서의 헤겔을 이해하기 위해서는 그가 처했던 시대 상황과 그의 사유가 거쳐간 내적 발전의 상호 작용을 따라서 그의 삶을 조명해야 한다.

　게오르크 빌헬름 프리드리히 헤겔(Georg Wilhelm Friedrich Hegel)은 1770년 8월 27일 독일 남부에 위치한 뷔르템베르크 공국(公國)의 수도 슈투트가르트에서 출생했다. 같은 해에 독일에서는 「영웅 교향곡」과 「합창 교향곡」을 작곡한 베토벤(L. van Beethoven), 그리고 『히페리온』과 『디오티마』의 작가이자 헤겔의 절친한 친구가 되는 횔덜린(J. Ch. F. Hölderlin)이 태어났고, 그 바로 한 해 전에 프랑스령 코르시카 섬에서는 「영웅 교향곡」의 주인공이 될 나폴레옹 1세(Napoléon Bonaparte)가 태어났다. 바야흐로 산업혁명과 미국 독립선언(1776), 그리고 프랑스혁명(1789)의 전야였으며 독일 내에서도 계몽주의, 고전주의, 질풍노도운동, 낭만주의의 높은 물결이 학문과 예술의 각 분야에서 숨 가쁘게 몰려오던 무렵이었다.

　헤겔 가(家)는 신분이 높지는 않았지만 대대로 목사 활동을 하거나 공무직을 수행한 비교적 유복한 중간 계층의 개신교 신앙을 가진 가문이었다. 아버지 게오르크 루트비히 헤겔(G. L. Hegel)은 철학자 헤겔이 태어날 당시에는 뷔르템베르크 공국의 재무 공무원이었지만 나중에 회계 고문이라는 꽤 높은 직책에까지 오르게 된다. 어머니 마리아 막달레나 루이자 헤겔(M. M. L. Hegel)은 매우 유력한 프롬(Fromm) 가문 출신으로 상당한 교양을 갖춘 여성이었는데 28세가 된 1769년에 36세인 게오르크 루트비히와 결혼하여 헤겔 가의 일원이 되었다. 두 사람은 모두 여섯 명의 자녀를 두었지만 세 명은 유아기에 질병으로 잃고 결혼 이듬해에 태어난 장남 헤겔과 여동생 크리스티아네 루이제(Christiane L. Hegel), 그리고 아버지의 이름을 물려받았을 뿐만 아니라 총애도 받았던 남동생 게오르크 루트비히(G. L. Hegel)만이 성인으로 성장할 수 있었다.

헤겔이 생존했던 18세기 후반에서 19세기 초반의 시기에 '독일'이라는 국가는 실상 존재하지 않았다. '30년 전쟁'을 종식시킨 1648년의 베스트팔렌 조약 이후 프로이센을 중심으로 독일 제국이 수립되는 1871년 이전까지 신성로마제국을 표방하던 이른바 '독일'은 사실 300여 개의 크고 작은 제후국들로 산산조각이 나 있었다. 오스트리아가 그 적통을 계승하게 되었지만 신성로마제국은 한낱 유명무실한 허울에 불과했다.

게다가 각각의 영주국들은 낙후된 봉건적 질서 속에 깊이 침체되어 있었다. 이웃 나라 영국과 프랑스는 통일된 중앙집권적 민족 국가를 형성하고 입헌 정체를 이미 이룩했거나 쟁취할 준비를 해가면서 산업혁명의 불길을 높이고 있던 반면에, 독일의 여러 소국들은 전제 군주로 군림하는 영주 아래 장원적 농노제와 특권적 신분제를 뼈대로 한 봉건적 사회 구조를 고수하면서 서로 경쟁하며 병탄과 분할, 이합과 집산을 거듭하고 있었던 것이다. 유럽 전역에서 이는 계몽주의의 높은 파고 앞에서도 여전히 시대착오적인 구(舊)체제에 고착된 암담한 사회 현실을 눈앞에 두고 당대의 독일 지식인들은 민중을 계몽하여 정치와 역사의 주인으로 도야시키고 민족의식을 고취시켜서 입헌적 통일 민족 국가를 수립하는 것을 자신들의 역사적 소명으로 삼았다.

자유를 꿈꾼 모범생, 프랑스 혁명에 열광하다

소년 헤겔의 꿈도 레싱(G. E. Lessing)이나 헤르더(J. G. Herder)처럼 종교와 계몽, 감성과 이성을 결합시켜서 민중을 도야시키고 사회 개혁을 이끄는 민중 교육가 내지 계몽 문필가가 되는 것이었다. 그러나 개신교도인 그의 부모는 그가 많은 교육을 받고 성직자가 되어 높은 사회적 지위에 오르기를 바랐다. 그래서 그들은 세 살이 된 헤겔을 독일어 학교에 보냈고 다섯 살 때에는 라틴어 학교에 입학시켰을 뿐만 아니라 어머니와 여러 개인 교사들로부터 다양한 과목을 배우게 했다.

헤겔은 7세가 된 1777년경에 슈투트가르트 김나지움에 입학하여 18세에 졸업할 때까지 학교에서 줄곧 수석을 차지했다. 김나지움 시절에 그는 명민하고 모범적인 학생이었지만 과묵하고 조숙했으며 감정 표현과 웅변에도 서툴렀다. 특히 13세 때 헤겔이 당시 창궐하던 말라리아에 걸려 사경에 빠지자 그를 헌신적으로 간호하던 어머니가 그 병에 전염되어 사망한 일은 그로 하여금 더욱 내성적인 성향을 갖게 만들었다. 대중 앞에서 연설할 때 더듬거리며 안으로 웅얼거리는 언어 장애도 더욱 심해져 평생을 줄곧 따라다니게 된다.

김나지움에서 헤겔은 근대 계몽주의적 인문 교육과 전통적 신학 교육을 함께 받을 수 있었는데, 이미 이 시기에 문학과 역사의 고전들만이 아니라 루소(J.-J. Rousseau), 레싱, 멘델스존(M. Mendelssohn) 등과 같은 계몽주의 사상가들, 그리고 칸트(I. Kant)의 철학도 접했던 것으로 보인다. 이에 앞서 10세 때엔 장학생 선발 시험에 합격하여 튀빙겐 신학교에서 장학금을 받을 수 있는 자격을 획득했다.

1788년 18세가 된 헤겔은 튀빙겐 대학교(정식 명칭은 에버하르트 칼 대학교) 신학부에 수석으로 입학하여 대학 기숙사에서 생활하면서 5년간 수학한다. 튀빙겐 대학교는 뷔르템베르크의 주요 인물들 대부분을 배출한 전통적인 명문이었다. 그러나 헤겔이 입학할 무렵에는 재학생이 고작 200여 명에 불과했고 신학부만 어느 정도 명맥을 유지할 뿐 철학부, 법학부, 의학부 등은 존립조차 어려울 만큼 대학이 전반적으로 급격하게 쇠락해 있었다.

게다가 뷔르템베르크의 영주인 칼 오이겐(Karl Eugen)이 튀빙겐 대학교의 개혁을 추진하다가 이를 포기하고 나서 자신의 이름을 딴 칼 대학교를 새로 설립하여 후원하기 시작한 후에는 이 신설 대학교에 차츰 주도권마저 빼앗기고 있는 형편이었다. 이렇게 침체와 몰락의 위기에 직면해 있으면서도 튀빙겐 대학교의 교수들은 새롭게 몰려오는 근대적 계몽사상을 외면한 채 전통과 권위에 의존한 낡은 학설과 교리만을 고집하고 있었으며 학생들에게도 엄격한 규율과 통제의 답습을 요구했다.

헤겔은 부모의 뜻에 따라 튀빙겐 대학교에 진학했지만 이런 고루하고 고답적인 사상과 교육 속에서 점점 정통 신학에 대한 관심을 잃게 되었고, 그럴수록 더욱더 새로운 계몽사상에 열광하며 몰두하게 되었다. 그는 학과 공부와는 별도로 독자적인 독서를 통해 지식을 축적했는데, 특히 루소의 자유사상에 심취했고 몽테스키외(Ch. L. de Montesquieu), 실러(J. Ch. F. von Schiller), 야코비(F. H. Jacobi) 등의 저작들도 집중해서 읽었다. 헤겔이 늘 진중하게 노력하는 태도를 유지하고 있었기 때문에 대학 친구들은 그를 '늙은이'라는 별명으로 부르곤 했다. 그렇지만 낡은 권위의 보루와도 같았던 대학 분위기에 대한 반발로 그는 반항적인 생활과 교칙 위반 때문에 수차례 징계를 받기도 했다.

신학부의 교육 과정은 일반 과목과 철학 과목을 수학하는 2년간의 철학 과정과 그 후 3년간의 신학 과정으로 구성되어 있었다. 헤겔은 철학 석사 과정을 마친 후에 법학부로 전과하려고 했으나 아버지의 동의를 얻지 못하여 그대로 신학 과정에 진학했다. 그가 여전히 상위권의 성적을 유지하고는 있었지만 더 이상 수석을 차지하지는 못했다. 헤겔은 1793년에 튀빙겐 대학교를 졸업하면서 성직자 자격시험을 통과하여 목사보(牧師補)의 자격을 취득할 때까지 신학 과정을 성실하게 이수했다. 헤겔은 근대적 삶의 조건과 정신에 부합하는 유일한 종교가 정신적 신앙 공동체로서의 개신교라고 믿었고, 스스로도 평생 올곧은 개신교도임을 자부했다. 하지만 제도화된 실정 종교와 교조주의적 교설로서의 그리스도교에 대해서는 비판적이었고 부모님의 의도와는 달리 이제 더 이상 목사가 되는 것도 원치 않았다.

보수적이고 억압적인 대학 분위기에 실망하고 자신의 진로에 대해서도 회의적으로 된 헤겔이 학위 과정을 무사히 마칠 수 있었던 데에는 헤겔 특유의 꾸준하고 견실한 성격 외에도 대학 생활에 같은 불만을 가졌고 자유의 이상을 공유했던 친구들과의 교우가 큰 도움이 되었다. 그는 특히 기숙사의 같은 방에서 기거하게 된 두 명의 학생과 절친한 관계가 되었는데, 이들과 헤겔 사이에는 대학 졸업 후에도 계속해서 삶의 여정이 교차하게 된다. 그 가운데 한 명은 헤겔과 동년배로서 같은 해에 튀빙겐 대학교에 입학하여 훗날 위대한 시인으로 성장하는 횔덜린이고, 다른 한 명은 헤겔과 횔덜린보다는 다섯 살이 어리지만 비범한 재능을 인정받아 이들보다 2년 늦은 1790년에 대학교에 입학한 천재적인 사상가 셸링(F. W. J. Schelling)이었다.

이들은 모두 신학부에 속해 있으면서도 신학보다는 철학에 몰두했다. 헤겔은 이들과 정치적 토론을 하는 학생 모임과 계몽사상을 연구하는 공부 모임을 결성하여 서로의 열정과 사상을 나누었는데, 횔덜린은 그에게 특히 그리스 고전 비극에 대한 이해와 범일(汎一) 사상을 일깨워주었고 셸링은 칸트 철학의 중요성을 환기시켜주었다. 헤겔은 횔덜린이나 셸링처럼 칸트 철학에 깊이 매료되지는 않았다. 그도 칸트의 비판적 계몽 정신을 중요하게 평가했지만 칸트의 선험철학이 인간 삶의 감성적이고 주관적인 측면을 경시하고 생활 세계의 구체적이고 역사적인 맥락을 사상시킨 건조하고 추상적인 이론이라고 여겼기 때문이다. 그러나 고대 그리스에 대한 동경과 자유에 대한 열망은 이들 세 친구들 사이에 깊은 유대감을 형성시켜주었다. 이들보다 연배가 위인 니트함머(F. I. Niethammer)도 이들과 튀빙겐 대학교에서 만나 우정을 쌓게 된 인물인데, 그는 선배이자 친구로서 대학 졸업 이후에도 쭉 이 세 사람의 조력자 겸 후견인 역할을 한다.

튀빙겐 대학교에 입학한 다음 해인 1789년에는 헤겔의 사상 속에 깊이 각인되어 하나의 중심축을 형성하게 되는 정치적 대사건이 발생한다. 바로 프랑스 혁명이 일어난 것이다. 헤겔은 구체제와 새로운 질서 사이의 치열한 투쟁과 혁명의 시대에 대학 생활을 했다. 그에게 프랑스 혁명은 자유의 이념이 인류의 역사적 발전 과정 속에서 마침내 현실화되는 세계사적 사건이었다.

헤겔과 횔덜린, 셸링은 당시 대부분의 독일 지식인들과 마찬가지로 프랑스 혁명에 열광했다. 프랑스 혁명의 경험은 헤겔이 신학부에서 법학부로 전과하려고 했던 동기 중의 하나였을 것이다. 오스트리아와 프로이센을 중심으로 결성되었고 뷔르템베르크도 가담했던 대(對)프랑스 동맹의 공격을 프랑스 혁명군이

베르네가 그린 「발미 전투」(1826)

헤겔과 횔덜린, 셸링은 프랑스 혁명에 열광했다.

프랑스 혁명군의 발미 전투 승리 소식이 전해지자 헤겔과 횔덜린과 셸링은
'자유의 나무'를 세우고 프랑스 혁명가였던 「라 마르세예즈」를 부르며
춤을 추었다는 일화가 회자될 정도이다.

발미에서 격퇴했다는 소식이 튀빙겐 대학교의 학생들에게 전해
지자 헤겔과 횔덜린과 셸링은 튀빙겐 근교에 있는 들판에서 '자
유의 나무'를 세우고 프랑스 혁명가였던 「라 마르세예즈」를 부
르며 춤을 추었다는 일화가 회자될 정도이다. 물론 이 이야기의
신빙성은 크지 않지만 당시에 셸링이 「라 마르세예즈」를 독일
어로 번역했다는 사실과 세 친구 모두 프랑스 혁명의 열렬한 지
지파에 속했다는 것은 확실하다. 프랑스 혁명을 계기로 헤겔은
독일의 낙후된 정치적 현실과 사회 개혁의 실천 문제에 더욱 깊
은 관심을 갖게 되었다.

베른 시기, 헤겔의 집필 작업이 시작되다

헤겔이 23세의 나이로 튀빙겐 대학교를 졸업한 1793년은 프
랑스 혁명 정부의 공포 정치가 본격화되고 이를 빌미로 제1차
대프랑스 동맹이 결성되어 유럽 각국에서 혁명 세력과 수구 세
력 사이에 투쟁이 격화되던 시기였다. 신학부 졸업을 한 학기 앞
둔 1793년 여름에 헤겔은 건강 문제를 이유로 자신의 고향집에
서 요양하며 보내도 된다는 대학 당국의 허가를 받고 슈투트가
르트로 돌아왔다.

바로 그때에 스위스 바젤의 고위 귀족인 폰 슈타이거(von
Steiger)가 그를 아이들의 가정교사로 초빙했다. 이미 목사가 되
기를 포기하고 '대중 철학자'의 길을 모색하던 헤겔은 이 제의

를 수락했다. 그래서 뷔르템베르크 교회 당국에 성직자 자격시험을 일찍 치를 수 있도록 해달라고 요청했고 그해 9월에 이 시험을 통과하여 목사보 자격을 취득하면서 대학교를 조기 졸업한 후에 10월부터 베른에서 가정교사 생활을 시작했다. 당시에 가정교사직은 신진 지식인들이 본격적인 사회 진출에 앞서 거쳐가는 통상적인 과정이었고 친구인 횔덜린과 셸링 역시 대학 졸업 후에 가정교사 생활을 거쳤다.

헤겔은 3년간을 베른에서 보내는데, 학문적으로는 왕성한 독서와 집중적인 철학 연구를 할 수 있었지만 고립된 생활에 우울해했다. 또 폰 슈타이거 가를 포함한 소수 귀족들이 지배하는 베른의 과두정치 체제에 상당한 반감을 가지고 있었기 때문에 그리 유쾌한 나날은 아니었다.

이 시기 동안 헤겔은 이미 삼대 비판서가 완간된 이후 종교적 논란을 불러일으킨『이성의 한계 내에서의 종교』(1793)를 발표한 칸트의 철학을 더욱 깊이 연구하는 데에 몰두했다. 또한 혜성처럼 등장하여 예나 대학교에서 교수 활동을 시작하자마자 자신의 주저『학문론』(1794)과 곧이어 또 하나의 주저『자연법론』(1796)을 출판한 피히테(J. G. Fichte), 그리고 헤겔보다 손아래 친구이지만 벌써 대학 재학 중인 19세의 나이에『철학 일반의 형식의 가능성에 관하여』(1794)를 시작으로『철학의 원리로서의 자아』(1795) 등 여러 권의 주목할 만한 철학서들을 발표하면서 일약 새로운 세대를 대표하는 철학자로 부상한 셸링의 철학도 집중적으로 연구했다. 그 밖에도 기번(E. Gibbon)의 『로마제국 쇠망사』(1788)와 실러의 『인간의 미적 교육에 관한 서한』(1795)을 탐독했다. 더 나아가 영국의 제임스 스튜어트(J. Stewart), 애덤 스미스(A. Smith) 등이 새로운 학문 분야로 구축한 정치경제학도 접하게 된다.

헤겔은 베른 시기 동안 이런 연구를 통해 자신의 사상을 가다듬는 한편 비록 출판하지는 않았지만 몇 편의 철학적 초고 및 단편들을 집필한다. 우선 이미 튀빙겐 시기부터 구상했던 「민중 종교와 그리스도교」"Volksreligion und Christentum"(1793~94), 이어서 「예수의 생애」"Das Leben Jesu"(1795), 「그리스도교의 실정성」"Die Positivität der christlichen Religion"(1795~96), 「독일 관념론의 가장 오래된 체계 강령」"Das älteste Systemprogramm des deutschen Idealismus"(1796 또는 1797, 이 글의 저자가 헤겔인지 횔덜린인지는 불분명함) 등을 저술했다. 베른의 반(半)봉건적 정치 현실을 신랄하게 비판하는 카르(J. J. Cart)의 선동문을 번역하여 이에 주석을 붙인 「카르의 밀서」"Anmerkungen zu den 'Vertraulichen Briefen über das vormalige staatsrechtliche Verhältnis des Wadtlandes zur Stadt Bern' von J. J. Cart" 역시 이때에 작성된 원고이다.

이 시기와 뒤따르는 프랑크푸르트 시기에 헤겔은 일련의 종교철학적 단편들의 집필에 전념하는데, 이 초고들은 '신학적'이라기보다는 정치적 관심에서 비롯된 '종교 비판적' 성격을 지니고 있다. 이런 최초의 저작들에서도 확인할 수 있듯이 헤겔의 철학은 철학적 담론 내부의 이론적인 물음에 천착하기에 앞서 일차적으로는 당대의 현실이 던지는 실천적 문제들과의 대결에서 시작되었다.

베른 시기에 헤겔이 추구했던 목표를 요약하자면 칸트의 철학, 특히 개인의 자율적 도덕성이라는 칸트의 도덕 원리를 현실에 적용시켜서 루소가 제시했던 자유로운 민중의 정치 공동체를 수립하는 것이라고 할 수 있다. 그는 '주관적'이면서도 '공적'인 민중 종교로의 종교 개혁을 통해 이런 이상을 실현할 수 있을 것이라고 희망했다. 즉 낡은 권위와 율법, 그리고 억압적인 제도에 의존하여 민중을 우매화하고 노예로 만드는 현실의 실정 종교를 자유와 이성에 기반을 둔 계몽된 도덕 종교를 통해 혁파하는 것이다. 또한 헤겔은 이렇게 해방된 자유와 이성을 다시 민중들 개개인의 내부 심성과 감성 속으로 철저하게 침투하도록 만든다면 민중 스스로가 자유로운 삶의 질서를 형성해낼 수 있을 것이고 또 그때에 종교도 민중을 통일된 삶으로 이끄는 공적 종교가 될 수 있으리라고 생각했다.

이 시기에 집필된 헤겔의 저작들을 연대기적으로 살펴보면 루소의 공화주의적 이상이 여전히 지배적이긴 하지만 그 영향력이 차츰 감소하는 반면에 칸트의 철학은 그 이전보다 훨씬 더 적극적으로 수용되고 반영되는 경향을 볼 수 있다. 그러나 칸트 철학의 루소적 적용, 그리고 이를 통한 칸트 철학의 완성이라는 기획은 개인의 도덕적 자유라는 칸트의 원리와 단결한 시민들의 공동체적 연대라는 루소의 원리가 서로 어떻게 조화를 이룰 수 있느냐는 난제를 남겨놓았다. 이 시기에 헤겔은 이 문제를 자각하고는 있었지만 아직 이에 대한 만족할 만한 해결책을 가지고 있지 못했다. 도덕적·종교적 개혁을 통해 민중을 역사와 정치의 해방된 주체로 도야시키는 민중 교육자가 되고자 했던 그의 꿈이 좌초되고 만 것이다. 헤겔은 친구들이 눈부신 발전을 보이면서 사회적 명성을 쌓아가고 있는 동안에 자신은 경멸감을 느낄 정도로 사회 환경이 지극히 보수적이고 갑갑한 외진 지역에 홀로 고립되어 지체된 삶을 살고 있다는 자괴심을 가지고 있었다. 거기에 내면의 사상적 위기가 더해져 더욱 크게 낙담했다.

프랑크푸르트 시기, 사랑과 운명을 쓰다

의기소침한 상태로 외롭게 지내던 헤겔에게 반가운 소식이 왔다. 헤겔의 곤경을 알게 된 친구들이 그를 도울 길을 찾던 중에 프랑크푸르트에서 가정교사 생활을 하던 횔덜린이 헤겔에게 자신의 곁으로 오라고 제안한 것이다. 독일 마인 강변의 프랑크푸르트는 괴테(J. W. von Goethe)의 고향이자 상업과 금융의 중심지인데, 헤겔은 횔덜린의 주선으로 그 도시의 부유한 상인인 고겔(Gogel) 가에서 가정교사로 일할 수 있게 되었다. 마음을 터놓을 수 있는 친구의 제안에 기꺼이 동의한 헤겔은 1797년에 프랑크푸르트로 이주한다. 이후 1801년까지 5년간 이곳에서 횔덜린, 싱클레어(I. von Sinclair), 츠빌링(J. Zwilling) 같은 여러 친구들과 어울려 철학과 문학, 정치 등에 관해 열띤 토론을 벌이면서 활기차게 생활한다.

이 시기에 헤겔은 칸트의 『윤리 형이상학』(1797)과 피히테의 철학, 그리고 영국 경제학자들의 정치경제학을 집중적으로 연구한다. 독일의 철학자 중에서 정치경제학에 대해 본격적으로 연구한 최초의 인물이 헤겔인데, 이러한 연구는 그가 근대의 가능성과 한계를 파악하고 자신의 시민사회론을 발전시키는 데에 중요한 초석이 된다.

당시 이미 『히페리온』(1797~99)과 『엠페도클레스의 죽음』(1798~99) 같은 불멸의 작품을 남기면서 '시인들의 시인'으로 성장했고 그리스 고전과 철학에도 조예가 깊었던 횔덜린은 헤겔에게 일상생활과 교우 관계에서뿐만 아니라 그의 사상적 발전, 더 나아가 그의 문체에까지 지대한 영향을 미친다. 횔덜린 덕분에 헤겔은 이제 그가 한동안 경도되었던 칸트와 피히테의 철학이 지닌 한계를 깨닫고 다시 적절한 거리를 둘 수 있게 되었다.

이 시기에도 헤겔은 활발한 집필 활동을 한다. 그러나 그는 괄목상대할 성과를 거두고 있는 자신의 친구들을 바라보면서 조급한 마음이 들었음에도 불구하고 아직 자신의 사상이 무르익지 않았다고 스스로 평가했기 때문에 이 원고들 역시 출판하지는 않았다. 이 시기에 쓰인 저작으로는 「종교와 사랑」 "Religion und Liebe"(1797~98)에 관한 초고, 자신의 고향인 뷔르템베르크에서 프랑스 혁명 이후에 벌어진 내부 정세를 공화주의적 관점에서 분석하고 비판한 「시의원은 시민들이 선출해야 한다」 "Daß die Magistrate von den Bürgern gewählt werden müssen"(1798), 「그리스도교의 정신과 그 운명」 "Der Geist des Christentums und sein Schicksal"(1798~1800), 「1800년 체계 단편」 "Systemfragment von 1800"(1800) 등이 있다. 그 밖에 베른 시기에 집필된 「카르의 밀서」가 1798년에 뒤늦게 익명으로 발표되었는데, 이는 헤겔이 대중에게 공개한 최초의 출판물이다. 이 저작이 출판될 때에 베른은 이미 프랑스 혁명군에 의해 새로 수립된 헬베티아 공화국의 한 주로 변모해 있었다. 또한 「독일 헌정」 "Die Verfassung Deutschlands"(1800~1802)도 프랑크푸르트 시기에 집필이 시작되어 예나 초기까지 지속된 작품이다.

프랑크푸르트 시기의 청년 헤겔이 품었던 사상의 핵심은 '사랑'과 '운명'으로 요약할 수 있다. 헤겔은 자신의 시대를 분열과 적대의 시대, 법률과 소유물 같은 죽은 것이 살아 있는 것을 지배하는 사물화의 시대로 진단했다. 베른 시기에 헤겔은 칸트의 도덕철학에서 그 탈출구를 모색했었다. 그러나 이제 그는 칸트의 실천이성을 더 이상 해결책이 아니라 그 자체가 분열의 산물, 그가 베른 시기에 그토록 비판했던 율법주의의 한 형태로 파악한다. 왜냐하면 칸트의 도덕성은 감성과 이성, 자연과 자유, 개별과 보편 사이의 대립을 전제하고 나서 후자에 의한 전자의 지배를 요구하기 때문이다.

칸트적 의미에서 도덕적인 인간은 이성으로부터 배제된 자연과 대립해 있을 뿐만 아니라 그 내부에서도 이성과 감성, 예지계와 감성계로 분열되어 있다. 그러므로 칸트의 도덕철학은 이성의 율법에 대한 복종만을 낳을 뿐 살아 있는 통일과 자유를 가져다주지 못한다. 이런 분열을 진정으로 극복할 수 있는 방안은 대립자들이 자신의 배타적 개별성을 스스로 지양하고 보편으로 고양시켜 서로 안에서 융화되어 생동하는 합일을 이루는 것이다. 이와 같은 다양한 것들의 생동하는 합일을 헤겔은 '사랑'이라고 일컫는다. 분열의 시대를 극복할 수 있는 원리는 바로 사랑에 있다.

그러나 헤겔은 이미 프랑크푸르트 시기부터 점차 사랑의 내적 한계를 자각하면서 사회 구성의 보편적 규범 원리를 사랑에서 찾으려는 구상을 곧 포기한다. 하지만 '하나 됨, 분리된 것들, 그리고 다시 하나가 된 것'이라는 세 가지 계기를 거치면서 이루어지는 '상호 간의 주고받음'이라는 사랑의 구조는 매우 중요하다. 그것이 「1800년 체계 단편」에서 '대립과 연관의 결합' 또는 '결합과 비결합의 결합'이라는 공식화를 거치면서 헤겔 특유의 변증법 논리와 승인이론을 발전시키는 데에 결정적인 단초가 되기 때문이다.

'운명' 개념 역시 헤겔이 횔덜린의 도움으로 그리스 고전 비극에서, 그리고 횔덜린 자신의 비극적인 삶으로부터 배운 것이다. 헤겔에게 운명은 인간이 어찌할 수 없는 외부의 강요된 우연의 힘이 아니다. 운명은 인간 스스로 자연(본성)과의 통일된 삶을 파괴한 행위에서 초래된 '분리된 적대적인 삶'이고 이렇게 '침해받은 삶'이 침해하는 행위자 자신의 삶에 형벌의 형태로 반작용한 것이다. 이렇게 이해된 운명은 우연이 아니라 필연이다. 그리고 이처럼 운명을 그 필연성 속에서 파악하고 나면 고통은 남을지라도 괴로움과 적대는 사라지고 운명과 화해할 수 있게 된다. 운명, 즉 분리된 것과의 화해가 바로 사랑이며, 파악된 필연성은 곧 자유이다. 운명은 거부하거나 아니면 복종해야 할 낯선 힘이 아니라 유화되어야 할 삶 자체의 필연적 계기이다. 이러한 생각을 통해 헤겔은 시대의 분열이 인간 역사의 필연적인 운명이며 진정한 자유의 공동체를 실현하는 과정 중의 한 계기임을 깨닫게 된다.

1799년에 뷔르템베르크 공국의 재무부청 회계 고문으로 재직하던 아버지가 사망한다. 1800년 무렵에는 횔덜린 역시 주제테(Susette Gontard)라는 여성과의 불행한 사랑 때문에 프랑크푸르트에 더 이상 머물 수 없으리라는 것이 거의 확실해졌다. 그 사이에 고향 뷔르템베르크는 프랑스군의 침공을 받아 프랑스의 영향권 아래 들어갔고 헤겔이 머물던 프랑크푸르트에서 그리 멀지 않은 도시 마인츠도 프랑스의 영토가 된다. 프랑스에서는 나폴레옹이 로베스피에르(M. F. M. I. de Robespierre)의 몰락 이후에 구성되었던 총재 정부를 군사 쿠데타를 통해 무너뜨리고 통령 정부를 수립하여 스스로 제1통령에 취임했다. 이러한 국내외의 정치적 격변을 경험하고 또 아버지의 유산을 받아 어느 정도의 재산도 갖게 된 헤겔은 이제 대중적인 계몽 문필가의 꿈을 완전히 포기하고 칸트와 피히테의 선례에 따라 제도권 대학에서 활동하는 '강단 철학자'의 길을 모색하게 된다. 이런 새로운 행로를 개척하기 위해 그는 한동안 연락이 뜸했던 친구 셸링에게 편지를 하여 철학 공부에 전념할 수 있는 곳을 물색해달라고 부탁한다. 셸링은 탁월한 학문적 업적 덕분에 23세인 1798년에 괴테의 추천으로 예나 대학교의 비정규 교수가 되었고, 1799년에 피히테가 무신론자라는 혐의를 받고 예나 대학교를 떠난 이후에는 피히테의 후임자로 부각되고 있었다. 그는 헤겔에게 예나로 오라고 제안했고 헤겔은 이를 기쁘게 수락했다.

예나 시기, 철학의 체계를 가다듬다

31세가 되는 1801년 초에 헤겔은 예나로 이주한다. 바이마르 공국에 속했던 예나는 작은 도시에 불과했으나 1780~90년대의 예나 대학교는 학문과 사상과 교육의 자유를 누리면서 독일 전역에서 철학과 문학과 예술의 중심지로 떠올랐다. 바이마르 공국의 고위직을 맡고 있던 괴테의 적극적인 후원을 받았고, 실러,

쉬츠(Ch. G. Schütz), 라인홀트(K. L. Reinhold), 피히테, 셸링 같은 철학자들이 교수로 재직했으며, 노발리스(Novalis, 본명은 F. von Hardenberg), 슐레겔 형제(A. W. von Schlegel 및 F. von Schlegel) 등 낭만주의 운동의 핵심 인물들 역시 예나 대학교를 중심으로 자리를 잡고 있었다. 이들 독일 관념론자들과 낭만주의 문학가들은 학문적으로나 개인적으로나 서로 친밀하게 교류하고 공동의 학술 및 문화 활동도 활발하게 벌였다. 그러면서 예나를 새로운 사상과 예술 운동의 전초 기지, 계몽적이고 진보적인 성향을 가진 젊은 지식인들의 집결지로 부상시켰다. 예나 대학교는 근대적 대학의 본보기가 되었다.

그러나 1790년대 말에 새로운 사상운동의 구심점 역할을 하던 피히테가 구세대 교수들에 의해 허망하게 예나 대학교에서 축출되고 독일 관념론 진영과 낭만주의 진영 사이에, 그리고 낭만주의 진영 내부에서 불화가 생기면서 예나 대학교도 전성기를 지나 점차 쇠퇴의 길로 접어들었다. 하지만 1800년대 초의 청년 헤겔에게 예나는 여전히 대학이라는 제도권 학문 기관에서 철학자로서 안정된 활동을 하기 위한 발판을 제공해줄 수 있는 가장 매력적인 양성소였다.

예나에 도착한 후 한 학기가 지난 1801년 8월에 헤겔은 「행성의 궤도에 관하여」 "Dissertatio philosophica de Orbitis planetarum"라는 주제의 라틴어 논문으로 교수자격시험을 통과한다. 이후 1801/02년 겨울학기부터 예나 대학교에서 사강사로 강의를 담당하면서 학계에서의 공식적인 활동을 시작한다. 당시에 '사강사'는 정해진 급여가 없이 수강생의 인원에 따라 수입이 좌우되는 비전임 교원이었다. 헤겔은 1805년에 괴테의 천거로 예나 대학교의 비정규 교수로 임용되는데, 처음에는 여전히 고정 급여를 받지 못하다가 1806년에서야 비로소 명목뿐인 적은 액수의 고정 급여를 받을 수 있었다. 그러나 '비정규 교수'는 헤겔에 앞서 실러, 슐레겔 형제, 셸링 등도 같은 직책으로 재임했던 엄연한 정규 교원이었다. 비정규 교수로 임용됨으로써 헤겔은 대학교수의 직위를 가진 철학자가 되고자 하는 꿈을 마침내 이루게 된 것이다. 다만 아직 정교수로 확고하게 자리를 잡는 일이 남아 있었다. 예나 대학교에서 헤겔은 논리학과 형이상학, 철학 입문, 자연철학, 자연법, 철학사 등의 강의를 담당한다.

예나 시기 동안 헤겔은 더욱 왕성한 저술 활동을 한다. 우선 끝내 마무리짓진 못했지만 프랑크푸르트 시기에 시작했던 「독일 헌정」의 집필을 1802년까지 지속한다. 그리고 예나에 도착하고 몇 달 후 교수자격시험을 마치기 바로 직전에 『피히테와 셸링의 철학 체계의 차이』(*Differenz des Fichteschen und Schellingschen Systems der Philosophie*, 1801)를 출판하는데, 이 책은 헤겔이 자신의 이름으로 발표한 최초의 단행본이다. 또 셸링과 헤겔이 공동으로 간행했던 『철학비평지』(*Kritisches Journal der Philosophie*)에 「철학적 비판의 본질 일반과 특히 철학의 현상황과의 관계에 관하여」"Über das Wesen der philosophischen

Kritik überhaupt und ihr Verhältnis zum gegenwärtigen Zustand der Philosophie insbesondere"(1802, 제1권 제1호), 「상식은 철학을 어떻게 생각하는가」"Wie der gemeine Menschenverstand die Philosophie nehme"(1802, 제1권 제1호), 「회의주의와 철학의 관계」"Verhältnis des Skeptizismus zur Philosophie"(1802, 제1권 제2호), 「신앙과 지식」"Glauben und Wissen"(1802, 제2권 제1호), 「자연법」"Über die wissenschaftlichen Behandlungsarten des Naturrechts"(1803, 제2권 제2호 및 제3호) 등의 논쟁적인 글들을 게재한다.

『철학비평지』는 피히테, 셸링, 슐레겔 형제 등 독일 관념론과 낭만주의 진영이 함께 추진했던 정기 간행물의 출간 기획이 무산된 후에 셸링이 헤겔을 끌어들여 둘이서 공동으로 발간한 것이다. 1802년부터 출간이 시작된 이 간행물은 본래 매년 각 3호로 이루어진 두 권을 발행하려 했었으나 셸링이 뷔르츠부르크 대학교로 자리를 옮기는 1803년까지 모두 2권 6호를 간행한 후에 중단되었다.

그 밖에 강의 교재로도 사용하면서 자신만의 고유한 철학 체계를 구축하려고 시도한 초고들도 여러 편 남아 있다. 『인륜성의 체계』(*Sytem der Sittlichkeit*, 1802~1803), 『예나 체계 기획 I』(*Jenaer Systementwürfe I*, 1803~1804, 과거에는 『예나 실재철학 I』로 명명되었음), 『예나 체계 기획 II』(*Jenaer Systementwürfe II*, 1804~1805), 『예나 체계 기획 III』(*Jenaer Systementwürfe III*,

1805~1806, 『예나 실재철학 II』) 등이 그것인데, 이 저작들은 모두 헤겔 사후에 유저로 출판되었고 그 제목도 후대의 편집자들에 의해 붙여진 것이다.

그리고 예나 시기 막바지에는 헤겔의 주저 중 하나이자 서양 철학사에서 가장 중요하면서도 난해한 저서 가운데 하나로 손꼽히는 『정신현상학』(Phänomenologie des Geistes, 1807)이 우여곡절 끝에 마침내 완성되어 출판된다. 하지만 1802년부터 예고되었던 '논리학과 형이상학'에 관한 저서는 끝내 나오지 않았다. 이 시기 헤겔의 저작들은 후기의 저작들에 비해 사고의 완숙도와 체계성은 떨어지지만 청년기 작품다운 신선함과 생동성을 가지고 있다는 평을 받는다.

예나 시기는 헤겔 고유의 철학적 시각과 방법과 체계가 형성되는 기간이었다. 그렇기 때문에 사변적 관념론으로 발전해가는 도정 위에서 철학 체계의 틀 자체의 전면적인 개편, 지금까지와는 전혀 다른 유형의 서술 방식과 문체의 시도, 새로운 논제의 도입 등 매우 급격한 변화와 모색이 나타난다. 예나 초기에 헤겔은 세인들에게 셸링 철학의 충직하면서도 전투적인 추종자이자 대변자로 간주되었다. 특히 『피히테와 셸링의 철학 체계의 차이』는 셸링을 단지 피히테의 계승자로 여기던 대중들에게 그 두 사람의 철학 원리의 근본적인 차이를 날카롭게 드러내고 더 나아가 셸링을 피히테보다 우위에 두었다는 점에서 놀라움을 주었다.

셸링의 동일철학에 동조하던 예나 초기의 헤겔은 구별에 앞선 통일을 전제하고 무한성(보편성)을 유한성(개별성)의 무화(無化)로 파악하는 스피노자적 실체주의의 경향을 강하게 드러낸다. 그러면서도 동시에 이미 초기 저작들에서부터 무한자의 통일이 유한자들의 구별과 반성 운동을 통해 재구축되어야 하고 자연과 정신은 동등한 역능들로서 병행하는 것이 아니라 자연에 대해 정신이 우위에 있다고 주장한다. 헤겔이 자신의 철학과 셸링의 철학 사이의 차별성을 조심스럽지만 분명하게 언명한 것이다. 또한 언어적으로도 '직관', '역능', '무화' 등 셸링으로부터 차용했던 용어들이 점차 사라지고 예나 중기 이후에는 헤겔 자신의 고유한 용어들로 대체된다.

이런 용어상의 변화는 철학 체계를 서술하는 방식의 근본적인 전환과도 맞물려 있다. 헤겔은 예나 중기부터 피히테의 의식 이론을 적극적으로 수용하면서 철학 체계의 서술에서도 더 이상 절대자의 하강적 현현이 아니라 가장 낮은 단계의 개별자에서 출발하여 절대자에까지 이르는 의식의 상승 운동이라는 의식철학적·현상학적 방법을 채택한다. 이런 방법론적 변화에는 다음과 같은 신념이 바탕에 놓여 있다. 즉 절대자가 직관이나 직접지(直接知)나 영감(靈感)을 내세우는 철학에서처럼 독단적으로 미리 전제되어서는 안 된다. 절대자의 진리는 인식 주체인 의식 자신에 의해 진리로서 정립되어 입증되어야 하며, 그것의 현실태인 절대적 인륜성 또한 행위자인 개별 의식에 의해 그 자신의 자유의 실현으로서 자율적으로 구성되고 재인되어야 한다.

헤겔과 셸링 사이의 사상적 차이는 예나 초기부터 헤겔 자신의 고유한 철학 체계가 확립되어가는 과정에 점점 더 커지다가 셸링이 예나를 떠나면서 『철학비평지』의 공동 작업이 중단된 후에는 더욱 뚜렷해졌고 예나 후기에 이르러서는 마침내 서로 화해할 수 없을 만큼 첨예화되었다. 결국 『정신현상학』을 계기로 오랜 친구이자 학문적 동지였던 두 사람은 서로 결별하고 예전의 우정을 끝내 회복하지 못하게 된다.

의식철학적·행위이론적 서술 방식의 도입 못지않게 헤겔 고유의 변증법 논리를 개발하고 승인이론을 체계화한 것도 이 시기에 헤겔이 이루어낸 핵심적인 성과들이다. 예나 초기까지도 헤겔은 개념을 통한 반성적 사유가 주체와 대상의 분리를 전제하기 때문에 절대자를 포착하는 데에 부적합하며, 통일적으로 파악하는 직관에 의해 보완되어야 한다고 생각했다. 그리고 이에 상응하여 개념적 사유의 형식적 법칙을 다루는 논리학은 진리의 학인 형이상학과 분리되어 있었다. 그러나 헤겔은 이제 의식의 개념적 사유가 대상에 대한 반성 속에서 동시에 자기에 대한 반성을 함으로써 자신의 결함을 스스로 수정하고 자신의 한계를 극복하는 내재적 비판과 초월의 논리, 즉 변증법을 발견한다. 개념적 사유를 통해 사변적 통일로서의 절대자에 도달하고 이를 학적으로 서술할 수 있는 길을 확립한 것이다. 이를 통해 예나 중기 이후의 헤겔은 논리학을 더 이상 형이상학의 예비학이 아니라 형이상학을 포괄한 원리들의 체계인 사변적 논리학으로 발전시킬 수 있게 되었다.

또한 『인륜성의 체계』, 『예나 체계 기획 I』, 『예나 체계 기획 III』 등 예나 초·중기 저작들에서는 『정신현상학』에 앞서, 그리고 『정신현상학』에서와는 다른 형태의 승인이론이 치밀하게 전개되고 있다. 헤겔의 승인이론은 칸트의 '공통감' 이론과 피히테의 자기의식 이론을 비판적으로 계승하여 발전시킨 것이다. 승인이론을 통해 헤겔은 변증법이 현실적으로 작동하는 사회 구성 원리임을 보여주었을 뿐만 아니라 인륜성의 이념을 상호주관성의 원리 위에서 새롭게 이해하고 이론적으로 구축할 수 있게 되었다. 즉 그는 이제 절대적 인륜성을 개인들 사이의 자율적인 상호 행위의 산물로서 제시하고, 더 나아가 그렇게 구성된 보편적 사회 제도와 체제가 개인과의 상호 작용 속에서 역동적으로 변화하면서 발전하는 구조를 해명할 수 있게 되었다. 이런 상호주관적 승인 운동의 결과인 보편적 자기의식의 인륜적 자유는 이후 헤겔의 실천철학에서 모든 제도와 규범의 근본 토대가 된다.

우여곡절 끝에 탄생한 『정신현상학』

1803년에 『철학비평지』의 간행이 중단된 이후 몇 년간 헤겔은 내부적으로는 활발한 집필 활동을 하면서도 더 이상 공식적인 저작을 내놓지 않는다. 그는 1802년부터 여러 차례 자신만의 철학 체계를 담은 저서를 곧 출간할 것이라고 공언했었다. 그러나 무엇보다도 철학 체계에 대한 자신의 구상이 근본적인 변화를 겪으면서 그동안 예고했던 저서는 완결되지 못하고 그 출간이 계속 미루어질 수밖에 없었다. 사실 헤겔에게는 자신의 철학 체계를 담은 저서의 출판이 절실히 필요했다. 우선 그가 정교수직을 얻기 위해서는 과거의 논쟁적인 성격의 글들만으로는 부족하고 독자적인 사상을 가진 철학자임을 입증할 수 있는 학문적 성과가 요구되었다.

셸링을 비롯하여 그동안 교류하던 대부분의 신진 학자들과 문인들이 썰물처럼 예나를 떠나가고 절친한 친구인 횔덜린마저 회복하기 어려운 정신 질환으로 더 이상 헤겔을 도울 수 없게 되자 헤겔은 눈에 띄게 쇠퇴해가는 예나 대학교에서 고립무원의 처지에 놓이게 되었다. 게다가 예나 대학교에서 사강사로 같이 재직하던 프리스(J. F. Fries)가 1805년에 헤겔과 함께 비정규 교수로 승진했다가 같은 해에 곧바로 헤겔도 지망했었던 하이델베르크 대학교에 정교수로 임용되자 경쟁에서 탈락한 헤겔의 절망과 초조감은 더없이 커졌다. 프리스는 칸트 철학의 계승자임을 자처하면서 칸트로부터 피히테, 셸링, 헤겔로 이어지는 독일 관념론의 진행에 대해 노골적인 적대감을 드러내며 비난을 해오던 인물로서 헤겔과는 예나 시기부터 베를린 시기까지 평생 동안 서로 경쟁자이자 숙적의 악연을 이어가게 된다.

게다가 적은 급여에 아버지의 사망으로 물려받은 유산마저 바닥이 난 상태에서 헤겔에게 뜻하지 않게 부양할 가족이 생긴다. 1807년 2월에 그가 하숙하던 집의 주인이자 가정부인 부르크하르트(Ch. Ch. J. Brukhardt, 결혼 전의 성은 Fischer)와의 관계에서 헤겔의 첫아들 게오르크 루트비히 프리드리히 피셔 헤겔(G. Ludwig F. Fischer Hegel)이 태어난 것이다. 부르크하르트는 남편에게서 버림받은 유부녀였고, 당시의 법률에 따르면 헤겔은 혼외 관계에서 태어난 아이를 친자로 인정하거나 부양하는 책임을 지지 않아도 되었다. 아이가 태어난 후 부르크하르트의 남편이 곧 죽었기 때문에 그녀와 결혼하는 것도 가능했다. 그러나 헤겔은 부르크하르트와 끝내 결혼하지는 않았지만 그녀와 낳은 첫아들을 자신의 친자로 받아들였을 뿐만 아니라 친모인 부르크하르트, 그리고 그녀의 또 다른 두 명의 자녀에 대한 양육까지 떠맡았다. 헤겔은 이제 빚에 의존해 생계를 꾸려갈 수밖에 없었다. 자신의 책이 출판되면 받게 될 인세는 곤경에 처한 헤겔에게 재정적으로 큰 도움이 될 것이 틀림없었다.

헤겔은 오랫동안 예고했던 자신의 저서를 밤베르크에 소재한 출판사와 출판하기로 계약을 맺고 1806년 2월부터 부분적으로 인쇄를 시작한다. 그러나 책 전체의 원고는 아직 완성되지 않은 상태였다. 게다가 집필하면서 탈고된 일부의 원고를 출판사에 넘겨 인쇄하는 식으로 작업을 진행하는 중에 뒷부분의 원고가 헤겔이 애초에 계획했던 것보다 훨씬 많은 분량으로 확대되었기 때문에 최종적인 출판은 계속 늦추어져 갔다. 인내심을 잃은 출판사는 완성된 전체 원고를 받고 나서야 원고료를 지불하겠다고 선언한다. 이에 헤겔은 튀빙겐 대학교 시절의 친구인 니트함머를 보증인으로 세우고 그해 10월 18일까지 최종 원고를 꼭 보내겠다고 약속하고 나서야 겨우 전반부 원고에 대한 인세를 받을 수 있었다.

헤겔은 프랑스군과 프로이센군 간의 예나 전투가 벌어지기 하루 전 나폴레옹이 예나 중심가로 진군하던 날인 10월 13일에 뒷부분의 원고를 전령을 통해 출판사로 보냈다. '예나 전투의 포성 속에서'『정신현상학』이 완성되었다는 다소 과장된 전설은 여기서 생겨났다. 그러나 실제로는 예나 전투가 10월 14일에 벌어졌고, 「서론」을 포함한 저서의 마지막 원고는 헤겔이 전쟁의 화마와 약탈을 피해 자기 품에 보관하고 있다가 10월 20일에야 출판사에 보낼 수 있었다. 그나마 「서문」의 원고는 아직도 빠져 있었다. 이때까지만 해도 헤겔이 생각했던 이 책의 제목은 '의식의 경험의 학'이었다. 그러나 1807년 초에 「서문」을 포함한 최종 원고가 드디어 출판되었을 때 헤겔은 이 책의 제목을 '정신현상학'이라고 바꾸어 달았다. 이렇게 해서 『정신현상학』은 헤겔 자신이 그 직전까지 구상했던 체계 초고들과도 전혀 다른 모습으로 마침내 탄생했다.

그러나 헤겔의 기대와는 달리 훗날 서양철학사에서 최고의 문제작으로 평가받게 되는 이 저서에 대한 동시대인들의 반응은 미미했다. 전쟁의 혼란 속에서 극히 까다로운 내용을 투박한 만연체 문장으로 쓴 두꺼운 분량의 책을 정독할 사람은 대중은 물론 전문 철학자들 중에도 많지 않았다. 『정신현상학』은 헤겔에게 좋은 의미에서건 나쁜 의미에서건 독일 관념론의 대표 주자라는 입지를 마련해주었으나 그가 애타게 바라던 명성도 확고한 지위도 재정적인 안정도 가져다주지 못했다.

1801년에 오스트리아를 중심으로 결성된 제2차 대프랑스동맹이 프랑스군에 참패하고 나자 1803년부터 신성로마제국은 급속하게 붕괴하였고 독일 내 소규모 국가들 사이의 이합집산이 수시로 일어났다. 헤겔이 단호하게 선언했듯이 독일은 더 이상 국가라고 할 수가 없었다. 1806년에는 신성로마제국으로부터의 탈퇴를 조건으로 한 라인연방이 프랑스의 영향력 아래 결성되면서 명목상으로나마 존속해오던 신성로마제국은 공식적으로 해체되었다. 곧이어 프로이센이 러시아, 영국 등과 함께 제4차 대프랑스동맹을 맺고 프랑스에 선전포고를 하자 나폴레옹은 군대를 이끌고 예나로 진격하여 10월 13일에 예나 중심가에 진입했다.

이때 입성하는 나폴레옹을 목격한 헤겔은 그를 '세계의 영혼'이라고 추앙하며 환영한다. 헤겔은 나폴레옹을 프랑스 혁명의 이념을 현실 정치 속에서 제도화하여 실현하고 유럽 전역으로 근대적 질서를 확산시키는 '세계사적 개인'으로 평가하면서 평생 옹호하는 태도를 견지했다. 반면에 프랑스 혁명의 수호자를 자처하던 나폴레옹이 1804년에 스스로 황제에 즉위하자 이에 분개한 베토벤은 그를 염두에 두고 작곡했던 「영웅 교향곡」을 끝내 다른 사람에게 헌정했고, 공인된 루소주의자이자 혁명 지지파인 피히테는 나폴레옹이 점령하고 있는 베를린에서 「독일 민족에게 고함」이라는 유명한 연설문으로 독일 민족의 각성과 통일을 촉구했다.

1806년 10월 14일에 예나 외곽에서 벌어진 전투는 하루 만에 프로이센군의 궤멸에 가까운 패배로 끝난다. 프랑스군은 패주하는 프로이센군을 공격하여 10월 27일 프로이센의 수도 베를린을 점령하는 등 1807년 7월에 틸지트 조약이 체결될 때까지 파죽지세로 독일 전역을 장악했다. 예나 전투와 그 여파로 도시와 대학교는 폐허가 되었다. 나폴레옹의 호의로 예나 대학교는 다행히 폐교를 면하고 복구 보상금까지 받았지만 1800년대 초부터 시작된 급격한 몰락에다가 전쟁으로 입은 치명적인 손상까지 더해져서 사실상 복구가 불가능한 상황이었다. 많은 부양가족을 거느리면서 재산도 없고 수입도 없는 데다 그가 기대하던 예나 대학교와 하이델베르크 대학교 어디에서도 정교수직을 얻는 데에 실패한 헤겔은 니트함머의 주선으로 『밤베르크 신문』(*Bamberger Zeitung*)의 편집장직을 맡아 1807년 초에 밤베르크로 이주한다. 부르크하르트와 갓난아이는 예나에 머물렀다. 예나 시기의 마지막 저작인 『정신현상학』은 헤겔이 밤베르크로 옮긴 직후인 1807년 4월에 출간된다.

밤베르크의 언론인 헤겔, 독일의 근대적 개혁을 주장하다

헤겔이 밤베르크에서 언론인으로 활동한 기간은 약 1년 8개월 정도이다. 밤베르크는 당시에 바이에른 왕국에 속해 있는 도시였다. 바이에른은 라인연방의 중요한 일원이었으며 프랑스의 비호 아래 정치적 개혁과 근대화를 이루면서 영토를 확장하여 헤겔이 이주해올 때에는 공국에서 왕국으로 격상되어 있었다. 밤베르크는 이렇게 번영하는 바이에른의 상업과 교통의 요충지였고, 『밤베르크 신문』은 그 도시에서 상당한 영향력을 가진 주요 일간지였다. 이 신문은 예전부터 정치적 성향이 매우 강했었는데, 헤겔이 편집을 맡은 이후에는 친프랑스적·친나폴레옹적 노선이 더욱 강화되었다. 프랑스군의 승전보와 독일 내 각국 정부의 개혁 정책은 신속하고 상세하게 보도되었다. 물론 헤겔은 언론의 공정성을 지키려고 노력하여 자신의 정치적 견해를 직접 지면에 밝히는 일은 가급적 자제했다.

헤겔에게 밤베르크에서의 생활은 꽤 만족스러운 것이었다. 그는 주요 언론인으로서 상당한 보수를 받았을 뿐만 아니라 지역의 지도층 인사로서 대우를 받았다. 그리고 무엇보다도 언론인이라는 직업은 계몽 문필가가 되고자 했던 어린 시절의 꿈과 멀지 않았다. 조간신문을 읽는 것은 '현실주의적인 아침 기도'라고 말할 만큼 헤겔은 편집자 활동을 하기 전에도 언론을 통해 그가 늘 깊은 관심을 가졌던 국내외의 정치적 현실을 접했다. 게다가 그는 언론이 통치자와 민중 사이의 중요한 소통 통로라고 확신했다. 언론인 활동은 헤겔에게 그동안 고민하며 생각했던 이론적인 문제들을 현실 속에서 생생하게 체험하고 검증할 수 있는 기회를 제공해주었다. 밤베르크 시기 동안 독일에서의 근대적 개혁은 불가피하고 정당하다는 그의 신념은 더욱 확고해졌다.

그러나 신문 편집인이 그가 원하는 직업은 아니었다. 그는 편집장의 업무를 꽤 성공적으로 수행하는 동안에도『정신현상학』이후의 체계 부분인「논리학」을 계속 집필하고 있었으며, 이제는 바이에른의 고위 관료가 된 니트함머를 통해 대학교수로 자리 잡을 수 있는 길을 끊임없이 모색했다. 더욱이 헤겔이 편집장직을 그만두기 직전에는 공개적으로 프랑스에 동조하는 신문의 논조 때문에 신문 정간의 위협 아래 당국의 심사를 받는 일이 벌어졌다. 니트함머는 다시 한 번 곤경에 처한 친구를 위해 대학에서의 자리를 성심껏 알아보았지만 여의치 않자 헤겔에게 뉘른베르크에 소재한 김나지움의 교장직을 물색하여 제안했다. 뉘른베르크는 독일 지역의 자유 도시들 중 하나였다가 라인연방이 결성되면서 바이에른에 새로 합병되어 지방 행정 중심지가 된 꽤 큰 규모의 도시였다.

대학교수직에 강한 열망을 가지고 있던 헤겔에게 김나지움 교장직이 썩 만족할 만한 직책은 아니었다. 하지만 학자로서 공무에 봉직하는 신분으로 복귀하는 기회이고 또 앞으로 대학에 자리를 잡는 데에도 좋은 디딤돌이 될 것이라고 생각한 헤겔은 친구의 제안을 고마워하며 기쁘게 받아들인다.

뉘른베르크 김나지움의 교장·철학 교사가 되다

헤겔은 38세가 된 1808년 말에 뉘른베르크로 이주하여 1816년 가을까지 8년간 에기디엔 김나지움에서 교장 겸 철학 담당 주임 교사로 재직한다. 여기서 그는 교장으로서 학교의 행정을 책임지고 돌보는 한편 철학 교사로서 철학 입문 과목을 담당하면서 학생들에게 정신현상학(의식론), 논리학, 정신철학, 법론, 종교론, 철학백과 등을 가르친다.

뉘른베르크 김나지움은 본래 16세기에 독일 최초의 개신교 학교 중 하나로 설립되어 인본주의 교육을 선도하던 유서 깊은 명문이었으나 독일 전역이 낙후되면서 이 학교도 시설과 행정과 교육 전반에서 침체를 벗어나지 못하고 있었다. 그러다가 헤겔의 교장 취임과 더불어 학교명을 에기디엔 김나지움으로 개명하고 나폴레옹에 의해 재편된 유럽의 근대적 환경 속에서 인본주의 학교로서의 옛 명성을 되찾기 위해 대대적인 개혁에 착수했다. 헤겔은 그사이에 바이에른 왕국의 교육장관이 된 니트함머, 그리고 헤겔의 또 다른 대학 친구이자 뉘른베르크 지역 학교 감독관인 파울루스(H. E. G. Paulus)의 적극적인 후원을 받으면서 김나지움의 혁신적 재건 계획을 일선에서 지휘했고 또

많은 난관에도 불구하고 결국 성공적으로 이루어냈다.

이들이 추구한 교육 목표는 합리적이고 자율적으로 행위 하는 보편적 교양인으로의 자기 육성이었고, 이를 위해 고전적 인본주의의 정신에 입각하여 철학과 그리스어, 그리고 그리스 고전에 초점을 맞춘 교육 과정을 개발했다. 헤겔은 번잡한 학교 행정 업무를 달가워하지는 않았지만 개혁적 행정가로서 성공적으로 교장 직무를 수행하여 에기디엔 김나지움을 과거의 명성에 걸맞은 기반 위에 다시 세워놓았다. 또한 1812년에 파울루스의 후임으로 뉘른베르크 학교 감독관으로 임명된 후에는 빈곤층을 위한 사범학교를 설립했고, 재정적인 문제로 폐교되었던 여학교를 재건하는 데에도 힘을 썼다. 이렇게 교육 행정가로서 괄목할 만한 성과를 이룬 덕분에 외지인으로 뉘른베르크에 온 헤겔은 곧 이 지역에서 존경받는 상류층 인사가 되었다.

뉘른베르크 시기는 헤겔에게 교육 행정가로서 성공을 거두었을 뿐만 아니라 개인사에서도 큰 변화가 일어난 때이기도 하다. 무엇보다도 그는 1811년에 41세의 나이로 마리 헬레나 수잔나 폰 투허(Marie H. S. von Tucher)와 연애결혼을 하여 가정을 이루었다. 폰 투허 가문은 뉘른베르크에서 가장 유서 깊고 유력한 귀족 가문 중의 하나였고, 마리 폰 투허는 당시 상원의원의 맏딸로서 헤겔보다 21세 연하였다. 귀족도 아니고 재산도 없는 데에다 외지인으로 혼외자까지 있는 나이 많은 헤겔과의 결혼에 대해 마리 가족의 반대도 있었다. 그러나 다행히 결혼이 성사된 후에 헤겔은 처가의 전적인 신뢰를 얻었고, 헤겔보다 연배 차이가 그리 크지 않은 마리의 아버지가 질병으로 갑자기 사망한 후에는 마리 가족의 실질적인 가장 역할을 했다.

결혼 후 마리 헤겔은 곧 임신하여 1812년에 첫딸 수잔나 마리아 루이자 빌헬미네(S. M. L. W. Hegel)를 출산했으나 한 달 남짓 후에 병으로 잃고 말았다. 1813년에는 장남 칼 프리드리히 빌헬름(Karl F. W. Hegel)이, 그리고 그다음 해에는 차남 임마누엘 토마스 크리스티안(Immanuel Th. Ch. Hegel)이 태어났다. 장남 칼은 훗날 로스톡 대학교와 에어랑엔 대학교에서 역사학 교수로 재직하고 헤겔이 사망한 후 최초의 헤겔 전집이 편찬될 때에 편집인 중 한 사람으로 활동한다. 차남 임마누엘은 신학자로 성장하여 브란덴부르크 주 종교국장을 지낸다. 이 세 자녀의 출산 이후로도 마리 헤겔은 여러 차례 유산(流産)의 아픔을 겪어야 했다.

1812년에는 헤겔의 남동생 게오르크 루트비히와 마리의 남동생이 프랑스 동맹군으로 러시아 전투에 참가했다가 둘 다 전사했다. 1815년에는 헤겔의 여동생 크리스티아네가 헤겔의 권유로 한동안 헤겔 부부와 함께 생활하다가 가족 간의 불화로 다시 떠났다. 어머니가 사망한 이후 어린 나이에 헤겔 가족의 주부 역할을 하면서 평생을 독신으로 보냈고 오빠 헤겔에게서 대리 만족을 얻으면서 헌신했던 크리스티아네는 이 일로 커다란 상처를 입고 그 후로 정신 질환을 앓게 된다. 물론 헤겔은 이런 여동생을 늘 염려하고 안타까워했다.

뉘른베르크 시기 동안에도 유럽의 정치 상황은 급박하게 변해갔다. 1809년에는 오스트리아가 또다시 프랑스에 전쟁을 선포하고서 초기의 승리로 뉘른베르크를 잠시 동안 점령했다가 프랑스군에 패배하여 수도인 빈까지 내어주면서 굴욕적인 조약을 맺는 일이 있었다. 이때 친나폴레옹파인 헤겔은 뉘른베르크의 반프랑스 정서를 경험했다. 오스트리아와 프로이센을 포함해서 독일 전역을 장악한 나폴레옹은 1812년에 프랑스군과 독일 동맹군을 동원하여 러시아를 침공했다가 회복불능의 막대한 손실을 입고 파리로 퇴각했다. 그러자 1813년에 프로이센과 러시아가 중심이 되어 제6차 대프랑스 동맹을 결성하고 '민족 해방 전쟁'을 선포했다.

1813년 말에 대프랑스 동맹군의 우세가 뚜렷해지자 라인연방은 와해되었고 초기에는 중립을 선언했던 바이에른도 동맹군에 가담했다. 대프랑스 동맹군이 1814년 3월에 파리를 점령하자 그해 4월에 나폴레옹이 영국에 투항하면서 나폴레옹의 지배는 막을 내렸다. 1814년 여름에 오스트리아, 프로이센, 러시아, 영국이 주도한 빈 회의가 열리고 엘베를 탈출하여 재기를 도모했던 나폴레옹이 1815년 워털루 전투에서 최종적으로 패배하면서 역사는 헤겔이 바라던 것과는 반대 방향으로 진행되었다. 전제 군주정의 왕정복고 시대가 시작되었고 혁명의 불꽃은 사그라진 것처럼 보였다. 그러나 헤겔은 수구 세력이 내세우는 이른바 '독일 해방'에 대해 냉소적이었다. 그는 나폴레옹의 몰락을 프랑스 혁명 이념의 실패와 퇴조로 받아들이기를 거부했으며 현실의 반동적인 진행을 우려하면서도 '시대의 세계정신은 전진하라는 명령을 내렸다'는 신념을 끝끝내 잃지 않았다.

김나지움 교장이자 철학 교사이자 학교 감독관으로서 과중한 직무를 수행하면서도 헤겔은 자신의 철학 체계를 가다듬고 집필하는 일에 몰두했다. 뉘른베르크 시기 동안 헤겔은 우선 김나지움의 학생들을 가르치기 위한 강의 교재로 철학백과, 의식론, 논리학, 법론, 종교론 등에 관한 여러 편의 원고를 작성했다. 이때 헤겔은 보다 효율적인 전달과 토론을 위해 글의 내용을 짤막한 절들로 나누어 요점을 제시하는 방식을 택했는데, 이런 서술 방식은 이후 『철학 백과전서』나 『법철학』 같은 헤겔의 후기 주요 저서들에도 그대로 적용된다. 이와 같은 요약식 문체는 언어 장애를 가지고 있던 헤겔이 수업 진행에서 자신의 단점을 보완하기 위한 방편이었다고도 볼 수 있다.

또한 예나 시기부터 오랫동안 구상하고 집필하고 수정해왔던 『논리학』(Wissenschaft der Logik)이 1812년에 제1권 「존재론」, 1813년에 제2권 「본질론」, 1816년에 제3권 「개념론」으로 출간되면서 마침내 완결된다. 이로써 개념의 변증법적 자기 운동을 통해 진리에 도달하는 사변적 논리학이 완성되었고 헤겔의 철학 체계를 구축하기 위한 학적 방법론이 마련되었다. 그리고 「논리학」, 「자연철학」, 「정신철학」의 세 분과로 구성되고 「정신현상학」이 「정신철학」 중에서 '주관정신'의 한 장으로 편입되는 『철학 백과전서』의 체계 구도도 이 시기에 구체화되어 확정되었다.

철학 교사로서 학생들에게 철학을 가르치면서 헤겔은 사변철학의 교육이 김나지움 학생들에게는 적절하지 않다는 사실을 절감해야 했다. 학교 행정가로서 큰 성취를 이루었고 지역 사회에서도 인정과 평판을 얻었지만 헤겔은 철학자로서 자신의 올바른 자리가 대학에 있다고 확신하고 대학교수로 임용되려는 노력을 계속했다.

하이델베르크 시기, 드디어 대학교수가 된 헤겔

그런데 공교롭게도 1816년에 세 군데의 대학교로부터 거의 동시에 헤겔이 그토록 갈망하던 교수 임용 제안이 들어왔다. 우선 1814년에 베를린 대학교에 재직하고 있던 피히테가 사망하자 베를린 대학교는 공석이 된 피히테의 교수직에 후임을 물색하고 있었다. 헤겔과 프리스가 유력한 후보로 거론되다가 1816년에 대학 당국은 헤겔에게 초빙을 제안하기로 결정했다. 하지만 당시 베를린 대학교의 총장으로 있던 슐라이어마허(F. E. D. Schleiermacher)와 프로이센의 내무장관인 슈크만(K. F. von Schuckmann)이 임용 절차를 계속 지연시켰다. 헤겔은 예나 대학교에 새로 만들어진 교수 자리에도 관심을 가지고 있었다. 그러나 하이델베르크 대학교에 있던 프리스가 1816년에 예나 대학교로 옮겨가면서 하이델베르크 대학교에 공석이 생겼다. 하이델베르크 대학교는 1816년 여름에 베를린 대학교보다 먼저 헤겔에게 공식적인 임용 제안서를 보냈고 헤겔은 이를 수락했다. 그런데 헤겔의 임용이 공개적으로 발표되기 전에 바이에른 정부가 헤겔을 에어랑엔 대학교의 고전학부 학장 겸 교수로 임명한다고 발표했다. 헤겔은 바이에른 정부로부터 사퇴 허가를 받고서 하이델베르크로 가기로 최종 결심을 했다. 헤겔을 놓치게 된 베를린 대학교는 피히테의 교수 자리를 충원하지 못한 채 공석으로 남겨둘 수밖에 없었다.

헤겔은 1816년 가을에 하이델베르크에 도착하여 1818년 가을까지 머문다. 2년간의 짧은 기간이었지만 하이델베르크 시기는 헤겔에게 가장 안정되고 평온한 시기였다. 우선 그는 46세의 뒤늦은 나이에 하이델베르크 대학교 정교수로 부임하면서 대학교수직을 얻기 위한 15년간의 노력이 드디어 결실을 맺었다. 헤겔은 하이델베르크에서 자신을 환대하고 존중하는 동료 교수와 따뜻한 교분을 나눌 지인들을 발견할 수 있었다. 그리고 카로베(F. W. Carové)나 힌리히스(H. F. W. Hinrichs)같이 그를 숭배하는 일군의 학생들도 생겨났다. 또한 퇴행적 왕정복고의 조짐이 뚜렷해졌음에도 불구하고 그는 여전히 나폴레옹의 몰락 이후의 역사 진행에 대해서 낙관적인 견해를 가졌다. 혁명은 끝났지만 혁명이 가져온 근대적 사상과 질서는 결코 되돌이킬 수도 없고 되물릴 수도 없으며 오직 학문적 반성과 이론적 체계화를 통해 이를 명료화하고 여전히 불완전한 현실 속에서 차분히 제도적으로 실현하는 일만 남았다고 그는 생각했다. 헤겔 가족이 하이델베르크에 정착하고 나서 몇 달 후에 혼외자인 첫아들 루트비히를 집으로 데려왔다. 그동안 루트비히는 헤겔의 지인인 프롬만(Frommann) 가족에게 위탁되어 자라다가 어머니 부르크하르트가 죽자 10세 때인 1817년에 비로소 헤겔 가족의 정식 일원이 된 것이다. 또한 마리 헤겔의 남동생과 여동생도 하이델베르크에서 헤겔 가족과 함께 지냈다. 한 가족의 가장으로서도 헤겔은 이제 평화와 만족을 느낄 수 있었다.

하이델베르크 대학교는 1386년에 팔츠 지역의 선제후였던 루프레히티 1세(Ruprecht I)에 의해 설립된 독일에서 가장 오래된 대학이다. 비록 성사되지는 않았지만 스피노자(B. de Spinoza)를 교수로 초빙했던 것으로도 유명한 이 대학교는 독일의 다른 대학들과 마찬가지로 18세기 말까지 오랜 침체기를 겪었다. 그러다가 독일 재편기인 1802년에 바덴 대공국에 귀속된 후에 칼(Karl Friedrich) 대공의 이름을 덧붙여 루프레히트-칼 대학교로 개명하고서 개교에 버금가는 근본적인 개편과 재조직화에 나섰다. 그 덕분에 1800년대 초에 예나 대학교가 쇠퇴하자 예나에 있던 젊은 학자들과 문인들이 대거 하이델베르크로 옮겨왔고 결국 하이델베르크 대학교는 예나를 대신하는 독일 지성계의 중심지로 부상했다. 헤겔 역시 이때에 하이델베르크 대학교의 교수직을 얻으려고 노력했었다. 그러나 10여 년이 흐른 뒤 막상 헤겔이 교수가 되어 하이델베르크에 정착했을 때에는 이미 '예나의 정신'이 하이델베르크를 떠난 후였다. 이번에도 그는 역사의 현장에 '뒤늦게' 당도한 것이다.

하이델베르크 대학교에서 헤겔은 철학백과, 자연법, 철학사, 미학, 인간학 및 정신학 등을 강의했다. 그의 강의를 수강하는 학생 수가 처음에는 실망스러울 만큼 적었으나 곧 급격하게 늘어났다. 그는 하이델베르크 대학교의 교수들이 중심이 되어 간행하던 『하이델베르크 문예 연감』(*Heidelbergische Jahrbücher der Literatur*)의 편집위원으로도 활동했다.

헤겔의 철학 체계를 집대성하여 요약한 형태로 제시하는 『철학 백과전서』(*Enzyklopädie der philosophischen Wissenschaften im Grundrisse*)가 이 시기에 출판된다. 1817년에 제1판이 출판된 이 저서는 이후 베를린 시기에 대폭 수정되어서 제2판(1827)과 제3판(1830)으로 다시 출판된다. 보통 『철학 백과전서』라고 하면 최종판인 제3판을 일컫는다. 이 저서에서 헤겔은 사유와 존재, 자연과 정신, 그리고 인간 사회와 역사와 문화에서 사변적 이성이 관철되고 있고 또 이런 관점을 통해서만 우리는 세계를 올바로 인식할 수 있다는 점을 보여주고자 했다. 이 책을 발판으로 해서 헤겔은 명실상부하게 독일 관념론를 대표하는 철학자라는 평판을 확보한다. 또한 자신이 편집자로 있던 『하이델베르크 문예 연감』에 「야코비의 저작들」"Friedrich Heinrich Jacobis

Werke"(1817)과 「1815년과 1816년 뷔르템베르크 왕국 신분 의회의 심의」"Verhandlungen in der Versammlung der Landstände des Königreichs Württemberg im Jahr 1815 und 1816"(1817)를 게재한다.

자신의 고향인 뷔르템베르크의 정치 현안을 논평한 후자의 논문은 1818년에 뷔르템베르크 정부의 보조금을 받아 단행본으로 재출간된다. 이 글에서 헤겔은 '좋은 옛 법'을 내세우며 세습 귀족, 명사(名士), 고위 성직자들의 특권을 지키려는 신분 의회에 맞서 성문화된 자유주의적 헌법과 중앙집권적 정부 체제를 관철시키고자 하는 뷔르템베르크의 국왕을 지지했다. 이 글을 통해 그는 입헌주의와 대의제를 통한 근대적 정치 질서에 대한 그의 신념을 확고하게 표명하면서 나폴레옹 이후의 독일 정치 상황에 대해 철학자로서 발언하고자 했다. 그런데 이 글로 인해 헤겔은 뷔르템베르크의 정황과 관련하여 국왕의 권력 확대를 우려했던 친구 파울루스와 완전히 결별하게 된다.

베를린 시기, 점점 커지는 헤겔 철학의 영향력

그사이에 프로이센에서는 대학을 담당하는 주무 장관이 슈크만에서 헤겔에게 우호적인 알텐슈타인(K. S. F. Altenstein)으로 교체되었고 베를린 대학교에서도 아직 공석으로 남아 있는 피히테의 후임 자리를 충원하려는 움직임이 일어났다. 헤겔의 임용이 다시 논의되어 1817년 말에 알텐슈타인이 헤겔에게 임용 제안서를 보냈다. 유리한 조건의 협상을 진행한 후에 헤겔은 1818년 봄에 프로이센 문화부에 임용을 수락한다는 편지를 보냈다. 베를린 대학교는 헤겔이 곧바로 오기를 원했지만 하이델베르크 대학교에서 이미 여름학기 강의가 공고되어 있었기 때문에 헤겔은 예정된 강의를 다 마치고서 1818년 가을에 그의 생애 마지막 정착지인 베를린을 향해 하이델베르크를 떠났다.

가족과 함께 베를린에 정착한 헤겔은 1818/19년 겨울학기에 강의를 시작하여 1831년 가을에 사망할 때까지 13년간 베를린 대학교에서 철학 교수로 재직한다. 베를린 기간은 헤겔에게 삶의 정점을 이룬 시기이자 동시에 정신적·신체적 노쇠가 차츰 나타나는 시기이기도 했다. 그는 이제 자신의 고유한 철학 체계를 완성했을 뿐만 아니라 자신의 철학이 지닌 타당성과 정당성이 이미 입증되었다고 강하게 확신했다. 헤겔은 '베를린 왕립 대학교 정교수'라는 직위에 상당한 자부심을 가졌다. 그가 자리 잡은 베를린 대학교는 독일의 학문과 문화의 중심지로 부상한 상태였고 프로이센 왕국은 전성기를 눈앞에 두고 있었다.

베를린 대학교 내에서 헤겔의 입지와 영향력은 나날이 커져서 생애 말년에는 베를린 대학교 총장까지 지낸다. 또한 칸트 이후 독일을 대표하는 철학자로서 그가 누리는 명성과 권위도 높아져만 갔다. 헤겔의 철학이 그렇듯이 그의 삶도 보다 더 높은 지점을 향해 꾸준히 한 걸음씩 올라가서 그의 생애 마지막에 최

베를린 왕립 대학교의 헤겔
베를린 대학교 내에서 헤겔의 입지와 영향력은
나날이 커져서 생애 말년에는 베를린 대학교 총장까지
지낸다. 또한 칸트 이후 독일을 대표하는 철학자로서
그가 누리는 명성과 권위도 높아져만 갔다.

정점에 도달한다.

헤겔의 주변에는 그의 철학에 매료된 제자들을 중심으로 하나의 학파가 형성되기 시작했다. 그리고 그의 철학은 이제 그의 선배나 경쟁자였던 피히테, 셸링, 야코비, 프리스의 철학을 압도하면서 독일 철학계를 지배했다. 당대 지식인의 상징인 괴테조차 헤겔에게 경의를 표할 정도였다. 다른 대학에서도 헤겔의 철학을 강의하는 수업이 늘어났다. 그리고 여전히 어눌한 말투로 진행되는 그의 강의는 큰 인기를 누리면서 독일 문화권만이 아니라 러시아나 폴란드 등 외국의 학자와 학생들도 그의 수업을 청강하러 오곤 했다.

알텐슈타인이나 슐체(J. Schulze) 같은 프로이센 정부의 교육 담당 고위 관료들은 헤겔에게 우호적이었을 뿐만 아니라 그의 적극적인 후원자이기도 했다. 헤겔이 프로이센 정부의 비호를 받고 있으며 그 대가로 그가 자유주의적 개혁 노선을 저버리고서 프로이센 왕국의 절대 군주제를 옹호하는 수구적 어용 철학자가 되었다는 비난이 처음부터 그를 따라다녔다. 그의 명성이 높아지면서 그의 적대자들도 더욱 많아졌다.

헤겔은 50대 중반이 되면서부터 만성 위장 질환에 시달리기 시작했다. 그리고 무엇보다도 그를 괴롭혔던 것은 나폴레옹의 몰락 이후 프로이센과 유럽에서 일어나는 반동적 복고주의의 흐름이었고, 그가 지나치게 낙관적인 관점에서 이런 움직임을 과소평가했다는 사실은 베를린에 도착한 지 얼마 지나지 않아

곧 현실로 나타났다.

베를린 대학교는 프로이센의 수도인 베를린에 1809년 신설된 왕립 대학교이다. 프랑스와의 전투에서 베를린까지 점령당하는 연이은 참패에 이어 1807년에 체결된 틸지트 조약으로 독일 지역의 열강이었던 프로이센은 영토의 절반 이상을 잃고 약소국으로 전락하고 말았다. 게다가 프로이센을 대표하던 유서 깊은 할레 대학교가 1806년에 나폴레옹에 의해 폐쇄되었다. 그러자 프로이센의 국왕 프리드리히 빌헬름 3세(Friedrich Wilhelm III)는 '물리적으로 상실한 국가를 정신의 힘으로 회복하자'고 선언했다. 이어서 그는 일련의 사회 개혁과 함께 교육 개혁 정책도 펼치면서 근대 입헌 국가에 걸맞은 합리적이고 유능한 엘리트를 양성하는 새로운 근대적 교육 기관의 설립에 착수했다. 그리하여 1809년에 당시 교육장관을 맡고 있던 훔볼트(K. W. von Humboldt)의 주도 아래 피히테, 슐라이어마허 등이 적극적으로 참여하여 베를린 대학교가 설립되었다.

훔볼트가 가졌던 대학의 이상은 단순한 직업인 양성소가 아니라 '예나의 정신'을 이어받은 교육과 연구의 공동체였다. 왕이 적극적으로 후원하고 독일의 대표적인 학자들이 관여하여 설립된 베를린 대학교는 단숨에 미래의 독일을 이끌 거점 대학교로 떠올랐고 많은 지식인들과 학생들이 이곳으로 몰려들었다. 헤겔도 이미 1816년에 베를린 대학교로 갈 기회가 있었지만 베를린 대학교의 여건과 가족의 내부 사정으로 2년 후에야 비로소 베를린에 안착할 수 있었다. 헤겔은 1818년 10월 22일에 베를린 대학교 교수 취임 강연을 한다. 베를린 대학교에 오면서 헤겔은 처음으로 '제때에' 역사의 중심 현장에 들어서게 된 것이다. 이곳에서 헤겔은 철학백과, 논리학, 형이상학, 자연철학, 정신철학, 법철학, 역사철학, 미학, 종교철학, 철학사 등을 강의한다.

수구적 반동복고의 흐름에 맞선 개혁주의자 헤겔

그런데 하이델베르크 대학교에서와는 달리 베를린 대학교의 내부 분위기는 헤겔에게 적어도 초기에는 그리 우호적이지 않았다. 우선 헤겔이 부임할 당시에 훔볼트와 피히테의 뒤를 이어 슐라이어마허가 베를린 대학교의 총장을 맡고 있었다. 슐라이어마허는 마지막에는 헤겔의 교수 임용에 동의했지만 임용 절차를 계속 지연시켜왔을 뿐만 아니라 임용 후에도 헤겔과 계속 적대적인 관계에 놓이게 된다. 또한 법학부에는 보수적 낭만주의를 대변하면서 개혁적 성문 헌법의 제정에 강력하게 반대하던 저명한 법학자 사비니(F. K. von Savigny)가 자리 잡고 있었다. 입헌주의를 지지하던 헤겔은 이미 하이델베르크 시기부터 사비니와 대립된 입장에 있었는데 베를린 대학교에서 두 사람은 서로 더 날카롭게 부딪치게 된다. 헤겔이 베를린 대학교에 임용될 때 알텐슈타인은 그에게 베를린 학술원에 가입시켜줄 것을 약속했지만 슐라이어마허와 사비니의 완강한 반대로 학술원

입회는 베를린 시기 초반부터 저지당했고 끝내는 무산되었다.

또한 프로이센의 정세도 헤겔이 기대했던 것과는 정반대 방향으로 진행되었다. 근대적 개혁을 적극 지지해온 헤겔은 1820년대 중반까지도 왕정복고 운동의 억압적인 분위기 속에서 실제적인 위협과 불안에 시달려야 했다. 프로이센은 18세기 후반 계몽된 전제 군주인 프리드리히 대왕(Friedrich II)의 치세 아래 오스트리아에 버금가는 독일 지역의 신흥 강국으로 성장했다. 그러나 프리드리히 빌헬름 3세가 즉위한 후에 프랑스와의 전쟁에서 연패하면서 국가의 존립마저 위협받는 위기에 처하게 되었다.

그러자 프로이센 정부는 1807년부터 슈타인(K. von Stein)과 그 후임자인 하르덴베르크(K. A. von Hardenberg)를 수상으로 임명했다. 그들은 곧 농노제를 폐지하고 도시 자치제를 시행하는 등 농업과 행정과 교육 분야에서 대대적인 근대화 개혁에 착수하고 자유 시장 경제와 중앙 집권적 행정 체제의 도입을 시도했다. 이런 개혁 정책은 1815년에 국왕이 기존의 '프로이센 일반 국법'을 대체할 새로운 대의제 헌법을 제정하겠다고 천명하면서 정점에 도달했다. 예나 초기에 프로이센에 대해서 매우 비판적이었던 헤겔은 이 시기의 개혁 정책을 높이 평가하면서 프로이센을 '지성 위에 세워진 국가'라고까지 극찬한다. 헤겔은 프랑스 혁명기의 공포정치를 목격하고 난 뒤에는 민주주의를 향한 급진적 혁명보다는 입헌 군주제를 목표로 하는 '위로부터의 개혁'을 지지했다.

그런데 프로이센이 1813년에 라이프치히 전투에서 프랑스군에 승리하여 나폴레옹을 실각시키고 1815년에 개최된 빈 회의를 통해 1807년에 상실했던 것보다 더 넓은 영토를 확보하게 된다. 독일의 맹주 지위를 회복하게 된 프로이센은 곧 오스트리아의 수상 메테르니히(C. W. L. Metternich)와 결탁하여 급격하게 수구적인 반동 정책으로 선회한다. 빈 회의의 결실로 독일의 여러 국가들은 1815년에 독일연방을 구성하고 연방의회를 제도화했다. 그러나 독일연방은 실은 39개의 독립적인 권한을 지닌 소규모 국가 및 자유 도시들의 느슨한 전략적 연맹에 불과했다. 그리고 이때 체결된 연방규약도 각국의 전제 왕정을 방어하기 위한 반동적 복고의 수단일 뿐 오히려 독일의 통일과 근대적 헌법의 제정에 장애물이 되었다. 이런 반동화 경향에 발맞추어 프로이센 국왕도 1819년에 그동안 자신이 약속해왔던 개혁적 헌법 제정의 약속을 철회한다. 오스트리아를 제외한 지역에서 프로이센의 주도 아래 독일이 통일 국가를 이루고 하나의 통일된 헌법을 갖게 된 것은 헤겔이 사망한 지 40년이 지난 1871년에 독일연방이 해체되고 독일제국이 수립되면서 비로소 이루어진다.

이런 수구적 반동복고의 흐름 속에서 개혁주의자 헤겔은 베를린 왕립 대학교에 부임했다. 그리고 바로 한 해 뒤에는 보수주의자들에게 개혁 진영에 대한 전면적인 공세와 탄압에 나서도록 만드는 데에 좋은 빌미를 제공한 정치적 사건이 벌어졌다. 1819년 3월에 러시아의 첩자라는 의혹을 받던 보수주의적 극작가 코체부(A. F. F. von Kotzebue)가 예나 대학교의 학생이자 학생조합(Burschenschaft) 지도부의 일원인 잔트(K. L. Sand)에 의해 바덴 대공국에서 암살된 것이다. 그리고 몇 주 뒤에는 다시 학생조합에 속한 또 다른 대학생에 의해 나사우 공국에서 한 장교가 살해되는 사건이 발생했다. 그러자 프로이센을 비롯한 독일연방의 각국 정부는 개혁에 대한 공포심과 불안감을 조장하여 1819년 9월에 독일연방의 이름으로 칼스바트 결의를 가결하고 이른바 '선동가'들에 대한 대대적인 축출과 검거에 나섰다.

칼스바트 결의의 주요 내용은 선동자 색출을 위한 조사위원회 설치, 선동적인 교수들의 즉각적인 해고와 복직 금지 및 대학 내에 정부가 임명하는 감시위원회 설치, 독일연방 전역의 모든 출판물에 대한 검열 등이었다. 칼스바트 결의는 개혁 운동 전체의 분쇄를 목표로 삼고 있었지만 특히 독일 제후국들의 봉건적 지배 체제에 위협이 된 학생조합의 지도부와 그 지지자들이 직접적인 표적이 되었다. 잔트는 1820년에 처형되었다. 그리고 계몽된 근대 국가를 지향하던 프로이센이 반동으로 돌아서서 칼스바트 결의를 적극적으로 실행하는 데에 항의하여 훔볼트는 공직에서 사퇴했고 정부 내에는 더 이상 개혁주의자들을 찾아보기 어렵게 되었다.

학생조합은 1815년에 예나 대학교에서 새롭게 결성된 정치적 성향이 짙은 대학생 조직이었는데, '독일적인 것'에 대한 열광적인 감정에 호소하는 배타적 민족주의와 급진적 개혁주의를 표방하면서 급속하게 독일 전역의 대학으로 세력을 확장했다. 이들은 1817년 10월에 바이마르 대공국에 있는 바르트부르크에서 루터(M. Luther)의 종교 개혁 300주년과 라이프치히 전승을 기념하는 축제를 열었다. 독일 지역의 13개 대학에서 온 약 500명의 학생들이 참가한 이 축제에서 학생조합의 지도부는 민족 감정을 고취하는 연설을 하고 기존 질서를 상징하는 유니폼들과 함께 비독일적이고 반동적이라고 지목한 서적들을 불태웠다. 이때 불태워진 책에는『나폴레옹 법전』과 코체부의 저서, 그리고 유대인 작가들의 저작도 포함되어 있었다. 당시 예나 대학교 교수였던 프리스도 축제에 참가하여 학생조합에 대한 지지와 '유대적인 것'의 배격을 포함하는 내용의 격려 연설을 했다.

또한 학생조합 지도부의 일원이자 나중에 베를린 대학교에서 헤겔의 교육 조교를 하게 되는 카로베를 비롯하여 몇 명의 헤겔 제자들, 그리고 헤겔의 처남인 고틀리프 폰 투허(Ch. K. G. von Tucher)도 바르트부르크 축제에 참가했다. 그뿐만 아니라 칼스바트 결의 이후에는 아스베루스(G. Asverus), 헤닝(L. D. von Henning), 푀르스터(F. Förster) 등 헤겔의 또 다른 제자들도 코체부 암살 사건에 연루된 선동가라는 혐의로 당국의 조사를 받거나 구속되었다. 헤겔은 위험을 무릅쓰고 이들을 공개적으로 변호했을 뿐만 아니라 석방을 위해 힘을 썼다. 그러나 헤겔 자신도 선동가 또는 최소한 간접적인 연루자라는 혐의를 받고 오랫동안 사정 당국의 조사와 감시의 대상이 되었다. 헤겔이 혁명을 부추기는 전복적 사고의 위험인물이라는 평가는 이때부터 보수주의자들이 헤겔에 대해 가지는 일반적인 시각으로 굳어졌다.

헤겔의 마지막 저서 『법철학』이 몰고 온 파장

헤겔의 후기 주저인 『법철학』(*Grundlinien der Philosophie des Rechts*)은 이렇게 수구적 반동의 광풍이 몰아칠 때 집필되고 출판된 불행한 출생의 내력을 가진 저작이다. 이 저서는 헤겔이 생존 시에 직접 출판한 마지막 신간이다. 이 책이 실제로 출판된 것은 1820년 말이지만 당시의 관례에 따라 책 표지에는 출판연도가 도서 목록에 등록된 해인 1821년으로 기재되어 있다. 이 저서는 『철학 백과전서』의 제3권 「정신철학」 중에서 '객관 정신'의 장에서 다룬 내용을 확대하여 단행본으로 펴낸 것이고, 서술 방식도 『철학 백과전서』와 마찬가지로 강의 교재의 용도를 따랐다. 헤겔의 마지막 주저가 정치철학을 다룬 것이라는 사실은 그의 사유가 얼마나 실천적인 문제에 정향되어 있는지를 다시 한 번 확인시켜준다.

이 저서에서 헤겔은 근대적 사회 질서를 구성하는 규범 원리가 무엇이고 그것이 어떤 법적·도덕적·제도적 형태로 구체화되어야 하는지를 보여주고자 했다. 그는 그런 규범 원리를 '인류성'이라고 규정했으며, 상호주관적으로 연대한 개인들의 자유로운 의지를 인류성의 출발점이자 근원으로 삼았다. 이 저서에는 헤겔이 청년기부터 노년에 이르기까지 끊임없이 고심하며 가다듬어 온 그의 실천철학이 집대성되어 있다. 그러나 불행하게도 이 책에 대한 대중의 관심과 평가는 이런 본질적인 내용보다는 책의 「서문」에서 헤겔이 당시의 정치 상황과 관련하여 발언한 몇몇 구절들에 집중되었다. 여기서 헤겔은 공공연하게 학생조합과 그의 오랜 경쟁자인 프리스를 신랄하게 비난하고 그 맥락에서 은연중에 슐라이어마허를 비판했다. 그러고는 '현실적인 것'을 이성적이라고 선언했다.

바르트부르크 축제에 직접 참가했고 살해범인 잔트의 정신적 후견자라는 혐의를 받은 프리스는 칼스바트 결의에 따라 1819년 예나 대학교에서 해직당했다. 같은 해에 베를린 대학교에서도 프리스의 친구인 신학 교수 드 베트(W. M. L. de Wette)가 잔트를 옹호했다는 이유로 쫓겨났다. 드 베트의 해직을 둘러싸고 이를 정당하다고 여기던 헤겔은 당시에 그와 마찬가지로 사정 당국의 감시를 받고 있던 슐라이어마허와 여러 사람 앞에서 언성을 높이며 논쟁을 벌였다.

이런 일들이 여전히 사람들의 입에 화제로 오르내리던 때에 헤겔이 자신의 정치철학을 상술한 새 책에서 경솔하게도 이들을 신랄한 어투로 다시 비난하고 나선 것이다. 여기서 헤겔은 프리스를 실명으로 거론하면서 '천박한 무리들의 우두머리'라고 일컫고는 그가 몇 해 전에 바르트부르크 축제에서 행한 연설의 한 구절을 인용한 다음 조목조목 비판한다. 급진적 개혁주의자라는 혐의로 이미 교수직을 잃은 프리스에 대한 이런 공격은 대다수의 사람들에게 자신의 경쟁자에 대한 무자비하고 과도한 보복으로 비쳤고 자유주의자들에게는 헤겔의 변절에 대한 의심할 수 없는 증거로 각인되었다. 이들에게 헤겔의 『법철학』은 수구적 반동으로 돌아선 프로이센 왕정에 대한 철학적 옹호 또는 최소한 순응으로 받아들여졌다. 보수주의자들에게는 기존 질서를 전복시키려는 위험인물로 평가받는 헤겔이 자유주의자들에게는 정반대로 구체제와 전체주의를 옹호하고 반동화된 절대왕정에 아부하는 어용 철학자로 낙인찍히게 된 것이다.

그러나 헤겔이 『법철학』에서 프리스 같은 급진적 자유주의자 못지않게, 아니 실은 그보다 더 날카로운 어조로 낭만적 보수주의를 대표하는 사비니나 할러(K. L. von Haller), 그리고 역사학파를 통렬하게 논박하고 있다는 사실은 주목받지 못했다. 헤겔은 개인의 자유가 모든 근대적 규범의 토대가 되어야 한다고 주장하면서도 이를 자유주의와는 다른 방식으로 실현하고자 했고, 전통과 공동체적 결속을 중요하게 생각하면서도 과거의 질서에 정체되지 않는 역사적 발전의 전망을 확보하고자 했다. 이런 이중 전선의 구축은 역으로 헤겔이 양 진영으로부터 정반대의 공격을 받게 만드는 결과를 가져왔다. 『법철학』은 수구적 반동의 탄압이 극심하던 시기에 당국의 검열을 거치고서야 비로소 출판될 수 있었다. 그렇지만 이 저서에는 헤겔이 오랫동안 사색한 결과가 집약되어 있을 뿐이지 검열 때문에 그의 지론과는 다른 내용이 덧붙여지거나 변경된 것은 아니다. 그러나 다른 한편 그가 베를린 대학교에서 해마다 개설한 법철학 강의에서는 공식적으로 출간된 저서에서보다 개혁주의적인 어조와 면모가 좀 더 확실하게 드러난다는 것도 분명한 사실이다.

『법철학』을 둘러싼 소란스러운 논쟁이 차츰 잦아들자 헤겔의 삶도 좀 더 안정을 찾기 시작한다. 그러나 칼스바트 결의는 여전히 유효했고 1848년 3월 혁명을 통해 구성된 국민의회를 통해 폐지될 때까지 유지되었다. 게다가 1824년에 발생한 쿠쟁(V. Cousin) 사건은 헤겔을 또다시 위험에 빠뜨렸다. 쿠쟁은 파리의 진보적 자유주의자들의 지도자이면서 헤겔 철학에 깊은 관심을 갖고 있던 프랑스인인데, 헤겔은 그와 하이델베르크 시기부터 친분을 맺고 있었다. 그런데 쿠쟁이 독일 여행 중에 '혁명세력'이라는 혐의로 1824년 10월에 드레스덴에서 체포되어 프로이센 경찰에 넘겨졌다. 헤겔은 이번에도 위험을 무릅쓰고 그를 변호했고 헤겔의 개입 덕분에 쿠쟁은 1825년 4월에 석방될 수 있었다. 그 후에 쿠쟁은 공개적으로 헤겔에게 감사의 뜻을 표했는데, 이 때문에 헤겔은 다시 한 번 프로이센 공안 당국의 주시를 받게 되었다.

또한 1826년에는 헤겔의 강의 내용이 가톨릭계와 갈등을 빚으면서 그의 철학이 범신론이라는 비난을 받게 되었다. 하지만 프로이센에서 헤겔의 명성과 지위는 이미 확고한 상태였다. 그리고 1820년대 중반에 들어서면서 자유주의자들에 대한 탄압의 강도도 완화되었다. 1824년에 프리스가 예나 대학교에 복직한 것이 그 징표라고 할 수 있다.

헤겔의 화려한 명성과 권위

자신의 입지에 대한 불안감이 어느 정도 걷히고 생활에 여유도 생기면서 헤겔은 사교 모임과 연극이나 오페라 극장에도 활발하게 참석했다. 그는 하이든(F. J. Haydn)과 모차르트(W. A. Mozart), 그리고 낭만주의 및 이탈리아 오페라의 애호가가 되었고 예술계의 주요 인사로 대접받았다. 또한 헤겔은 젊은 시절 가정교사로 베른에 잠시 머물렀던 경험을 제외한다면 생애 최초로 독일 이외의 지역으로 국외 여행에도 나섰다. 1822년에는 근대적 개혁과 개방, 그리고 관용의 모범이었던 네덜란드를 여행했으며, 1824년에는 신성로마제국의 영광과 화려함이 남아 있고 이제는 왕정복고의 견고한 보루가 된 오스트리아 빈을 둘러보았다. 또한 1827년에는 근대 유럽의 혁명적 발상지이자 '문명화된 세계의 수도'인 프랑스 파리로 여행을 떠났다. 이곳에서 헤겔은 쿠쟁의 정성스러운 안내를 받으면서 대학 건물, 극장, 박물관, 도서관, 루소의 유적지, 프랑스 혁명의 유적지, 나폴레옹이 세운 증권거래소 등을 감명 깊게 둘러본다. 그리고 프랑스의 진보적 자유주의자들과도 교분을 갖는다. 파리에서 베를린으로 돌아오는 길에 헤겔은 바이마르에 있는 괴테를 방문하여 함께 식사를 하면서 담소를 나누었다.

베를린 시기 동안 헤겔이 얻은 철학자로서의 명성과 베를린 대학교 내에서의 권위는 갈수록 높아져갔다. 1821년에 그는 철학부 학장을 1년간 맡았다. 그리고 1829년에는 베를린 대학교 총장으로 선출되어 1년간 재임했다. 동시에 그는 칼스바트 결의에 따라 대학 안에 설치되어 있는 감시위원회의 전권대사로 임명되었다. 전권대사에는 본래 정부가 대학 외부의 인사로 임명해왔는데, 헤겔의 경우 유일하게 총장직과 전권대사직을 동시에 수행했다. 1831년에는 프로이센 국왕으로부터 3급 붉은 독수리 훈장을 받았다. 많은 사람들이 너무 뒤늦은 수여라고 생각했다.

헤겔의 강의들, 그중에서도 특히 법철학, 세계사, 종교철학, 미학에 관한 강의는 높은 인기를 누려서 독일 전역의 많은 학생들뿐만 아니라 외국의 학자와 학생들, 더 나아가 귀족 장교와 정부 고위 관리들까지도 헤겔의 수업을 청강했다. 학생들은 그의 강의를 꼼꼼히 받아 적었으며, 그런 강의록은 학생과 지식인, 그리고 학자들 사이에서 회람되곤 했다. 그 때문에 다른 학자들에 의한 표절 시비가 일기도 했지만 이 강의록들은 훗날 헤겔 사후에 유저로 편찬된다. 베를린에서의 헤겔은 문화 권력이 되었고 어떤 사람들은 그를 심지어 '독재자'로 경원시했다.

이 시기에 헤겔이 누린 위상을 알려주는 일화가 몇 가지 있다. 우선 그 하나는 쇼펜하우어(A. Schopenhauer)와 관련되어 있다. 예나 대학교에서 박사학위를 받고 『의지와 표상으로서의 세계』 (1819)라는 자신의 주저를 이미 출판한 야심 찬 젊은 철학자 쇼펜하우어는 1820년에 베를린 대학교 철학부에 교수자격시험과 강의 개설을 신청했다. 그러면서 그는 의도적으로 헤겔의 강의 시간과 같은 시간대에 자신의 강의를 잡아달라고 요청했다. 철학부의 다른 교수들은 이 젊은 학자의 오만함에 분개했지만 헤겔은 쇼펜하우어의 요청에 모두 동의했다. 그런데 막상 학기가 시작되자 헤겔의 강의는 성황을 이룬 반면에 쇼펜하우어의 강의에는 고작 5명 정도만 참석했다. 쇼펜하우어는 1821년에 베를린 대학교를 떠났고 결국 대학에 자리를 잡지 못했다. 헤겔에 대해 극도의 반감을 가지고 있던 쇼펜하우어는 그 뒤로 대학의 강단 철학 전체를 경멸하게 된다.

또 다른 한 일화는 1826년 헤겔의 56세 생일잔치 소동이다. 헤겔의 생일 전날인 8월 26일 밤부터 시작된 생일 축하연은 헤겔의 친구와 지인들, 그리고 제자들이 몰려들어서 생일날인 27일의 잔치를 거쳐 28일 괴테의 생일 축하연으로까지 흥겹게 이어졌다. 생일 선물 중의 하나로 그의 흉상이 제작되기도 했다. 헤겔의 성대한 생일 축하연 소식은 지역 신문에까지 보도되었다. 그런데 같은 8월에 생일이 있는 프로이센 국왕은 자신의 생일에 관한 보도가 헤겔의 생일잔치에 관한 보도보다 빈약하자화가 났다. 그래서 내각령을 공포하여 '사적인 잔치'에 대한 신문 보도를 금지시켰다. 물론 왕의 생일이나 거취는 '공적인' 사안이었다.

이렇게 승승장구하는 헤겔에게 가슴 아픈 일도 있었다. 1817년부터 가족에 합류하여 함께 살던 혼외자 루트비히가 1826년경에 집을 떠나 소식이 두절되었다가 헤겔이 사망하는 1831년에 24세의 나이로 아버지보다 먼저 병사한 것이다. 루트비히와 헤겔의 다른 가족들 사이의 관계는 원만치가 못했다. 헤겔의 가족들은 루트비히의 성격이 유달리 모나다고 여겼고, 반면에 루트비히는 자신이 가족들로부터 서자 취급을 당하며 소외된 채 차별 대우를 받는다고 불만스러워했다. 헤겔은 세 아들을 모두 대학에 보내는 것은 재정적으로 감당이 안 된다고 생각하여 루트비히를 1822년경에 자신의 고향인 슈투트가르트의 한 교역상에게 수업료를 지불하지 않는 조건의 도제로 보냈다. 루트비히 자신은 의학을 공부하고 싶어했고 또 그만한 학업 성적도 거두었다. 반면에 '친자'인 칼과 임마누엘은 프랑스식 김나지움을 졸업하고 대학에 진학한다.

원치 않는 도제 생활을 하다가 루트비히는 고용주와 말다툼을 벌이고 나서 일을 그만두고는 동인도에서 근무하는 네덜란드 식민지 군대에 입대했다. 이때 루트비히는 아버지의 성을 버리고 친어머니의 결혼 전 성인 피셔라는 이름으로 지원했다. 그 후로 루트비히와 헤겔 가족 사이에는 모든 교류가 단절되었다.

루트비히는 자카르타에서 복무하던 중에 열병에 걸려 1831년 여름에 사망했다. 헤겔은 죽을 때까지도 루트비히의 사망 소식을 듣지 못했다.

『법철학』의 출간 이후에 헤겔은 더 이상 새로운 저서를 내놓지 않는다. 다만 1827년과 1830년에 각각 『철학 백과전서』를 수정·증보한 제2판과 제3판을 출간하고 1831년에는 『논리학』 제1권 「존재론」의 개정 작업을 마쳤다. 사망 직전에는 『정신현상학』의 새로운 판본을 위한 출판 계약이 체결되었으나 작업은 진행될 수가 없었다.

헤겔은 제자이자 동료인 법학자 간스(E. Gans)와 함께 1826년부터 '학술 비평 협회'(Sozietät für wissenschaftliche Kritik)를 창립하고 『학술 비평 연감』(*Jahrbücher für wissenschaftliche Kritik*)을 간행하기 시작한다. '학술 비평 협회'는 당시 사람들에게 헤겔의 입회를 끝내 거부한 베를린 학술원의 경쟁 학회로 간주되었고 헤겔의 적대자들은 『학술 비평 연감』을 '헤겔의 잡지'라고 불렀다. 물론 헤겔을 비롯한 '학술 비평 협회'의 구성원들은 이런 세평을 극구 부인했다. 하지만 헤겔은 슐라이어마허와 사비니도 협회에 입회시키자는 주변의 제안에 격분하며 이를 거부했다.

헤겔은 『학술 비평 연감』에 훔볼트의 『바가바드기타라는 이름으로 알려진 마하바라타의 에피소드』에 대한 비판적 서평(1827)을 게재한다. 1831년에는 그의 마지막 저작인 「영국의 개혁 법안에 대하여 "Über die englische Reformbill"가 『프로이센 국가 신문』에 연재된다.

근대의 거인이 스러지다

노년의 헤겔은 프로이센과 유럽이 혁명의 혼란과 전쟁의 참상에서 벗어나 안정된 질서 아래에서 점진적인 개혁을 이루어가기를 바랐다. 그러나 헤겔의 희망과는 달리 1830년부터 프랑스와 영국을 진앙지로 하여 유럽의 정세는 다시 한 번 크게 요동치게 된다. 우선 프랑스에서는 1830년에 7월 혁명이 일어나 3일간의 시가전 끝에 샤를 10세(Charles X)가 축출되고 루이 필리프 1세(Louis Philippe I)가 새로운 왕으로 추대되면서 자유주의적 입헌 왕정이 들어서게 되었다. 7월 혁명의 여파로 벨기에, 이탈리아, 폴란드, 독일의 여러 공국 등 유럽 전역에서 소요와 폭동이 일어났다. 청년 헤겔이 1789년의 대혁명에 환호했듯이 헤겔의 제자들은 1830년의 7월 혁명을 반동의 시대를 종식시키고 역사의 진보를 향해 민중을 다시 이끄는 '자유의 여신'으로 열렬히 환영했다. 그러나 헤겔은 사태의 진전에 당혹스러워하며 새로운 불안정성에 두려움과 불안감을 느꼈다. 자유를 향한 역사의 진보를 주창하던 그는 오히려 혁명에 열광하는 제자들을 질책했다.

영국에서는 1831년에 휘그당 개혁파의 주도로 자유주의적 개혁 법안이 의회에 제출되었다. 헤겔은 「영국의 개혁 법안에 대하여」라는 기고문에서 개인의 권리에 편향된 자유주의적 정책이 그것에 의해 공동화(空洞化)된 권력을 본래 의도와는 달리 봉건적 토호 지주 세력에게 집중시켜줌으로써 오히려 구체제를 공고하게 만드는 결과를 가져올 것이라는 이유에서 개혁 법안에 반대했다. 헤겔에게 극단적 자유주의와 절대주의는 언제나 동전의 양면일 따름이었다. 프로이센 궁정은 헤겔의 기고문을 은연중에 후원했다.

노년의 헤겔이 보인 이런 반개혁적인 태도는 그의 제자들을 당황시켰으며, 어린 시절부터 '늙은이'라는 별명으로 불리던 헤겔은 이제 정말로 늙은이가 된 것처럼 보였다. 헤겔의 생애 마지막 시기에 학생들은 노(老)철학자 헤겔의 법철학 강의보다는 헤겔의 수제자이면서 개혁적 자유주의자인 참신한 법학자 간스의 법철학 강의를 더 선호했다.

헤겔은 1823년부터 두통에 시달리면서 건강이 악화되기 시작했고 1827년부터는 심각한 위장 질환을 지병으로 앓게 된다. 총장의 임기를 마친 1830/31년 겨울학기부터는 급격하게 악화된 건강 때문에 강의마저 줄여야만 했다. 게다가 1830년에 러시아에서 발생한 콜레라가 동유럽을 거쳐 1831년에는 베를린에까지 퍼졌다. 헤겔의 가족은 전염병을 피해 베를린 근교로 요양을 갔다가 10월 말에 베를린으로 돌아왔다. 11월 10일부터 겨울학기 강의를 시작한 헤겔은 13일부터 심한 복통에 시달렸다. 그는 11월 14일 아침에 거실에서 쓰러졌고 병세가 계속 악화되다가 오후에는 가슴 경련이 일어났다. 헤겔은 1831년 11월 14일 오후 4시 45분경에 향년 61세의 나이로 사망했다. 의사들은 그의 사인을 독성 콜레라로 진단했으나 헤겔에게 콜레라 증세는 나타나지 않았었다. 또한 콜레라로 사망한 환자들에 대한 규정과는 달리 헤겔은 사망 당일에 콜레라 공동묘지에 매장되지도 않았다. 진정한 사인은 만성 위장 질환으로 추정된다.

헤겔의 장례식은 수많은 애도자들이 운집한 가운데 11월 16일에 거행되었고 헤겔의 친구이자 베를린 대학교의 총장으로 재임 중인 마르하이네케(P. Marheineke)가 추도사를 했다. 헤겔은 본인이 생전에 희망한 대로 베를린 도로테아 공동묘지에 전쟁 동안 티푸스로 사망한 선배 철학자 피히테와 베를린 대학교의 동료 교수이자 친구였던 미학자 졸거(K. W. F. Solger) 곁에 나란히 묻혔다. 현재는 졸거의 묘지에 마르쿠제(H. Marcuse)가 묻혀 있다. 헤겔이 사망한 지 약 한 달 후인 1832년 초에 여동생 크리스티아네가 강물에 몸을 던져 자살한다.

헤겔 사후에 '학술 비평 협회'는 곧바로 '고인의 친구들의 모임'(Verein der Freunde des Verewigten)으로 전환되어 헤겔의 기존 출판물과 유고와 강의록들을 수집하고 편찬하기 시작한다. 이 모임에는 헤겔의 장남인 칼 헤겔과 간스, 슐체, 마르하이네케, 푀르스터, 헤닝 등 헤겔의 동료와 제자들이 참여한다. 이들이 편찬한 헤겔의 저작과 유작, 강의록들은 1832년부터 1842년까지

총 19권으로 출판되는데, 이것이 최초의 헤겔 전집이다. 여러 차례의 유산으로 몸이 허약했던 부인 마리 헤겔은 1855년까지 생존하면서 남편의 전집 출판과 왕정복고의 종말을 지켜본다. 1832년에 헤겔의 『논리학』 중 제1권 「존재론」의 수정본인 제2판이 출판된다.

1841년에는 셸링이 베를린 대학교에 초빙되어 공석으로 남아 있던 헤겔의 교수 자리에 취임한다. 이때 셸링에게 공식적으로 부여된 임무는 베를린 대학교에 만연해 있는 '헤겔주의적 범신론의 사악한 씨앗을 근절'시키는 것이었다. 셸링의 교수 취임 연설에는 헤겔 이후의 세대를 대표하는 사상가들이 될 키르케고르(S. Kierkegaard), 바쿠닌(M. A. Bakunin), 엥겔스(F. Engels) 등도 참석했지만 셸링의 연설에 실망한 채로 돌아갔다.

1

헤겔, 평생에 걸쳐 철학의 체계를 완성하다

체계와 서술

철학은 헤겔에게서 완성되었다는
맑스의 평가는 적어도 현재의 시점에서
결코 과장이 아니다.

분과 학문을 총망라한 헤겔의 철학 체계

헤겔 철학이라는 거대한 산맥을 그 내부에서 탐사하기에 앞서 먼저 어느 정도 적당한 거리를 두고서 그의 철학 체계와 서술 방식을 큰 틀에서 조망해보는 것으로 우리의 여정을 시작하자. 이 첫 접근을 통해 우리는 헤겔 철학의 전체적인 윤곽과 구조를 가늠할 수 있을 것이다. 이를 위해 이 장에서는 다음과 같은 물음들이 중점적으로 다루어질 것이다. ① 헤겔의 철학 체계는 어떤 분과 학문들로 구성되어 있는가? ② 이 분과 학문들은 서로 어떤 논리적 연관을 통해 하나의 체계로 결합되어 있는가? ③ 이렇게 철학 체계를 하나의 유기적 총체로 전개하는 헤겔의 독특한 서술 방식은 무엇인가? ④ 그는 왜 철학이 '체계적'이어야 한다고 주장하는가?

헤겔의 철학은 여러 가지 특징을 지니고 있지만 그중에 한 가지로 가히 '체계의 철학'이라고 불릴 만하다. 헤겔은 철학이 유기적인 체계의 형태로 서술될 때에만 참다운 철학이 될 수 있다고 확신했으며, 이런 신념에 따라 오랜 기간 자신의 철학 체계를 끊임없이 구상하고 가다듬었다. 그리고 1800년대 초반부터 본격적으로 시작된 그의 이런 노력은 그 폭과 높이와 깊이에서 유례를 찾기 어려운 장대하면서도 정교한 철학 체계를 낳게 되었다.[1]

헤겔의 전체 철학 체계는 1807년에 출간된 『정신현상학』을 기점으로 하여 1817년에 초판이 나오고 헤겔이 사망하기 바로 한 해 전인 1830년에 제3판이 나오는『철학 백과전서』를 통해 그 완숙한 형태로 제시된다. 이 두 권(『철학 백과전서』가 모두 세 권으로 이루어져 있으므로 실은 총 네 권)의 저서 이외에도 각각의 분과 학문에 해당하는 개별 저작들을 포함할 때, 헤겔의 철학 체계는 다음과 같은 구조로 구성되어 있다.

* 『정신현상학』(*Phänomenologie des Geistes*)[2]

    1. 의식

    2. 자기의식

    3. (1) 이성

        (2) 정신

        (3) 종교

        (4) 절대지

* 『철학 백과전서』(*Enzyklopädie der philosophischen Wissenschaften*)[3]

    제1부:『논리학』(*Die Wissenschaft der Logik*)[4]

    (그 확장판인 이른바『대논리학』(*Wissenschaft der Logik*)[5])

      1. 존재론

      2. 본질론

2) 종교

(『종교철학 강의』(유저)[11])

3) 철학

(『철학사 강의』(유저)[12])

이처럼 헤겔의 철학 체계는 전통적 분과 학문인 논리학, 형이상학, 인식론, 윤리학, 정치철학, 종교철학 등만이 아니라 당대 최첨단의 과학적 지식들을 반영하는 자연철학, 수학, 심리학, 정치경제학, 그리고 이제 막 철학의 새로운 분과 학문으로 형성되기 시작한 미학, 역사철학, 철학사 등을 망라하고 있다. 플라톤과 아리스토텔레스의 고전 철학 이래로 다시 이성 원리에 기초하여 학문의 체계를 수립하는 '이성의 건축술'을 강조한 칸트에 이르기까지 이에 비견할 만한 방대한 철학 체계는 목격된 적이 없다. 또한 헤겔 이후로도 역량의 고갈 때문이건 또는 '체계'에 대한 반발 때문이건 아예 그런 시도조차 이루어지지 않고 있다. 철학은 헤겔에게서 완성되었다는 맑스(K. Marx)의 평가는 적어도 현재의 시점에서 결코 과장이 아니다.

철학 체계의 입문『정신현상학』과 학문적 근거「논리학」

헤겔이 공식적으로 출간한 최초의 단행본인『정신현상학』은 자신과 분리된 외부의 대상에서 진리를 구하는 자연적 의식의 가장 단순하고 직접적인 인식 태도인 '감성적 확신'에서 시작하여 정신이 타자 및 세계와의 통일 속에서 총체적이고 투명한 자기 인식에 도달하게 되는 '절대지'(絶對知)에 이르기까지 다양한 의식 형태로 나타나는 정신의 활동과 형성 과정을 서술한다. 애초에 『정신현상학』은 본격적 철학 체계에 들어서기 위한 '도입' 내지 '서론'으로 기획되었다. 하지만 집필 과정 중에 예기치 않게 그 내용이 대폭 확장되면서 처음의 구상과는 달리 그 자체가 체계의 독자적인 한 부분을 이루게 되었다.

『정신현상학』과 이후에 『철학 백과전서』의 일부로 편입된 「정신현상학」의 목차를 비교해보면 『정신현상학』은—후기의 완숙한 체계를 따른다면 「정신현상학」이 본래 속하는 '주관 정신'을 넘어서—'객관 정신'과 '절대 정신'에서 다루어질 내용들까지 대거 포함하면서 정신철학의 거의 전 영역을 포괄하고 있음을 확인할 수 있다. 이와 같은 내용상의 확장은 한편으로는 『정신현상학』에 논의 주제의 더할 나위없는 풍요로움이라는 매력을 선사했지만 다른 한편으로는 전체 체계 내에서 『정신현상학』이 담당하는 위치와 역할이 모호해지게 되는 결과를 초래하기도 했다. 이런 점은 이 저서의 내용과 목적을 요약한 헤겔 자신의 다음과 같은 소개의 글에서도 잘 나타난다.

이 책은 **생성되는 지**(知)를 서술한다. 정신현상학은 지를 근거 지어 확립하는 것에 대한 심리학적 설명이라든가 그보다 더 추상적인 해설들을 대체할 것이다. 정신현상학은 학문으로 나아가는 **준비 과정**을 그것이 철학의 새롭고 흥미로운 첫 번째 학문이라는 관점에서 고찰한다. 정신현상학은 정신이 순수 지 또는 절대 정신으로 되는 도정의 여러 단계들인 다양한 **정신 형태들**을 포괄한다. 따라서 이 학문의 주요 장(章)들에서는 (이는 다시 여러 절들로 나뉘는데) 정신의 여러 가지 형식들로 의식, 자기의식, 관찰하는 이성과 행위 하는 이성, 정신 자체, 즉 인륜적 정신, 계몽된 정신, 도덕적 정신, 그리고 마지막으로 종교적 정신이 고찰된다. 일견 혼란스럽게 펼쳐지는 정신의 여러 현상들의 풍성함은 이들을 그 필연성 속에서 서술하는 하나의 학적 질서로 정돈된다. 이와 같은 필연성 속에서 정신의 불완전한 현상이 해체되고 그것의 바로 다음 진리인 상위의 현상으로 이행한다. 정신의 현상들은 최종 진리를 우선 종교에서, 그리고 그다음에는 전체의 결말인 학문에서 발견하게 된다. [⋯] **제2권**은 사변적 철학인 「논리학」과 철학의 나머지 두 부분인 「자연학」 및 「정신학」의 체계가 될 것이다.(W 3, 593)[13]

즉 『정신현상학』은 전체 철학 체계에서 입문적 예비학이자 동시에 체계의 제1부라는 이중적 지위와 역할을 갖는다. 출판

과정 중에 이 저서의 제목이 변경된 경위도 이런 양의성과 깊은 관련이 있다. 출판사와의 교정 작업이 진행되는 중에도 이 저서에는 아직 '의식의 경험의 학'이라는 제목이 붙어 있었으나 출판의 최종 단계에서 비로소 '정신현상학'으로 서명이 바뀌어 확정되었던 것이다.[14]

위의 소개문 말미에서 예고된 전체 체계의 제2권은 그로부터 10년이 지난 후에야 비로소 총 3권으로 구성된 『철학 백과전서』라는 이름의 저서로 세상에 모습을 드러낸다. 그리고 바로 그것이 완결된 형태로 제시된 헤겔의 본격적인 철학 체계이다. 헤겔은 의식과 대상의 대립이 지양되고 행위자의 주관적 시점과 관찰자의 객관적 시점 사이의 괴리가 해소되어 앎과 진리가 일치하는 절대지의 단계에 들어서서야 비로소 사변적 학문으로서의 철학을 제대로 전개할 수 있는 사유의 지평과 단초가 확보될 수 있다고 보았다. 따라서 본격적 철학 체계, 특히 그 제1부인 「논리학」은 『정신현상학』의 결론인 사유를 사유하는 순수 사유의 관점을 사유 자신이 자각하여 획득한 것으로 전제한다.

의식의 학인 『정신현상학』은 의식이 학의 **개념**, 즉 순수 지(知)라는 결과에 도달한다는 것에 대한 서술이다. 이 점은 이미 (『대논리학』의—필자 삽입) 서론에서 언급되었다. 그런한에서 논리학은 순수 지의 관점이 지니는 진리의 필연성과 그에 대한 증명 및 그것의 매개 일반을 포함하면서 제시하는,

현상하는 정신의 학을 전제로 하고 있다.(L I, 67)

『정신현상학』과 「논리학」(더 나아가 본격적인 철학 체계 전반)의 이러한 체계론적 전제 관계는 이미 『정신현상학』에서도 언급된다. 『정신현상학』은 말하자면 참다운 철학적 관점으로 딛고 올라서기 위한 사다리의 역할을 한다. 철학적 관점은 아무런 노력 없이도 곧바로 손쉽게 얻어지는 것이 아니지만, 그렇다고 소수의 선택받은 자들에게만 입장이 허용되는 무슨 신비로운 비교(秘敎)도 아니다. 누구나 사변적 철학의 관점에 올라설 수 있다는 것, 그러나 그것이 지난한 사유의 노동 과정을 거쳐야 한다는 것, 그리고 그 과정이 실제로 어떤 도정을 따라가는지를 『정신현상학』은 엄밀한 학적 논변을 통해 펼쳐 보이고자 한다. 철학은 특정 소수의 전유물이 아니라 스스로 사유하는 모든 이들이 그에 대해 정당한 권리 주장을 할 수 있는 것이다. 그리고 그런 사변적 학문의 차원으로 올라서는 데에 쓰인 의식의 사다리는 버려지지 않고 그 자체가 학문으로 통합된다.[15]

절대적인 타자 존재 속에서의 순수한 자기 인식이라는 이 에테르 그 자체야말로 학문의 근본 바탕이며 **지**(知) **일반**이다. 철학의 시초는 의식이 이러한 바탕 위에 자리 잡고 있다는 것을 전제 조건으로 요구한다. […] 학문이 자기의식에게 요구하는 것은 자기의식이 이런 에테르에 이르도록 스스로를 고양하여 이 에테르와 함께, 그리고 이 에테르 속에서 살 수 있고 또 살아가야 한다는 것이다. 그런가 하면 역으로 개인으로서도 학문이 그런 입장에까지 올라설 수 있는 사다리를 건네줄 것과 개인의 내면에 그런 입장이 자리하고 있음을 제시해주도록 요구할 권리를 갖고 있다. 이렇게 요구할 수 있는 권리의 근거가 되는 것은 개인이 어떤 형태의 지를 갖추고 있건 간에 절대적 자립성을 띤 존재라는 데 있다.(『정신현상학 1』, 63 이하/Phä, 29)

이제 이 '절대적인 타자 존재 속에서의 순수한 자기 인식'—이를 헤겔은 『정신현상학』에서는 '절대지'라고 하고 「논리학」에서는 '이념'이라고 일컫는데—이 「논리학」의 바탕이자 원리가 된다. 헤겔의 철학 중에서 예를 들어 『법철학』이나 『역사철학』, 『미학』처럼 구체적인 대상을 다루는 학문을 올바로 이해하기 위해서는 먼저 학문론적 메타이론의 역할을 하는 「논리학」을 알아야 한다. 그런데 또 그런 「논리학」에 들어서기 위해서는 그에 앞서 『정신현상학』을 일종의 입문적 예비학으로서 읽어야 한다는 것이다. 그렇지만 정확하게 말해서 헤겔에게는 이를테면 칸트에게서 이성 능력에 대한 비판이 형이상학을 위한 예비학이라는 그런 의미에서의 예비학이란 존재할 수 없다. 사변적 학문으로 올라서기 위한 이른바 입문적 고찰 역시 학적 엄밀성과 필연성을 확보하기 위해서는 사유를 바탕으로 또 사유를 통해서 이루어져야만 하며, 그런 한에서 그 자체가 이미 엄연한 학문이다. 따라서 그것은 엄밀한 학문으로서 자신의 타당성의 근거를 순수 사유의 학인 「논리학」에 둘 수밖에 없다. 『정신현상학』이 「논리학」에서 다루게 될 고찰 대상과 논의 지평의 발생 근거가 된다면, 역으로 「논리학」은 『정신현상학』에서 논변 전개의 학문론적 근거가 되는 것이다. 그래서 헤겔은 『정신현상학』과 「논리학」 사이에 일정한 논리적 상응 관계가 있다고 지적한다.

> 물론 존재와 본질 및 개념이라고 하는 (논리학의—필자 삽입) 순수한 규정들이 정신의 여러 형식들의 기초일뿐더러 또한 그 내적이며 단순한 골격을 이루는 것이기도 하다. 직관하는 것이자 또한 감성적 의식이기도 한 정신은 직접적 존재라는 규정 아래 있는가 하면, 표상하는 것이자 또한 지각하는 의식으로서의 정신은 존재로부터 본질이나 반성의 단계로 고양되어 있다.(『대논리학 III』, 34/L II, 257)

그러나 이러한 상응 관계가 기계적인 일대일 대응 관계는 아닐뿐더러, 처음에 사유와 존재를 분리시키고 앎과 진리가 불일치하는 의식의 관점에서 출발하는 『정신현상학』과 애초부터 이 양자의 통일(즉, 이념)을 근본 원리로 삼는 「논리학」 사이에는 그 서술 전개의 층위와 방식에서 본질적인 차이가 있다.

이렇듯 개념을 획득하고 난 정신은 개념이라는 자신의 생명의 에테르 속에서 현존재와 운동을 전개하거니와, 이것이 바로 **학문**이다. 이 학문 속에서 정신이 펴나가는 운동의 계기들은 더 이상 **의식**의 특정한 **형태**로 서술되지 않으며, 여기서는 의식의 구별이 자기로 복귀해 있는 까닭에 **특정한 개념**과 이 개념들의 유기적이면서 자체 안에 근거를 둔 운동으로 서술된다. 『정신현상학』에서는 지와 진리의 차이와 다시금 이 차이를 지양해나가는 운동이 각각의 계기를 이루었지만, 학문에서는 더 이상 그러한 차이와 차이의 지양을 포함하지 않으며, 그 계기가 개념이라는 형식을 지니고 있으므로 진리와 알아가는 자기라는 대상적인 형식을 직접적 통일 속에서 통합하고 있다. 그 계기는 의식이나 표상에서 자기의식으로 또는 그 반대쪽으로 왕래하는 운동으로 나타나지 않으며, 의식 속에 현상하는 모습에서 해방된 순수한 형태, 즉 순수한 개념과 그 전진 운동만이 그 계기의 순수한 **규정성**을 띠고 나타난다.(『정신현상학 2』, 657/Phä, 589)

학적 타당성을 「논리학」에 의존한 실재철학

그럼 이제 『철학 백과전서』에 집약되어 있는 헤겔의 본격적인 철학 체계를 살펴보자. 이 체계는 사변적 순수 사유의 학인 논리학, 그리고 이른바 실재철학의 두 축인 자연철학과 정신철학을 포함하는 총 3부로 구성되어 있다.

이처럼 학문은 세 부분으로 나뉜다.
I. 논리학, 즉자 대자적 이념의 학
II. 그 타자 존재 속에 있는 이념의 학으로서 자연철학
III. 그 타자 존재에서 자기 안으로 복귀한 이념으로서 정신의 철학.(E, §18)

철학은 근본적으로 사유와 존재의 통일로서 진리 자체인 '절대 이념'의 학인데, 그것이 다시 순수 사유라는 내재적 형식 속의 이념, 외면적 현존재로 외화되고 분산된 타자 존재라는 형식 속의 이념, 타자 존재 속에서 자신을 자아로서 자각하고 결집하는 현실적 자기 존재라는 형식 속의 이념, 이렇게 세 가지 상이한 규정과 그 고유한 요소에 따라 각각 논리학, 자연철학, 정신철학으로 분화된다.

자연과 정신, 그리고 이 양자를 종합하는 근원적 통일이라는 3단계 구조는 예나 초기까지 헤겔의 절친한 친구이자 그에게 깊은 영향을 주었던 셸링의 동일철학을 연상시킨다. 그러나 헤겔의 철학 체계에서는 셸링의 '무차별적 동일자'가 서 있던 자리에 사변적 논리학이 들어서는데, 이 차이는 중요한 함의를 갖고 있다.

우선 셸링이 직관을 통해 단언적으로 전제할 뿐 입증하려고

헤겔과 셸링

자연과 정신, 그리고 이 양자를 종합하는 근원적 통일이라는
3단계 구조는 셸링의 동일철학을 연상시킨다. 그러나 헤겔의 철학 체계에서는
셸링의 '무차별적 동일자'가 서 있던 자리에 사변적 논리학이 들어서는데,
이 차이는 중요한 함의를 갖고 있다.

하지 않았던 절대자가 개념들의 운동 속에서 다양한 구체적 내용과 규정들을 획득하면서 구성되고 그 타당성이 엄밀하게 논변된다. 또한 철학의 세 부분이 실체와 그것의 '역능'(Potenz)들로 병치되는 데에 머물지 않고 그것들 사이의 필연적 이행과 발전의 연관이 논리학적 서술을 통해 제시된다.

헤겔에게 논리학은 "본래적인 의미의 형이상학이며 순수한 사변철학"이다.(『대논리학 I』, 22/L I, 16) 아리스토텔레스나 칸트 및 그 아류들, 그리고 셸링을 비롯한 낭만주의자들과는 달리 헤겔에게서는 논리학이 한낱 사유의 '도구'(organon)가 아니라 기존의 형이상학을 대체하면서 그것이 곧 진리의 학인 형이상학이 된다. 이러한 대담한 전환은 헤겔이 변증법이라는 고유한 논리를 발견하고 발전시킴으로써 가능해진 것이다. 변증법은 개념적 파악의 한계를 개념의 자기 운동을 통해 내재적으로 초월하여 진리에 도달하는 사변적 논리이기 때문이다.

이제 논리학은 순수 이성의 체계이자 순수한 사상의 왕국으로 파악된다. 이러한 왕국은 곧 아무런 외피도 걸치지 않고 즉자대자적으로 존재하는 진리 그 자체일 뿐이다. 그리하여 우리는 이 논리학의 내용이 곧 자연과 유한한 정신의 창조에 앞서서 이미 그 영원한 본질 속에 깃들어 있는 신의 서술이라고 말할 수 있는 것이다.(『대논리학 I』, 37/L I, 44)

사변적 논리학은 기존의 형식 논리학과는 달리 사유 규정과 더불어 존재 규정도 포괄하는 형이상학이라는 점에서 이미 실질적 내용을 가진 학문이지만 개념적인 틀만 제시할 뿐 그 자체가 직접 어떤 경험적 현존재성을 지니지는 않는다는 의미에서 '순수'하고 '형식적'인 학문이다. 반면에 자연철학과 정신철학은 그 속에서 이념이 스스로를 현존재화하고 또 그런 구체적인 현존재들의 다양한 양태들과 연관되어 있기 때문에 '실재철학'이라고 일컬어진다. 이런 논리학과 실재철학의 차이, 그리고 논리학에서 자연철학 및 정신철학으로의 전개에 대해 헤겔은 다음과 같이 설명한다.

그런데 이제 진리와의 관계 속에서 **논리학**만 거론될 뿐이지 학(學)이나 철학 일반은 아직 거론되지 않는 까닭에 또한 여기서 시인하지 않을 수 없는 것은 **형식적인 학**으로서의 논리학은 결코 철학에 속하는 다른 부분들인 **자연의 학**이나 **정신의 학**이 내용으로 삼는 그런 실재성을 포함하는 것은 아니며 또한 그럴 수도 없다는 것이다. 물론 이상과 같은 구체적인 학문이 논리학의 경우보다도 좀 더 실재적인 이념의 형식에 다가서 있는 것은 사실이지만, 그러나 이것은 결코 현상의 테두리를 넘어서서 학으로까지 고양된 의식이 이미 떨쳐버린 그와 같은 실재성으로 또다시 되돌아간다는 것을 뜻하지는 않을뿐더러, 더 나아가서 이것은 논리학을 통해서 그 유한성이나 진리에 위배되는 면이 밝혀진 바 있는 범주나 반성 규정과 같은 제 형식의 사용으로 또다시 복귀함을 뜻하는 것도 아니다. 오히려 그보다도 논리학은 **이념**이 궁극적인 단계에까지 이르는 고양의 과정을 나타내 보이는 것으로서, 결국 이념은 이러한 단계를 발판으로 하여 자연의 창조자가 되면서 동시에 **구체적인 직접성**을 띠는 형식으로까지 발돋움하는 셈이지만, 그러나 이러한 직접성의 개념은 마침내 **구체적 정신**으로서의 자기 자신이 되기 위하여 다시금 이 구체적인 형태를 타파하기에 이르는 것이다. 결국 이와 같은 구체적인 학문이 논리나 개념을 처음에는 자신을 선도하는 형성자로 삼았다가 어느덧 이를 내면적 형성자로 삼아 보존하게 되었거니와, 하여간에 논리학 그 자체가 이러한 제학문에 비해서 **형식적인** 학문임에는 틀림이 없으나, 그러면서도 이것은 그 자체로서 총체성을 이루면서 동시에 **진리 자체의 순수 이념**을 간직하는 **절대적 형식**의 학인 것이다. 이러한 절대적 형식은 오직 그 자체 안에 바로 자기의 내용과 실재성을 지닌다고 하겠으니, 다시 말해서 개념이 단지 진부하고 공허한 동일성이 아닌 이상 오직 그것은 스스로 발휘하는 부정성의 계기나 절대적 규정 작용의 계기 속에서 갖가지 구별된 규정을 지니는 것이 된다. 즉 여기서 내용은 무릇 그와 같은 절대적 형식의 제규정이라고 하겠으니, 다시 말하면 그것은 절대적 형식 자체에 의해서 정립된, 따라서 바로 이 절대적 형식과 합치되는 내용이기도 한 것이다.(『대논리학

III』, 43 이하/L II, 264 f.)

논리학이 비록 구체적인 실재성을 결여하고 있기 때문에 이념의 추상적이고 즉자적인 학이지만, 논리학의 여러 사유 규정들은 우리가 세계를 이성적으로 파악하는 개념 틀이자 동시에 세계를 존재론적으로 구성하는 '내면적 형성자'이므로 논리적 이념은 "정신 및 자연의 절대적 실체, 보편자, 일체를 관통하는 것"이다.(E, § 187 Z.) 자연과 정신은 절대 이념을 각각 나름의 방식으로 구현하는 현현태이다. 순수 사유의 학인 논리학은 이런 현현의 과정에서 불가피하게 개입되는 외면성으로부터 자유로운 순수 이성의 체계이면서 그러한 현존재의 세계에 내적인 질서를 부여하는 필연적 형식이기도 하다. 자연과 정신이 논리적 이념을 근거로 하고 있고 또 자연철학과 정신철학이 그 학적 타당성을 논리학에 의존하고 있는 한에서 이들 실재철학은 논리학을 자연과 정신이라는 구체적인 영역에 적용한 것일 따름이다.

우리가 이상의 논의에 의거하여 논리학을 순수한 사유 규정들의 체계로 간주한다면, 반면에 자연철학과 정신철학이라는 철학의 또 다른 부분들은 이를테면 응용 논리학으로 나타난다. 왜냐하면 논리학은 이 다른 부분들에 활력을 주는 영혼이기 때문이다. 그렇다면 여타 학문들의 관심사는 오로지 자연과 정신이라는 형태들 속에서 논리적 형식을 인식하는 데에, 다시 말해 그런 형태들이 순수 사유가 지닌 형식들의 특수한 표현 방식에 불과하다는 것을 인식하는 데에 있다.(E, § 24 Z.2)

논리학과 실재철학을 이처럼 일종의 원리와 응용의 상응 관계로 설정하기 때문에 헤겔의 철학 체계는 종종 관념적인 논리 범주로 현실 세계를 도식적으로 재단하여 규정하는 '범논리주의'라는 혐의를 받기도 한다. 그러나 그보다는 이를 사유의 질서와 존재의 질서는 근본적으로 일치한다는 절대적 관념론의 기본 신념의 표명으로 이해하는 것이 옳겠다. 헤겔에게서 사유 규정에 어긋나는 현존재가 '현실적' 존재가 되지 못하듯이 존재를 올바로 파악하지 못하는 사유는 '이성적' 사유가 아니기 때문이다. 이성과 현실의 관계에 대해서는 바로 다음의 제2장에서 보다 자세하게 살펴볼 것이다. 또한 개념상으로 논리적 이념에서 정신이 도출되는 만큼이나 실제로 이념을 사유하는 주체는 다름 아닌 정신이다.

이런 사유와 존재의 통일이라는 원칙 아래 논리학, 자연철학, 정신철학이라는 학문의 세 부분에, 그리고 더 나아가 자연철학과 정신철학에서 등장하는 여러 구체적인 형태들의 단계적 진행에 존재론, 본질론, 개념론이라는 논리학의 세 부분이 그 근본 규정으로서 순환적으로 반복하여 적용된다. 물론 이때에도 그 적용 방식이 단순한 일대일 대응은 아니고 논의의 영역과 지평이 각 단계마다 새롭게 설정되면서 상위의 단계로 갈수록 여러 논리적 개념이 중첩적이고 복합적으로 작용하게 된다. 이 책의 제5장 이하에서는 헤겔의 실재철학, 특히 그의 정신철학이 다루어질 터인데, 그때 논리학과 실재철학의 관계도 일부분이나마 재조명될 것이다.

내재적 비판으로서의 서술

이처럼 철학을 하나의 유기적 체계로 질서 지우면서 전개하는 방법을 헤겔은 '서술'(Darstellung)이라고 부른다. 당시에 '서술' 개념은 주로 예술 영역에서 미적 이념을 감각적으로 형상화하여 제시하는 방식을 일컫는 용어로 사용되고 있었는데, 헤겔이 이를 철학 방법론의 핵심 용어로 승화시켜 보편화한 것이다. 그는 서술이 지향하는 목표를 인식과 비판의 통일에 둔다.

> 이런 점에서 내용이나 내실을 갖고 있는 것에 대해 어떤 평가를 내리는 것이 가장 손쉬운 일이라고 한다면, 그것을 파악하는 일은 그보다 더 어렵다 하겠고, 가장 어려운 일은 이 두 가지를 통일하여 그것에 대한 서술을 제시하는 것이다.(『정신현상학 1』, 37/Phä, 13)

우리는 어떤 것이 무엇이며 어떻게 하여 그리되었는지를 파악함으로써 동시에 그것이 어떠할 수 있으며 어떠해야 하는지도 비판적으로 평가할 수 있게 된다. 이를테면 국가의 개념에 대한 철학적 서술은 현존하는 국가를 올바로 이해할 수 있도록 해주는 동시에 그것의 한계와 결함을 그 내부에서부터 비판할 수 있도록 해준다. 이렇게 서술 속에서 고찰 대상에 대한 비판의 기준은 그것과 동떨어진 외부에서 '당위'의 이름 아래 억지로 끌어들여져 오는 것이 아니라 비판이 겨냥하는 대상 자체 안에서 내재적으로 마련된다. 학적 서술은 대상이 자기규정을 통해 자신의 본질적 개념을 드러냄으로써 스스로를 검토하고 수정하면서 전진하는 운동을 기술하는 '인식으로서의 비판'이자 '비판으로서의 인식'이며, 이것이 바로 '변증법'이라고 불리는 것이다. 변증법에 대해서는 제4장에서 본격적으로 다루어질 테지만, 예를 들면 사유 형식들을 고찰하는 논리학에서 서술은 다음과 같은 모습으로 전개된다.

따라서 사유 형식들의 활동과 그에 대한 비판이 인식 속에서 통합되어야 한다. 사유 형식들은 즉자 대자적으로 고찰되어야 한다. 사유 형식들은 대상이자 또한 대상 자체의 활동이다. 사유 형식들 자체가 스스로를 검토하고 그 자체에서 자신의 한계를 규정하고 그 결함을 명시해야 한다. 이는 나중에 각별하게 **변증법**이라고 고찰될 사유의 활동이다.(E, §41 Z.1)

바로 이와 같은 방식의 서술을 통해서 대상에 대한 '내재적 비판'이 가능해진다. 내재적 비판은 비판의 대상이 지닌 원리와는 다른 대항 원리를 내세워 단순히 그 대상을 부정하거나 억누르는 것이 아니다. 오히려 그것은 비판받는 대상으로 하여금 자신의 내적 모순과 한계를 스스로 각성하고 극복하도록 하여 자신의 존재를 완성하도록 북돋아준다는 점에서 대상 자신을 위한 생산적이고 설득력 있는 비판이다.

그뿐만 아니라 또한 반박은 외부로부터 가해져서는 안 되는바, 다시 말하면 반박하려는 체계의 밖에 놓여 있고 그 체계와 부합하지 않는 어떤 가정에서 출발해서는 안 된다는 것이다. 바로 그 가정을 아예 인정하지 않으면 그만이기 때문이다. 이런 점에서 그 체계가 지니는 **결함**이란 것도 실은 바로 그 가정을 토대로 한 갖가지 욕구나 요구로부터 출발하는 자에게만 결함이 될 수 있을 뿐이다. […] 그러나 이와 달리 진정한 반박을 행하기 위해서는 상대방의 힘 자체 속으로 파고들어서 상대방이 강점을 지니는 권역 내에 자신을 세워야만 한다. 따라서 상대방의 외부에서 그를 공격하면서 전혀 그의 본거지가 아닌 곳에서 자신의 권리를 보유할 수 있을 듯이 행세한다면 이는 사태를 호전시키는 데에 전혀 도움이 되지 않는다.(『대논리학 III』, 25 이하/L II, 250)

사실 원칙이나 원리를 반박하기란 쉬운 일이다. […] 철저한 반박이 되려면 그 논거가 반박하려는 원리 자체에서 도출되고 전개되어야만 한다. 그 원리에 대립되는 단언(斷言)이나 착상을 외부로부터 끌어들여서는 될 일이 아니다. 근본적인 반박은 본래 원리를 발전시켜나가면서 바로 그 원리의 결함을 보완하는 것이 되어야만 한다.(『정신현상학 1』, 61/Phä, 27 f.)[16]

이런 내재적 비판은 다른 이론을 논박하는 데에만 적용되는 것이 아니라 헤겔이 자신의 철학을 정교한 논변들의 연쇄로 구성된 학적 체계로 구축하는 데에도 적극적으로 사용하는 학문 방법론이다. 그래서 이를테면 의식의 경험의 학인 『정신현상학』에서 서술은 다음과 같이 의식 자신의 고통스러운 자기비판적 성찰을 통한 자기완성으로 펼쳐진다. 철학은 하늘이 내린 은혜로운 향연이 아니다. 그것은 한 걸음 한 걸음 자기 자신을 딛고 넘어서면서 자신의 잔해 위에 다시 자신을 쌓아올리는 지난한 사유의 노동인 것이다.

그런데 이러한 서술은 현상하는 지(知)만을 대상으로 하는 것이므로, 이 서술 자체가 자신의 고유한 형태 속에서 움직여나가는 자유로운 학문은 아닌 것으로 보이고, 이와 같은 입장에서 보면 이 서술은 참다운 지를 향해 뚫고 나아가는 자연적 의식의 도정으로 간주될 수 있다. 또는 그것은 영혼이 그 본성에 따라 정해져 있는 진행 단계들인 일련의 형태들을 두루 거쳐 가는 영혼의 도정으로 간주될 수 있다. 이 도정을 통해 영혼이 자기 자신에 대한 완전한 경험을 통해 자신이 본래 무엇인지에 대한 깨달음에 이르게 됨으로써 마침내 정신으로 순화된다.

자연적 의식은 지에 대한 개념만을 지녔을 뿐 실제적인 지는 아니라는 점이 스스로에게 밝혀질 것이다. 그러나 자연적 의식은 직접적으로는 자기를 실제적인 지로 여기는 까닭에, 참다운 지를 향한 도정은 자연적 의식에게는 부정적인 의미를 갖게 된다. 그리하여 개념의 실현이 자연적 의식에게는 오히려 자기 상실인 것처럼 여겨지는 것이다. 왜냐하면 이 도정에서 자연적 의식은 자기가 진리라고 생각했던 것을 잃어버리게 되기 때문이다. 따라서 이 도정은 **회의**의 길로 볼 수 있고, 더 정확히 말하면 절망의 길인 것이다.(『정신현상학 1』, 118/Phä, 72)

역진적 정당화인 서술의 원환 구조

그런데 철학 체계가 이런 서술을 통해 점진적으로 구축된다면, 반드시 서술이 시작되는 어떤 최초의 출발점이 있을 수밖에 없다. 그러면 그런 '시원'(始原, Anfang)은 무엇이며, 다른 어떤 것이 아니라 바로 그것이 서술의 시원이 되어야 한다는 타당성의 근거는 어디에 있는가?

헤겔의 철학에서 전체 체계의 제1부인 「논리학」은 '순수 존재'에서 시작된다. (마찬가지로 『자연철학』은 '공간과 시간', 『정신철학』은 '영혼', 『정신현상학』은 '감성적 확신', 『법철학』은 '추상법' 등등으로 시작된다.) 그것은 인식하는 사유(의식, 정신 등)에 대해 가장 단순하고 직접적인 것이고, 그렇기 때문에 그것이 가장 단초적인 것으로서 서술의 시원을 이룬다. 그런데 한편으로 시원은 이제 그것으로부터 그 후에 오는 모든 규정과 개념들이 도출된다는 점에서 "학문 전체의 근거"가 된다.(L I, 69)

더 나아가서 시원을 이루는 것으로부터의 **전진**은 어디까지나 이 시원에 대한 더 세분된 규정을 뜻하는 것이므로, 결국이 시원을 이루는 것은 그로부터 이어지는 모든 후속적인 것의 근저에 자리 잡은 채 그 속에서 사라질 수 없는 것이다. 이러한 전진은 결코 어떤 **타자**가 도출된다거나 혹은 진정으로 어떤 타자라고 할 만한 것으로 이행되는 데에 그 의의가 있는 것이 아니다.─또한 그런 이행이 일어날지라도 이 이행은 다시금 지양된다. 그러므로 결국 모든 후속적인 전개 속에 현재화(顯在化)되어 있으면서 스스로를 보존하는 기반이라고 할 철학의 시원은 곧 그에 관한 더 세부적인 규정들 속에 전적으로 내재하는 개념이다.(『대논리학 I』, 61/L I, 71)

이런 면에서 보면 체계 내에서 '태양 아래 새로운 것은 없다.' 그러나 다른 면에서 서술의 전개는 나날이 새로운 탄생이고 온전하고 충만한 자기 자신으로 이제 비로소 생성되는 과정이다. 이런 점에서 시원은 아직 공허하고 추상적이고 불완전한 것이며, 그래서 "**그 자체로** 결함을 지닌 것"이다.(『대논리학 III』, 417/ L II, 555) 시원을 마치 그로부터 모든 것이 흘러넘쳐 나오는 그 자체로 완결된 근원인 양 이해해서는 안 된다. 오히려 그것은 부정되는 것, 아니 스스로를 부정하는 그 무엇이다. 예를 들면 『정신철학』에서 서술의 최초 단계인 영혼은 실은 가장 불완전하고 미성숙한 형태의 정신에 불과하다.

정신은 항상 이념이다. 그러나 처음에는 정신이 단지 이념의 **개념** 또는 그 무규정성 속에서의 이념, 실재성의 가장 추상적인 방식, 즉 존재라는 방식 속에서의 이념일 따름이다. 시초에는 우리가 아주 보편적이고 아직 전개되지 않은 개념의 규정만 가지고 있을 뿐 정신의 특수한 것은 아직 가지고 있지 않다. […] 따라서 우리는 정신 그 자체와 더불어 시작할 수는 없고 정신에 가장 부적합한 실재를 가지고 시작할 수밖에 없다. 정신은 비록 시초에서도 정신**이다**. 그러나 정신은 시초에는 자신이 정신이라는 것을 아직 알지 못한다. 정신 스스로가 시초부터 자신의 개념을 이미 파악하고 있는 것이 아니라, 정신을 고찰하는 우리만이 정신의 개념을 인식하고 있다.(E, §385 Z.)

참다운 학적 서술은 시원의 자기 전개라는 점에서 '분석적'이면서 동시에 이러한 전개를 통해 앞의 규정이 부정되고 질적으로 새로운 내용과 형태들이 계속해서 등장한다는 점에서 '종합적'이다. 이것이 '선천적 종합 판단은 어떻게 가능한가?'라는 칸트의 물음에 대한 헤겔의 답변이다.[17]

그런데 철학에서의 서술은 왜 곧장 충만한 진리에서 출발하지 않고 군이 (『정신현상학』의 '감성적 확신'처럼) 아직 진리가 아닌 것 또는 (「논리학」의 '순수 존재'처럼) 가장 추상적인 진리에서 시작되는가? 헤겔은 스스로 이 질문을 던지고서는, "진리란 바로 진리로서 **입증**되어야" 하기 때문이라고 답한다.(E, § 83 Z.) 진리를 더 이상의 근거 제시가 불가능한 자명한 근본 명제로 전제하려고 한다면, 그것은 한낱 증명되지 않은 독단적인 주장에 불과하게 될 것이다. 이른바 '근원 철학'이나 '토대론'은 적절한 학문 방법론이 아니다. 헤겔에게 진리란 오로지 합리적 논변을 통해 파악되고 입증된, 그래서 이성적으로 사유하는 사람이라면 누구나 이해할 수 있고 수긍할 수 있는 그런 '정립된' 진리여야 한다.

> 지식과 철학 연구에서 사유 방식의 **독단주의**가 있다면, 그것은 다름 아니라 확고한 결론으로 내세워지는 한 문장이나 직접적으로 인식된다고 여겨지는 하나의 명제 속에 진리가 담겨 있다는 생각이다.(『정신현상학 1』, 78/Phä, 41)

물론 진리의 방법도 시원이 시원인 까닭에 어떤 불완전한 것임을 알지만 그러면서도 동시에 이 불완전한 것을 무릇 필연적인 것으로 인지한다. 왜냐하면 진리란 오직 직접성에 대한 부정을 통해 자기 자신에게로 귀일하는 것이기 때문이다. 시원, 객체, 유한한 것 혹은 그밖에 어떤 형식을 지닌 것으로 취급되건 간에 도대체 **규정된 것**을 **단적으로** 초월하여 곧바로 절대자 속에서 자리를 굳히려는 성급함이란 한낱 공허한 부정자 또는 추상적인 무한자 이외에는 그 무엇에 대해서도 인식으로 간주하지 않는 것이라고 하겠다. […] 왜냐하면 그러한 절대자는 **정립된** 것도 아니려니와 또 **파악된** 것도 아니기 때문이다. 실로 절대자란 인식의 **매개**를 통해서만 파악될 수가 있으니, 이때 보편적이고 직접적인 것은 그러한 매개의 한 가지 계기일 뿐이며, 진리 그 자체는 오직 폭넓게 발양되는 진행과 다시 그 진행의 종결에 가서만 있을 수 있을 뿐이다.(『대논리학 III』, 438 이하/L II, 571)

학적 서술 속에서 진리는 다양한 계기들을 통해 매개되고 이를 통해 풍요로운 내용을 지니게 된 이후에야 비로소 마지막에 '구체적 총체'로서 등장한다. 그리고 바로 이 최후의 것은 그에 앞선 것들의 내재적 비판을 통해 그것들 자신의 진리로 입증된 것이다. 따라서 이러한 최후의 결과야말로 궁극적인 진리로서 시원의, 그리고 체계 전체의 "절대적 근거"가 된다.(『대논리학

I』, 61/L I, 70) '왜 굳이 바로 이 지점에서 서술이 시작되어야
하는가?'라는 물음에 대한 답변, 즉 시원의 타당성의 근거는 바
로 시원에서 전개되어 도달된 최종 결과에 있는 것이다.

> 이제 우리는 전진이란 곧 **근거로의**, 그리고 **근원적이고 참다운
> 것**으로의 **복귀**이며, 시원이 되는 것은 오직 이러한 근거에 의
> 존하고 실은 그로부터 발생한다는 것이 하나의 본질적인 고
> 찰에 속한다는 점을 시인해야만 하겠다. […] 오직 이와 같은
> 최후의 것, 즉 근거야말로 처음에는 직접적인 것으로 나타나
> 는 최초의 것이 발현되는 터전이다.(『대논리학 I』, 60/L I, 70)

이렇게 해서 『정신현상학』의 경우에는 '절대지'가 '감성적 확
신'의 근거가 되고, 「논리학」에서는 '절대 이념'이 '순수 존재'
의, 『정신철학』에서는 '절대 정신'이 '영혼'의, 『법철학』에서는
'국가'가 '추상법'의 참다운 근거가 된다. 또한 철학 체계 전체
의 관점에서 보면 마지막에 등장하는 '절대 정신'이야말로 그
모든 것의 진정한 근원이다. 이처럼 시원으로부터 결과로 전진
하는 펼침(explicatio)의 과정이 동시에 시원의 근거로 밝혀지
는 결과로 복귀하는 되감아 접힘(implicatio)의 과정이 되는 독
특한 구조 속에서 앞선 개념 내지 명제는 그것으로부터 도출되
는 나중의 개념 내지 명제에 의해 차후적으로 정당화된다. 이런
'만회하여 근거짓기' 또는 '역진적 정당화'를 통해 체계의 결론

은 진리로서 입증되고 체계의 시원은 그 타당성을 확보하게 되며, 이로써 체계 전체가 자기 명증성과 정합적 완결성을 지니게 된다. 헤겔은 이렇게 '근거로 복귀하는 전진' 또는 '자기 자신으로의 생성'이라는 학적 서술의 구조를 시작점과 종착점이 합치되는 '원환'에 비유하여 표현한다.

이런 식으로 해서 더욱 세부적인 규정 속에서 **전진**하는 각 걸음걸이는 무규정적 시원으로부터 멀어짐으로써 또한 그 시원으로 **되돌아 다가가는 것**이며, 따라서 애초에는 그 두 가지가 얼마나 상이한 것처럼 보이건 간에 시원의 **역진적 근거짓기**와 시원의 **전진적 세부 규정**은 서로 합쳐져서 한 가지가 된다.(『대논리학 III』, 437/L II, 570)

지금까지 논의된 방법의 본성에 의해 마침내 학은 자기 자신 안으로 휘감겨 들어가는 **원환**을 이루게 되었으니, 즉 여기서 매개는 결말을 바로 이 원환의 시원인 단순한 근거로 되돌려 휘감는다. 결국 이러한 원환은 **여러 원환들의 원환**인 것이다. 왜냐하면 방법의 활력소와도 같은 그 원환의 모든 마디마디는 다름 아닌 시원으로 복귀하는 가운데 어느덧 또 하나의 새로운 마디를 형성하는 시원이 되는 그런 자기반성이기 때문이다.(『대논리학 III』, 439 이하/L II, 571 f.)

이런 원환 속에서 무엇이 시원이고 무엇이 결과인지는 실은 부차적인 문제이다. 원이 생성되어가는 운동의 연속성과 응집성, 그리고 이 운동 과정을 통해 형성되는 총체로서의 원이라는 발생적 본질이 중요한 것이다. 진리란 시원(최초의 전제)이건 결과(최종의 결론)이건 어떤 고정된 점에 주어져 있는 한마디 불변의 문장이 아니라 사유가 스스로를 생성하며 만들어내는 논변들의 연쇄적 운동 과정과 이를 통해 산출되는 구체적 총체이다. 이로부터 '진리는 전체이다'라는 헤겔의 유명한 명제가 나온다.

> 진리는 곧 전체이다. 그러나 전체는 자신을 전개하여 스스로 완성하는 본질이다.(『정신현상학 1』, 55/Phä, 24)
>
> 왜냐하면 참으로 문제의 핵심이 되는 것은 그 **목적**만 가지고는 소진되지 않고 오히려 그 전개 과정 속에 담겨 있으니, 실은 **결론**이 아니라 이 결론과 그 생성 과정을 합쳐놓은 것이 **현실적** 전체를 이루는 것이기 때문이다. 목적 그 자체는 생명이 없는 일반적인 것이고 목적을 향한 경향이라는 것 역시 현실성이 결여된 한낱 떠밀림에 지나지 않는 것이어서, 이렇듯 거두절미된 벌거숭이 결론은 경향이 남겨놓은 시체나 다름없다.(『정신현상학 1』, 37/Phä, 13)
>
> 이에 대해서 진리는 미리 만들어져 있어서 쓸어담기만 하면 되는 주조된 동전이 아니라는 점을 강조해야겠다.(『정신현상학 1』, 76/Phä, 40)

아도르노(Th. W. Adorno)의 '전체는 비진리이다'라는 반명제[18] 때문에 더욱 유명해진 이 명제가 말하려는 바는 어떤 기성의 고정된 전체가 곧 불가침의 진리값을 가진다는 것이 아니다. 그것은 오히려 (개체에 대립한 전체를 포함하여) 모든 고착된 존재의 유동화를 노린다. 즉 각각의 존재자나 명제들은 서로를 유기적으로 연관지으면서 하나의 총체를 구성하는 운동 속에서 그 계기로 파악될 때 자신의 고유하고 참다운 존재와 의미를 획득하게 된다는 것이다. 진리는 바로 이런 유기적 운동의 총체인 전체에 있으며, 따라서 전체를 구성하는 학적 서술의 체계를 통해서만 진리가 진리로서 정립되고 올바로 표현될 수 있다. 진리가 실존하는 참다운 형태는 학적 체계이다.

> 여기서 특히 강조되어야 할 것은 지(知)는 오직 학문 또는 **체계**로서만 현실적이고 또 서술될 수 있다는 것, 더 나아가 이른바 철학의 원칙이나 원리라는 것은 아무리 옳은 것이라고 하더라도 원칙이나 원리에 머물러 있는 한은 바로 그런 이유에서 이미 잘못된 것이라는 결론이다.(『정신현상학 1』, 60 이하/Phä, 27)

> 자유롭고 참다운 사상의 학문은 본질적으로 **체계**이다. 왜냐하면 진리는 자신을 자기 내에서 전개시키면서 통일 속에 결집시키고 결합시키는 것으로서만 **구체적으로**, 다시 말해 **총체성**으로 존재하며, 오직 자신이 지닌 구별들의 구분과 규정을 통해

서만 그 필연성과 전체의 자유가 될 수 있기 때문이다. **체계 없이** 철학 하는 것은 결코 학문적인 것이 될 수 없다. [⋯] 내용은 오로지 전체의 계기로서만 정당성을 지니며, 전체 밖에서는 근거 지어지지 않은 전제이거나 주관적 확신에 불과하다.(E, §14)

철학의 체계성과 민주적 공개성

헤겔이 철학의 체계성을 그토록 중시하고 강조하는 이유는 무엇일까? 헤겔의 비판자들은 체계란 고착된 사유의 추상적인 도식으로 현실을 가두어 장악하고 이를 통해 개체의 고유성과 특수성을 사상시킨 전체의 틀 안에 개체를 포획하고 지배하려는 전체주의의 그물이라고 주장한다. 그러나 헤겔의 견해에 따르면 오히려 체계야말로 학문의 민주적 공개성과 개방성을 담보해주는 것이다. 헤겔에게 체계란 내재적 비판을 통해 엄밀한 합리적 논변의 형태로 사유를 일관성 있게 전개하고 정당화하는 학적 서술의 질서이다.[19] 이런 체계적 서술의 과정에 의해서만 어떤 진리 주장이건 보편적인 이해 가능성과 수용 및 비판 가능성을 획득할 수 있다. 학문이 막연한 느낌이나 주관적인 확신, 직관에 의한 단언, 재치 있는 착상과 번뜩이는 영감 같은 것들의 나열에 만족하지 않고 서술적 체계의 형식을 갖추어야 하는 까닭은 진리가 누구에게나 접근 가능하도록 열려 있어야 한다는 모든 이의 정당한 권리에서 비롯된다.

그런데 이러한 형성이 이루어지지 않고서는 학문은 보편적 **이해 가능성**을 결여하게 되며 소수의 개인에게만 비전(秘傳)된 재산이라는 허상을 갖게 된다. […] 완전히 규정된 것만이 비로소 공교적(公敎的)이고 개념적으로 파악될 수 있으며 또한 학습을 통해서 만인의 소유물이 될 수 있는 것이다. 학문이 마땅히 지녀야 할 이해 가능한 형식을 갖추게 될 때라야만 비로소 그것은 만인에게 제공되고 누구나가 거기에 다다를 수 있는 길이 닦여졌다고 할 수 있다. 이렇듯 오성을 통해 이성적 지에 다다르는 것은 학문에 발을 들여놓은 의식이 제기할 수 있는 정당한 요구이다.(『정신현상학 1』, 46 이하/Phä, 56)

그렇기 때문에 헤겔은 자신의 철학을 서술하면서 엄밀한 학적 체계를 추구했던 것이다. 물론 이런 체계의 형식이 우리를 사유의 고된 긴장과 노동으로부터 면제시켜주는 것은 결코 아니다. 철학 체계란 사유의 여정 그 자체에 다름 아니며, 그런 철학 체계에 들어서려는 이에게 헤겔이 요구하는 유일한 전제는 '끝에 이를 때까지 스스로 생각하기'이다. 체계적 철학으로서 헤겔의 철학은 그 어떤 다른 철학보다 사유의 호흡이 길다는 특징을 가지고 있다. 우리가 헤겔의 철학을 접하면서 느끼는 숨가쁨은 아마도 순식간에 명멸하는 시뮬라크르의 시대에 그 긴 호흡의 마디를 맞추어가기가 쉽지 않기 때문일 것이다.

헤겔 철학을 관통한 이성, 이념으로 드러나다

이성과 이념

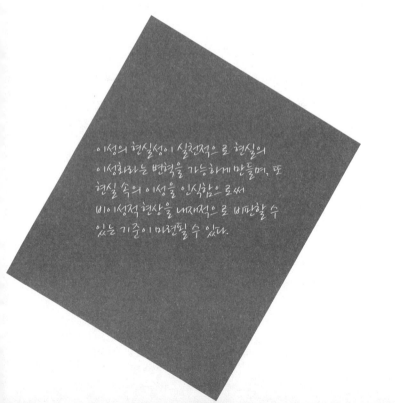

이성의 현실성이 실천적으로 현실의
이성화라는 변혁을 가능하게 만들며, 또
현실 속의 이성을 인식함으로써
비이성적 현상을 내재적으로 비판할 수
있는 기준이 마련될 수 있다.

완성된 진리이자 자유인 이성

이제 우리가 살펴볼 헤겔 철학의 첫 번째 봉우리는 '이성' 개념이다. 정신의 특정한 한 가지 의식 형태로서의 이성이 헤겔 철학에서 가장 높은 단계는 아닐지라도 진리를 인식하는 능력, 아니 사변적 진리 그 자체로서의 이성은 헤겔 철학 전반을 관통하는 요체를 이루는 것임이 틀림없다. 이 장에서 우리는 ① 헤겔 철학에서 이성이 담당하는 역할, ② 오성과 대비해서 본 이성의 엄밀한 의미, ③ 이성과 현실의 관계, ④ 이성의 사유 대상이자 그 산물인 이념, ⑤ '이념' 개념으로부터 파생되는 '관념론'의 뜻 등을 중점적으로 고찰할 것이다.

헤겔에게 이성은 철학이 서술하고자 하는 대상이면서 동시에 철학을 그 내부에서 구성하는 핵심 원리이다. "철학이란 곧 **이성적인 것에 대한 천착**"이기 때문이다.(『법철학』, 31/Rph, 24) 철학은 이성에 대한 이성 자신의 사유이다. 제1장에서 보았듯이 철학이 체계적 형태를 띨 수밖에 없는 것도 다름 아니라 그 구성 원리인 이성 안에 일정한 질서와 구조가 내재하는 까닭이다. 더 나아가 헤겔은 이성의 일원론에서 철학의 유일성을 이끌어내기도 한다.

> 철학이 오직 **하나**이고 **하나의** 철학만이 있을 수 있는 까닭은 이성이 오직 **하나**이기 때문이다.(W 2, 172)[1]

당대의 청년 지식인들이 주창한 독일 관념론의 선언문이라고
할 수 있는 「독일 관념론의 가장 오래된 체계 강령」 "Das älteste
Systemprogramm des deutschen Idealismus"에서 20대의 헤겔은
민중 속에서 이성과 감성의 통일을 이룩하기 위한 '이성의 신
화'를 요청한다.

> 우리에겐 새로운 신화가 있어야 한다. 그런데 이 신화는 이
> 념에 봉사해야 하며, 그것은 **이성**의 신화가 되어야 한다.
> 우리가 이념을 심미적으로, 다시 말해 신화적으로 만들기
> 전까지는 이념이 민중에게 아무런 관심거리가 되지 못한다.
> 또한 역으로 신화가 이성적으로 되기 전까지는 철학자가 신
> 화를 부끄럽게 여길 수밖에 없다. 그러니 이제 마침내 계몽된
> 자와 계몽되지 못한 자가 서로에게 손을 내밀어야 한다. 그래
> 서 신화는 철학적으로 되고 민중은 이성적으로 되어야 하며,
> 철학자들을 감성적으로 만들기 위해서 철학이 신화적으로 되
> 어야 한다. 그러면 우리 사이엔 영원한 통일이 지배하게 될 것
> 이다. […] 그러면 모든 정신들의 보편적 자유와 평등이 지배
> 하게 될 것이다.(W 1, 236)

이렇게 시작된 이성의 신화는 사변적 변증법의 발견과 더불
어 이성의 학문으로 진화하게 된다. 민중의 계몽과 화합이라는
역사적 과업은 이제 더 이상 신화나 종교를 빌리지 않고 이성

자신이 직접 떠맡아야 하며, 역으로 이성은 민중의 인륜적 삶 속에 이미 현실화되어 존재한다.

민중의 삶 속에서는 실로 자기의식적 이성의 실현이라는 개념이 그 완전한 실재성을 지니게 되는바, 자기의식적 이성의 실현이란 **타자**의 자립성 속에서 이 타자와의 완전한 **통일**을 직관한다는 것 또는 나에게 현전하면서 나에 대해 부정적인 것인 타자의 자유로운 **물성**(物性)을 **나의 대자 존재**로서 대상으로 삼는다는 것에 있다.(『정신현상학 1』, 371/Phä, 264 f.)

그러면 헤겔의 완숙한 철학 체계에서는 이성이 어떻게 규정되고 있는지 살펴보자. 논리학과 정신철학에서 각각 발췌한 다음의 구절들을 통해 우리는 우선 헤겔에게서 이성이 '순수 이성의 체계'인 논리학에서만이 아니라 구체적인 실존 형태들 속에서 이성을 발견하려는 '응용 논리학'인 실재철학에서도, 다시 말해 헤겔 철학 전반에서 핵심적인 원리의 역할을 한다는 점을 간파할 수 있다.

결국 이념의 영역인 **이성**이야말로 스스로에게 **드러난 진리**이다. 이러한 진리 속에서 개념은 전적으로 자기에게 부합하는 실현을 이루게 되며, 더 나아가서 이제 이러한 자신의 객관적 세계를 그의 주관성 속에서 인식하고 또 이 주관성을 객관적

세계 속에서 인식하는 한에서 자유롭다.(『대논리학 III』, 52/L II, 271)

자기의식이 이성이 되는 것과 함께 이제껏 자기의식이 지녀왔던 타자 존재와의 부정적인 관계가 긍정적인 관계로 전도된다. 지금까지 자기의식은 다만 자신의 자립성과 자유에만 관심을 둔 채 자신의 본질을 부정하는 듯이 보이는 **세계**와 자신의 고유한 현실을 희생시키면서 자기 자신을 구하고 보존하려고 애써왔다. 그러나 자기 자신을 이성으로 확신하게 된 자기의식은 이제 세계나 자신의 현실에 대해서 평정을 유지하며 이를 감내할 수 있게 되었다. 왜냐하면 이제 자기의식은 자기 자신을 실재성으로서, 다시 말하면 일체의 현실이 바로 자신 이외의 다른 어떤 것도 아니라는 것을 확신하고 있기 때문이다. 이제 자신의 사유가 그 자체 직접 현실이 되면서 자기의식은 관념론의 입장에서 현실과 관계하기에 이르는 것이다.(『정신현상학 1』, 268/Phä, 178)

이 구절들에는 이성의 특징도 잘 규정되어 있는데, 그것은 이성이 자립적인 대상 속에서 바로 자기 자신을 인식한다는 것, 이성적 자아는 타자(타인, 더 나아가 세계 일반)와 긍정적인 교호관계 속에 있다는 것, 그리하여 이성은 주관(사유, 개념)과 객관(존재, 현실)을 통일 속에서 파악한다는 것, 이런 주관과 객관의 통일로서의 이성이 다름 아닌 완성된 진리요 자유라는 것이다.

헤겔에게 이성은 주관적 사유의 원리이자 동시에 객관적 존재의 원리이다. 따라서 이성에 의해 사유와 존재의 동일성이 매개되고 확보되는 것이며, 이성이란 이런 주관과 객관의 통일을 그 차이 속에서 파악하는 능력이다. 이성이 타자에 대해 긍정적인 태도를 가질 수 있는 것도 이성에게는 이 타자가 그 자립성 속에서도 바로 이성 자신이라는 확신이 있기 때문이다. 이런 주·객의 구별 속의 통일이라는 이성 개념을 통해 헤겔은 흄의 회의주의에 맞서고 칸트 및 피히테의 주관적 관념론을 넘어 전통 형이상학의 근본 원리였던 사유와 존재의 동일성을 복권시키면서 '절대적 관념론'을 정초하고자 한다. 물론 이러한 이성의 확신, 즉 사유와 존재의 통일이라는 원리는 더 이상 독단적으로 전제되어서는 안 되고 철학의 체계적 서술을 통해 입증되어야 하는 것이다.

우리는 이런 이성의 이중적 역할 중에서 존재의 원리라는 객관적 측면은 나중에 법과 역사를 다루는 제7장과 제8장에서 상세하게 살펴볼 것이고, 이 장에서는 사유의 원리라는 주관적 측면에 논의의 초점을 맞출 것이다. 물론 이때도 사유는 사유 규정을 자신의 대상으로 갖기 때문에 사유의 주관성 내에서도 이미 사유와 존재의 통일이라는 이성의 기본 원리가 관철되고 있다.

객관적 인식의 영역과 도덕적 가치의 영역을 체계적으로 분리시켰던 칸트와는 달리 헤겔은 이성을 '이론 이성'과 '실천 이성'으로 분리시키지 않는다.[2] 그 두 가지 이성은 실은 하나의 이성이고, 따라서 양자는 개념적으로는 구분할 수 있으나 서로 분리될 수 없는 것이다. 인식하는 이성이 객체를 수용하고 주관 안으로 내면화하는 운동에서 시작되는 반면에, 실천하는 이성은 주관을 외화(外化)하여 객체를 산출하고 객관 세계를 변화시키는 운동에서 시작된다는 점에서 그 둘은 분명 차이가 있다.[3] 그러나 이미 피히테가 밝혔듯이 객체에 대한 이론적 인식은 주체의 정립 행위를 전제하고 또 역으로 주체의 실천 행위는 객체의 촉발에 의해 매개된다.[4] 피히테의 이런 '실행(實行) 철학' (Philosophie der Tathandlung)을 계승하여 더욱 발전시킨 헤겔에게 인식은 이미 그 자체가 실천 행위이다.[5]

사유와 존재의 동일성이라는 형이상학적 원리의 고수, 이 원리의 담지자로서 이성의 능력에 대한 강한 신뢰, 이성에 의거하여 참된 철학 체계를 구축하고 절대적 진리에 도달할 수 있으리라는 확신 등은 헤겔 철학이 근대 합리주의의 정점이자 극단이라는 평가를 받는 요인이 되었다. 그리고 이는 다시 '이성에 대한 비이성적 맹신'을 폭로하고 해체하려는 탈근대적 이성 비판이 헤겔 철학을 주된 표적으로 삼게 되는 결과를 가져왔다.

그런데 이런 비판을 제기하는 사람들이 흔히 간과하는 한 가지 사실은 헤겔에 의해 완성되는 독일 관념론이 실은 근대 계몽주의에 대한 반발인 낭만주의와 같은 시대의 같은 뿌리에서 성장했다는 것이다. 그렇기 때문에 헤겔 철학은 영혼 깊은 곳에서의 아득한 떨림, 보편적 법칙으로 포착되지 않는 개별자의 독특성과 생동성, 신비로운 합일에 대한 끌어오르는 동경과 갈망 같은 낭만주의의 특징들을 배척하기는커녕 공유하고 있다. 이성은 감성의 대립자가 아니라 그것이 긍정적으로 지양된 진리이다. 이성이 빛으로 둘러싸인 청명한 봉우리라면, 감성은 이 봉우리를 떠안으며 솟구치게 만드는 아득한 계곡이다. 이런 맥락에서 헤겔은 감성이 제거된 "차가운 이성"을 비판하면서(W 1, 12), 합리주의가 배제하는 개별자의 뜨거운 열정이야말로 모든 행위와 사태를 발생시키는 실질적인 추동력이고 메마른 보편에 생동성을 부여하는 에너지라고 역설한다.

이성의 진보와 더불어 여러 감각 지각들이 끊임없이 상실되고 상상력이 빚어내는 여러 가지 감동적인 연상들 ─ 우리가 인류의 소박함이라고 부르고 그 모습이 우리를 기쁘게 만들며 그것의 상실을 아쉬워하는 것이 그리 부당하지 않은 연상들 ─ 이 쇠약해진다.(W 1, 56)

충동과 열정이야말로 바로 주체의 생동성이고, 주체는 목표를 설정하고 수행하는 데에 바로 이 충동과 열정에 따라 정향된다. 인륜은 그 자체로는 활동하지 않는 보편적인 것을 내용으로 삼으며, 주체에게서 비로소 인륜이 활동하게끔 되는 것이다. 이런 인륜의 내용이 주체에게 내재하는 것, 바로 이것이 관심이고, 그것이 작용하는 주체성 전체를 요구할 경우에는 열정이 된다.(E, §475 A.)

오성과 이성의 차이

근대적 이성에 관한 논쟁에 얽혀 있는 여러 가지 오해들 가운데 최소한 일부분은 이성과 오성의 개념적 차이를 간과하거나 혼동하는 데에서 비롯된다. 특히 이성과 오성을 둘러싼 복잡한 개념사는 이성에 관한 논의를 더욱 혼란스럽게 얽히도록 만들었다. '이성'에 해당하는 독일어 Vernunft는 '경청하다', '알아듣다'라는 뜻을 지닌 동사 vernehmen에서 파생된 것이다. 반면에 '오성'으로 옮겨지는 Verstand는 '이해하다', '터득하다'를 뜻하는 verstehen에서 파생되었다. 일반적으로 오성은 수동적·논증적 인식 능력을 의미하고, 이성은 그보다 더 상위의 단계인 능동적·직관적 인식 능력을 일컫는다. 이런 뜻의 오성에 해당하는 고대 그리스어는 dianoia이고, 이성에 해당하는 것으로는 nous, logos, noêsis 등이 있다. 그런데 고대 말기에서 중세를 거쳐 근대 초기에 이르는 동안 이성과 오성에 상응하는 라틴어 ratio와 intellectus가 사람이나 학파에 따라 오성을 지시하기도 하고 이성을 지시하기도 하는 용어로 혼용되었다. 이에 따라 근대 유럽어에서 오성(Verstand, understanding, entendement)과 이성(Vernunft, reason, raison)을 일컫는 단어들도 둘 모두 때로는 ratio, 때로는 intellectus의 번역어로 쓰이게 되었다. 게다가 한자어 悟性과 理性 가운데 무엇이 더 상위의 인식 능력을 표현하는 데에 적합한지도 논란의 여지가 있다.

이런 혼란스러운 개념의 발전과 번역의 역사 탓에 오성과 이성 사이의 개념 구분이 불명료해져서 두 용어가 뒤바뀌어 사용되는 경우도 있고 또 근대 경험론이나 실증주의에서처럼 이성이 오성으로 환원되거나 축소되어 이해되는 경우도 흔히 볼 수 있다. 오늘날 이른바 '도구적 이성'이나 '근대적 합리성'에 관한 비판적 담론에서 등장하는 이성(rationality) 개념은 실은 오히려 이성을 절제(切除)해버린 오성, 반 토막 난 체념된 이성에 불과한 것이다.

혜겔이 자신의 이성 개념을 오성과 구분하면서 가장 상세하게 규정하고 개진하는 곳은 『논리학』 중에서 '논리적인 것의 세 측면'을 설명하는 구절들이다.

> 논리적인 것은 형식상 세 가지 측면을 가지고 있다. α) **추상적**
> 또는 **오성적** 측면, β) **변증법적** 또는 **부정적·이성적** 측면, γ) **사변**
> **적** 또는 **긍정적·이성적** 측면.(E, §79)

이 세 가지 측면의 작동 방식에 대해 혜겔은 다음과 같이 요약한다.

> **오성은 다만 규정하면서** 바로 이 규정을 고수하는 데 반해서,
> **이성**은 이러한 오성의 제규정을 무(無)로 해소시키는 까닭에
> 모름지기 부정적이고 **변증법적**이며, 더 나아가서 이성은 **긍정**

적이기도 한바, 왜냐하면 그것은 **보편**을 산출하면서 그 안에 있는 특수를 파악하기 때문이다.(『대논리학 I』, 23/L I, 16)

칸트는 오성을 사유의 가장 기본적인 틀인 선험적 범주에 의거하여 경험의 잡다한 현상들을 종합하여 개념을 구성하고 판단을 내리는 규칙의 능력으로 규정했다.[6] 헤겔도 이와 유사하게 오성을 "추상과 보편성의 형식을 통해 **대자적으로** 확정되는 **규정된** 개념의 능력"이라고 정의한다.(『대논리학 III』, 156/L II, 351 f.) 이 정의에서 헤겔이 '대자적'(für sich)과 '규정된'(bestimmt)을 강조하고 있다는 점에 주목해야 한다. 여기서 '대자적'이라는 말은 '홀로', '다른 것과 별개로'라는 뜻으로 쓰인 것이고, '규정된' 역시 '다른 것과 판별되는 특정하고 유한한'이라는 뜻이다.

즉 오성은 먼저 사유의 대상들을 서로 격리시켜서 그 각각이 홀로 존립하는 것으로 설정한다. 그다음 오성은 그렇게 분리된 대상들을 다시 서로 비교하여 특수성을 사상(捨象)시킨 유적 공통성을 추출해내고서는 다른 유와 구별되는 특정한 개념으로 도식화하고 술어를 부여한다. 그래서 오성의 활동은 "분리하고 추상하기"이고, 그 활동의 기반이 되는 원리는 "동일성, 단순한 자기 관련"이다.(E, §80 Z.)

오성적 사유란 대상을 추상적 동일성의 원리에 따라 일면적으로 파악하고 유한한 규정으로 고착시키는 사유이다. 이를 통해 개체는 고립해서 존재하는 어떤 고정된 실체로 한정된다. 그런 다음 그 개체는 상이성의 원리에 따라 다른 개체와 외적으로 구별되고 비교된다. 나는 나이고, 너는 너이고, 그것은 그것일 따름이다. 이들은 서로 무관하고 서로 다르다.

이렇듯 사물과 관념을 유한한 존재의 굴레 속에 서로 경계를 지어 가두어버리는 오성의 한계에도 불구하고 오성은 결코 폐기되거나 생략될 수 없는 사유의 필수적인 구성 요소이다. 우리가 제1장에서 '서술'을 다루면서 살펴보았듯이 오성을 통해 비로소 규정과 분별이 생기고 논변이 가능해지기 때문이다.

> 그러므로 오성은 보편을 규정하는 무한의 힘을 나타내거나 또는 반대로 그 자체로 불안정한 규정에 보편성의 형식을 통하여 확고한 존립을 부여하는 무한의 힘을 나타내는 것인바, 여기서 더 이상 진전하지 못한다 할지라도 그것은 결코 오성의 책임이 아니다. […] 규정되고 추상적인 개념은 **이성의 조건** 또는 오히려 **이성의 본질적인 계기**이다.(『대논리학 III』, 73 이하/L II, 287 f.)

그러나 오성이 참된 의미와 역할을 갖는 것은 이성과 유리된 채 고립된 상태에서가 아니라 이성의 계기로서 작동할 때이다. 오성적 사유로 무한하고 총체적인 진리를 파악할 수 있다고 믿는 것은 마치 창공을 날아가는 새의 움직임과 생명을 포착하기 위해 그 새를 사로잡아 죽이고서는 실험대에 묶어놓고 해부하는 해부학자의 무망한 시도와도 같다. 사유의 '추상적 또는 오성적 측면'을 절대화할 때, 다시 말해 일면적이고 제약된 오성 규정을 진리 자체로 고착시킬 때, 바로 독단적 형이상학이 발생한다.

> 오성으로서의 **사유**는 고정된 규정, 그리고 다른 규정에 대한 그 규정의 구별에 머문다. 그와 같이 제한된 추상적인 것이 오성에게는 스스로 존립하고 존재하는 것으로 간주된다.(E, §80)

변증법적 · 부정적 이성: 오성의 고착된 사고를 뒤흔들다

이성은 먼저 이렇게 오성에 의해 "고착된 사고를 유동화"한다.(『정신현상학 1』, 72/Phä, 37) 추상적 동일성의 사유를 뒤흔들어 일면적이고 유한한 오성 규정들에 내재하는 모순과 부조리를 드러내는 이성의 기능을 헤겔은 사유의 '변증법적 또는 부정적 · 이성적 측면'이라고 부른다. 이것이 헤겔이 말하는 좁은 의미에서의 '변증법'이다. 변증법적 이성은 개체를 그 관념성 속에서, 다시 말해 고정된 존재의 경계를 허물어 생성과 변화와 이행과 지양의 흐름 속에서 파악한다. 나무와 꽃과 과일과 씨앗은 서로 무관한 독립적 실체가 아니라 하나의 전체적인 생명 운동 과정의 계기들로서 끊임없이 스스로를 부정하고 다른 계기로 이행한다. 나와 너도 이와 마찬가지로 그 유한성 때문에 서로에게로 허물어질 수밖에 없는 존재인 것이다.

오성 형이상학의 독단주의는 일면적인 사유 규정들을 서로 격리시켜서 고수하는 데에 있다. […] 이성의 투쟁은 오성이 고착시킨 것을 극복하는 데에 있다.(E, § 32 Z.)
변증법적 계기는 그와 같이 유한한 규정들이 스스로 자기를 지양하고 그것과 대립되는 규정으로 이행하는 것이다.(E, § 81)

변증법적 이성에 의한 오성의 극복, 다시 말해서 고착된 사유 규정들이 그 대립자로 전도되고 해체되는 이행은 이성이 외부에서 오성에게 강요하는 낯선 사유 방식이 아니다. 그것은 유한한 사유 규정들 자체에 이미 존재하는 자기 부정성에서 비롯되는 오성 자신의 '내재적 비판'에 의한 운동이자 이성으로 나아가는 오성의 '내재적 초탈'이다. 이성과 감성의 관계에서도 그랬듯이, 이성은 오성의 외면적 부정이 아니라 오히려 그것의 진리이다.

변증법을 그 고유한 규정에서 보면 그것은 오히려 오성 규정들, 사물들 및 유한한 것들 일반이 지닌 그것들 자신의 진정한 본성이다. […] 변증법은 오성 규정들의 일면성과 제약성이 본래 그러한 바대로, 다시 말해 그 자신의 부정으로 드러나게 되는 **내재적** 초탈이다.(E, § 81 A.)

모든 유한한 존재와 관념을 자기모순을 통한 생성과 대립과 소멸의 부단한 운동 속에서 파악하는 변증법적 이성은 고정된 동일성에 사로잡혀 있는 오성의 관점에서 보면 부정적이고 파괴적인 것이다. 꽃이 지고서야 과일이 열리고 과일이 삭고서야 그 속에 있던 새로운 씨앗이 드러나며 씨앗이 썩고서야 나무의 싹이 돋아나온다. 이 일련의 과정은 각각 분리된 개체의 입장에서는 자기 존재의 부정이자 소멸, 붕괴, '땅(근거)으로 몰락함' (Zu-Grunde-Gehen)이다. 개별자로서의 나는 무수한 타자 관계의 흐름 속에서 덧없이 무화되어 사라진다. 이런 점에서 변증법적 이성은 확고한 것으로 간주되던 기존의 모든 명제와 존재를 뒤집어 그 모순과 무가치함을 폭로하는 회의주의와 맞닿아 있다. 그리고 실제로 변증법적 이성은 오성에 대해 다음과 같은 부정적 결론을 정당하게 주장한다.

객관적인 의미에서 그렇게 자기 안에서 자기 자신과 모순되는 **대상**은 스스로를 지양하고 아무것도 아니라는 것 […] 그리고 또한 주관적인 의미에서 **인식에는 결함이 있다는 것**.(『대논리학 III』, 422/L II, 558)

크라나흐가 그린 「아담과 이브」(1526)
꽃이 지고서야 과일이 열리고 과일이 삭고서야
그 속에 있던 새로운 씨앗이 드러나며 씨앗이
썩고서야 나무의 싹이 돋아나온다. 이는 자기 존재의
부정이자 소멸, 붕괴, '땅(근거)으로 몰락함'
(Zu-Grunde-Gehen)이다.

사변적 · 긍정적 이성: 부정 속에서 긍정을 포착하다

그러나 이성은 변증법적 사유가 도달한 이런 무(無)로의 해체라는 부정적인 결과에 머물지 않고 동시에 그 속에서 긍정적인 결과를 길어낸다.

변증법은 **긍정적인** 귀결을 갖는다. 왜냐하면 변증법은 **규정된 내용**을 가지고 있기 때문이다. 또는 변증법의 귀결이 진실로 **공허하고 추상적인 무**(無)가 아니라 **일정한 규정들**의 부정이고, 그 귀결이 **직접적인 무**가 아니라 하나의 결론이므로 부정된 규정들이 귀결에 포함되어 있기 때문이다.(E, § 82 A.)

그런데 여기서 유의해야 할 것은 변증법적 사유가 때로는 부정적인 결론에 또 때로는 긍정적인 결론에 도달한다거나 또는 부정적 귀결과 긍정적 귀결이 서로 별개의 내용을 갖고 있다거나 하는 그런 방식으로 작동하는 것이 아니라는 점이다. 변증법적 사유는 바로 부정적인 귀결 속에서 동시에 긍정적인 귀결을 포착해낸다. '땅으로 붕괴함'은 곧 '자기 자신의 근거로 되돌아감'이다. 씨앗의 죽음은 허망한 종말이 아니다. 그것은 오히려 낡은 유한성의 껍질을 깨고 그 자신의 새로운 생명의 싹을 틔워 탄생하는 영원의 시작이다. 이처럼 변증법적 사유가 부정 속에서 긍정을 포착함으로써 이성은 이제 참되고 엄밀한 의미의 이성, 즉 사변적 이성에 도달하게 된다.

> **사변적인 것** 또는 **긍정적·이성적인 것**은 규정들의 통일을 그
> 대립 속에서 파악하고, 그 규정들의 해체와 이행 속에 담겨 있
> 는 긍정적인 것을 파악한다.(E, §82)
>
> 그리하여 결국은 지금 다루어진 방향에서의 변증법적인 것
> 에, 다시 말하면 대립물을 통일 속에서, 혹은 긍정적인 것을
> 부정적인 것 속에서 파악한다는 데에 바로 **사변적인 것**이 깃들
> 어 있다고 하겠다. 이것이 가장 중요한 요소이면서도 여전히
> 이에 숙달되지 않아서 자유로운 사고력을 행사하지 못하는
> 사람에게는 가장 힘겨운 문제이기도 하다.(『대논리학 I』, 47/
> L I, 52)

사변적 이성은 개별자들의 대립 속에서 그 통일을, 그리고 통
일 속에서 개별자들의 차이를 인식한다. 그래서 헤겔은 앞서 언
급한 인용문에서 사변적 이성이 "**보편**을 산출하면서 그 안에 있
는 특수를 파악"한다고 말한 것이다. 사변적 사유는 타자로의
이행이 곧 자기 자신의 근거로 되돌아오는 운동임을 아는 원환
적 사유이다. 그것은 총체적이고 통합된 관점에서 살아 약동하
는 유기적 연관성을 볼 것을 요구한다. 나무, 꽃, 과일, 씨앗은 서
로 무관한 실체들이 아니라 서로 불가분하게 연결되어 하나의
무한한 생명의 흐름을 구성하는 계기들이고, 역으로 이러한 통

일된 전체 속에서 비로소 그 계기들은 유한성을 초월하여 자신의 참된 존재와 의미를 확립하게 된다. 나와 너는 우리의 세계를 형성하면서 이 보편적 상호주관성의 세계 속에서 '주체'로서의 고유한 정체성과 역할을 획득하는 '개별자'들이다.

부정적·변증법적 이성에서 긍정적·사변적 이성으로의 전환은 헤겔의 변증법 논리에서 관건이 되는 매우 난해한 부분이고 또 그렇기 때문에 많은 논란이 있는 곳이기도 하다. 헤겔은 이를 '규정된 부정', '부정의 부정', '자기 관련적 부정성' 등을 통한 모순의 긍정적 해소로 설명하는데, 이에 대한 논변과 그 예시에 관해서는 모순과 변증법을 다루는 제4장에서 살펴볼 것이다.

헤겔은 이런 사변적 이성을 원리로 삼아 자신의 사상 체계를 전개하기 때문에 그의 철학은 '사변철학', 그리고 그의 논리학은 '사변적 논리학'이라고 불린다. '사변적'(spekulativ)이라는 말은 일상적으로는 보통 '비현실적이고 현학적이며 허황된' 정도의 상당히 부정적인 의미로 쓰이곤 한다. 심지어 경제 용어로서는 그것이 '비합리적 투기의 성향을 가진'이라는 뜻마저 가지고 있다. 그러나 헤겔에게서 '사변적'이라는 용어는 오성과 구별되는 이성의 고유한 특징, 즉 구별 속의 통일, 동일성과 비동일성의 동일성, 사유와 존재의 근원적 통일, 타자 관련 속에서의 자기 관련, 이런 의미에서의 무한성을 일컫는 매우 긍정적인 의미를 지닌 술어이다. 이성뿐만 아니라 정신, 자기의식, 자유, 진리, 역사, 인륜성 등 헤겔의 모든 핵심 개념들은 모두 사변적 성격을 지니고 있다.

> 사변적 사유의 본성은 오로지 대립된 계기들을 그 통일 속
> 에서 파악하는 데에 있다. 각각의 계기가 사실상 그 자체로 자
> 신의 대립물을 자기 자신에서 가지고 있고 대립물 속에서 자
> 기 자신과 어우러지기 때문에, 긍정적 진리란 바로 이런 자기
> 안에서 스스로 움직이는 통일, 두 대립된 사고의 통합, 그 무
> 한성―자기 자신과의 관련, 그러나 직접적 자기 관련이 아니
> 라 무한한 자기 관련이다.(L I, 168)

이성의 현실성, 현실의 이성화

칸트와 헤겔은 모두 이성을 한낱 논리적 추론의 능력을 넘어
서서 모든 가능한 경험 대상들과 이에 대한 인식에 체계적 총체
성과 원리적 통일성을 부여하는 무제약적 이념을 사유하는 능
력으로 파악했다. 그러나 칸트가 이런 이성 이념에 단지 인식 주
관을 위한 종합의 준칙으로서 규제적 사용만을 정당한 요구로
허용하고 그것의 구성적 사용은 선험적 가상의 원천으로 배격
했던 반면에,7 헤겔에게 이성은 객관적 인식과 함께 대상 세계
자체를 구성하는 원리이다.

즉 주관과 객관, 자아와 타자, 사유와 존재, 개별과 보편, 이
런 대립자들의 긍정적 통일로 정의되는 사변적 이성은 한낱 주

관성의 원리, 실현되기를 희구하지만 결코 도달할 수는 없는 동경의 원리가 아니라 그 자체로 객관성을 담지하고 있다. 이성은 "자신이 곧 모든 실재라는 의식의 확신"이고 이 확신을 인식과 실천을 통해 현실 속에서 실현하고 확인하는 것이기 때문이다.(『정신현상학 1』, 369/Phä, 263) 이런 이성의 현실성을 가장 집약적으로 표명한 것이 『법철학』의 서문에 나오는 다음과 같은 유명한 구절이다.

이성적인 것, 그것은 곧 현실적이며; 또한 현실적인 것, 그것은 곧 이성적이다.(『법철학』, 32/Rph, 24)

그런데 이 명제는 『법철학』이 출판된 당시부터 다양한 진영으로부터 강한 반발에 부딪혔었고, 지금까지도 많은 사람들에게 도무지 이해될 수 없거나 수긍하기 어려운 주장으로 받아들여지고 있다. 이런 부정적인 반응은 크게 두 가지 유형의 비판으로 정리될 수 있다. 그 하나는 주로 자유주의 진영에서 제기한 것인데, 그 요지는 헤겔의 명제가 기존의 (실제로는 얼마든지 비이성적일 수도 있는) 현실을 이성이라는 고귀한 이름으로 미화하고 정당화하는 실증주의적 경향을 지니고 있다는 것이다.

다른 하나는 반대로 맑스주의의 전통에서 주로 제기된 비판이다. 이에 따르면 헤겔의 명제 중에서 이성의 현실성을 주장하는 앞부분의 문장은 비이성적인 현실에 대한 고발과 변혁의 요구를 함축하고 있다는 점에서 더욱 계승·발전시켜야 한다. 하지만 현실의 이성성을 주장하는 뒷부분의 문장은 현실 속에 엄연히 존재하는 비이성을 합리화하는 보수주의의 논리로서 거부해야 한다는 것이다.[8]

이러한 비판들은 지향하는 바는 서로 다르지만 둘 다 헤겔이 사용하는 '이성'과 '현실성'의 개념을 잘못 이해한 데에서 비롯된 것이라고 할 수 있다. '이성' 개념에 대해서는 지금까지 살펴보았으므로 이제 헤겔적 의미에서의 '현실성'이 무엇인지를 알아보고, 이를 바탕으로 헤겔에게서 이성과 현실이 서로 어떤 관계 속에 있는지를 해명해보자.

헤겔이 말하는 '현실성' 내지 '현실적인 것'(das Wirkliche)은 우리가 일상적으로 이 용어를 사용할 때보다 훨씬 더 좁고 엄밀한 의미를 가지고 있다. '현실적인 것'은 물론 객관 세계에 실제로 존재하는 어떤 것이다. 그렇지만 실제로 존재하는 모든 것이 헤겔적 의미에서 '현실적인 것'은 아니다. 헤겔의 논리학에는 객관적으로 존재하는 것을 지시하는 개념들이 여러 가지 있다. 즉 '현존재', '실존', '현상', '현실적인 것', '객관적인 것' 등이 그것이다. 이 여러 개념들은 서로 다른 본질을 가진 실체들의 종적 다양성을 가리키는 것이 아니라 존재의 다양한 양태들, 그리고 이에 상응하는 존재 이해의 다양한 범주들을 의미한다. 이를테면 '나'라는 실체는 하나일지라도 현존재적 나, 실존적 나, 현상적 나, 현실적 나가 있을 수 있다. 이 개념들의 변별적 차이를 헤겔은 다음과 같이 설명한다.

그런데 **존재**는 아직 현실적인 것이 아니고 다만 최초의 직접성일 따름이다. 이런 까닭에 존재에 대한 반성은 생성이고 **타자로의 이행**이다. 존재의 직접성은 즉자 대자적 존재가 아니다. 또한 현실성은 **실존**보다도 고차적인 것이다. 실존이 비록 근거와 조건으로부터 또는 본질과 그 반성으로부터 현출(現出)된 직접성이고, 그렇기 때문에 실존이 **즉자적으로는** 현실성이라고도 할 **실제적 반성**인 것은 사실이지만, 그러나 여전히 이것은 반성과 직접성의 **정립된** 통일은 아니다. 그러므로 실존은 이제 그 스스로가 내포하고 있는 반성을 전개함에 따라 **현상**으로 이행한다. 현상은 근거로 되돌아간 근거이고, 그것의 규정은 근거의 회복이다. 그리하여 현상은 본질적 관계가 되며, 현상이 행하는 최종적인 반성은 자신의 직접성이 자기-내-반성으로 정립되어 있고 또 역으로 자신의 자기-내-반성이 직접성으로 정립되어 있다는 것이다. 바로 이러한 실존 또는 직접성과 즉자 존재, 근거 또는 반성된 것이 단적으로 그 계기를 이루고 있는 통일이 이제 **현실성**인 것이 된다.(『대논리학 II』, 275 이하/L II, 201)

이 구절은 헤겔 특유의 전문 용어들과 논변을 가지고 압축적으로 표현되어 있기 때문에 이해하기가 매우 까다로운데 가능한 대로 좀 더 쉽게 풀이해보자. 우선 바로 확인할 수 있는 사실은 헤겔에게서 '현실적인 것'이 어떤 객관적인 존재를 지시하되 '현존재'나 '실존'이나 '현상'과는 다른 보다 더 고차적인 것이라는 점이다.

먼저 '현존재'란 단순히 직접적으로 존재하는 것, 개별적이고 특정한 존재를 말한다. 우리가 일상 언어에서 '현실적인 것'이라고 말할 때 가장 흔하게 떠올리는 것이 바로 이 '현존재'이다. 감각적 표상에는 현존재가 최초의 것이자 가장 구체적인 것으로 나타나기 때문이다. 그러나 현존재 그 자체는 그 특정한 존재를 그것이게끔 만들어주는 본질을 가지고 있지 않기 때문에 한낱 유한하고 가변적이고 끝없이 다른 것으로 이행하는 추상적인 존재이다.

'실존' 역시 직접적인 존재이긴 하지만 "본질에서 출현한 존재"라는 점에서 현존재보다 더 강한 근거와 존립성을 지닌다.(『대논리학 II』, 173/L II, 125) 그러나 실존은 자신의 존재 근거인 본질을 자기의 외부에 갖고 있기 때문에 스스로 존재하지 못하는 "아직 본질이 결여된 현상"에 불과하다.(『대논리학 II』, 205/L II, 148) 마지막으로 '현상'은 '비추어 드러난 것', 다른 것에 의해 정립된 것으로서 자신의 근거와 존립을 자신과 대립한 타자, 즉 드러내어 정립하는 것과의 관계 속에서만 가질 뿐 그 자체로는 지탱할 곳이 없는 무상한 것이다.

반면에 '현실적인 것'은 "본질과 실존의 통일", 그것의 외면이 곧 자기 자신의 내면의 현현인 것, 즉 자신의 외적 실존과 내적 본질이 일치하는 것이다.(『대논리학 II』, 255/L II, 186) 따라서 '현실적인 것'은 우연하고 덧없이 명멸하는 '현존재'나 '현상' 과는 달리 자기 안에 절대성과 필연성을 지니는 참다운 존재이 다. 우리가 이미 보았듯이 헤겔은 이성을 "스스로 실존하는 개 념과 실재의 통일"이라고 정의하는데, 이는 바로 '현실적인 것' 의 정의와 같다.(E, §440 Z.) 그렇기 때문에 헤겔은 오직 이성적 인 것만을 현실적이라고 말한다.[9] 현존재나 실존이나 현상은 실 제로 존재하는 것이기는 하지만 그것이 이성적이지 않다면 아 직 '현실적인 것'은 아니다.

한낱 현상과는 달리 현실성은 우선 내·외의 통일로서 이성 에 타자로 대립하지 않으며, 오히려 현실성은 전적으로 이성 적인 것이다. 이성적이지 않은 것은 바로 그렇기 때문에 현실 적이지도 않은 것으로 간주되어야 한다.(E, §142 Z.)

무릇 현존재는 그 일부가 **현상**이며 또한 그 일부만이 현실 성이다. 일상적인 삶에서는 이를테면 오류라든가 악이라든가 또는 이런 부류에 속하는 것과 같은 모든 착상들, 그리고 또한 왜소하고 덧없는 실존까지도 우연하게 **현실성**이라고 일컫는 다. 하지만 우연한 실존은 이미 통상적인 감정에 비추어볼 때 에도 강조된 의미에서의 현실적인 것이라는 명칭을 얻을 만 하지 못한 것이다.(E, §6 A.)

사실 '이성적인 것'과 '현실적인 것'에 대한 헤겔의 정의를 표면적으로 나란히 놓고 보면 이 두 개념은 거의 동의어나 마찬가지이다. 그러나 '이성적인 것은 현실적이며 현실적인 것은 이성적'이라는 헤겔의 명제는 단순한 동어반복 이상의 의미를 지니고 있다. 그 명제를 이루는 앞의 문장과 뒤의 문장은 상이한 함의를 지니고 있기 때문이다. 그렇다고 해서 맑스주의적 비판처럼 그 두 문장을 서로 분리하여 어느 한쪽만을 강조하면 그 진의가 왜곡되고 만다. 이성의 현실성을 표현하는 앞 문장은 '행위 원리'로, 현실의 이성성을 표현하는 뒤 문장은 '인식 원리'로 이해되어야 하는데, 앞에서도 지적했듯이 헤겔에게서 인식과 행위는 서로 분리될 수 없는 하나의 이성의 활동들이다.

헤겔은 먼저 이성적인 것은 현실적이라고 말한다. 이 말은 우선 이성의 힘에 대한 강한 신뢰를 표현하고 있다. 칸트의 형식주의적 도덕철학에 맞서 헤겔은 이성이 한낱 당위적 이상(理想)에 머무는 무기력한 것이 아니며 인간 사회와 역사의 현실 속에서 스스로를 관철시킬 힘을 가지고 있고 또 실제로 관철시킨다고 되풀이하여 강조한다. 그런데 이때의 현실은 단순히 외부에 직접적으로 주어져 있는 기성의 현실을 말하는 것이 아니다.

헤겔이 말하는 '현실성'은 아리스토텔레스의 '현실태'(energeia) 개념을 계승한 것이다. 고대 그리스어 energeia 및 그것의 라틴어 번역어인 actus는 본래 '활동', '작용', '힘' 또는 그러한 활동에 의해 '완수된 것' 또는 '완성된 것'을 뜻한다. 독

라파엘로가 그린 「아테네 학당」(1510~11)

헤겔이 말하는 '현실성'은 아리스토텔레스의 '현실태'(energeia) 개념을 계승한 것이다. 고대 그리스어 energeia 및 그것의 라틴어 번역어인 actus는 본래 '활동', '작용', '힘' 또는 그러한 활동에 의해 '완수된 것' 또는 '완성된 것'을 뜻한다.

일어 Wirklichkeit 역시 '작용하다'를 뜻하는 동사 wirken에서 파생된 것이다. 즉 이때의 현실은 바로 이성의 작용에 의해 구성된 현실, 이성적 존재인 인간의 활동에 의해 '참되게' (wirklich) 창출된 현실을 말한다. 이 점을 염두에 둘 때에 비로소 현실적인 것은 이성적이라는 뒤 문장의 진의가 밝혀진다. 헤겔이 말하고자 하는 바는 현실적인 것은 이성적 행위에 의해 형태화된 것이기 때문에 그리고 오직 그러한 한에서만 이성적인 것으로 인식될 수 있고 또 그렇게 인식하는 것이 다름 아닌 이성이라는 것이다. 그래서 헤겔은 자신의 역사철학에서 다음과 같이 말한다.

철학의 전제가 되는 것은 이상이 스스로를 완수한다는 점, 그리고 오직 이념에 부합하는 것만이 현실성을 지닌다는 점이다. 단순한 이상에 머물지 않는 이런 신적 이념의 순수한 빛 앞에서는 세계가 마치 광란의 어리석은 사건인 듯이 보이던 허상이 사라진다. 철학은 내용, 즉 신적 이념의 현실성을 인식하여 멸시당하는 현실을 정당화하고자 한다. 왜냐하면 이성이란 곧 신적인 작업을 알아듣는 것이기 때문이다. 철학은 그 외에 현실성이라고 불리는 것을 겉으로 현상할 수는 있어도 결코 즉자 대자적으로 현실적일 수는 없는 쓸모없는 것으로 간주한다.(『역사 속의 이성』, 117/ViG, 77 f.)

이렇게 이성적으로 현실을 인식하는 이성은 그에 선행하는 자신의 실천적 행위를 전제하며 또한 앞으로도 지속해서 자신을 실현해야 한다는 실천적 요청을 함축하고 있다. 그렇기 때문에 헤겔은 법철학에 관한 강의에서 문제의 명제를 다음과 같이 표현한다.

이성적인 것은 이루어져야 한다.[10]
이성적인 것은 현실적으로 되고, 현실적인 것은 이성적으로 된다.[11]

물론 헤겔도 부당한 현실, 악한 인간, 불의하고 폭압적인 국가, 고통과 좌절의 역사, 사이비 철학 같은 것들이 있었고 또 현재에도 있다는 사실을 부인하지 않는다. 그러나 이런 비이성적인 현상들은 비록 실재하는 것이기는 하지만 '현실적인 것'은 아니다. 그런 것들은 아무리 지금 당장 실질적인 지배력을 갖고서 현실을 짓누르고 있는 현상이라 할지라도 비이성적인 것이기 때문에 비현실적인 것, 거짓된 것으로서 이성의 비판에 회부된다. 예를 들어 헤겔에게 국가는 보편과 특수의 통일이라는 인륜적 이념의 현실성이다. 그런데

국가란 현실적이며 또한 그와 같은 현실성은 전체의 이익이 특수한 목적을 통하여 실재화됨을 뜻한다. 현실성이란 언

제나 보편성과 특수성의 통일이다. [⋯] 그리하여 이러한 통일이 존재하지 않는 한은 그 어떤 것도 비록 실존으로 취급될 수는 있을지언정, **현실적**일 수는 없는 것이다. 잘못된 국가는 단지 실존하는 데 지나지 않는 그러한 국가일 뿐이다.(『법철학』, §270 Z.)

이성의 현실성이 실천적으로 현실의 이성화라는 변혁을 가능하게 만들며, 또 현실 속의 이성을 인식함으로써 비이성적 현상을 내재적으로 비판할 수 있는 기준이 마련될 수 있다. 이것이 바로 헤겔의 명제가 말하고자 하는 바이다.

이성의 참된 본질, 이념, 그리고 절대 이념

이렇게 이성의 주관적 개념이 객관적 현실성을 획득하여 사유와 존재가 사변적으로 통합되어 있는 것을 헤겔은 '이념'이라고 부른다.

이념은 곧 개념과 객관성의 통일이며 또한 진리이다.(『대논리학 III』, 300/L II, 464)

이념은 타자 속에서 자기 자신의 영원한 직관이다. 즉 자신의 객관성 속에서 **자기 자신을 이미** 완수한 개념이면서 동시에 **내적 합목적성**이자 본질적인 주관성인 객체이다.(E, §214 A.)

혜겔의 논리학에서 맨 마지막에 등장하는 가장 높은 단계의 사유 규정이 '절대 이념'인데, 그것은 인식과 행위를 통해 주관성과 객관성의 통일을 이루었고 또 자신을 그러한 통일로서 자각하고 있는 이념을 말한다. 절대 이념은 "인식과 행위가 조화를 이루게 되어 **자기 자신에 대한 절대적 지(知)**인 무한한 이념"이고, "자신의 실재성 속에서 오직 자기 자신과 일체를 이루는 이성적 개념"이다.(『대논리학 III』, 307/L II, 469 및 『대논리학 III』, 409/L II, 549) 우리는 제1장에서 혜겔이 철학을 이념의 체계로, 그리고 철학의 분과 학문들인 논리학과 자연철학과 정신철학을 이념의 다양한 형식들의 학으로 규정하고 있음을 보았다. 이렇듯 철학 체계 전반의 근원이 되는 이념은 다름 아니라 지금 우리가 다루고 있는 '절대 이념'이다.

> 이념이 드러나는 가장 순수한 형식은 사상 그 자체인데, 논리학에서는 이념이 그렇게 고찰될 것이다. 이와 다른 또 하나의 형식으로는 물리적 자연이라는 형식이 있고, 마지막 세 번째로는 정신 일반의 형식이 있다.(『역사 속의 이성』, 83/ViG, 53)

이념 속에서 이성은 자신의 참된 본질, 즉 "타자 속에서 자기 자신에 머무는 운동으로서의 자기동일적 사유"에 도달한다.(E, §18) 이것이 곧 진리이고 참다운 자유이다. 진리란 "개념에 일치하는 실재성으로서의 이념 그 자체"이기 때문이다.(『대논리학 III』, 347/L II, 499) 그렇지만 이념의 자기동일성은 오성의 고정된 추상적 동일성이 아니라 변증법적 운동을 거치며 이루어진 사변적 이성의 매개된 동일성, 재구축된 동일성이다. 이념 속에서 주관과 객관은 서로 화해를 이루어 통합되지만, 이러한 통일 속에서도 양자는 자립적 계기들로서 차이의 긴장을 유지한다.

여기서 이념의 자기 자신과의 **동일성**은 바로 이 **과정**과 일체가 되어 있는 것이다. 현실을 아무런 목적 없이 변화에 휘말려 있는 듯한 가상으로부터 해방시키고 **이념**으로 정화시키는 사상은 결코 이런 현실의 진리를 죽은 정지(靜止)나 생기 없고 아무런 충동이나 운동도 없는 한낱 **형상**으로, 더 나아가서는 어떤 정령이나 숫자나 아니면 어떤 추상적 사상 따위로 생각하는 것이 아니다. 이념은 개념이 그 속에서 획득하는 자유로 인해서 자신 안에 **가장 극심한 대립**도 안고 있다. 이념의 평온은 이념이 영원토록 그와 같은 대립을 산출하면서 동시에 이를 영원히 극복해나가는 가운데 바로 이 대립 속에서 자기 자신과 합치한다는 그런 확고함과 확신에 있는 것이다.(『대논리학 III』, 305 이하/L II, 467 f.)

이성은 바로 이런 이념을 구성하고 파악하는 능력이다. 일찍이 칸트가 오성의 개념인 '범주'와 구분하여 이성의 개념을 '이념'이라고 불렀다. 헤겔은 일단 이런 칸트의 용례를 따른다. 그러나 헤겔의 '이념'은 지금까지 살펴본 바와 같이 칸트의 그것과 내포적 의미에서 사뭇 다를 뿐만 아니라 그 역할에서도 상당한 차이가 있다. 우선 이미 지적한 것처럼 칸트에게서는 이성 이념이 주관적 인식을 위한 규제적 원리로서만 정당성을 부여받는 반면에 헤겔에게서는 그것이 객관적 인식의 구성적 원리가 된다. 더 나아가 헤겔은 오성의 개념과 이성의 이념을 서로 분리시키는 것에 대해서도 이의를 제기한다. 오성이 이성의 한 계기이자 내재적 초탈을 통해 스스로 이성으로 이행하듯이 개념은 자기 전개를 통해 이념으로 발전한다. 그래서 헤겔은 오성적 인식의 공허한 형식에 머무르는 '범주'라는 용어를 그리 달갑게 여기지 않는다. 또 같은 이유에서 '영혼의 불멸성'과 '세계 속에서의 자유'와 '신'이라는 세 가지 개념만을 이론 이성의 이념으로 인정했던 칸트와는 달리,[12] 헤겔에게는 모든 개념이 사변적으로 파악되는 한에서 이념이 될 수 있다.

이념적인 것만이 참되다, 헤겔의 관념론

'관념론'(Idealismus)이라는 용어는 적어도 헤겔 철학과 관련되는 한에서는 이러한 '이념'(Idee)에서 파생된 것이다. 헤겔은 자신의 철학을 관념론, 그것도 **절대적 관념론**이라고 부른다.(E, §45 Z.) 더 나아가 그는 "모든 참다운 철학은 **관념론**"이라고까지 주장한다.(E, § 95 A.) 여기서 말하는 관념론이란 바로 이념의 관점에서, 다시 말해 사변적 이성의 관점에서 세계를 파악하고 실천적으로 대하는 사상 체계를 일컫는 것이다.

그런데 독일 관념론 일반, 특히 헤겔의 관념론에 대해서 여러 가지 오해와 편견이 있다. 우선 '관념론'이라는 번역어의 적절성에 대해 재고할 필요가 있는데, 왜냐하면 이 용어는 헤겔의 '이념'보다는 근대 경험론자들의 '관념'(idea)을 더 쉽게 연상시키기 때문이다. 우리가 통상 '관념적'이라고 말할 때 '그 자체로는 실재성을 결여한 주관적이고 추상적인 표상에 입각하여' 정도의 의미를 염두에 두곤 하는데, 이것이 바로 경험론에서 말하는 '관념'의 뜻이다. 만약 관념론이 이런 의미에서의 관념에 의해 현실이 규정되고 더 나아가 물질 세계가 창출된다고 주장하는 입장을 가리키는 것이라고 한다면, 그런 관념론은 일종의 비상식적인 영성주의(靈性主義)나 유아론(唯我論)에 가까울 것이다. 헤겔의 '이념'은 플라톤의 '이데아'만큼이나 이런 의미의 '관념'과 거리가 멀다. 그렇다고 그것이 플라톤의 이데아처럼 초월적인 것도 아니다. 이미 살펴보았듯이 헤겔의 '이념'은 주관적이면서 동시에 철저하게 현실적이고 객관적인 것이다.[13]

그런데 이념성은 현실성 밖에 또는 현실성 옆에 존재하는 그 어떤 것이 아니다. 이념성의 개념은 명백히 그것이 현실성의 진리라는 데에 있다. 다시 말해 현실성이 즉자적으로 존재하는 바대로 정립될 경우 그것은 스스로 이념성임이 밝혀진다.(E, § 96 Z.)

또 Idealismus의 어근을 '이상'(理想, Ideal)으로 보아 '이상주의'로 번역하자는 제안도 일각에서 있었다. 그러나 이는 단어의 파생 연관을 잘못 파악한 데서 비롯된 착각이고, 내용상으로도 칸트 철학과 관련해서는 어느 정도 타당성이 있을지 모르지만 셸링이나 헤겔 같은 본격적인 '독일 관념론자'들의 사상에 대해서는 적절하지 않다. 칸트에게는 이념이 이성의 이상이지만 헤겔에게는 이념이 현실에서 스스로를 실현하는 것이어서 결코 이상으로만 머물지 않는다.

'관념론'을 '유물론'과 대립되는 개념으로 보는 통상적인 이해도 그에 못지않게 문제점을 안고 있다. 이럴 때 관념론은 대략 '정신과 물질 중에서 정신을 더 근원적이고 선차성을 가진 원리로 간주하는 이론'으로 정의된다. 그러나 이런 의미에서 유물론(물질주의, materialism)에 대립되는 입장은 엄밀히 말하자면 관념론이 아니라 유심론(정신주의, spiritualism)이다. 관념론자인 헤겔 자신은 정작 '정신만이 존재하고 사물은 사유하는 정신에 의해서 비로소 존재와 의미를 부여받는 의식의 표상이다'라는 식의 주장을 '주관적 관념론' 내지 '공허한 관념론'이라고 규정하면서 다음과 같이 비판한다.[14]

의식이 최초로 언명하는 것은 "일체가 **나의** 것이다"라는 추상적이고 공허한 말에 지나지 않는다. 자신이 곧 모든 실재라는 확신은 이제 겨우 순수한 범주에 불과하다. 대상 속에서 스스로를 인식하는 이 최초의 이성은 공허한 관념론을 표현한다. 공허한 관념론은 이성을 그 최초의 존재 양태대로만 파악하고, 모든 존재 속에서 이와 같은 의식의 순수한 **나의 것**이라는 표찰을 내보이고는 사물을 지각이나 표상이라고 언명하는 것으로써 실재의 전모를 제시했다고 착각한다. 그러므로 공허한 관념론은 동시에 절대적 경험론이기도 하다. 왜냐하면 **나의 것**이라는 공허한 낱말에 **충만한 의미를 부여**하여 그것이 구별에 이르고 온갖 발전과 형태를 이룩하기 위해서는 그 관념론의 이성이 외부로부터의 동인을 필요로 하는데, 바로 이 외부 동인에서 비로소 지각이나 표상 활동의 다양성이 비롯되기 때문이다.(『정신현상학 1』, 276/Phä, 184)

헤겔은 버클리나 흄 같은 극단적인 경험론자들, 그리고 칸트와 피히테 같은 선험철학자들이 주관적 관념론에 경도되어 있다고 보았다. 경험론과 선험주의는 실은 주관적 관념론이라는 같은 동전의 양면이다. 그는 이런 주관적 관념론에 맞서 "경험의 상대적 권리"와 "객관성의 권리"를 일깨워 소환한다.(『자연법』, 35/W 2, 453 및 『법철학』, § 132 A.) 그리고 주관적 관념론에서는 사유가 주관성의 영역 안에만 머물 뿐 "자기 자신을 벗

어나 대상에로 다가서지 않는다"는 것, "사유가 자신의 타자로
되지 않는다"는 것을 본질적인 결함으로 지적한다.(『대논리학
I』, 29/L I, 37)

그렇다면 도대체 헤겔이 말하는 '관념론'은 무엇인가? 헤겔
이 자신의 '관념론'을 간략하고 명쾌하게 정의하고 있는 구절을
발견하기는 어렵다. 그렇기 때문에 이 물음에 대한 답을 얻기 위
해서는 몇 가지 실마리를 추적하여 그 의미를 재구성하는 수밖
에 없다.

그 첫 번째 실마리가 되는 것은 독일 관념론의 전통에서 '관
념론'이 기본적으로 '실재론'(Realismus)에 대한 대립 개념으로
사용되고 있다는 점이다. 피히테에 의하면 실재론이란 물 자체
라든가 또는 지각에 주어지는 개별 대상처럼 자아에 대해 독립
적인 실체를 전제하고서는 이를 모든 인식과 존재의 실질적 근
거로 삼는 이론을 일컫는다. 관념론이 이에 대립된 입장이라면
관념론에서는 자아에 대해 독립적인 소여물로서의 실체가 존재
할 수 없다.

물론 피히테는 자신의 철학을 실재론을 배제하는 '독단적 관
념론'이 아니라 "관념론과 실재론의 중도(中道)"로서 "실재–관
념론이자 관념–실재론"인 "비판적 관념론"으로 특징짓는다.[15]
대상이 자아와의 상관관계 속에서만 규정되듯이 자아 역시 대
상과의 교호 작용 속에서만 비로소 자아로서 정립된다는 것이
다. 이런 종합적인 입장은 피히테마저 주관적 관념론으로 분류

156

하면서 사유와 존재의 사변적 통일을 역설하는 헤겔에게서는 더더욱 두드러진다.

> 학문은 **주장하는** 독단주의 대신 **단언하는 독단주의**나 **자기 확신의 독단주의**라는 형태로 들어서는 그런 관념론이 아니다. 내용이 자신의 고유한 내면으로 복귀하는 것을 바라보면서 지(知)의 활동은 오히려 내용 속으로 침잠한다.(『정신현상학 1』, 93/Phä, 53)

두 번째 실마리는 그보다 더 결정적인 단서를 제공해주는데, 그것은 앞서 언급했듯이 '관념론'이라는 용어가 '이념'에서 파생되었다는 점이다. 그런데 헤겔은 '이념적인 것'(das Ideelle)이라는 말에는 이중적인 의미가 담겨 있다고 말하면서 이를 다음과 같이 적시한다.

> 한편으로 이념적인 것은 구체적인 것, 참으로 존재하는 것을 말하지만, 다른 한편으로는 참으로 존재하는 것의 계기들, 참으로 존재하는 것 속에서 지양된 것도 마찬가지로 이념적인 것이라고 불린다.(L I, 172)

그러므로 헤겔에게서 '관념론'은 논의 맥락에 따라 때로는 적극적 의미로 사용되기도 하고 때로는 소극적 의미로 사용되기도 한다. 소극적 의미로 사용될 때 관념론은 실재론을 반박하는 입장, 즉 개별적 경험 대상들은 참으로 존재하는 실체가 아니라 유한하고 스스로 지양되는 것, 이런 의미에서 '관념적인 것'에 불과하다는 사상을 말한다. 헤겔이 관념론을 거론할 때에는 대부분 이런 소극적 의미에서 사용하고 있다.

관념론을 이루는 것은 '유한한 것은 관념적이다'라는 명제이다. 철학의 관념론은 다름 아니라 유한자를 참으로 존재하는 것으로 인정하지 않는다는 데에 있다. 어떤 철학이건 본질적으로 관념론이거나 최소한 관념론을 그 원리로 삼는다.(L I, 172)

참다운 철학적 관념론은 사물 자체는 직접적으로 개별적인 것, 즉 감각적인 것, 한낱 가상과 현상에 불과하다는 것이 바로 사물의 진리라는 규정에 있다. 사물은 절대적으로 확고하게 우리와 대립해 있기 때문에 우리는 사물을 인식할 수 없다고 하는 오늘날 유행하고 있는 형이상학에 대해 하물며 동물들조차 이 형이상학들만큼 어리석지는 않다고 응수할 수 있을 것이다. 왜냐하면 동물들은 사물에 다가가서 그것을 붙잡고 포획하여 삼켜버리기 때문이다.(E, § 246 Z.)

반면에 헤겔이 적극적 의미에서 관념론을 직접 언급하는 경우는 극히 드물지만, 아마도 자신의 철학을 '절대적 관념론'이라고 규정할 때 바로 이런 의미를 염두에 두고 있었을 것이다.

이 경우 관념론은 '이념적인 것'만이 참된 존재라는 사변적 이성, 즉 사유와 존재, 주관과 객관, 자아와 타자의 구별 속에서의 통일, 다시 말해 무한자를 원리로 삼는 철학을 지칭한다.

헤겔 철학, 자유를 향한 뜨거운 열정

자유

이성이 헤겔의 철학을 빚어내는
근본 요소라면 자유의 이념은
헤겔 철학이라는 산맥 전체를 떠받치며
감싸 안고 있는 웅장한 터전이다.
헤겔의 저작은
"자유라는 금속으로 세워져 있다."

헤겔 철학의 웅장한 터전, 자유

'자유'라는 말만으로도 가슴이 벅차오르며 뜨거워지던 시대가 있었다. 또 자유를 짓밟는 바로 그자들이 '자유'라는 단어를 제멋대로 전유하여 오용하는 것에 분노할 수밖에 없는 시대도 있다. 프랑스 혁명이 폭발하고 그 여진과 반동이 서로 강렬하게 충돌하던 헤겔의 시대도 틀림없이 그러했으리라.

독일 관념론은 자유의 철학이다. 자유를 포기하는 것은 인간이기를 포기하는 것이고 민중의 목소리가 곧 신의 목소리라고 포효했던 루소의 책을 읽다가 그만 너무 심취하여 평생을 거르지 않던 산책 시간마저 잊어버렸다는 칸트의 일화는 너무도 잘 알려져 있다.[1] 또 루소와 칸트의 계승자를 자처한 피히테는 자유의 철학이 아니라면 그 밖의 모든 것은 노예의 철학이라고 선언하면서 그 둘 사이에서 결단을 내리라고 촉구했다.[2] 이런 피히테의 절대적 자유를 향한 열망은 프랑스 혁명에 환호했던 청년 헤겔과 셸링을 매료시켰다. 굴종과 체념의 굴레를 떨쳐버리고 민중 스스로가 자기 삶과 역사의 주인이 되어 자유의 푸르른 기상을 드높일 시대가 마침내 도래한 것이다.

우리는 인간을 이토록 높이 고양시킨 모든 철학의 최정상에서 현기증을 느낄 것이다. 그런데 인간의 존엄성이라는 기치를 더 높이 내걸고 인간을 모든 정령들과 동등한 반열에 올려놓는 자유의 능력을 인정하는 데에 우리는 왜 이리도 더디게 도달하였는가? 나는 인류가 자기 자신에 의해 이만큼 존경받을 가치가 있는 존재로 서술되는 것이야말로 우리 시대를 드러내는 가장 훌륭한 징표라고 믿는다. 그것은 압제자들과 지상의 신들의 머리에서 빛나던 후광이 사라지고 있다는 증거이다. 철학자는 이런 인간의 존엄성을 증명해야 하고, 민중은 이런 존엄성을 체득하는 것을 배워서 하찮은 티끌로 전락해버린 자신들의 권리를 그저 요구하기만 할 것이 아니라 스스로 다시 획득하여 자기 것으로 만들어야 한다.[3]

앞 장에서 다룬 이성이 헤겔의 철학을 빚어내는 근본 요소라면 자유의 이념은 헤겔 철학이라는 산맥 전체를 떠받치며 감싸안고 있는 웅장한 터전이다. 헤겔의 수제자 중 한 사람인 간스는 헤겔의 저작이 "자유라는 금속으로 세워져 있다"고 평가했다.[4]

제1장에서 우리는 헤겔의 철학이 어떠한 명제적 전제도 없는 체계임을 보았다. 그렇지만 헤겔의 철학에도 실은 암묵적으로 전제되고 있는 어떤 확신 같은 것이 있지 않으냐고 묻는다면, 바로 그러한 전제로 다음의 두 가지를 들 수 있을 것이다. 첫째로 헤겔은 우리의 의식이 자기반성의 특성을 지니고 있어서 스스로 자기를 이성적으로 되돌아보고 수정하고 극복할 수 있는 능력을 가지고 있다고 믿는다. 둘째로 그는 인간의 의지가 절대적 자유를 획득하고 향유하고자 하는 강한 자연적 충동을 가지고

있다고 상정한다. 헤겔에게 자유는 정신과 의지의 실체적 본질이자 근본 규정이다.

정신의 실체는 자유, 즉 타자에 대한 비종속성, 자기 관련성이다. 정신은 대자적으로 존재하고 자기 자신을 대상으로 삼는 실현된 개념이다. 정신 속에 현존하는 이런 개념과 대상성의 통일에 동시에 정신의 진리와 자유가 존립한다.(E, §382 Z.)

즉 중력이 물체의 근본 규정이듯이, 마찬가지로 자유는 의지의 근본 규정이다. […] 자유가 없는 의지란 공허한 말에 지나지 않듯이, 이와 마찬가지로 자유는 오직 의지 내지 주체로서만 현실적인 것이다.(『법철학』, §4 Z.)

철학과 정치적 담론, 그리고 일상생활에서 자유가 최고의 이념으로 전면에 부상하면서 강력한 대중적 영향력을 행사하기 시작한 것은 근대에 들어서서부터이다. 특히 근대 자유주의의 전통 속에서 개인의 자유에 대한 권리는 모든 사회적 행위와 제도의 규범적 정당성을 판정하는 척도이자 이상적인 사회 질서를 구축하기 위한 이론적 출발점으로 확립되었다. 전통적 집단과 신분의 구속에서 벗어난 개인의 무한한 자유에 대한 근본적이면서도 광범위한 자각이 일어난 이후에야 비로소 자유 개념에 대한 본격적인 철학적 논의도 가능해졌다. 헤겔 철학을 비롯한 독일 관념론은 바로 이런 역사적 변혁 과정의 한복판에 있었다.

하지만 자유에 대한 철학적 숙고는 물론 이보다 훨씬 더 오래된 역사를 가지고 있다. 이미 아리스토텔레스는 행위의 자의성(自意性)을 그 행위가 도덕 판단의 대상이 될 수 있는 조건으로 삼았을 뿐만 아니라 자족(自足)으로 이해된 자유에서 삶의 최고 목표를 찾았다. 또 고대 말기의 운명론과 자유의 가능성, 중세의 신학적 결정론과 자유의지론, 그리고 주지주의(主知主義)와 주의주의(主意主義) 사이의 논쟁 등은 자유 개념을 둘러싼 현대의 쟁점들을 상당 부분 선취하고 있다.

이처럼 철학에서 자유의 문제는 유서 깊은 형이상학적 물음이고 이에 대한 논쟁은 오늘날에도 치열하게 지속되고 있다. 그런데 자유에 관한 철학적 논의는 크게 보아 두 가지 문제를 중심으로 벌어진다. 그 첫 번째 쟁점은 자유의지의 가능성 문제인데, 이와 관련하여 근대적 맥락에서는 인과적 결정론과 자유의지론이 서로 맞서고 있다. 즉 세계에서 일어나는 모든 사건은 자연의 필연적인 인과 법칙에 따라 발생하는데, 인간의 의지와 행위도 예외 없이 이런 인과 법칙에 전적으로 종속되어 있는가 아니면 인간의 의지는 적어도 때때로 인과 법칙에서 벗어나 절대적 자발성을 가지고서 스스로 선택하고 행위를 개시할 수 있는가 하는 물음이다. 17~18세기에 급격하게 발전한 자연과학과 이에 힘입은 물리주의적 경험론의 전면적인 공격에 의해 첨예화된 이 논쟁은 칸트가 『순수이성비판』에서 정리한 제3 이율배반을 통해 정식화된 표현을 얻게 된다.[5] 여기서 칸트는 인과적 결정론과 자유의지론 모두 이론 이성에 대해 타당성을 갖는다고 결론 내린다.

다음으로 두 번째 쟁점은 자유의 참된 의미에 관한 것이다. 즉 인간에게 자유의 가능성이 주어져 있다고 전제할 때, 그럼 진정한 자유란 무엇인가 하는 문제이다. 이 물음에 대해서는 일반적으로 소극적·부정적 의미의 자유(자유의 부정적 개념)와 적극적·긍정적 의미의 자유(자유의 긍정적 개념)의 구분이 유력한 답변으로 제시되곤 했다. 현재에도 통용되는 이런 개념적 구분은 용어상으로는 칸트에 의해 확립된 것이다.[6] 그렇지만 그 기본적인 발상은 적어도 아리스토텔레스에게까지 거슬러 올라간다.[7] 그리고 그것은 중세 스콜라 철학에서 신의 의지가 자연법칙은 물론 수학이나 논리의 공리 같은 이성 법칙조차 초월하는 무제약적 능력을 가지고 있는가(신의 절대적 역능, potentia absoluta Dei) 아니면 신의 의지 안에는 신조차 거스를 수 없고 신의 의지 자체와 하나인 잘 질서 지어진 이성적 법칙이 내재하는가(신의 질서 있는 역능, potentia ordinata Dei) 하는 논쟁에서도 핵심적인 문제였다. 이 두 번째 쟁점에서 관건이 되는 문제는 자유가 모든 외적 및 내적 법칙으로부터 벗어나 있고 합리적으로 근거 지을 수 없는 무법칙성(무규정성)에 있는 것인가 아니면 잘 질서 지어지고 올바른 이성에 의해 인도된 자기 입법성

(자기규정성)에 있는 것인가, 그리고 만일 후자의 경우라면 그런 질서는 어디에서 비롯되고 그 내용은 무엇인가 하는 것이다.

부정적 자유와 긍정적 자유 사이의 개념 구분은 방종과 자유, '~으로부터의 자유'와 '~을 향한 자유' 같은 상식적인 구분에도 어느 정도 반영되어 있을 만큼 상당히 일반화되어 있다. 그렇지만 그 두 가지 개념을 가르는 기준과 그에 따른 각 개념의 구체적인 규정에 대해서는 아주 다양한 견해들이 존재한다. 예를 들어 헤겔은 칸트가 긍정적 자유라고 내세우는 것도 나름의 이유를 들어 여전히 부정적 자유에 불과하다고 비판한다.

이 장에서 우리는 이상의 두 가지 물음에 대해 헤겔이 어떻게 답변하고 있는지를 살펴봄으로써 그의 자유 개념을 해명하려고 한다. 이때 우리의 고찰은 헤겔이 제시하는 자유 개념을 의지의 선험적 자유라는 층위에서 그 논리적 구조에 따라 규명하는 데에 집중할 것이고 그것의 정치철학적 함의에 대해서는 부수적으로 간략하게 언급하는 데에서 그칠 것이다. 행위의 자유나 정치적 자유 같은 자유의 실제적인 층위는 인륜성과 국가 및 역사를 다루는 제8장과 제9장에서 좀 더 폭넓게 논의될 것이다.

자유의지론의 확고한 지지자 헤겔

먼저 결정론과 자유의지론 사이의 논쟁에 관해서는 자유의지론을 지지하는 헤겔의 입장이 너무도 확고해서 그는 이 문제에 대해 상세하게 논하는 것조차 불필요하다고 여기는 듯하다. 따라서 우리도 결정론에 대한 헤겔의 반박을 그 논점만 간략하게 살펴보기로 하자. 결정론에 따르면 우리의 의지가 하는 선택과 행위는 모두 물리적 또는 생물학적 원인에 의해 인과적으로 결정되어 있으며, 따라서 우리가 실제로 선택하여 행위 한 것에는 그렇게 할 수밖에 없도록 만든 필연적인 원인이 있었던 것이다. 그런데도 우리가 선택하는 시점에서 실제로 선택한 것과 다른 선택을 하고 달리 행위 했을 수도 있었다는 자유의지의 의식을 갖는 것은 그런 인과적 원인에 대한 무지, 특히 선행하는 원인에 의해 이미 필연적으로 결정되어 있는 심리적 동기에 대한 무지에서 비롯되는 착각과 허상에 불과하다는 것이다.

이에 대해 헤겔은 우선 우리가 우리에게 주어진 외적 환경 조건과 내적 생리 기제에 의해 끊임없이 자극을 받고 그것이 우리의 의지 안에서 일정한 심리적 충동을 촉발시킨다는 점을 인정한다. 이 영역까지는 분명 자연적 인과 관계가 성립한다. 그러나 이 자극과 충동을 나의 행위의 동인으로 받아들일 것이냐 말 것이냐는 오로지 나의 의지에 달린 문제이다. 그것은 더 이상 경험적 차원이 아니라 자연의 인과 관계가 애초에 미치지 않는 선험적 차원의 문제이고, 따라서 물리적 또는 심리적 원인의 힘이 아무리 강력하게 작용한다 할지라도 의지의 자유를 조금도 훼손하지 못한다. 이곳은 바로 의지의 자발성과 능동성이 전적인 권한을 갖고서 관할하는 영역이다.[8]

무엇이 개인에게 영향을 미치며 또 그것이 **어떤** 영향을 미치는가는—사실 이 둘은 같은 의미이지만—오직 개인 자신에게 달린 문제이다. [⋯] 즉자 대자적으로 **존재한다고** 여겨지는 현실이 개인에게 미치는 **영향도** 어디까지나 그 개인이 자기에게로 흘러들어오는 현실의 물결을 그대로 **수용**하든가 아니면 흐르는 물줄기를 가로막고 역류시키든가 하는 데 따라서 완전히 정반대의 의미를 띠게 된다. 이렇게 되면 **심리적 필연성**을 운운하는 것은 한낱 공허한 낱말에 그쳐버릴 터이니, 즉 이러이러한 영향력을 갖는다는 것에 반하여 그런 영향력이라곤 갖지 않았을 수도 있을 절대적 가능성이 존재하니 말이다.(『정신현상학 1』, 331 이하/Phä, 231 f.)

사람들은 나의 의지가 이러이러한 **동인**과 **상황**과 자극과 성벽에 의해 규정되어 있다고 말하기도 한다. 이런 표현은 우선 이때 내가 수동적으로 행위 했다는 것을 함축한다. 그러나 실제로는 내가 단지 수동적으로만이 아니라 본질적으로 능동적으로도 행위 한 것이다. 즉 나의 의지가 이 상황을 동인으로 받아들이고 거기에 효력을 부여했던 것이다. 여기서 인과 관계는 성립되지 않는다. [⋯] 상황이나 동인은 인간이 이를 허용하는 만큼만 인간에 대해 지배력을 갖는다.(W 4, 222 f.)

헤겔에게 인간이 자유의지를 가지고 있다는 것은 누구나 스스로 내적 성찰을 통해 확인할 수 있는 자명한 존재론적 사실이었다. 따라서 그에게 경험적 욕구와 충동을 의지의 창발적인 목적 규정을 통해 끊임없이 변형시키고 극복해가는 정신의 운동 자체를 서술하는 것 이외에 자유의지의 가능성을 입증하기 위한 별도의 논변이 굳이 요구되는 문제가 아니었다. 어찌 보면 그의 정신철학, 아니 그의 철학 체계 전체가 바로 이런 자유의지의 증명 과정이라고 할 수 있다.

자유를 자의와 혼동하지 말 것

반면에 두 번째 쟁점인 자유의 참다운 의미에 관해서는 헤겔이 여러 글을 통해 매우 풍부하고 집중적인 논변을 제시한다. 그의 주된 관심사는 의지의 자유를 새삼스레 입증하는 데 있다기보다는 본질적으로 자유로운 의지가 어떤 계기들로 이루어져 있고 또 어떤 조건 아래에서 어떤 과정을 거쳐 진정한 자유에 도달하는가 하는 자유의 도야와 실현의 여정을 서술하는 데에 있다. 물론 우리가 여기에서 이 자유의 지난하면서도 긴 여정을 다 재현해낼 수는 없고 다만 부정적 자유와 긍정적 자유라는 개념을 중심으로 그 논리적 구조를 재구성해보려고 한다.

먼저 헤겔은 자유가 가장 고귀한 이념이기 때문에 그만큼 그 개념이 많은 애매성과 다의성을 지니고 있고 또 그만큼 많은 오해에 노출되어 있다는 사실을 환기시킨다.

그러나 그렇게 제시된 자유가 아직도 모호하고 끝없이 다
양한 의미를 지니고 있는 말이란 점과, 그것이 최고의 개념이
기 때문에 끝없는 오해와 혼란과 의구심을 유발하고 온갖 일
탈의 가능성마저 감추고 있다는 점이 오늘날처럼 뚜렷하게
알려지고 경험된 시대는 없다.(『역사철학강의』, 29/Gph, 33)

이런 우려스러운 상황을 해소하기 위해 헤겔은 무엇보다도
자유가 자의(恣意)와 혼동되는 것을 경계한다. 자유는 흔히 '강
제되거나 간섭받지 않고 내 마음대로 선택할 수 있음', '내가 욕
구하는 것을 할 수 있음', '내 마음이 내키는 대로 살 수 있음' 등
으로 이해되는 경우가 많다. 그리고 이런 통속적인 견해는 소위
자유주의자들이 자유를 정의하는 방식이기도 하다. 나의 의지
가 무엇을 어떤 이유에서 실제로 선택했다 할지라도 여전히 다
른 어떤 것을 선택할 수 있는 가능성이 열려 있고 또 이렇게 임
의로 선택한 것을 방해받지 않고 수행할 수 있을 때에만 나는
자유롭다고 말할 수 있다는 것이다. 그렇지만 헤겔은 이런 임의
의 선택 가능성으로서의 자의를 오히려 "자유의 정반대, 즉 죄
악의 예속"이라고 비판한다.(W 11, 373) 그것은 '부리단의 당
나귀'의 우화에서처럼 의지 자신에서 비롯되지 않은 외적인 자
극과 우연한 충동에 종속되어 있기 때문이다.[9]
　헤겔에 앞서 이미 많은 이들이 자의를 '부정적 자유'로 규정
하면서 바로 비합리성을 그것의 결정적인 결함으로 지적하곤

했다.[10] 그러나 헤겔이 보기에 자의는 실은 부정적 자유가 되기에도 자격이 미달한다. 그가 비판하는 가장 큰 결격 사유는 의지가 자의 속에서는 자기모순의 상태에 있다는 것이다. 즉 자의를 구성하는 요소들 중에서 임의의 자발적 선택이라는 형식은 의지 자신의 내면적 보편성이지만,[11] 선택의 내용은 의지의 외부에서 수동적으로 주어지는 개별적인 것이므로, 이런 의지는 자기 자신과 모순된다.

> 자의를 좀 더 자세히 고찰해보면 그 형식과 내용이 아직 서로 대립해 있으므로 자의는 모순임이 밝혀진다. 자의의 내용은 소여된 것이고 의지 자체 안에 근거한 것이 아니라 외적 상황에 근거를 둔 것으로 인지된다. 따라서 그와 같은 내용과의 관련 속에서 자유는 한낱 선택의 형식에 존립하게 되며, 이런 형식적 자유는 이를 끝까지 분석해보면 의지가 다른 것이 아니라 하필 이것으로 결정하는 것도 의지가 주어진 것으로 발견하는 내용이 근거를 두었던 바로 그 상황의 외면성에 귀속될 수밖에 없다는 것이 드러난다는 점에서 한낱 저속한 자유로 간주되어야 한다.(E, §145 Z.)

자유를 이런 자의와 이에 따른 행위 수행의 상대적 가능성으로 잘못 이해한다면, 자유의지론에 대한 결정론의 우위를 인정하지 않을 수 없게 된다. 오늘날 인식론적 자연주의의 틀 내에서 벌어지는 결정론과 자유의지론의 논쟁에서 우리는 실제로 이런 결과를 목격할 수 있다. 자의로 왜소화된 자유의지는 결코 자연의 폐쇄된 인과적 사슬로부터 자유롭지 못하기 때문이다. 자유의지론의 확고한 지지자인 헤겔이 자의와 관련해서는 일견 역설적이게도 오히려 결정론의 손을 들어준다.

흔히 사람들은 자유의 문제를 놓고 이것이 곧 자의라는 듯이 생각하거니와―즉 그들은 자유가 한낱 자연적인 충동에 의해서 규정된 것으로서의 의지와 즉자 대자적으로 자유로운 의지 사이에서 행해지는 반성의 중간이라고 생각한다. 이를테면 우리가 자유란 무릇 **그 무엇이든 원하는 것이면 마음대로 할 수 있는 것**이라고 여긴다면, 이러한 표상은 사상의 형성이 전적으로 결여된 데서 나오는 것이라고 할 수밖에 없으며, 더욱이 이러한 표상 속에는 즉자 대자적으로 자유로운 의지, 법, 인륜성 등이 무엇인가에 대해 아무런 어렴풋한 생각조차 담겨 있지 않다. [⋯] **의지결정론**은 정당하게도 그와 같은 추상적인 자기규정의 확신에 대해 **내용**을 맞세워 이의를 제기한다. 즉 의지의 내용은 **주어져 발견되는 것**으로서 그러한 확신에 포함되어 있지 않고 **외부로부터** 오는 것이다. 물론 이때 외부란 충동이라든가 표상이라든가 또는 그 내용이 스스로 규정하는 활동 자체의 고유한 것이 아닌 방식으로 어떻게 해서든 채워진 의식을 뜻한다. 따라서 자의에는 자유로운 자기규정의 형식적인 요소만이 내재하고 그 밖의 요소는 자의에 소여되는 것이므로, 만일 자의를 곧 자유라고 한다면 그러한 자의는 착각에 불과한 것이라고 불릴 수 있다.(『법철학』, §15 A.)

자유를 대립된 규정들 사이의 선택으로 여겨서 +A와 −A가 놓여 있을 경우 자유란 +A나 **아니면** −A로 규정되는 것에 있고 이러한 **이것이냐 아니면 저것이냐**에 전적으로 매여 있다고 생각하는 그러한 자유에 대한 견해는 단연코 거부되어야 한다. 이런 선택 가능성 같은 것은 경험적인 통상적 필연성과 하나이고 이와 분리될 수 없는 경험적 자유일 뿐이다.(『자연법』, 62/W 2, 477)

이와 같은 자의가 자유로운 사회 공동체를 구성하는 규범 원리가 될 수 없음은 명백하다. 하나의 사회 공동체가 최소한의 안정성을 가지고 장기적으로 존속할 수 있으려면 타산적 이해와 욕망의 우연한 일치나 상호 길항에 의한 일시적인 균형만으로는 불충분하고 구성원들 사이의 상당히 두터운 공공 의식과 공동의 가치를 향한 결속감이 요구된다. 그런데 자의는 개인의 자기 관계를 위해서는 물론 타인과의 관계를 위해서도 아무런 이성적인 질서를 내포하고 있지 않다.[12] 그래서 자의는 보편적으로 공유된 사회 규범을 자율적으로 형성해낼 역량을 지니지 못하며, 따라서 제한된 자원을 가진 현실 속에서 불가피하게 상충하고 경쟁하는 자의들을 결합시켜 어느 정도 안정된 구조를 유지하려면 외부로부터 오는 타율적인 강압과 폭력에 의존하는 수밖에 없다. 그렇기 때문에 헤겔은 자의로 오인된 자유는 정치적 차원에서 필연적으로 전제주의로 귀결된다고 본다.

> 오직 외적 폭력만이 자의를 한데 묶을 수 있다. 왜냐하면 자의는 그 자체로는 인간으로 하여금 서로 합일되도록 북돋아 주는 것이라곤 전혀 없고, 오히려 인간의 특수 의지가 난무하도록 방치해버리기 때문이다. 그러므로 여기에는 **전제주의**의 관계가 성립된다. 이성적인 공동의 정신이 존재하지 않으므로 여기서 행사되는 외적 폭력도 그 자체가 자의적일 수밖에 없다.(『역사 속의 이성』, 303/ViG, 228)

자유를 자의적 선택에 따른 행위 가능성으로 정의했던 홉스는 그의 『리바이어던』에서 개인의 자의와 정치적 전제주의 사이의 이런 불가분한 연관성을 예리하게 논증했다. 어쩌면 후대의 자유주의자들이 항변하듯이 절대주의로 치닫는 홉스의 논변에 이러저러한 결함이 있을 수도 있다. 그러나 자유가 자의로 이해되는 한, 자유는 불가피하게 모든 사회 제도, 심지어 타인과의 사회적 관계 일반과 외면적인 대립 관계에 놓이게 된다. 자유주의자들이 아무리 자유야말로 사람들이 함께 모여 사회를 이루고 정치 체제를 수립하는 궁극적인 목표라고 선언한다 하더라도, 그들에게서 사회를 구성하는 실질적인 원리는 실은 자유가

아니라 오히려 자유를 제한하는 강제, 이를 통해 얻어지는 안전과 질서의 규칙이다.[13]

　　반면에 각자가 타인의 자유와의 관련 속에서 자신의 자유를 **제한해야** 하며, **국가**란 이와 같은 상호 제한의 상태이고 법률이 바로 그런 제한이라는 생각만큼 흔한 것은 없다. 그러나 이러한 생각에서는 자유가 한낱 우연한 임의와 자의로 파악되고 있는 것이다.(E, §539 A.)

부정적 자유: 타자를 배제하는 공허한 자유

이렇게 통상적인 이해와 달리 자의를 자유에 대한 올바른 정의에서 탈락시키고 나면, 도대체 헤겔이 말하는 자유란 무엇인가 하는 의문이 다시금 떠오른다. 이미 칸트는 긍정적 자유, 즉 진정한 자유는 한낱 의지의 자발성을 넘어서서 의지가 자신의 순수 이성으로부터 도덕 법칙을 수립하여 스스로에게 부과하고 이에 스스로 복종하는 자기 입법성, 즉 '자율'에 있다고 역설했다.[14] 그러면 헤겔은 과연 이보다 더 설득력 있는 어떤 새로운 자유 개념을 제시해주는가?

헤겔의 자유 개념을 이해하는 데에는 『법철학』의 서론 중에서 '의지 개념의 계기들'을 해설하는 다음의 구절들이 비교적 좋은 단초를 제공해준다. 비록 이 구절들이 헤겔의 자유 개념의 가장 중요한 변별적 특징인 상호주관성을 충분히 선명하게 부각시키고 있지는 않는다는 점에서 미흡한 면도 있지만 자유 개념의 논리적 구조를 파악하는 데에는 상당히 유익하다.

의지는 *a*) **순수한 무규정성** 또는 자아의 자기 내 순수 반성이라는 요소를 포함하고 있다. 이러한 무규정성 속에서는 일체의 제한, 즉 자연과 욕구와 욕망 및 충동을 통해 직접적으로 현존하거나 또는 그 무엇에 의해서든 간에 소여되어 있고 규정되어 있는 일체의 내용이 모두 해소되어버린다. **절대적 추상**이나 **보편성**의 무제약적 무한성, 자기 자신에 대한 순수 **사유**. […]

β) 그에 못지않게 **자아**는 구별 없는 무규정성에서 **구별과 규정**, 즉 하나의 내용과 대상으로서 규정성을 **정립**하는 것으로의 이행이다.―더 나아가 이때 내용은 자연에 의해 주어진 것일 수도 있고 정신의 개념으로부터 산출된 것일 수도 있다. 이렇듯 **자아**는 자기 자신을 하나의 **규정된 것**으로 정립함으로써 **현존재** 일반으로 들어서게 된다.―자아의 **유한성** 내지 **특수화**라는 절대적인 계기. […]

γ) 의지는 이 두 가지 계기의 통일이다.―**자기 내로** 반성함으로써 **보편성**으로 복귀한 **특수성**―곧 **개별성**. 자아가 스스로를 자기 자신에 대해 부정적인 것으로, 즉 **규정되고 제한된 것**으로 정립하면서도 동시에 자기 자신에, 즉 자기동일성과 보편성 속에 머물러 있는 가운데 오직 자기가 자기 자신과 결합

하는 자아의 **자기규정**.── 자아는 부정성의 자기 관련인 한에서 스스로를 규정한다. 그러나 이러한 **자기 관련**으로서의 자아는 또한 그와 같은 규정성을 중시하지 않고 이를 자신의 것이자 **관념적인 것**, 한낱 **가능성**에 불과한 것으로 인지하며, 규정성에 구속받지 않고 오로지 자신을 그 규정성 안에 정립했기 때문에 그 규정성 안에 존재할 따름이다.──이것이 바로 의지의 **자유**이며, 이 자유가 곧 의지의 개념, 실체성, 그리고 또 그 무게를 이루는 것인바, 이는 마치 중력이 물체의 실체성을 이루는 것과도 같다.(『법철학』, §§ 5~7)

즉 자유의지는 ① 나를 누구라고 규정하는 모든 유한한 내용과 나를 제약하고 얽매는 일체의 관계를 모조리 사상시키고 무화시킴으로써 얻어지는 순수한 '나는 나', 무규정적 보편성, 추상적인 자기 관련, 절대적 대자 존재, 오직 나 자신으로만 있을 수 있음, 적멸의 무한성, ② 내가 누구이고 어떤 관련 속에 있는지에 대한 구체적인 내용 규정, 자기 제한, 필연적인 타자 관련, 유한한 대타 존재, 번잡한 현실 속에 있는 특수한 나의 다양한 현존재들, ③ 이 두 계기의 사변적 통일로서 자기 자신에 의한 자기규정, 자기 제한 속에서도 자기동일성을 유지하는 구체적 보편, 즉자 대자 존재, 타자와의 관련이 나를 제약하고 구속하는 낯선 필연이 아니라 오히려 나를 충만하게 만들고 확장시키면서 나의 무한한 자기 관련이 되는 것, '타자 속에서 나 자신에 머무릎'이라는 세 가지 계기로 구성되어 있다.

이런 자유의 세 가지 계기는 각각 보편성, 특수성, 개별성이라는 개념의 세 가지 논리학적 계기에 상응한다. 그중에서 앞의 두 가지는 자유의 추상적이고 관념적인 계기들일 뿐이지 아직 자유 자체는 아니며, 이 두 계기들의 통일인 세 번째 단계에서야 비로소 "자유의 구체적인 개념", "참되고 사변적인 것", 즉 진정한 긍정적 자유에 도달하게 된다.(『법철학』, §7 A. 및 Z.) 헤겔의 자유 개념을 파악하기가 어려운 이유 중 하나는 그가 문맥에 따라 이 세 가지 계기들 중 어느 하나를 상대적으로 강조하면서 자유에 대해 일견 상반되는 듯이 보이는 다양한 정의들을 제시하곤 한다는 데에 있다.

자유의지의 세 가지 계기들을 좀 더 자세히 살펴보기에 앞서 다시 한 번 유념해두어야 할 것은 헤겔에게 자유란 모든 사변적 개념이 그러하듯이 어떤 정지된 존재의 상태가 아니라 끊임없는 생성의 운동 자체이며, 이와 같은 과정을 통해서 정립된 '자기의식적 자유', 즉 자유를 위협하고 부정하는 것들과의 긴장 관계 속에서 쟁취되고 의식적으로 자각된 자유만이 진정한 자유라는 점이다. 그렇기 때문에 앞서 언급한 세 계기들은 자유의지를 구성하는 공시적 구조의 요소들이자 동시에 통시적 운동의 단계들이기도 하다. 자유는 표본 액자 속에서 고이 핀에 박혀 있는 나비가 아니라 중력과 공기의 저항을 뚫고 솟구쳐 날아오르는 생명의 힘찬 날갯짓이다.

그러나 정신이란 어떤 활동적인 것이다. 활동성이야말로 정신의 본질로서, 정신은 곧 자기 자신의 산물이고, 따라서 정신은 자신의 시원이면서 또한 자신의 종결이기도 하다. 정신의 자유는 어떤 정지해 있는 존재 속에 존립하는 것이 아니라, 자유를 폐기하려고 위협하는 것에 대한 지속적인 부정 속에 존립한다.(『역사 속의 이성』, 86/ViG, 55)

자유의지의 첫 번째 계기인 순수한 무규정성 내지 추상적 보편성을 유리시켜서 자유 자체로 절대화할 때 "**부정적** 자유 또는 오성의 자유"가 등장하게 된다.(『법철학』, § 5 A.) 헤겔적 의미에서의 부정적 자유는 그 자체가 이미 대단히 높은 수준의 응집된 자기 존재를 요구한다. 자유란 나를 수식하던 일체의 개별적인 현존재, 현상, 온갖 규정들, 소유물들, 그 온갖 허식들을 남김없이 내던져버리고 거추장스러운 세상의 무게와 흔적들로부터 벗어나서 내 안으로 침잠하여 오롯이 나 자신이 되는 것, 두려움 없이 나 홀로 있을 수 있음이다.

이런 절대적 순수 자아의 극단은 모든 유한성의 멸절, 절대 무(無)의 한없는 가벼움, 즉 죽음이다. 진정 자유로워지려면 나는 오직 나일 뿐이라는 순수한 자기동일성을 위해 유한한 현존재의 총체인 자신의 생명까지도 초개처럼 여기며 내놓을 수 있어야 한다. 그 무엇에도 제약받지 않고 얽매이지 않은 본질적인 자아, 자주적이고 독립적인 자기의식이 되기 위해 자신의 삶을 내걸 수 있는 불굴의 용기를 갖지 못한 자는 결코 자유가 무엇인지 알지 못하고 이를 쟁취할 수도 없다. 의지의 절대적 독립성과 보편적 자기동일성이라는 이 첫 번째 계기는 비록 그것이 곧 자유 전체는 아닐지라도 진정한 자유에 이르기 위해서 결코 폐기될 수 없는 출발점이고, 따라서 자유 개념의 가장 기본적인 의미를 형성한다.

> 자유의 본질과 형식적 정의(定義)는 바로 그 어떤 절대적으로 외적인 것도 없다는 것이다.(『자연법』, 62/W 2, 476)
>
> 이런 형식적 규정에 따르면 정신은 일체의 외적인 것은 물론 자기 자신의 외면성, 즉 자신의 현존재 자체로부터도 추상할 수 있다. 정신은 자신의 개체적 직접성에 대한 부정이라는 무한한 고통을 참고 견딜 수 있다. 즉 정신은 이와 같은 부정성 속에서도 자신을 긍정적으로 보존하고 대자적으로 동일할 수 있다.(E, § 382)

그러나 이러한 자유가 온전한 자유가 아닌 한낱 '부정적 자유'에 머무는 까닭은 그것이 "제약이라는 의미를 지니는 모든 내용으로부터의 도피"를 통해 얻어지는 "공허함의 자유"이기 때문이다.(『법철학』, § 5 A.) 모든 규정성으로부터의 추상인 부정적 자유는 실은 그것이 사상시키려고 하는 그 유한한 규정들 없이는 존재할 수가 없다. 이렇게 추상적 부정을 통해 배제된 규정들은 자아에 의해 정립되지 않은 타자의 규정, 자아의 외부에서 자아를 제약하는 낯선 필연성으로 굳건하게 존속하면서 수시로 자아를 엄습한다. 모든 타자 관계를 자신에게 부질없는 허상이라고 기각시킨 자아는 그 공허의 암흑 속에서 스스로가 아무런 실재성도 갖지 못하는 환영으로 전락한다. 그리고 그런 부정적 자유의 가벼움은 결국 냉혹한 현실의 그물에 다시 사로잡혀 무기력하게 추락하고 만다. 현실 도피를 통해 얻어지는 자유는 '자유로부터의 도피'로 귀결되기 마련이다. 그것이 바로 부정적 자유가 겪을 수밖에 없는 가혹한 운명이다. 헤겔의 『논리학』에서 '순수 존재'가 그 절대적 무규정성 때문에 직접 '순수 무'로 이행하듯이 무규정적 무한성이라는 자유의지의 첫 번째 계기는 내재적 변증법에 따라 이에 대립된 유한한 규정이라는 두 번째 계기로 이행한다.

오직 타자와의 관계만이 비본질적인 것이어야 할 터이지만, 그러한 **대자 존재**도 그에 못지않게 **비본질적**이다.(『정신현상학 1』, 165/Phä, 104)

자기의식의 추상적 통일, 무한한 자기 내적 반성, 무한한 부정성. 일체의 충만함에 맞서 스스로를 원자로서 대립시키는 자아, 대립의 최극단, 이념의 충만함 일체에 대한 맞은편. […] 이와 같은 타자, 즉 동시에 다수이기도 한 원자는 곧 유한성 일반이다. 그것은 오직 타자를 배제하는 자로서만 대자적인 까닭에, 바로 그 자체에 자신의 한계와 제약을 지니며, 따라서 그 자체가 유한성이다. 이러한 자기 내적 반성, 즉 개별적 자기의식은 이념 일반에 대한 타자이며, 따라서 절대적 유한성 속에 있는 것이다.(『역사 속의 이성』, 135/ViG, 91 f.)

이런 부정적 자유가 극단화되어 현실 속에서 '절대적 자유'로 추구될 때 종교적으로는 "광신주의", 그리고 정치적으로는 "모든 기존의 사회 질서를 파괴하는 열광주의"로 치닫는다.(『법철학』, § 5 A.) 헤겔은 이렇게 절대화된 부정적 자유가 현실 정치의 지배 원리로 대두되었던 역사적 실례를 프랑스 혁명기 중의 공포 정치에서 목격할 수 있다고 주장한다. 특히 그의 『정신현상학』 중에서 「절대적 자유와 공포」라는 제목의 장은 이 역사적 사건을 부정적 자유의 정치적 분출이라는 시각에서 분석하고 평가하는 매우 흥미로운 부분이다. 물론 헤겔이 부정적 자유를 이렇게 루소의 자유 이념 및 프랑스 혁명과 결부시키는 것은 힌두교, 불교 등 인도 사상이 추구하는 자유를 한낱 부정적 자유로 낮추어 보는 것만큼이나 분명 논란의 여지가 많다.

따라서 보편적 자유는 아무런 긍정적인 성과나 행위도 산출해내지 못한다. 보편적 자유에 남는 것은 오로지 **부정적인 행위**뿐이다. 보편적 자유는 오로지 소멸만 시키는 **복수의 여신**이다. [⋯] 그러므로 보편적 자유가 이루어내는 유일한 작품

프랑스 혁명기의 사형수 호송차

헤겔은 절대화된 부정적 자유가 현실 정치의 지배
원리로 대두되었던 역사적 실례를 프랑스 혁명기 중의
공포 정치에서 목격할 수 있다고 주장한다.

과 행위는 죽음, 그것도 아무런 내면의 폭과 충만함도 가지지 않는 **죽음**이다. 왜냐하면 이때 부정되는 것은 절대적으로 자유로운 자기라는 채워지지 않는 점(點)이기 때문이다. 따라서 그것은 배추 머리를 잘라내거나 물 한 모금을 들이켜는 것 이상의 의미도 지니지 못하는 냉혹하고 무미건조한 죽음이다.(『정신현상학 2』, 163/Phä, 436)

이렇듯 부정적 의지는 무엇인가를 파괴하는 가운데 비로소 자기의 현존재를 실감한다. 물론 이런 의지도 그 어떤 긍정적인 상태, 예컨대 보편적인 평등이라든가 보편적인 종교 생활이 이룩될 수 있는 상태를 원한다는 생각을 가지고는 있지만, 그렇다고 그것이 실제로 이런 상태의 긍정적인 현실을 원하는 것은 아니다. 왜냐하면 이런 긍정적인 현실은 곧바로 그 어떤 질서를, 즉 제도나 개인의 특수화를 초래하기 마련이기 때문이다. 그러나 부정적 자유는 바로 이런 특수화와 객관적 규정을 파괴함으로써만 비로소 자신의 자기의식을 발현한다. 이런 점에서 부정적 자유가 의욕 한다고 생각하는 것은 이미 그 자체가 한낱 추상적인 표상에 불과할뿐더러 또한 이런 뜻에서의 자유의 실현은 다만 파괴를 일삼는 복수의 여신일 따름이다.(『법철학』, §5 A.)

자유의지의 두 번째 계기인 '구별과 규정'은 첫 번째 계기인 무규정성 속에 이미 변증법적으로 내포되어 있었지만 그 자체만으로는 오히려 자유에 대한 부정이다. 즉자적으로 무한한 자유의지가 특정하게 규정되고 다른 것과 구별됨으로써 유한성과 관계의 필연성 속에 갇히기 때문이다. 그러나 이 유한한 규정과 타자 관련이라는 계기도 참된 자유를 구성하는 본질적인 요소이다. 이를 통해 비로소 자유의지가 구체적인 내용과 실재성을 획득하기 때문이다. 나의 고유한 자기정체성은 고독 속에서가 아니라 타자와의 다면적인 관계들을 매개로 하여 형성되는 것이다. '주격 나'(I)는 '목적격 나들'(me)의 총체이다.[15] 자유는 진공 속에서 비상하려는 허황된 꿈이 아니다. 그것은 내가 누구이며 어떤 삶을 살려고 하는지를 뚜렷하게 정하고서 한 걸음씩 내딛는 노고를 마다치 않고 가파른 길을 끈기 있게 올라설 때 비로소 성취되는 '현실적인 것'이다.

> 아무런 결의(決意)도 하지 않은 의지는 현실적인 의지가 아니다. 지조 없는 사람은 결코 결의를 내리지 못한다. […] 큰 일을 하려는 자는 스스로를 제한할 줄 알아야 한다고 괴테는 말한다. 그것이 아무리 괴로운 일일지라도 인간은 오직 결의를 통해서만 현실 속으로 발을 들여놓을 수 있다.(『법철학』, § 13 Z.)

그런데 의지의 내용적 규정을 마치 이미 갖추어져 있는 자유의 능력이 어떤 주어진 소재에 적용되는 것인 양 여겨서는 안

된다. 자유의지는 자기를 규정하기에 앞서 이미 완성된 상태로 현존하는 것이 아니라 스스로를 규정하고 이런 유한한 규정을 다시 지양하는 활동 속에서만 자유의지로서 존립한다. 의지의 규정은 그 내용의 출처라는 면에서는 자연으로부터 주어지거나 또는 정신의 개념으로부터 산출되는 것일 수도 있고, 또 규정의 형식이라는 면에서는 한낱 객관에 대립한 주관의 내면성일 수도 있고 아니면 의지 자신의 고유한 자기규정일 수도 있다. 어떤 타자와 어떤 방식의 관계를 맺으면서 스스로를 규정하느냐에 따라 의지는 충동이나 욕망 같은 '직접적인 자연적 의지'에서부터 '보편적인 인륜적 의지'에 이르기까지 다양한 층위의 갖가지 형태로 나타나게 된다. 예를 들어 앞서 언급했던 '저속한 자유'인 자의는 의지의 주관적 자발성이라는 형식과 자연으로부터 주어진 대상적 내용이 착종된 상태로 결합될 때 생기는 것이다.

긍정적 자유: 타자와 연대하여 이뤄내는 적극적 자유

참된 자유는 무규정적 무한성과 유한한 규정성, 자기 관련과 타자 관련이라는 앞선 두 계기들의 사변적 통일이다. 이러한 자유를 헤겔은 '긍정적 자유'라고 부른다. 긍정적 자유는 어떤 막연한 가능성이 아니라 현실성, 다시 말해 타자 관련 속에서 필연적으로 규정되어 있지만 그 규정의 형식과 내용이 의지 자신의 절대적 자기규정이기 때문에 동시에 무한한 그런 현실성이다.

규정 없는 자발적 의지는 공허하고 자발성 없는 의지의 규정은 맹목적이다. 참으로 자유로운 이는 자신을 공허한 고독 속에 유폐시키지 않고 다채로운 관계들의 현실로 거침없이 나선다. 하지만 그는 이 유한성 속에서도 꿋꿋하게 보편적 자기동일성을 관철시키면서 유한한 규정들을 오히려 자기 자신의 풍요로운 현존재로 만드는 총체적인 자아, 성숙한 삶의 유연하면서도 굳건한 주체이다. 이런 사람이야말로 참다운 '개별자'이다.

세 번째는 자아가 자신의 제한, 즉 그 타자 속에서도 자기 자신에게 있다는 것, 자아가 스스로를 규정하면서도 자기 자신에게 머물면서 보편자이기를 끝끝내 견지한다는 것이다. 이제 바로 이것이 자유의 구체적인 개념이다. 반면에 앞의 두 계기들은 전적으로 추상적이고 일면적인 것으로 밝혀졌다. […] 그러므로 자유는 무규정성이나 규정성에 놓여 있는 것이 아니라 이 두 가지 모두이다.(『법철학』, §7 Z.)

그러나 반대로 대자 존재의 자유는 모든 것에 관여하면서도 이런 다양성 속에서 자신을 보존할 줄 아는 경쾌함 속에서만 입증된다.(『정신현상학 1』, 317/Phä, 219)

이 세 번째 단계는 앞의 두 계기들에 대한 '규정된 부정'이지만 동시에 그것들의 긍정이어서, 이러한 통일 속에서 비로소 앞의 두 계기들이 자유의 필수적인 요소들로서 실현되기에 이른다. 긍정적 자유가 부정적 자유를 그저 부정하는 것이 아니라 이를 자신의 계기로서 보존하여 내포하고 있고 또 역으로 부정적 자유가 내재적 비판을 통해 긍정적 자유를 자신의 진리이자 실현으로 입증할 때에만 긍정적 자유가 참되고 완전한 자유일 수 있다. 긍정적 자유가 부정적 자유의 한낱 부정일뿐이라면 그것은 부정적 자유에 대립한 또 하나의 부정적 자유에 머물고 말 것이다. 부정적 자유는 결코 폐기될 수 없는 긍정적 자유의 기초이다. 강제된 자유, 예정된 자유, 운명 지어진 자유 같은 것들은 형용 모순이다. 아무리 바람직한 내용일지라도 내가 스스로 정립한 것이거나 자발적으로 받아들일 수 있는 것이 아니라면, 그것은 자유를 질식시키는 타율에 불과하다. 그러나 부정적 자유는 그 자체만으로는 형식적이거나 주관적인 불완전한 자유일 뿐이고 오직 긍정적 자유의 계기로서만 스스로를 완전히 실현할 수 있다.

이런 부정적 자유 내지 오성의 자유는 일면적이다. 그러나 이렇듯 일면적인 것이라 할지라도 엄연히 본질적인 규정을 자기 안에 함유하고 있으며, 따라서 그것을 그냥 폐기해버려서는 안 된다. 하지만 오성의 결함은 바로 일면적인 규정을 유일한 규정이자 최고의 규정으로 올려놓는 데에 있다.(『법철학』, §5 Z.)

자의를 지양하여 내포하고 있는 참된 자유의지는 자신이

지닌 내용을 즉자 대자적으로 확고한 것이라고 자각하고 있으며 동시에 이 내용을 전적으로 자기 자신의 것으로 인지한다.(E, §147 Z.)

또한 부정적 자유에서는 낯선 운명의 필연성으로 나타났던 타자 관련이 긍정적 자유에서는 주체의 풍부한 자기 관련으로 지양된다. 자유는 "**필연성의 진리**"인데(E, §158), 필연성이 자유로 지양되는 것은 필연성이 사라짐으로써가 아니라 "필연성에 대한 사유"를 통해, 다시 말해 필연적 관계 속에 있는 자아와 타자 사이의 동일성을 통찰함으로써 이루어진다.(E, §159 A.) 헤겔적 의미에서 '필연성에의 통찰'이란 타자 관련의 필연성을 의식적 자기 관련의 필수적인 계기로 인식하고 자기 안으로 통합하는 것을 말한다.[16] 즉 타자가 나와 마찬가지로 자유롭고 자립적인 주체이며, 나의 충만한 자기 존재는 오직 타자의 자기 존재와의 호혜적인 관계 속에서만 현실적일 수 있음을 인정하고 받아들이는 것이다. 그것은 또한 이 필연적인 관계가 실은 나 자신의 자유로운 자기 관련임을, 그리고 그것이 동시에 타자의 자유로운 자기 관련임을 인식하는 것이다.

더 나아가 지금까지 우리가 보았듯이 필연성이 전개되는 과정은 그 과정을 통해 처음에 현존하던 완강한 외면성이 극복되고 그 내면이 현현되는 방식으로 이루어진다. 이를 통해

서로 결부되어 있는 것들이 실은 서로 낯선 것이 아니라 **하나의** 전체를 이루는 계기들이고, 그 각각의 계기들이 다른 계기와의 관련 속에서 자기 자신에 있고 자기 자신과 어우러진다는 점이 밝혀진다. 이것이 바로 필연성을 자유로 정화시키는 것이며, 이러한 자유는 한낱 추상적인 부정의 자유가 아니라 구체적이고 긍정적인 자유이다.(E, § 158 Z.)

필연성으로부터 자유로의 이행 또는 현실적인 것으로부터 개념으로의 이행은 가장 난해한 것이다. 왜냐하면 오로지 이행 속에서, 그리고 자신과는 **다른** 자립적 현실태와의 동일성 속에서 자신의 실체성을 지니는 그런 자립적인 현실태가 사유되어야 하기 때문이다. 또한 개념 자체가 바로 이러한 동일성이기 때문에 가장 난해한 것이다. […] 필연성에 대한 사유는 타자 속에서 자기가 **자기 자신**과 어우러지는 것이다. 그것은 추상의 도피가 아니라 현실적인 것이 필연성의 위력에 의해 함께 결합되어 있는 다른 현실적인 것 속에서 스스로를 타자로서가 아니라 자기 자신의 존재와 정립으로서 가지는 **해방**이다. 이러한 해방은 **대자적으로 실존하는 것**으로서는 **자아**를, 그것이 총체성으로 발전한 것으로서는 **자유로운 정신**을, 감성적 지각으로서는 **사랑**을, 향유로서는 **지복**(至福)을 일컫는다.(E, § 159 A.)

긍정적 자유는 의지가 스스로를 제한하여 타자를 향해 개방하면서도 이런 유한한 타자 관련 속에서 타자와 더불어 무한한 자기 관련으로 복귀하는 데에 있다. 즉 헤겔에게 관건이 되는 것은 추상적 대자 존재와 필연적 대타 존재가 어떻게 하면 보편적이면서도 구체적인 자기 존재로 통일될 수 있는가, 그리고 그 두 계기의 결합이 단순한 병치에 머물지 않고 그것들을 지양하여 아우르는 총체적 자아를 형성해낼 수 있는가 하는 것이다. 헤겔이 칸트의 자유 개념이 지닌 결함 중의 하나로 비판하는 것은 칸트가 그 두 계기들을 "무한성과 유한성의 이원론" 속에서 서로 융화될 수 없는 독립항들로 고착시킨 탓에 그것들 사이의 내적 상관성과 상호 지시성을 보지 못했다는 것이다.(『법철학』, § 6 A.) 그래서 의지의 자유로운 자기규정은 현실적인 내용과 실행 가능성을 결여한 선험적 형식에 머물게 되고, 반대로 의지의 구체적인 대상과 내용은 의지의 자유로운 규정 활동으로부터 배제된 비이성적 자연으로 격하된다. 그러나 그렇게 자유의 영역 밖으로 추방당한 대상은 의지가 미치지 못하는 바로 그 외부에서 의지의 자유를 위협하고 제약하는 낯선 타자로서 견고하게 존속한다. 칸트가 긍정적 자유라고 부르는 순수 의지의 자율성 역시 헤겔의 관점에서는 부정적 자유를 벗어나지 못하고 있는 것이다.

그러나 이러한 형식주의에서는 절대적이라고 하는 것조차도 실은 그에 못지않게 형식적이고 부정적인 것이며, 여기서 형식적이고 부정적인 것이라고 부르는 것은 결국 전혀 아무 것도 아니다.(『자연법』, 100/W 2, 509)

그러나 이보다 더 중대한 문제는 칸트의 자유 개념에는 "타자 존재와 소외, 그리고 이런 소외의 극복에 대한 진지함"이 결여되어 있다는 데에 있다.(『정신현상학 1』, 53/Phä, 24) 칸트적 자유는 스스로를 보편화하는 선험적 자아의 자기반성 속에서 비록 타자를 고려하고 타자에게도 자아와 동등한 자유의 권리를 부여하지만, 그렇다고 그것이 타자와의 관계 속에서 성취되고 획득되는 상호주관적 자유는 아니다. 칸트의 선험적 자아는 보편타당하되 고독하다. 반면에 헤겔에게 자유란 '타자 속에서 자기 자신에게 있음', "**타자 속에서의 대자 존재** 내지 타자 속에서 자기 자신을 앎"이다.(『정신현상학 2』, 318/Phä, 559) 참된 자유는 스토아적 현인의 무관심에서 나오는 내면의 초연함을 넘어서서 현실 속에서 타자와 함께 연대하여 이루는 적극적이고 객관적인 자유이다.

예수가 이미 말했듯이 진리가 정신을 자유롭게 만든다. 그리고 자유는 정신을 참되게 만든다. 그렇지만 정신의 자유는 타자 밖에서 성취한 독립성이 아니라 타자 안에서 성취한 타자에 대한 독립성이며, 타자로부터의 도피를 통해서가 아니라 타자를 현실성으로 극복함으로써 이루어진다. 정신은 자신의 대자적으로 존재하는 추상적인 보편성, 즉 단순한 자기 관련에서 벗어나와 자기 자신 안에 특정하고 현실적인 구별, 단순한 자아와는 다른 타자, 따라서 부정적인 것을 정립할 수 있다. 그리고 이런 타자와의 관련은 정신에게 단지 가능할 뿐만 아니라 필연적이다. 왜냐하면 정신은 타자를 통해, 그리고 타자의 지양을 통해 비로소 정신이 개념상 그러해야 하는 바대로 자신이 그러함을 입증하거나 실제로 그렇게 될 수 있기 때문이다. 여기서 정신의 개념은 바로 외적인 것의 관념성, 자신의 타자 존재로부터 자기 안으로 복귀한 이념 또는 좀 더 추상적으로 표현하자면 스스로를 구분하고 그런 자신의 구분 속에서 자기에게, 그리고 자기를 위해 존재하는 보편자라는 데에 있다.(E, § 382 Z.)

긍정적 자유가 지닌 혁신성, 바로 상호주관성

서구 형이상학의 유장한 전통에 따르면 존재하는 모든 것은 '자기로부터의 존재'(ens a se) 또는 '자기 안의 존재'(ens in se)이거나 **아니면** '타자로부터의 존재'(ens ab alio) 또는 '타자 안의 존재'(ens in alio)이다. 그리고 오직 전자만이 무제약적이고 자유로운 존재인 반면에 후자는 타자에 의존적이거나 타자에 의해 제약된 부자유한 존재이다. 한자어 '自由'도 다름 아니라 '자신으로부터 비롯됨', '자기 자신에서 말미암음'이라는 뜻을 가지고 있다. 스피노자에 의해 명료하게 정식화된 이런 이분법적 존재 이해는 반(反)형이상학을 강하게 표방하는 현대에 들어서서도 여전히 유효한 것으로 받아들여지곤 한다.

이런 사고방식에서는 자아와 타자, 자기 관련과 타자 관련이 양자택일의 외면적 대립 관계로 파악된다. 칸트가 말했듯이 타자는 그가 단지 내 곁에 있다는 사실만으로도 나의 자유를 훼손한다.[17] 내가 실존하는 개별자로서 불가피하게 타자와 복잡다단한 관계를 맺으면서 그런 인연의 그물 속에서 수선스럽게 살아가야 한다는 것은 불행한 존재적 사실일 따름이지 나의 자유의 존재론적 조건이나 구성 요소가 되는 것은 아니다. 오히려 타자와 관계하고 있다는 것은 타자에 의존해 있다는 것을 의미하며, 따라서 자유가 자립성을 의미하는 한 그것은 원칙적으로 모든 타자 관련을 배제한다. 타자는 나의 자유를 위협하는 정복되어야 할 적이거나 나의 자유를 실현하기 위한 한낱 수단이거나 아니면 기껏해야 나의 자유와는 무관한 관용의 대상일 뿐이다.

헤겔의 자유 개념이 지닌 혁신성은 참된 자유란 단순한 대자 존재도 아니고 물론 대타 존재만도 아니며 이 양자의 사변적 통일인 '타자 속에서 자기 자신에게 있음'(Bei-sich-selbst-Sein-im-Anderen)이라는 사유에 있다. 이때 '자기'와 '타자'는 동등한 방점을 지니면서 내적 상관성을 지니는 상호 구성의 관계로 파악된다. 즉 자아로 환원되지 않는 자유로운 타자와의 관련은 자아의 성공적인 자기 관련을 위한, 다시 말해 자유로운 인격적 자기의식의 정립을 위한 선험적 조건이 되며, 또한 타자의 성공적인 자기 관련을 위해서도 동일한 관계가 성립한다. 이런 동등한 자아들 사이의 상호 승인을 통해 자아와 타자는 자립적인 개별자로서 스스로를 정립하는 동시에 그들이 공유하는 보편성의 영역을 창출한다.

참된 자유는 나와 타자의 동일성에 있으므로, 타자 역시 자유롭고 또 나에 의해 자유로운 존재라고 승인받을 때에만 나도 진정으로 자유롭다. 이런 **타자** 속에서의 **나**의 자유는 사람들을 내면적으로 결속시킨다. 반면에 **욕구**와 **필요** 따위는 사람들을 단지 외면적으로 끌어모을 따름이다.(E, § 421 Z.)

타자 관련이 자기 관련의 선험적 조건이고 자아의 자유와 타아의 자유는 상호 요청적 관계 속에서 상관적으로 구성된다는 점을 통찰한 최초의 철학자는 사실 피히테이다.[18] 이런 점에서 피히테는 근대의 유아론적 자유 개념에서 벗어나 엄밀한 의미에서의 상호주관적 자유 개념을 창안한 사람이라고 불릴 만하다. 그러나 피히테에게서 상호 승인은 각자의 자유 영역을 서로 제한하여 이렇게 확보된 자신만의 영역으로부터 상대방을 배제하는 상호 제한과 상호 배제의 기계적 균형을 만들어내는 것을 의미한다. 이렇게 쌍방적 경계짓기를 통해 공존하는 자아와 타아는 더 이상 위협적이지는 않지만 여전히 서로에게 낯선 존재로 남는다. 피히테적 자유는 나의 자기 이해에 타인의 자기 이해를 적극적으로 배려하고 호혜적으로 참여시키지 않는다. 그렇기 때문에 그의 자유 개념은 부정적 상호주관성의 한계 내에 머문다. 이에 대해 헤겔은 다음과 같이 비판한다.

자유는 이성성이 지닌 특징이고, 그 자체로 일체의 제한을 지양하는 것이며, 그것은 또한 피히테의 체계에서 최상의 것이다. 그런데 (피히테의 체계에 따르면—필자 삽입) 타인들과의 공동체에서는 그 공동체 속에 있는 이성 존재들 모두의 자유가 가능해지도록 하기 위해 자유가 **포기되어야** 하는데, 그런 공동체가 다시금 자유의 조건이 된다. 자유롭기 위해서는 자유 자체가 지양되어야 한다는 것이다. 이로부터 다시 한 번 밝혀지는 사실은 여기서는 자유가 한낱 부정적인 것, 즉 절대적 무규정성 또는 […] 순수한 관념적 요소—즉 반성의 관점에서 고찰된 자유에 불과하다는 것이다. […] 그러나 인격자가 다른 인격자들과 함께 이루는 공동체는 본질적으로 개인의 진정한 자유의 제한이 아니라 오히려 그것의 확장으로 간주되어야 한다. 최상의 공동체는 그 힘에 있어서나 그 실행에 있어서나 최고의 자유이다.(『차이』, 100 이하/W 2, 82)

헤겔은 피히테의 상호주관성 이론을 계승하되 이를 긍정적 상호주관성 이론으로 확장하여 더욱 발전시킨다. 이제 나의 자유는 타인의 자유와의 교호 작용 속에서 성립될 뿐만 아니라 더 나아가 자유로운 타인과의 적극적인 연대를 통해서만 획득되고 실현되는 것으로 파악된다. 나는 네 안에서 자유롭고, 너는 내 안에서 자유롭다. 아니 보다 더 정확하게 말하자면 네가 내 안에서 자유로운 한에서 나는 네 안에서 자유롭고, 동시에 내가 네 안에서 자유로운 한에서 너는 내 안에서 자유롭다. 나의 자유와 너의 자유는 서로의 선험적 구성 조건이고 서로 안에서 연대하여 성취된다. 자유는 나와 네가 우리가 되어 함께 이룩하는 보편적인 것, 다시 말해 '인륜적인 것'이다. 이런 긍정적 상호주관성에 의해 이루어지는 인륜적 자유가 바로 헤겔이 말하는 긍정적 자유이다. 그것의 비근한 예를 우리는 우정이나 사랑에서 볼 수 있다.

그런데 우리는 이미 이러한 의미의 자유를 예컨대 우정이나 사랑 같은 감각 형식에서도 찾아볼 수 있다. 즉 우정이나 사랑의 경우에는 우리가 일면적으로 자기 안에만 머물지 않고 오히려 기꺼이 타자와의 관계 속으로 스스로를 제한하면서도 바로 이런 제한 속에서 자기를 자기 자신으로 인지하는 것이다. 즉 이때 인간은 규정성 속에서도 결코 스스로가 규정되어 있다고 느끼는 것이 아니라 오히려 타자를 다름 아닌 타자로서 고찰하는 가운데 비로소 자기감정을 획득하게 되는 것이다.(『법철학』, §7 Z.)

헤겔에 의하면 자유의 기본 규정은 자아의 무제약적 자기동일성이고, 이는 타자 존재로부터의 해방을 전제한다. 그런 한에서 자유는 타자의 낯섦과 불투과성을 깨뜨리고 타자를 나와 동일하게 만드는 힘, 타자에 대한 부정의 힘이다. 그러나 자유는 이에 못지않게 타자에 대한 자기 자신의 타자 존재로부터 스스로를 해방시키고 보편성으로 도야시킬 것을 요구한다. 그런 한에서 자유는 자신의 직접적 대자 존재가 지닌 고립성과 배타성을 지양하고 자신을 타자와 동일하게 만드는 힘, 자기 자신에 대한 부정의 힘이다. 헤겔은 그의 논리학과 정신철학에서 타자에 대한 무관심과 배제를 통해서 또는 타자에 대한 폭력적 지배와 흡수를 통해서 자신의 자유를 확보하려는 시도가 필연적으로 실패할 수밖에 없음을 그 특유의 부정 변증법을 통해 설득력 있게 보여준다. 참다운 자유는 자기주장과 자기 상실, 자기 헌신과 자기 회복의 사변적 통일, 즉 자유로운 타자 속에서 나의 자유를 찾을 수 있는 힘, 나와 타자의 호혜적 자기 긍정의 힘이다. 이런 의미에서 참된 자유는 보편적 자유이다.

보편은 결국 **자유로운** 힘이다. 보편은 보편 자체이면서 자신의 타자를 장악한다. 그러나 이때 보편은 결코 어떤 **폭력적인 것**으로서가 아니라 오히려 그 타자 속에 침잠해 들어가서 고요히 **자기 자신과 함께** 있을 뿐이다. 여기서 보편이 자유로운 힘이라고 불렸듯이 또한 그것은 **자유로운 사랑**이며 **한없는 지복**

이라고도 할 수 있으니, 왜냐하면 보편은 오직 **자기 자신인 구별된 것**에 대한 자기의 관계이어서, 보편은 이 구별된 것 속에서 다만 자기 자신에게로 복귀한다.(『대논리학 III』, 59/L II, 277)

이런 긍정적 자유는 헤겔에게서 법과 인륜성의 원리가 되고 또 인륜적 공동체 속에서 다양한 형태로 실현된다. 이는 우리가 나중에 제8장에서 다루게 될 주제이다. 그리고 그와 같은 사변적 자유가 우리의 의식에게 어떻게 가능한지, 그런 자유에 도달하는 과정과 조건은 구체적으로 무엇인지는 자기의식과 승인 운동을 다루는 제7장에서 살펴볼 것이다.

나는 아무것도 바라지 않는다.
나는 아무것도 두려워하지 않는다.
나는 자유다.

이는 인간이란 곧 자유를 뜻한다고, 그래서 자유가 없는 삶은 아무 의미가 없는 것이라고 질박하게 보여준 어느 자유인의 초상 『그리스인 조르바』의 작가인 카잔차키스(N. Kazantzakis)가 손수 쓴 자신의 묘비명이다. 그는 외떨어진 언덕 위에 홀로 당당하게 묻혀 있다. 피히테와 마르쿠제를 이웃 삼아 누워 있는 헤겔이라면 아마도 여기에 다음과 같은 구절을 덧붙였으리라. "자유

카잔차키스의 무덤
카잔차키스는 외떨어진 언덕 위에 홀로 당당하게 묻혀
있다. 그는 『그리스인 조르바』를 통해 인간이란 곧 자유를
뜻하며, 그래서 자유가 없는 삶은 아무 의미가 없는
것이라고 질박하게 보여주었다.

로운 자는 시기하지 않는다."(『역사 속의 이성』, 194/ViG, 138)

자유의 숭고함은 타자 속에서 나를 되찾는 경이로움, 나와 네가 우리가 되어 함께 일어서는 뜨거움, 그 나눔의 넉넉한 풍요로움과 자존의 드높은 강건함에 있다.

4

헤겔의 변증법, 생명과 정신과 사랑 그리고 존재의 모순을 다루다

모순과 변증법

사변적 논리학으로서의 변증법은
존재의 모순과 그 모순의 해소,
대립과 통일, 자기 상실과 자기 회복의
장엄한 서사시이자
정교한 학적 방법론이다.

헤겔 철학의 틀이자 맥, 변증법

'헤겔 철학'이라고 하면 사람들이 보통 가장 먼저 떠올리는 것이 '변증법'일 것이다. 실상 변증법은 그것을 지지하느냐의 여부와 상관없이 일반인들은 물론 전문 연구자들에게도 헤겔의 철학을 상징하는 핵심어로 각인되었고 또 역사적으로도 학문적 담론의 테두리를 넘어서서 인류의 정치적 삶에까지 커다란 영향력을 발휘했다.

그런데 아마도 대부분의 사람들은 여기서 한 걸음 더 나아가 '그럼 도대체 변증법이 무엇인가?'라는 질문을 받으면 대답하기가 궁해질 것이다. 그중에 간혹 용기를 내어 답변하는 사람이 있더라도 거의 다 '정-반-합'의 논리라고 대답할 것이다.[1] 그리고 철학이나 사회과학에 좀 더 관심을 가지고 있는 사람이라면 거기에 덧붙여서 '즉자-대자-즉자 대자'를 언급하거나, 또는 엥겔스가 '변증법의 핵심 법칙'으로 제시한 '양·질 전환의 법칙', '대립물 상호 침투의 법칙', '부정의 부정 법칙' 같은 것을 거론할 수도 있을 것이다.[2] 그런데 막상 전문 연구자들은 그 질문에 대해 일반인들보다도 더 곤혹스러워하면서 답변을 얼버무리곤 한다. 변증법은 그런 추상적인 도식이나 소위 법칙 가지고는 해명이 안 되고, 도식적인 설명 자체가 오히려 변증법에 대한 올바른 이해를 저해할 것이라는 막연한 변명과 함께 말이다.

헤겔에 따르면 변증법은 "유일한 학적 방법론"으로서 그의 철학 체계에 형식의 틀을 제공할 뿐만 아니라 내용의 맥을 형성해주는 것이기도 하다.(E, § 379 Z.) 그러므로 영향사적 중요성에서만이 아니라 헤겔의 자기 이해에 비추어볼 때에도 헤겔 철학은 곧 변증법이라고 말해도 과언이 아니다. 또 그의 변증법이 모순 개념을 핵심으로 삼고 있으므로 헤겔의 철학은 종종 모순의 철학이라고 일컬어지기도 한다. 변증법이 헤겔 철학에서 중추적인 역할을 하는 만큼 헤겔 철학과 관련된 논란도 변증법의 논리 구조와 학적 타당성에 가장 치열하게 집중되곤 한다.[3]

변증법 논리를 옹호하는 이들은 변증법의 (재)발견과 학적 정교화야말로—경우에 따라서는 그 관념론적 전도(顚倒)나 사변철학적 비약 또는 체계의 폐쇄성 등에 대해 적절한 수정을 가한다면—헤겔의 철학이 이룩한 가장 위대한 성과라고 극찬한다.[4] 반대로 변증법을 거부하며 비판하는 이들은 변증법이 사유의 기본 법칙인 모순율(모순 배제의 원칙)을 위배하기 때문에 그 불행한 역사적 영향력만 아니라면 학문적으로 논할 가치조차 없는 자가당착적이고 무용한 사이비 이론이라고 혹평한다.[5] 변증법은 헤겔 철학의 계승이냐 폐기냐의 전선(戰線)을 가르는 격렬한 싸움터이다. 더욱이 변증법 진영 내부에서도 사변적 변증법, 유물 변증법, 부정 변증법, 자연 변증법, 사적(史的) 변증법 등 다양한 분파가 서로 치열하게 논박하면서 경합을 벌이고 있는 실정이다.

칸트가 '이성'을 때로는 인간의 인식 능력 일반을 가리키는 광의로 사용하기도 하고 때로는 감성이나 오성과 구별되는 상위의 독특한 인식 능력이라는 협의로 사용하기도 하듯이, 헤겔역시 '변증법'이라는 용어를 문맥에 따라 넓은 의미로 사용할때도 있고 좁은 의미로 사용할 때도 있다. 우리가 이미 제2장에서 살펴본 바와 같이 넓은 의미의 변증법은 변증법적 이성은 물론 오성과 사변적 이성도 포함한 '논리적인 것' 일체, 즉 사유 일반의 원리를 포괄적으로 지칭하면서 곧 사변적 논리와 동의어가 된다. 반면에 좁은 의미의 변증법은 '논리적인 것의 세 측면'가운데 '부정적·이성적인 측면'을 한정하여 가리킨다. 이런 협의의 변증법이 회의주의와 친화성을 지니면서 오성이 추상적동일성과 차이의 원리에 따라 서로 분리하여 고착시킨 유한한존재들과 그 규정들을 뒤흔들고 유동화시키는 작용을 한다는점도 우리는 이미 살펴보았다.[6]

　'변증법'을 중심 주제로 다루는 이 장에서는 그 개념을 광의로이해하면서, ① 헤겔의 철학 체계에서 변증법은 어떤 역할과 위상을 가지고 있는가? ② 흔히 변증법이 모순의 논리라고들 하는데, 헤겔적 의미에서 모순은 정확히 무슨 뜻인가? 그리고 헤겔의변증법이 정말로 모순의 논리인가? ③ 변증법적 이성으로부터사변적 이성으로의 이행에서 관건이 되는 모순의 긍정적 해소는 어떻게 가능한가?(제2장에서 유예시켜놓았던 '규정된 부정', '부정의 부정', '자기 관련적 부정성'의 해명) ④ 이런 사변적 통일의 사례는 무엇인가? 등의 문제를 중점적으로 고찰할 것이다.

헤겔의 변증법, 서양 철학에 대한 총체적 개조를 시도하다

대부분의 철학 용어와 마찬가지로 '변증법'이라는 개념도 유서 깊은 역사를 가지고 있다. 서양철학사에서는 일반적으로 만물의 운동과 변화, 그리고 대립자들의 통일과 조화를 설파한 헤라클레이토스(Herakleitos)가 변증법 원리의 창시자로 불린다. 헤겔은 헤라클레이토스와 관련하여 "헤라클레이토스의 문장 중에서 내가 나의 논리학에 받아들이지 않은 것은 단 한 문장도 없다"고까지 말하면서 높이 칭송한다.(W 18, 320) 변증법(Dialektik)의 어원이 되는 고대 그리스어 dialektike는 본래 대화(dialogos)의 기술(techne)을 뜻한다. 이런 의미에서의 변증법을 창시한 사람으로는 '제논의 역설'로 유명한 엘레아학파의 제논(Zenon)이 거론되기도 하는데, 역설적 웅변술로서의 변증법은 그 후에 소피스트들의 논쟁술(Eristik)로 발전된다.

그러나 변증법이 진리 인식의 학적 방법으로 격상된 것은 플라톤에 의해서이다. 플라톤에 따르면 이성은 개념들을 순수한 형상에 따라 나누고 다시 합치는 '변증법적 논변'을 통해 '무전제적 근원 내지 원리'(archē), 즉 이데아에 대한 학적 인식에 도달한다. 변증론은 심지어 이데아를 인식하는 데에 작동하는 가장 고차원의 사유 방식으로 파악되고, 따라서 교육 과정에서는 모든 학과들의 최상위에 있는 '갓돌'로 제시된다.[7]

변증법은 상반되는 견해들 사이의 토론 또는 대립된 개념들의 종합을 통해 앎에 도달한다. 하지만 변증법은 논박에서의 승리가 아니라 진리의 인식을 목표로 삼으면서 필요한 경우에는 상대방의 옳음을 기꺼이 인정하고 자신의 견해를 수정할 용의가 있음을 전제한다는 점에서 소피스트들의 논쟁술과 확연히 구분된다.[8] 철학이 "영혼이 자기 자신과 나누는 내적 대화"라면, 변증법은 결국 철학 자체와 같은 것이다.[9] 헤겔은 디오게네스 라에티우스(Diogenes Laertius)의 말을 빌려 플라톤을 변증법의 창시자로서 자연철학의 창시자인 탈레스, 그리고 윤리학의 창시자인 소크라테스와 같은 반열에 올려놓는다.(『대논리학』 III, 421/L II, 557 참조)[10]

그런데 아리스토텔레스에 이르면 변증법이 학적 인식(episteme)의 방법이라는 존엄한 위상을 잃고 억견(doxa)의 영역 내에서 전개되는 논박의 기술로서의 변증술로 다시 축소된다. 아리스토텔레스에게 변증술이란 "우리에게 제기되는 온갖 문제에 대해 통념으로부터 추론할 수 있는 방법과 우리 자신이 하나의 논의를 유지하려는 경우에 모순되는 그 어떤 것도 말하지 않는 방법"을 뜻한다. 이때 추론의 근거가 되는 '통념'(endoxa)은 '대부분의 사람, 특히 지혜로운 이들에게 그러하다고 받아들여질 수 있는 개연적인 생각'으로 정의된다.

변증술적 추론은 개연적인 통념에서 출발한다는 점에서 그 자체로 참인 최초의 자명한 원리에서 출발하는 필연적 '논증'과 같은 정도의 학적 엄밀성과 타당성을 주장하지는 못한다. 그러나 변증술적 추론은 소피스트들의 논쟁술적 추론과는 달리 엄연한 진리 탐구의 방법이다. 변증술은 대부분의 양식 있는 사람들에게서 신뢰할 만하다는 평판을 얻은 개연적인 명제를 그 추론의 터전으로 삼고 모순 배제의 원칙에 따라 잘 통제된 논변을 전개한다. 반면에 논쟁술은 '외견상으로만 통념처럼 보이는 것'에서 출발하여 오류 추론을 서슴지 않으면서 실상이야 어떻든 간에 다만 참인 것처럼 보이는 결론을 이끌어내는 데에만 골몰할 뿐이다.[11] 아리스토텔레스에게 변증술은 반박 가능성과 정당화 요구에 열려 있는 '개연성의 논리'이긴 하지만, 그렇다고 그것이 결코 오류나 궤변이나 기만의 기술인 것은 아니다.

이런 점에서 변증론을 **"가상(假象)의 논리"**, 즉 "자신의 무지, 더 나아가 의도적인 현혹에다가 진리의 가식을 부여하려는 소피스트적 기술"로 단정하는 칸트의 견해는 아리스토텔레스적 전통에 호소하더라도 그 전거나 유례를 찾기 어려운 지극히 부정적인 관점을 보여준다.[12]

칸트에 의하면 변증론적 가상은 이성이 경험의 한계 내에서 판단의 객관성을 판정하는 주관적 '규준'인 오성의 원칙들을 실은 인식이 불가능한 물 자체에까지 초월적으로 적용하여 마치 객관적 인식의 '도구'인 양 사용할 때 발생한다. 사유하는 주관의 절대적 통일로서의 영혼을 실체화하는 합리적 심리학의 오류추리, 현상 계열의 무제약적 총괄로서의 세계에 대해 우주론이 빠져드는 이율배반, 모든 존재자들의 절대적 근거가 되는 완전한 예지적 존재로서의 신이라는 이상(理想)의 현존재를 증명하려는 신학적 논증이 바로 그런 변증론적 가상들이다. 칸트의 선험적 변증론은 이런 '변증론적 가상에 대한 비판', 다시 말해 변증론의 오류와 허위성을 폭로하려는 시도이다.

그러나 칸트에게서도 변증론적 가상은 형식 논리적 오류에서 발생하는 논리적 가상이나 상상이 만들어낸 허구, 경험적 착각 또는 악의적인 기만과는 전혀 다른 것이다. 물론 변증론적 가상도 잘못된 전제와 타당치 않은 추론에 기인한다. 하지만 그것은 모든 제약된 것들을 종합하는 무제약자를 발견하여 우리의 인식에 최대한의 통일적 완결성을 부여하고 그와 같은 인식 주관의 요청이 객관적 타당성을 가지고 있다는 확신을 얻고자 하는 "이성의 욕구", 바로 이런 "인간의 이성에 깊숙이 숨겨져 있는 원천"에서 비롯되는 '선험적 가상'이다.[13]

즉 변증론적 가상은 이성의 본성에 그 뿌리를 둔 **"자연스럽고 불가피한 착각"**이며, 그렇기 때문에 비판으로서의 선험적 변증론은 가상이 발생하는 원인을 폭로하고 거기에 현혹되지 않도록 경계할 수는 있을지언정 가상을 제거하거나 가상의 발생 자체를 막을 수는 없다. 헤겔은 바로 이 "순수 이성의 자연스럽고 불가피한 변증법"이라는 칸트의 통찰에 주목하면서 이를 칸트의 공적으로 높이 평가한다.[14] 모순과 이율배반의 변증법은 이성 자체에 필연적으로 내재하며, 따라서 이성은 본질적으로 변증법적 구조를 가지고 있다는 것이다.

변증법이 다시금 이성에 필연적인 것으로 인정받게 되었다는 점은 실로 비할 바 없이 중요한 거보를 내디딘 것이라고 보아야 한다.(『대논리학 III』 421/L II, 558)

칸트에게 이르기까지 아리스토텔레스의 변증론이 주도하던 그 오랫동안 잊혀왔던 헤라클레이토스와 플라톤의 전통이 이제 헤겔에게서 다시 되살아난다. 헤겔이 변증법을 가장 집중적으로 다루는 곳은 자신의 『논리학』 중에서 가장 높은 단계의 사유 규정이고 그래서 가장 최후에 등장하는, 그러므로 실은 가장 최초의 것인 '절대 이념'의 장이다. 절대 이념은 **"절대적 진리이자 진리 일체"**이며 순수한 인격성과 주체성에 도달한 "절대적 **해방**"이다.(E, § 236 및 『대논리학 III』, 441/L II, 573) 이처럼 더할 나위 없이 지고한 위상을 지닌 '절대 이념'의 장에서 헤겔이 우리에게 보여주는 것은—어떤 이들에게는 상당히 실망스럽겠지만—어떤 신비롭고 초월적인 지식이 아니라 다름 아닌 지금까지 사유가 어떻게, 그리고 왜 그렇게 전개되어왔는지에 대한 방법론적 회고와 자기 해명, 다시 말해 변증법에 대한 메타 이론적 설명이다. 그러므로 절대 이념은 곧 변증법을 일컫는다. 그런데 헤겔의 철학에서 절대 이념은 논리학은 물론이고 자연철학과 정신철학을 포괄하는 철학 체계 전체의 절대적 근거이다. 따라서 헤겔에게 변증법은 플라톤에게 그러했듯이 절대적 진리이자 철학 그 자체가 된다.

변증법과 함께 우리는 마침내 아리스토텔레스가 최고의 인식과 지복의 경지로 설정한 '사유에 대한 사유'(noesis noeseōs)에 도달한다. 변증법은 순수 사유의 자기 전개와 자기 해명의 원리이다. 또 우리는 제2장에서 이성이 주관적 사유의 원리이자 동시에 객관적 존재의 원리라는 점을 보았다. 그런데 이미 칸트가 직감했다시피 이성이 그 본성상 변증법적 구조를 가지고 있다면, 변증법은 사유의 학적 방법이자 또한 존재의 운동 원리가 된다.

> 변증법적인 것을 올바로 파악하고 인식하는 일은 극히 중요하다. 변증법적인 것은 무릇 현실에서 일어나는 모든 운동과 모든 생명과 모든 활동의 원리이다. 또한 그에 못지않게 변증법적인 것은 모든 참다운 학적 인식의 영혼이다.(E, §81 Z.1)

헤겔에게 변증법은 일차적으로 타당한 인식 형식들의 질서라는 뜻에서 논리학적 '방법', 더 엄밀하게 말하자면 대상에 대한 직접적인 탐구 방식이라기보다는 학적 서술 방식을 제공하는 메타 이론적 학문 방법론이다. 그것은 앞서 피히테의 『학문론』(Wissenschaftslehre)이 추구했던 것이고, 헤겔의 『논리학』의 원제인 '논리의 학'(Wissenschaft der Logik)이라는 명칭에 정확하게 부합하는 것이다.

그러나 변증법이 형식적 방법이라고 해서 이를 마치 이미 주어져 있는 어떤 인식의 질료에다가 외부로부터 덧씌워서 질료를 구획하고 재단하고 조작하는 도식이나 범주표와 같은 것으로 이해해서는 안 된다. 헤겔은 기존의 전통 형이상학은 물론 근대의 경험론과 합리론, 그리고 더 나아가 칸트와 피히테의 선험철학에 대해서조차 그 학문 방법이 이런 추상적인 '외면적 형식'에 머물고 말았다고 엄중하게 추궁한다. "철학은 아직까지도 자신의 방법을 찾지 못했다."(『대논리학 I』, 42/L I, 48) 칸트가 고백했던 것처럼 아리스토텔레스 이래로 지금까지 논리학이 단한 걸음도 전진하지 못한 것이 사실이라면, 그것은 그만큼 더욱이제 논리학의 "총체적인 개조"가 필요한 시점이 되었다는 것을 반증한다.(『대논리학 I』, 40/L I, 46)

이런 새로운 '논리의 학'으로 헤겔은 자신의 사변적 변증법을 제시한다. 사변적 변증법이야말로 "논리학이 장래에도 영구히 그 터전으로 삼아야 할 유일하게 참된 입장"이라고 헤겔은 대담하게 주장한다.(『대논리학 I』, 35/L I, 42) 변증법적 방법은 형식 논리학처럼 한낱 인식의 형식적 '규준'이나 '도구'에 머물지 않는다. 그것은 인식의 "절대적 형식", 즉 고찰되는 내용 자체에 담겨 있는 "객관적, 내재적 형식"이다.(『대논리학 III』, 412 및 417/L II, 551 및 555) 따라서 "이런 방법의 진행은 바로 사태 자체의 진행이다."(『대논리학 I』, 44/L I, 50)

이 방법만이 단 하나의 진정한 방법이란 것을 나는 알고 있다. 이는 바로 이 방법이 결코 그것의 대상과 내용으로부터 구별되지 않는 것이라는 점에서 자명하게 밝혀진다.── 왜냐하면 내용을 앞으로 움직여 가는 것은 오직 내용 그 내부, 즉 **내용이 자기 자체에 지니고 있는 변증법**이기 때문이다.(『대논리학 I』, 44/L I, 50)

그렇기 때문에 헤겔의 변증법은 우리에게 '객관적으로 사유'할 것을 요구한다. 이때 '객관적 사유'란 섣불리 주관적 반성의 형식과 규정을 외부에서 끌어들여 그것을 가지고 대상을 가공하거나 술어화하는 것을 삼가고 "**사태** 속으로 침잠"하여 "**사태**로 하여금 자기 안에서 주재하도록 놓아두고" 가만히 바라봄으로써 사태를 있는 그대로 인식하는 것을 뜻한다.(E, § 23 A.) 많은 사람들이 가진 상투적인 편견과는 달리 헤겔의 '사변적 관념론'이 우리에게 요구하는 참다운 학적 태도와 방법은 다름 아니라 이런 객관적 사유이다.

그러나 학적 인식에 요구되는 것은 오히려 대상의 삶에 자신을 내맡기는 것, 다시 말하면 대상의 내적 필연성을 직시하고 이를 언표하는 데 있다. 학적 인식이 대상에 몰입하게 되면 내용과 동떨어진 지(知)의 자기반성에 그치는, 위로부터 사태를 조망하는 자세를 탈피하게 된다.(『정신현상학 1』, 91/Phä, 52)

개념에 의해 움직이는 우리의 사유는 마찬가지로 개념에

의해 움직이는 대상에 전적으로 내재적인 것으로 남는다. 우리는 대상의 고유한 전개를 말하자면 그냥 바라보기만 할 뿐, 거기에 우리의 주관적 표상이나 착상을 개입시켜 어떠한 변경도 가하지 않는다.(E, §379 Z.)

그런데 학문 방법론으로서의 변증법을 지지하는 진영 내에서도 변증법이 타당하게 적용될 수 있는 내용의 대상적 범위가 어디에까지 미치는가에 대해서는 자못 의견이 엇갈린다. 이 질문에 대한 답변은 양극단으로 나뉘는데 그중 하나는 변증법을 세계를 체계적으로 이해하고 학적으로 재구성하는 주관적 인식의 방법으로만 인정하려는 입장('주관적 변증법', '개념 변증법')이다. 이와 반대되는 다른 답변은 주관적 변증법은 객관 세계에 실재하는 운동 법칙으로서의 변증법('객관적 변증법', '실재 변증법')이 의식 속에 관념적으로 반영된 것일 뿐이며 변증법은 사회의 변동과 역사의 진행은 물론이고 심지어 물리적 자연의 운동 속에서도 직접 관철된다고 본다.

이 문제에 대해 헤겔 자신은 변증법을 단지 사유의 논리적 방법으로서만이 아니라 현실적 존재의 운동 법칙으로 파악하고 있다는 점은 의심의 여지가 없다. 우선 순수 사유의 학인 헤겔의 『논리학』은 개념의 변증법적 자기 전개에 대한 서술이다. 그리고 헤겔의 실재철학에서도 인간의 정신 자체(주관 정신), 그리고 정신이 창조해낸 '제2의 자연'인 사회와 역사(객관 정신)는 절대 이념의 현실태인 절대 정신의 내재적 질서에 따른 변증법적 구조를 가지고 있다.

그러나 헤겔이 엥겔스처럼 물리적 자연의 영역에서 작동한다고 여겨지는 '자연 변증법'까지도 주장하는지에 대해서는 이론의 여지가 많다. 물론 자연의 이념을 개념적으로 파악하려는 헤겔의 자연철학은 변증법적 논리를 근간으로 삼아 서술된다. 자연의 형식과 법칙적 질서, 그리고 궁극 목적의 입법자는 바로 정신이며, 그러한 한에서 자연은 '우리에 대해'(für uns) 변증법적이다. 그러나 그와 같은 사변적 자연철학은 경험적 자연과학을 대체하기는커녕 오히려 학문의 형성과 소재의 측면에서 자연과학을 "전제와 조건"으로 삼는다.(E, §246 A.) 그리고 "개념이 수행될 때 그 개념을 견지하지 못하는 자연의 무력함"은 곧 자연을 개념에 의해 장악되지 않는 우연성에 어느 정도 내맡길 수밖에 없는 정신의 무력함을 뜻한다.(E, §250 A.) 이런 점에서 자연이 '그 자체로'(für es) 변증법적이라고 말하기는 어려워 보인다. 헤겔에게 자연은 "마냥 **풀어헤쳐진** 소외된 정신이고 스스로를 제어하여 가누지 못하는 술에 취한 신"이다.(E, §247 Z.)

변증법의 개념적 계기인 반성 규정들

헤겔은 자신이 내세우는 변증법을 다음과 같이 요약하여 정의한다.

보편의 특수화를 해소하면서 또한 산출해내는 개념의 운동 원리를 나는 **변증법**이라고 부른다. […] 부정적인 방식의 변증법은 다만 어떤 생각에 반대되는 것이라든가 또는 고대의 회의주의처럼 그 어떤 생각이 지닌 모순을 변증법의 궁극적인 결과로 간주하기도 하고 또 그보다 더 진부한 방식으로 진리로의 접근이라는 현대의 어중간한 입장을 궁극적인 결과로 간주하기도 한다. 그러나 고차적인 의미에서 개념의 변증법은 규정을 한낱 제한이나 반대로 파악하는 것이 아니라 바로 이 규정으로부터 **긍정적인** 내용과 귀결을 산출해내고 또 그렇게 파악한다. 오직 이렇게 함으로써 개념의 변증법은 **발전**과 내재적 전진을 이루는 것이다.(『법철학』, §31 A.)

주지하다시피 헤겔의 변증법은 기본적으로 3단계 구조를 가지고 있다. (때로는 부정의 이중성 또는 관계항들의 분화된 내부 연관을 감안하여 4단계나 5단계를 언급하기도 한다.) 이런 변증법의 3단계 구조는 '자기 안에 머무름'(즉자, 존재, 동일성, 주관성, 보편성), '외화와 타자 존재'(대자, 본질적 관계, 차이와 모순, 객관성, 특수성), '타자 속에서 자기 자신에게 복귀하여 있음'(즉자 대자, 주체로서의 개념, 재구축된 동일성, 이념, 구체적 보편으로서의 개별자)이라는 정신의 세 가지 운동 계기들로부터 유래하는 것이다. 이를 앞의 인용문에서는 '보편에서 특수를 산출해내면서 이 특수를 다시 해소하는 운동'이라고 표현하고 있다.

정신은 부정적인 것이려니와, 이것이 공히 변증법적 이성과 오성의 성질을 이루는 것이다.─정신은 단순한 것을 부정하여 오성에 의한 규정적 구별을 정립한다. 그런데 정신은 이에 못지않게 이 구별을 해소하면서 변증법적으로 된다. 그러나 정신은 이러한 결과로써 빚어진 무(無) 속에 머물지 않고 또한 그에 못지않게 그 속에서 긍정적으로 되면서 마침내 그 최초의 단순한 것을 복구하는데, 이때 그 단순한 것은 자신 안에서 구체적인 보편자로 구축된다. 그리고 이미 주어진 특수자가 이런 구체적 보편자 속으로 포섭되어 들어오는 식이 아니라 앞서 언급한 규정 작용과 그 해소 속에서 특수자가 스스로를 함께 규정했던 것이다. 이러한 정신적 운동, 그 단순성 속에서 스스로에게 규정성을 부여하고 또한 그 규정성 속에서 스스로에게 자기 자신과의 동일성을 부여하는 운동, 따라서 개념의 내재적 발전인 이러한 운동이야말로 인식의 절대적인 방법이자 동시에 내용 자체의 내재적인 영혼이기도 한 것이다.(『대논리학 I』, 24 이하/L I, 17)

여기서도 볼 수 있듯이 변증법의 요체는 부정과 매개의 운동, 차별화된 특수의 정립과 모순의 해소에 있다. 이러한 운동 속에서 '동일성', '차이' 또는 '구별', '모순' 같은 '반성 규정'들이 등장한다. 헤겔은 특히 자신의 『논리학』 제2부 「본질론」의 도입부에서 이런 반성 규정들을 상세하게 다루는데, 이 부분은 헤겔의 변증법이라는 수수께끼를 푸는 데에 열쇠와 같은 역할을 하기 때문에 연구자들에게 초미의 관심거리가 되고 또 그만큼 다양한 해석들이 분분한 곳이기도 하다. 우리는 여기서 특히 모순 개념을 중심으로 반성 규정들을 살펴봄으로써 헤겔의 변증법이 어떤 논리 구조에 따라 작동하는지를 이해해보고자 한다. 이와 같은 논의는 또한 우리가 헤겔의 철학을 쉽사리 '동일성 철학'이라거나 또는 반대로 '모순의 철학'이라고 단정짓는 데에 얼마나 신중해질 필요가 있는지를 확인할 수 있는 기회도 될 것이다.

그런데 헤겔은 이런 '반성 규정들'을 다루기에 앞서 먼저 '반성' 개념 자체에 대해 논한다. 이는 헤겔이 기존의 형이상학이나 또는 칸트와 피히테의 '반성철학'에서 사용되었던 이 개념의 의미를 한편으로는 계승하면서도 다른 한편으로는 여기에다 자신의 독특한 의미를 덧붙이고자 하기 때문이다. 바로 이렇게 수정되고 첨가된 반성의 의미가 헤겔의 모순 개념, 더 나아가 변증법을 이해하는 데에도 상당히 중요한데, 이 주제에 대해 여기서 자세히 논할 수는 없고 다만 두 가지 점만 간략하게 지적해두고자 한다.

첫째로 헤겔은 주관이 객체에 가하는 '외적 반성'을 객체 자체의 내재적인 '규정적 반성'으로 전환시킨다. '동일성', '차이' 등은 칸트에게서처럼 대상의 외부에 있는 반성하는 주관이 반성되는 대상들을 같음과 다름, 일치와 모순 등의 관점에서 추상화하여 서로 비교하기 위한 한낱 주관적 조건의 개념들이 아니다.[15] 그것들은 동시에 대상들 자체의 자기 내 반성을 통해 발생하는 내재적 자기규정들이다. 대상을 정립하는 반성과 대상을 미리 정립되어 있는 것으로 전제하는 반성, 반성하는 것과 반성되는 것이 통일되어 있는 것을 헤겔은 '규정적 반성'이라고 일컫는데, '동일성', '구별', '모순' 등이 바로 이런 규정적 반성의 규정들이다.

둘째로 헤겔이 말하는 반성 규정은 철저하게 관계의 규정이다. 마치 빛이 빛의 전진 운동에 대항하는 반사체에 의해 되비칠 때 비로소 빛의 색채를 띠게 되듯이 사유 운동으로서의 반성도 항상 반성하는 것과 반성되는 것 사이의 관계로서만 존재한다. '동일성'이나 '차이' 같은 반성 규정들은 어떤 주어진 독립적 실체에 대한 '존재론적' 규정이 아니라 관계의 운동 속에서 비로소 존재하게 되는 것들의 관계를 규정하는 '본질론적' 개념이다. 즉 여기서 하나의 개념은 오직 그와 대립된 다른 개념과의 관계를 통해서만 그 의미를 지닌다. '위-아래', '음-양', '실체-양태', '원인-결과', '주인-노예' 등이 그 예이다. 이런 상호 정립과 전제의 관계는 반성 규정을 통하여 파악되는 대상들 사이에서만이 아니라 반성 규정들 사이에서도, 그리고 더 나아가 반성하는 주관과 반성되는 대상 사이에서도 성립한다.

동일성: 정체성의 기반이자 공허한 실체

본질이 자기 안에서 반성하는 가운데 자신을 자기 자신과의 단순한 관련으로 정립할 때 '동일성'이라는 반성 규정이 등장한다. 동일성은 스스로에 의해 정립된 자기 관련을 말하고, '나는 나' 또는 'A는 A'라는 문장을 통해 집약적으로 표현된다. 이런 동일성(identity)을 축으로 삼아 우리는 자신의 정체성(identity)을 확립하고 또 제3장에서 보았듯이 자유의 입지점을 마련한다. 그러나 동일성을 정립하는 반성이 '자기 내 반성'에만 매몰되고 '타자로의 반성', 즉 타자와의 관련을 사상(捨象)시켜버리면, 그와 같은 동일성은 아무런 내적 구별도 없고 내용도 없는 추상적이고 공허한 동일성에 머물고 만다. 이렇게 타자를 사상하고 구별을 배제한 동일성을 헤겔은 **"형식적 동일성 또는 오성의 동일성"**이라고 표현하면서, 이는 "한낱 단순한 직접적인 것, 죽은 존재의 규정"에 불과하다고 비판한다.(E, § 115 A. 및 『대논리학 II』, 102/L II, 75)

형식 논리학에서 사유의 근본 법칙으로 제시되는 동일률은 사유가 이런 추상적 동일성에 고착됨으로써 형성되는 것이다. 헤겔에게 동일률은 (그리고 동일률에 바탕을 둔 모순율은) "참다운 사유 법칙이기는커녕 **추상적 오성**의 법칙에 불과하다."(E, § 115 A.) '나는 나'라는 동일률의 명제는 '나'에 대해 아무것도 알려주지 않는 공허한 동어반복일 뿐만 아니라, 심지어 여기서

'나'는 임의의 개념이나 기호로 대체되어도 무방하다. 그것은 '의미 없는' 문장이다.

헤겔은 기존의 형이상학이 이런 추상적 동일성의 원리에 사로잡혀 있었고, 그것이 '실체'라는 개념으로 응고되었다고 파악한다. '자기 안의 존재'(ens in se)이자 '자기 원인'(causa sui)으로 정의되는 실체는 절대적 자기 관련이기 때문에 타자를 요청하지도 않고 허용하지도 않는다. 따라서 실체는 유일하고 전체이며 운동이나 변화가 없다. 실체주의적 사유 속에서는 타자 관련이 전적으로 부정되고 설혹 타자가 고려될지라도 다만 실체의 본질에 아무런 영향도 주지 않는 우연하고 일시적인 가상(假相), 실체 자신의 우유적(偶有的) 속성으로 등장할 따름이다. 헤겔이 이런 실체 개념에서 문제로 삼는 것은 그것이 고정된 자기 동일성에 함몰되어서 일방적으로 타자만을 부정할 뿐이지 자기 자신을 부정하지는 않는다는 점이다.

이렇게 볼 때, 실체성이란 한낱 직접적으로 소멸되는 상태에 있는 관계일 뿐이니, 결코 실체성은 **부정적인 것으로서** 자기에 관련하는 것이 아니다. 즉 그것은 힘의 자기 자신과의 직접적인 통일이라는 점에서 다만 **이 힘의 동일성**이라는 **형식**을 지닐 뿐 그 **부정적 본질**이라는 형식을 지니지는 않는다. 다시 말해서 부정적인 것 또는 구별이라는 한쪽 계기만이 전적으로 소멸되고 또 다른 계기인 동일성이라는 요소는 소멸되지 않는다.(『대논리학 II』, 305/L II, 222 f.)

헤겔은 스피노자의 철학을 이런 실체주의적 입장에 가장 철저한 철학이라고 평가한다. 그런데 그는 스피노자의 철학이 직접적 동일성, 자기 자신과의 무매개적 통일이라는 원리만을 고수한다고 비판한다. 즉 스피노자의 철학에서는 "차이의 원리 또는 유한성의 원리가 정당한 권리를 인정받지 못했고", 그리하여 결국 "자기의 부정적 통일이라는 개념, 즉 주체성이 아직 보이지 않는 경직성을 띠게 되었다"는 것이다.(『대논리학 I』, 289/L I, 291 및 E, §151 Z.)

자신의 동일성을 배타적으로 주장하면서 이를 수호하기 위해 타자를 부정하고 그 무엇도 자기 안으로 침투하지 못하게 막으려고 하는 실체는 바로 이런 자신의 배제 행위를 통해 오히려 스스로를 공허하게 만든다. 그리하여 실체는 자기가 비본질적인 것이라고 격하시켰던 타자와 꼭 마찬가지로 자신도 비본질적인 것, 의미 없는 가상으로 전도되고 만다. 이것이 실체가, 그리고 동일성의 사유가 겪어야 하는 가혹한 필연의 운명이다. 이와 같은 실체의 전일적 지배 욕망의 필연적인 전도와 자기 부정, 추상적 동일성의 자기 해체의 과정을 헤겔은 『논리학』에서는 「본질론」, 그리고 『정신철학』에서는 「자기의식」의 장에서 집중적으로 서술하는데, 이것이 바로 헤겔적 의미에서 '부정 변증법'을 이룬다.

헤겔이 실체에 대한 대안이자 실체의 진리로 제시하는 것이 '주체'이다. 주체는 결코 어떤 고정된 실체가 아니다. 주체의 본질적 특성은 오히려 실체에는 결여되어 있던 절대적 자기 부정성에 있다. 주체는 스스로를 구별과 대립, 그리고 극단적인 소외와 모순으로 내몰았다가 다시 자기 안으로 되돌아와 자기와 매개하는 변증법적 활동으로 정의된다. 타자와의 관계 속에서 펼쳐지는 이 격렬한 자기 부정과 자기 회복의 역정을 우리는 '자기의식'을 다루는 제6장에서 일부분 살펴볼 것이다. 여기서는 다만 헤겔이 기존의 실체 형이상학에서 주체 철학으로, 동일성에 의거한 존재의 사유에서 변증법적 활동의 사유로 전환할 것을 강령으로 선포하는 다음의 유명한 구절을 인용하는 것으로 만족하자. 이 구절은 헤겔 철학의 발전사, 그리고 더 나아가 철학사 전반에서 획기적인 의미를 지니게 된다.

물론 이것은 체계의 서술을 통해서 정당화되어야 하는 문제긴 하지만 일체의 관건이 되는 것은 진리를 **실체**로서가 아니라 또한 **주체**로서 파악하고 표현해야 한다는 것이다. […] 더 나아가 생동하는 실체는 실은 **주체**인 존재, 다시 말하면 그 실체가 자기 자신을 정립하는 운동 또는 자신과 타자 존재의 자기 매개인 한에서만 진실로 현실적인 존재이다. 주체로서 생동하는 실체는 순수하고도 **단순한 부정성**이며, 바로 그렇기 때문에 단일한 것의 분열을 뜻한다. 또한 그런 실체는 상호 대립시키는 이중화인데, 이는 다시 이렇게 서로 무관한 상이성과 그 양자의 대립에 대한 부정이다. **근원적** 통일 그 자체나 **직접적** 통일 그 자체가 아니라 오직 이렇게 스스로를 <u>재구축하는</u> 동일성 또는 타자 존재 속에서 자기 자신으로의 반성만이 진리이다. 진리란 자기 자신이 자신으로 생성되는 것이며, 자기의 종착점을 자신의 목적으로 전제하고 출발점으로 삼고서는 오직 자신을 상술하고 종착점에 도달함으로써 비로소 현실적으로 되는 원환이다.(『정신현상학 1』, 51 이하/Phä, 22 f.)[16]

상이성, 차이, 대립: 타자의 타자인 나와 너

'상이성'은 '동일성'과 거울 짝패를 이루는 개념이다. 두 존재자가 서로 고립되어 각자의 자기동일성 속에서 개별자로 유폐될 때, 그 둘은 상이한 것이 된다. A는 A이고, B는 B일 따름이다. 그 둘은 자기 충족적이어서 서로에 대해 아무런 관심과 관계(사이-존재, inter-est)도 가지지 않고 그냥 그저 다를 뿐이다. 상이성 속에서 타자는 나에게 아무런 의미도 같지 못하는 익명의 '그것', 나와 무관한 '타자 일반'이다. 나와 타자는 긍정적인 방식으로든 부정적인 방식으로든 서로 아무 관련이 없기 때문에 나는 타자의 자기 구성과 자기 이해에 아무런 요소도 되지 못하고, 마찬가지로 타자 역시 나에게 '너'라고 호명받지 못한 한낱 '배경'에 머문다. 우리 사이에는 아무것도 없고, 따라서 어떠한 내재적 질서도 성립하지 않는다.

상이한 것들은 오직 제3자에 의해서만 서로 비교되거나 결합될 수 있을 뿐이다. 이것이 왜 라이프니츠가 서로 소통할 창문이 없는 다수의 모나드(monade)들을 상정하고 나서 이들 사이의 통일적 질서를 주장하기 위해 이들 외부로부터 부여되는 '예정조화'라는 독단적인 가설을 끌어들일 수밖에 없었는지를 설명해준다. 자기 이익만을 추구하는 파편화된 개인과 홉스의 '리바이어던' 또는 아담 스미스의 '보이지 않는 손' 사이의 관계도 이와 마찬가지이다.

차이를 배제한 동일성이 다수의 상이한 것들로 해체되듯이, 서로 간의 내재적 동일성을 결여한 상이한 것들은 자신들에게 낯선 외부로부터의 동일성에 타율적으로 종속되고 만다. 그리고 이런 강요된 동일성의 지배 아래에서 상이한 것들은 각자의 질적 고유성과 독특성을 상실한 채 **"양자**(兩者)**의 부정적 통일"** 속에서 양적으로만 차이 나는 것으로 획일화되어버린다.(『대논리학 II』, 69/L II, 51)

그러나 헤겔에게 '동일성 없는 차이'는 '차이 없는 동일성'만큼이나 오성이 만들어낸 허구적인 사념물에 불과하다. 실은 동일성은 상이성을 전제할 때에만 성립되고, 동시에 역으로 상이성 또한 동일성을 전제할 때에만 성립된다. A가 A로 정립될 수 있는 것은 A가 B와 서로 다르기 때문이며, 또 A와 B가 다른 것은 A는 A로서 정립되어 있고 B는 B로서 정립되어 있기 때문이다. (그리고 그런 A와 B를 서로 비교할 수 있는 공통의 잣대가 있기 때문이다.) 이처럼 동일성이라는 개념이 이미 동일성과 차이의 통일을 함축하고 있다는 점을 헤겔은 바로 동일률의 명제 형식이 내포하고 있는 의미를 분석함으로써 보여준다. 즉 동일률의 문장은 표면적으로 드러내는 공허한 동어반복 이상의 의미를 이미 그 형식이 담고 있다는 것이다.

'A는 A이다'라는 동일률의 명제가 유의미한 문장이 되려면 먼저 술어 A가 B, C, D 등이 아님을, 즉 자신이 아닌 타자와의 부정적 관련을 함축하고 있어야 한다. 내가 나를 나로서 정립할 수 있기 위해서는 내가 너나 그나 그것 등과 다르다는 것을 이미 전제하지 않으면 안 된다. 그래서 동일률의 명제는 실은 "타자 존재의 소멸로서의 동일성이라는 반성 운동"을 함의하고 있다.(『대논리학 II』, 61/L II, 45) 다만 겉으로 표현된 문장에서는 이런 의미가 사상되고 은폐되어 있을 따름이다. 즉 동일률의 명제는 첫째로 타자의 부정을 함축하고 있다.

하지만 헤겔이 이런 측면보다 더 주목하는 것은 동일률의 명제가 주어의 자기 구별을 함축하고 있다는 점이다. '나는 나'라는 문장 속에서 '나'는 주어 '나'(정립하는 나)와 술어 '나'(정립된 나)로 분화되어 있다. '나는 나'라고 판단하는 행위(urteilen)는 나의 근원적 나눔(ur-teilen)을 전제한다. 만일 내가 나의 직접적 동일성에 매몰되어 있다면 나는 나를 나로서 정립할 수 없을 것이고, 따라서 '나는 나'라는 동일률의 문장조차 불가능할 것이다. 왜냐하면 'A는 A이다'라는 명제는 주어 A와는 구별되는 술어 A가 주어 A와 결합할 때 성립하기 때문이다. 그래서 헤겔은 동일률의 명제가 실은 "한낱 분석적인 본성이 아니라 종합적인 본성을 지니고 있다"고 말한다.(같은 곳) 즉 동일률의 명제는 둘째로 직접적 자기동일성에 대한 부정과 자기 구별을 함축하고 있으며, 따라서 동일성 자체도 그 대립자인 구별을 함축하고 있다.

이렇게 어느 한 존재가 외부의 낯선 타자에 의해 부정당하는 것이 아니라 그 자신 안에 내재적으로 부정성을 지니고 있어서 스스로를 부정할 때, 그래서 그 자신이 자신을 부정하는 타자가 될 때, 그와 같은 부정성을 헤겔은 '절대적 부정성'이라고 부른다. 동일성은 그 자체로 이미 절대적 부정성을 함축하고 있기 때문에 자기 안에서 자기를 자신으로부터 밀쳐내어 절대적 구별로 나아간다.

그런데 절대적 부정으로서의 동일성은 자기 자신을 직접적으로 부정하는 부정이다.—즉 동일성은 그것이 발생하는 가운데 소멸되는 비존재이자 구별, 또는 구별이긴 하되 그것으로는 어떤 것도 구별되지 않고 오히려 곧바로 자기 자체 내에서 붕괴되고 마는 그러한 구별이다. 구별은 비존재를 타자의 비존재로 정립하는 것이다. 그런데 타자의 비존재란 타자의 지양이고, 따라서 구별 자체의 지양이다. 그리하여 여기서 구별은 자기 관련적 부정성, 즉 자기 자신의 비존재가 되는 비존재로서 현존한다.──이때 비존재는 자신의 비존재를 어떤 타자에게서가 아니라 자기 자신에게서 갖는 것이다. 그러므로 이제 여기에는 자기를 자기와 관련시키는 구별, 즉 반성된 구별 또는 순수한 **절대적 구별**이 현존한다.(『대논리학 II』, 53 이하/L II, 40)

'구별' 또는 '차이'는 이처럼 동일성과 상이성이 하나의 본질적 관계 속에서 통합되어 있는 것을 일컫는다. 구별되는 것들은 서로에게 타자로서 관련되어 있으면서 이러한 타자 관련 속에서 자기 자신과 관련하며, 또 역으로 이러한 자기 관련 속에서 자기를 타자로서 자신으로부터 구별한다. 동일성이 '죽은 존재의 규정'이었다면, 구별이야말로 "모든 활동과 자기 운동의 규정된 근원"이다.(『대논리학 II』, 63/L II, 47)

프로이트가 그의 정신분석학을 통해 밝혀냈듯이 인간은 원초적 나르시시즘에 따른 1차적 동일화에서 벗어나 자아와 대상을 구분하고 실제 세계를 객관적으로 인지할 수 있을 만큼 충분한 거리를 확보한 후에야 비로소 현실적인 행위 능력을 지닌 자아를 형성하게 된다. 그런데 이런 자아와 대상의 구분은 동시에 자아의 자기 구별, 즉 '쾌락 자아'와 '현실 자아'의 분화이기도 하다. 이와 같은 구별은 주관적 사유와 객관적 대상이 서로 일치하도록 조정하고 행위를 적절하게 조절하면서 자기의식을 형성하는 2차적 동일화를 위한 전제 조건이 된다.

이처럼 구별이 비록 '동일성과 상이성의 통일'이긴 하지만 아직 양자의 부정적 통일일 따름이다. 서로 구별되는 것들은 "**하나의 동일성 속에서 상이한 것들**", 따라서 "**서로 대립된 것들**"이다.(『대논리학 II』, 75/L II, 55) 그러므로 구별이 규정적 반성을 통해 본질적 구별로 정립될 때, 그것은 이제 '대립'이 된다. 상이한 것들이 서로 무관하게 경계 지어진 별개의 부분들이었던 반면에, 서로 대립하고 있는 대립항들은 자신의 대립자를 자기 안에 포함하고 있기 때문에 각자가 그 자체로 이미 전체이다. 이와 같은 대립의 관계 속에서 비로소 타자는 '나의 타자'로서 규정된다.

나의 타자는 나의 존재를 정립하기 위한 전제 조건이 되는 동시에 나의 존재를 부정하는 것이므로, 나는 결코 나의 타자에 대해 무관심할 수 없다. 타자는 이제 나에 의해 의미를 부여받고 나에게 의미를 부여하는 특정한 타자, 곧 '나의 타자'가 된다. 그런데 그렇게 나와 대립해 있는 타자는 나와 하나의 대칭적 동일성의 관계 속에 있기 때문에, 타자에 대해 나는 바로 그와 똑같이 그 타자의 타자가 된다. 나는 나의 타자의 타자로서만, 너의 너로서만 내가 되어 존재한다. 우리는 우리 자신의 타자이고 또 동시에 그런 타자의 타자이다.

따라서 본질의 구별은 **상호** 대립이며, 여기서 구별된 것은 **타자 일반**이 아니라 **자신의** 타자와 마주한다. 즉 대립해 있는 것

각각은 타자와의 관련 속에서만 자신의 고유한 규정을 지니고, 타자 속으로 반성되는 한에서만 자기 안으로 반성하며, 또한 타자도 마찬가지이다. 그리하여 그 각각은 **자신의** 타자의 타자이다.(E, § 119)

대립의 관계 속에서 각각의 대립항들은 자신을 부정하는, 그래서 존재해서는 안 되는 대립자가 존재하는 한에서만 비로소 존재한다. 한편으로 "각자는 **타자가 존재하지 않는 한**에서 존재한다. 즉 각자는 타자의 비존재를 통해서 그 자신으로 존재한다." 그러나 동시에, 그리고 바로 그 관계 속에서 다른 한편으로 "각자는 **타자가 존재하는 한**에서 존재한다. 즉 각자는 타자를 통해서, 다시 말해 자기 자신의 비존재를 통해서 그 자신으로 존재한다."(『대논리학II』, 78/L II, 57)

그리하여 서로 대립하고 있는 것들은 자신의 타자와 관련되어 있는 것으로서만 자기 자신과 관련한다. 그것들은 자신이 자신으로 정립되기 위한 필연적인 전제로서 자신의 타자를 배제하면서 동시에 요청한다. 내가 나일 수 있으려면, 나에게 타자인 네가 존재하면서 동시에 존재해서는 안 된다. 그런데 이런 타자 관련의 이중성은 또한 나의 자기 관련의 이중성을 동반하고 있다. 왜냐하면 대립 관계 속에 있는 계기들은 관계를 구성하는 한 부분으로서 한 극단에 서 있는 대립항이자 동시에 대립자들의 통일로서 관계 전체이기 때문이다. 그래서 대립의 관계 속에 있는 각각의 계기들은 반대편 쪽에 서 있는 대립자와 대립해 있는 한편, 바로 그런 관계의 한 항으로서의 자신이 관계 전체로서의 자신과 대립해 있는 이중의 대립 속에 있다. 내가 나의 타자와 대립해 있을 때 나는 나 자신을 타자화하면서 타자로서의 나와 대립해 있는 것이다.

모순: 모든 운동과 생동성의 근원

이렇게 타자 관련 속에서의 자기 관련—이는 역으로 자기 관련 속에서의 타자 관련을 의미하기도 한다—또는 타자 부정 속에서의 자기 부정—마찬가지로 자기 부정 속에서의 타자 부정—이 하나의 동일한 관계 속에서 동시에 정립될 때, 그것은 '모순'이 된다. 모순의 관계 속에서 서로 맞서 있는 대립항들은 저마다 절대적 동일성과 전체성을 주장하면서 타자를 전면적으로 부정함으로써 대립이 극단적으로 첨예화된다. 서로 모순되는 것은 대척하고 있는 자신의 타자를 자기 존재의 필연적인 전제로 요청하면서 동시에 그 타자를 전적으로 절멸시키려고 한다. 그리고 그 타자는 나에게 유일한, 따라서 대체할 수 없는 타자이다. 또 대립의 관계 속에서는 내가 나의 타자와 대립해 있었다면, 모순의 관계 속에서는 내가 나의 타자와 대립하면서 곧 나 자신과 대립해 있다. 헤겔에게 모순은 본질적으로 자기가 타자와의 관계 속에서 자기를 긍정하면서 동시에 부정하는 자기모순이다.

자립적인 반성 규정이 다른 자립적 반성 규정을 내포하고 있고 그럼으로써 자립적이라는 바로 그와 같은 점에서 다른 자립적 반성 규정을 배제하는 까닭에 그것은 자신의 자립성 속에서 자기 자신의 자립성을 자신으로부터 배제한다. 왜냐 하면 이때 자립성이란 자신과는 다른 규정을 자기 안에 내포 하고 있어서 외적인 것과는 관련되지 않는다는 데에 있으면 서―또한 이에 못지않게 직접적으로 그 자신일 뿐이고 자신 에게 부정적인 규정을 자신으로부터 배제한다는 데에 있기 때문이다. 그러므로 이런 자립적 반성 규정은 **모순**이다.(『대논 리학 II』, 88/L II, 65)

결국 그 두 측면은 모두 서로 무관한 직접성과 본질적인 매 개를 다 같이 **하나의 동일한** 관련 속에 갖는다는 **모순** 또는 자립 적인 존립과 단지 계기에 지나지 않는다는 규정 사이의 모순 이다.(『대논리학 II』, 159/L II, 115)

모순(矛盾)이라는 한자어는 창[矛]과 방패[盾]를 뜻하는데, 이는 『한비자』에 나오는 다음과 같은 일화에서 유래한 단어이다.

초나라 사람 중에 방패와 창을 파는 사람이 있었다. 그는 자기 방패를 자랑하며 말하기를 "이 방패는 아주 견고해서 그 무엇으로도 그것을 뚫을 수 없소"라고 하고는, 또 자기 창 을 자랑하며 말하기를 "이 창은 아주 예리하여 그 무엇도 뚫지 못하는 것이 없소"라고 했다. 이에 어떤 사람이 말하기를 "그렇다면 당신의 창으로 당신의 방패를 찌른다면 어떻게 되오?" 하고 물었다. 그러자 그 사람은 대답할 수가 없었다. 무릇 절대로 뚫을 수 없는 방패와 무엇이건 뚫지 못하는 것이 없는 창은 이 세상에 동시에 있을 수 없다.[17]

그냥 별개의 사물로서 창고 한쪽에 놓여 있는 창과 방패는 상이한 것이다. 그 둘은 서로 무관하므로 그 자체로는 아무런 다툼도 없고 결합도 없다. 그것들은 실은 창이나 방패가 아니라 그저 각각의 이름 없는 서로 다른 모양의 물체에 불과하다.

그러나 창이 공격 무기로 쓰이고 방패가 방어 무기로 쓰이면서 전장에서 불꽃을 일으키며 서로 맞부딪칠 때, 그 둘은 대립 관계에 놓이게 된다. 창과 방패는 서로를 무력화하고 파괴하지만, 창이 창이라는 공격 무기가 되는 것은 그것을 막아내는 방어 무기인 방패가 있기 때문이고 그 역도 성립한다. 하지만 그 둘은 아직 이른바 '반대 대당'의 관계 속에 있을 뿐이다. 공격하고 있는 창과 방어하고 있는 방패는 원칙적으로 서로 양립할 수 없지만, 창이나 방패 이외의 여러 가지 제3의 교전 도구도 있을 수 있기 때문이다.

반면에 '어떤 방패라도 뚫을 수 있는 창'과 '어떤 창으로도 뚫리지 않는 방패'는 엄밀한 의미에서의 모순 관계에 있다. 양자가 동시에 참으로 양립할 수도 없고 배중률에 따라 제3자도 존재하지 않기 때문이다. '어떤 방패라도 뚫을 수 있는 창'은 오직 자신의 타자인 '어떤 창으로도 뚫리지 않는 방패'와의 관계 속에서만 비로소 의미와 타당성을 가질 수 있지만 동시에 바로 그 타자를 전면적으로 부정한다. 그리고 이는 바로 그 관계 속에 있는 방패의 입장에서도 마찬가지이다. 이 둘이 맞부딪친다면 어떻게 될까?

한비자는 많은 형식 논리학자들과 마찬가지로 그와 같은 모순이 애초에 실제로는 존재할 수 없다고 답한다. 그런데도 만일 누군가가 모순이 존재한다고 주장한다면 이는 논리적 오류이거나 착각의 산물에 불과할 것이다.

헤겔도 동일률에 매몰되어 있는 형식 논리학 또는 상식의 관점에서는 모순이 한낱 "비정상이나 일시적인 질환의 발작"으로 여겨진다는 사실을 잘 알고 있다. 그렇지만 헤겔에게는 모순이 객관적으로 존재하는 것으로서 온갖 경험에서 발견될 뿐만 아니라 오히려 "모든 자기 운동의 원리"가 되는 고차원의 진리이다.(『대논리학 II』, 103 이하/L II, 75 f.)[18]

이상과 같이 최초의 반성 규정인 동일성, 상이성 및 상호 대립이 명제의 형식으로 제시되었다. 그러나 이제 그보다도 더 바로 이 세 가지 규정이 스스로 이행해가는 진리로서의 반성 규정인 **모순**은 **"모든 사물은 그 자체로 모순된 것이다"**라는 하나의 명제로 파악되면서 동시에 언표되어야만 하겠다. 더욱이

법가 사상을 완성한 한비자
한비자는 모순이 애초에 실제로는 존재할 수 없다고
답한다. 그렇지만 헤겔에게는 모순이 객관적으로 존재하는
것으로서 온갖 경험에서 발견될 뿐만 아니라 오히려 "모든
자기 운동의 원리"가 되는 고차원의 진리이다.

이 명제는 그 밖의 다른 어떤 명제보다도 한층 더 사물의 진리
와 본질을 표현하는 것으로 받아들여질 수 있다. [...] 모순은
온갖 운동과 생동성의 근원이다. 그 어떤 것이건 오직 자체 내
에 모순을 가지고 있는 한에서만 스스로 운동하며 충동과 활
동성을 지니는 것이다.(『대논리학 II』, 102 이하/L II, 74 f.)

도대체 세계를 움직이는 것은 바로 모순이며, 모순이 사유
될 수 없다고 말하는 것은 우스운 일이다.(E, § 119 Z.)

그렇기 때문에 헤겔은 모순 배제의 원리인 모순율에 대해서
대단히 비판적인 태도를 취한다. 모순율은 동일률과 마찬가지
로 현실과 사유 속에 엄연히 존재하는 모순을 외면하고 대립자
들의 통일을 파악하지 못하는 오성적 사유의 독단이다. 사태를
분해시키고는 그 외부에서 추상적으로 반성하는 오성은 모순을
상이성으로 환원시키면서 모순의 불가능성을 주장한다. 그렇지
만 우리의 사유와 일체의 개념뿐만 아니라 모든 생명체, 우리의
영혼과 의식 등은 모두 대립 속의 통일이라는 모순을 포함하고
있는 총체성들이다.

그러므로 만약에 부정적인 것, 규정된 것, 상관관계 그리고
판단을 비롯한 이 두 번째 계기에 속하는 모든 규정이 그 자체
로서 이미 모순이며 또 변증법적이라는 점이 눈에 띄지 않는
다면, 이는 바로 자기의 사고를 하나로 모으지 못하는 사유의

결함에서 오는 것일 뿐이다. 왜냐하면 여기서 그 소재, 즉 **하나의 관련** 속에 있는 **상호 대립되는** 두 규정은 이미 **정립되어** 있으며, 또 사유될 수 있도록 현존하고 있기 때문이다. 그러나 형식적 사유는 동일성을 법칙으로 삼고 그것이 직면하는 모순된 내용을 표상의 영역인 시간과 공간 속으로 끌어내린다. 따라서 이러한 상태하에서는 서로 모순되는 것이 **서로의 밖으로 분리**된 채 다만 병립적이며 계기적인 상태에 놓임으로써 아무런 상호 간의 접촉이 없는 것으로 의식 앞에 등장할 뿐이다. 이에 관해 형식적 사유는 모순이 사유될 수 없다는 단정적인 원칙을 내세운다. 그러나 실은 모순을 사유하는 것이야말로 개념의 본질적인 계기이다. 물론 형식적 사유도 사실상 모순을 사유하긴 하지만, 다만 그것으로부터 곧 다시 눈길을 돌려버림으로써 앞서와 같이 모순은 사유될 수 없다는 그릇된 주장에 따라서 그러한 모순을 뿌리쳐버리고 한낱 추상적인 부정으로 넘어가버리고 만다.(『대논리학 II』, 427 이하/L II, 562 f.)

모순의 긍정적 해소와 사변적 변증법

이렇게 모순을 인정하고 모순율을 비판하기 때문에 헤겔의 철학이 종종 '모순의 철학'이라고 불린다. 그리고 이는 많은 논리학자들에게 헤겔의 철학이 신뢰할 수 없는 비과학적인 형이상학으로 비춰지는 이유이기도 하다.[19] 그러나 헤겔에게 모순이 비록 동일성이나 차이보다 더 높은 진리이긴 하지만 그렇다고 최종적인 진리는 아니다. 동일률이 진리의 계기로서 포기되지 않듯이 모순율도 결코 포기되지 않는다.

헤겔은 현실적으로 존재하는 모순을 외면하지 말고 의연하게 받아들일 것을 요구한다. 그것이 바로 '객관적 사유'이다. 그렇지만 그는 또한 모순적인 현실 앞에서 체념하고 굴종할 것이 아니라 용기 있게 맞서 모순을 극복할 것을 요구한다. 그것이 바로 '사변적 이성'의 태도이다. 동일성의 철학도 모순의 철학도 혼자만으로는 모두 반쪽 철학에 불과하다. 생명, 정신, 아니 우리의 삶 자체는 모두 모순 속에서 동요하는 존재이고, 이런 균열과 충돌의 운동이야말로 바로 죽은 사물들은 지니지 못하는 살아 있는 존재들만의 존재론적 특권이자 깊이이다. 그러나 그런 모순적 존재가 진실로 살아 존립하며 자기를 재생산할 수 있는 까닭은 끝내 사라지지 않는 모순 속에서도 모순을 참고 견디어내며 모순을 자기 안에서 해소할 수 있는 강인한 힘을 지니고 있기 때문이다. 모순의 진리는 **"모순은 해소된다"**는 데에 있다.(『대논리학 II』, 91/L II, 67)

이와 마찬가지로 내적인 본래적 자기 운동 또는 **충동** 일반은 무릇 다름 아니라 어떤 것이 동일한 한 가지 견지에서 **자기 자신 안에 있으면서 동시에 결핍, 즉 자기 자신에 대해 부정적인 것**임을 의미한다. 추상적 자기동일성은 아직 생동성이 아니다. 오히려 긍정적인 것이 그 자체에서 부정성이라는 것으로 말미암아 긍정적인 것은 자기 밖으로 나아가 자신을 변화속에 놓는다. 따라서 어떤 것이건 그것이 모순을 자신 안에 포함하고 있으면서 더 나아가 모순을 자신 안에서 붙잡고 견디어내는 힘을 가지는 한에서만 생동성을 지니는 것이다. 반면에 실존하는 그 무엇이 자신의 긍정적인 규정 속에서 동시에 자신의 부정적인 규정을 장악하여 그 한 규정을 다른 규정 속에서 함께 견지하지 못한다면, 다시 말해 모순을 자기 자신 안에서 간직하지 못한다면, 그것은 결코 생동하는 통일 자체도 되지 못하고 근거가 될 수도 없으며 모순 속에서 몰락하고 만다.─**사변적 사유**란 오직 사유가 모순을, 그러나 다시 이 모순속에서 자기 자신을 고수하는 데 있을 뿐, 결코 표상의 경우에서와 같이 한낱 모순에 지배된 상태에서 바로 이 모순에 의하여 자기의 제규정을 또 다른 규정이나 혹은 무(無) 속으로 해소시켜버리는 것은 아니다.(『대논리학 II』, 104 이하/L II, 76)

이 인용문에서 헤겔은 모순이 해소되는 두 가지 방향을 제시하고 있다. 그리고 이는 우리가 제2장에서 변증법의 부정적 귀결과 긍정적 귀결로 살펴보았던 것과 정확하게 일치한다. 우선 모순은 모순 속에 휩싸여 있는 존재들을 무(無)로 소멸시키는 부정적인 방식으로 해소될 수 있다. +A와 -A가 서로 부딪쳐 부정적 통일 속에서 0이 되는 방식이다. (+A) + (-A)=0.

상호대립적인 것이 그들 자체 내에서 간단없이 소멸되는 것이야말로 모순을 통해서 조성되는 **일차적인 통일**이라 하겠으니, 이러한 통일은 곧 **영**(零)을 의미한다.(『대논리학 II』, 91/L II, 67)

이렇게 유한한 존재가 자기모순 속에서 허물어지면서 자신의 대립자와 부정적 통일을 이루는 것을 헤겔은 "유한한 것의 변증법"이라고 부른다.(E, §81 Z.) 유한자가 스스로 붕괴되면서 무(無)로 소멸되는 이유는 단지 그것이 모순을 지니고 있기 때문이 아니다. 만일 그렇다면 유한자가 자기를 보존하기 위해서는 마치 암세포를 떼어내듯이 자기 안의 모순을 제거하기만 하면 될 것이다. 그러나 모순은 제거될 수도 없을뿐더러 설사 제거된다 할지라도 그 순간 생명도 함께 사그라지고 말 것이다. 유한자가 죽음에 이르는 진정한 원인은 앞선 인용문에서 보았듯이 그것이 "자신의 긍정적인 규정 속에서 동시에 자신의 부정적인 규정을 장악하여 그 한 규정을 다른 규정 속에서 견지하지 못한다는 데에, 다시 말해 모순을 자기 자신 안에서 간직하지 못한다는 데에" 있다. 즉 그가 자신의 삶(자아, 자기 긍정)에만 집착하여 죽음(타자, 자기 부정)을 부정하고 배제하려고 할 때, 죽음은 외부로부터 그의 삶 속으로 낯선 운명이 되어 엄습하고 그는 자신의 어찌할 수 없는 유한성 앞에서 절망하게 된다. 모순 그 자체가 아니라 모순 앞에서의 이런 절망이 바로 유한자의 '죽음에

이르는 병'이다.[20]

그렇다면 역으로 모순을 긍정적으로 해소하고 유한자의 부정변증법으로부터 해방되기 위해서는 모순을 부인하거나 제거하려고 해서는 안 된다. 오히려 모순을 자기 안에서 붙잡고 그 긴장을 견뎌내면서 '자기에 대한 부정'을 '자기 자신에 의한 자기의 부정'으로 전환시킴으로써 "모순을, 그러나 다시 이 모순 속에서 자기 자신을 고수"할 수 있어야 한다. 이러한 '절대적 자기부정성'을 매개로 한 "자기 자신과의 합치, 자기와의 긍정적 통일"이 바로 모순의 긍정적 해소이고, 그것이 또한 '사변적인 것'이며 '주체'가 탄생하는 태반이다.(『대논리학 II』, 93/L II, 68)

'땅으로의 붕괴'(Zu-Grunde-Gehen)는 동시에 '근거인 자기 자신으로 되돌아감'이다. 그리고 그와 같은 자기 복귀는 타자의 배제를 통해서가 아니라 오히려 나를 타자화하고 그 타자가 나와 동등한 전체임을 인정하면서 그러한 타자를 나의 구성 계기로 내 안에 받아들임으로써 이루어진다. 그리고 이는 또한 내가 타자의 구성 계기가 되어 타자 속으로 들어가는 것이기도 하다. 내가 타자와 화해하여 나 스스로를 나와 타자의 긍정적 통일로 고양시킬 때, 그때 비로소 나도 나 자신과 화해한 '무한자', 통일된 '주체'가 된다. $+A$와 $-A$는 이와 같은 긍정적 통일 속에서 둘 다 스스로 $|A|$가 된다. 양자는 관계의 한 항($+(+A-A)$으로서의 $|+A|$, 그리고 $-(+A-A)$로서의 $|-A|$)이면서 동시에 관계 전체($|A|$)이다. $|+A|\wedge|-A|=|A|$. 여기서 나와 타자는 적분되

어 통합(integration)된다.

　그보다는 오히려 모든 규정이나 모든 구체적인 것들, 더 나아가서는 어떠한 개념도 본질적으로 구별되거나 또는 구별될 수 있는 계기들의 통일이며, 이들 계기는 **규정된 본질적 구별**을 통해서 모순되는 계기로 이행한다. 그러나 결국은 이 모순되는 것은 그 스스로가 무(無)로 해소되어 자기의 부정적인 통일로 복귀한다. 이를테면 사물, 주체 또는 개념이 곧 이와 같은 부정적 통일 자체인 것이다. 그것은 그 자체로 모순되는 것이자 또한 그에 못지않게 **해소된 모순**이다. 그것은 자신의 규정들을 내포하고 담지하는 **근거**이다.(『대논리학 II』, 108/L II, 79)

　다시 말해서 자기와의 통일이라는 규정이 이제 출현하게 된 것은 다음과 같다. 두 개의 자립적인 상호 대립자가 각기 자기 자신을 지양하여 자기를 바로 그 자신의 타자로 만듦으로써 결국 스스로 붕괴되면서도 동시에 그러한 붕괴 속에서 오직 자기 자신과 합치된다. 즉 그것은 자신의 몰락, 즉 자신의 피정립태나 부정 속에서 오히려 비로소 자기 내로 반성된 자기동일적인 본질이 된다.(『대논리학 II』, 95/L II, 70)

　그런데 이런 모순의 긍정적 해소는, 다시 말해 '부정적 · 변증법적 이성'으로부터 '긍정적 · 사변적 이성'으로의 전환은 어떻게 가능한 것일까? 제2장에서 이미 보았듯이 변증법적 사유의 부정적 귀결과는 별개의 내용이나 절차를 지닌 긍정적 귀결이 사변적 사유를 위해 따로 있는 것이 아니다. 사변적 사유란 부정적 귀결 속에서 긍정적 귀결을 내재적으로 길어 올리는 것이다. 이때에도 사변적 사유는 사태 자체에서 진행되는 이런 변증법적 전환을 객관적으로 '바라볼' 뿐이지 특정한 주관적 전제를 가지고 외부로부터 사태의 진행에 개입하지 않는다. 이렇게 부정적 변증법이 내재적 비판을 통해 스스로 사변적 변증법으로 전환되고 발전하게 되는 계기와 과정을 얼마나 설득력 있게 서술하느냐에 헤겔의 변증법의 성패가 달려 있다. 그리고 헤겔 자신도 이 부분이야말로 자신의 논리학에서 가장 미묘하고 난해한 부분이라고 지적한다.(『대논리학 I』, 47/L I, 52 참조) 그는 바로 이런 결정적인 전환을 '규정된 부정', '부정의 부정', '자기 관련적 부정성' 등의 개념을 통해 해명하려고 노력한다.

우리는 제2장에서 변증법이 긍정적 귀결을 갖는다는 주장에 대한 근거로 헤겔이 가장 먼저 제시하는 것이 '규정된 부정'이라는 점을 보았다. 고착된 사고를 뒤흔들고 주어져 있는 직접적인 존재를 붕괴시키는 변증법의 거대한 부정의 운동이 허무주의처럼 추상적인 무(無)로 종결되지 않고 오히려 긍정적인 내용을 산출하는 이유는 그 부정이 아무런 초점 없이 함부로 이루어지는 부정이 아니라 항상 부정되는 특정한 그 무엇에 대한 부정이기 때문이다. 따라서 부정적 사유에서는 한낱 공허한 무로 파악되는 것이 실은 일정하게 '매개된 것', 부정된 것의 규정을 자기 안에 지양하여 포함하고 있는 것이다.

회의주의는 결론에서 언제나 **순수 무**(無)만을 알아볼 뿐이지, 이 무가 특정하게 **바로 그 전제가 되었던 것의** 무라는 사실을 추상해버린다. 그러나 무라는 것이 어디까지나 전제가 되는 것의 무라는 생각을 받아들일 때에만 비로소 실제로 참다운 결론이 된다. 이로써 무는 그 자체가 **규정된** 것이고 **내용**을 갖고 있는 것이다. […] 결론이 그 진리에 부합하게 **규정된** 부정으로 파악되면, 그와 더불어 곧바로 새로운 형식이 발생하고 여러 형태들의 완전한 계열을 관통하는 전진이 스스로 일어나도록 만드는 이행이 부정 속에서 이루어진다.(『정신현상학 1』, 120 이하/Phä, 74)

결국 **학적인 진전을 이룩하기 위한** 유일한 길은—그리고 우리는 이에 대한 아주 **단순한** 통찰을 얻기 위해 본질적으로 노력해야 하는데—다음과 같은 논리적 명제를 인식하는 데 있다. 즉 부정적인 것은 또한 그에 못지않게 긍정적이며, 자기모순적인 것은 결코 영(零)이나 추상적인 무(無)로 해소되어버리는 것이 아니라 본질적으로 자신의 **특수한** 내용의 부정 속으로 해소된다. 달리 말하면 결국 그와 같은 부정은 일체의 부정이 아니라 스스로 해소되는 **특정한 사상**(事象)**의 부정**이며, 따라서 규정된 부정이라는 것이다. 이럼으로써 본질적으로 결과 속에는 바로 이 결과를 빚어낸 것이 내포되어 있는 셈이다. […]

그리하여 요컨대 결과를 자아내는 것, 즉 부정은 곧 **규정된** 부정인 까닭에 이 부정은 **내용**을 지니게 마련이다. 여기서 모름지기 부정은 하나의 새로운 개념이면서 동시에 앞선 개념보다는 좀 더 고차적이며 좀 더 풍부한 개념이 되겠으니, 왜냐하면 지금의 이 부정은 바로 그에 선행했던 개념의 부정 또는 그에 대립되는 것만큼 더 풍부해져 있기 때문이다. 그리하여 결국 이 새로운 부정은 선행했던 개념을 내포하면서도 또한 이보다도 더 많은 것을 내포한다고 하겠으니, 결국 이것은 그 선행했던 개념과 이 개념의 대립자와의 통일을 이루는 것이 되겠다.(『대논리학 I』, 43 이하/L I, 49)

하지만 부정이 이미 항상 규정된 부정이라는 사실은 부정의 결과가 어떤 일정한 내용을 가진다는 점만을 알려줄 뿐이지 그 내용이 긍정적인 것, 다시 말해 대립자들의 통일이라는 점까지 곧바로 보장해주지는 않는다. 따라서 '규정된 부정'의 개념만 가지고서는 부정적 변증법에서 사변적 변증법으로의 전환이 충분히 설명되지 않는다.

그렇지만 '규정된 부정'은 그 자체만으로도 헤겔의 변증법을 이해하는 데에 몇 가지 중요한 시사점을 제공해준다. 우선 변증법이 임의의 명제를 결론으로 도출하는 자의적인 이론이라는 형식 논리학자와 논리 실증주의자들의 비난에 맞서 우리는 변증법이 학적으로 잘 통제된 방법에 따라 일정한 방향성을 띠고 전개되는 엄밀한 논리라는 점을 알 수 있다. 그리고 또 그 논변 전개의 일정한 방향성이 자의적으로 설정된 어떤 외부로부터의 전제에 의해 정해지는 것이 아니라 부정의 운동 자체 내에서 내 재적으로 마련된다는 점도 알 수 있다. 부정되는 것이 부정되는 까닭은 오로지 그것이 자신 안에 자기모순, 절대적 부정성을 지 니고 있기 때문이다. 변증법은 분명 발전의 논리이지만 통상적 인 목적론과는 전혀 다른 철저한 내재성의 논리이다. 또한 이런 부정의 내재성에서 변증법은 이른바 '시행착오법'(method of trial and error)과도 확연한 차별성을 지닌다.21

이제 헤겔은 변증법의 결과가 대립자들의 사변적 통일이라는 긍정적인 내용을 산출한다는 점을 '부정의 부정'이라는 개념을 통해 보다 더 상세하게 해명한다. 직접적 존재 또는 유한한 사유 규정에 대한 부정의 운동은 이미 그 안에 이중의 부정을 함축하 고 있다. 그중에서 부정되는 것에 대한 반성적 부정, 부정 일반 으로서의 부정을 첫 번째 부정이라고 한다면, 그렇게 부정되는 것의 절대적 부정, 부정의 부정을 두 번째 부정이라고 부를 수 있다. 헤겔에 따르면 변증법은 첫 번째 부정에 의해 모순의 부정 적 해소(땅으로의 붕괴)에 도달하고, 이런 첫 번째 부정에 이미 내포되어 있는 두 번째 부정에 의해 부정적 해소 안에서 긍정적 해소(자신의 근거로 되돌아감)가 산출된다.

헤겔은 "모든 규정(determinatio)은 부정이다"라는 스피노 자의 명제를 받아들인다. 무한자가 추상성에 머물지 않고 현실적인 것이 되기 위해서는 스스로를 그 무엇이라고 규정해야 하는데, 이렇게 무한자가 자기 자신을 규정하는 순간 그것은 스스로를 유한화하면서 자신의 무한성을 부정하게 된다. 그렇기 때문에 어떠한 규정이건 그것은 이미 그 자체가 한계지움(determinatio)이고 부정(negatio)이다. 따라서 그 규정에 대한 부정은 그 규정의 유한성을 발견하는 우리의 반성에 의한 부정일 뿐만 아니라 동시에 유한한 규정의 자기 부정, 자기 자신으로의 복귀, 무한성의 회복이다. 헤겔은 이런 부정의 부정을 직접적 존재 내지 유한한 규정 속에서는 '그러해야 하는 바'로서만 내재하는 '그러한 바'가 절대적 부정성을 통해 스스로를 존재와 당위의 통일로 실현하는 '당위로서의 부정'이라고 표현한다.

이때에 **첫 번째** 부정으로서의 부정, 부정 **일반**으로서의 부정은 두 번째 부정, 부정의 부정과 잘 구별되어야 하겠다. 저 첫 번째 부정이 한낱 **추상적인** 부정성인 데 반해, 부정의 부정은 구체적이고 **절대적인** 부정성이다.(L I, 124)

규정성은 부정 일반이다. 그런데 더 자세히 고찰하면 부정은 **한계**와 **당위**라는 이중적 계기이다. 첫째로 부정은 한낱 무(無) 일반이 아니라 즉자에 관련된 반성된 부정이다. 즉 어떤 것으로부터의 **결핍** 또는 **한계**, 그것이 진정 그러한 바대로 정립된, 즉 비존재로 **정립된** 규정성이다. 둘째로 **당위로서의** 부정은 즉자적으로 존재하는 규정성이다. 또는 역으로 말해서, 당위는 즉자 존재로서의 규정성 또는 부정이다. 그러한 한에서 그것은 비존재 내지 한계로 정립된 **저 첫 번째 규정성의 부정**이다. 따라서 그것은 **부정의 부정**이고 **절대적 부정**이다.(GW 11, 77)

그리하여 헤겔은 이제 "부정의 부정은 긍정적인 것이다"라는 유명하면서도 논란 많은 명제를 선언하기에 이른다.(『대논리학 II』, 87/L II, 64) 사변적 변증법에 대해 비판적인 이들은 대부분 이 명제를 단순한 문법적 이중 부정의 원리로 파악한다.(not (not A) = A) 그러나 이런 식으로 보아서는 부정의 부정이 왜, 그리고 누구에 의해서 수행되는지를 전혀 이해할 수 없게 되어 자의적인 논리적 조작으로밖에 나타나지 않게 된다. 그러나 첫 번째 부정이 부정되는 것 외부의 반성에 의한 부정이 아니었듯이, 두 번째 부정 역시 첫 번째 부정에 대한 한낱 피상적인 부정이 아니다. 이 두 가지 부정은 실은 절대적 부정성에 의해 동시에 일어나는 한 가지 부정의 두 측면 내지 단계일 따름이다. 부정의 부정을 통해 부정되는 것은 스스로를 부정하고 또 부정하는 것은 부정되며, 이리하여 부정하는 것과 부정되는 것, 반성적 사유와 반성 규정, 관계항들과 관계 자체가 서로에 의해 매개되면서 더 높은 차원의 동일성을 이룬다. 헤겔은 이렇게 부정이 부정되는 것, 스스로를 부정하는 부정을 '자기 관련적 부정성'이라고 부른다.

자기 관련적 부정성은 첫째로 직접적 자기 관련(동일성, 즉자 존재)의 부정이면서 또한 둘째로 부정에 대한 부정이자 동시에 부정에 의한 부정이라는 이중적 의미에서 부정의 자기 관련성(매개된 동일성, 즉자 대자 존재)이다. 자기 관련적 부정성은 "절대적인, 즉 **스스로를 부정하는 부정**"이고 이러한 "자신의 부정을 통해 자기로 복귀하는 **운동**"이다.(『대논리학 II』, 267/L II, 195 및 L I, 162) 이와 같은 부정의 자기 부정을 통해 절대적 부정성은 자기 자신과 통일을 이루면서 "무한성, 자기 자신에 대한 **긍정적** 관계"를 회복한다.(L I, 380) 주체가 실체와 다른 점은 바로 이런 자기 부정성에 의한 자기 운동에 있음을 우리는 이미 보았다.

그리하여 이러한 자기 관련적 부정성은 곧 이 부정성 자체를 부정하는 것이다. 따라서 이러한 부정성은 무릇 부정성이면서 또한 그에 못지않게 **지양된** 부정성이다. 즉 자기 관련적 부정성은 그 자체가 부정적인 것이자 또한 자기 자신과의 단순한 동등성 또는 직접성이다. 따라서 이러한 부정성은 **부정성 자체**이면서 또한 **부정성 자체가 아니**라는 것, 더욱이 하나의 통일 속에서 그러하다는 데에 존립한다.(『대논리학 II』, 33/L II, 25)

지금까지 고찰된 부정성이야말로 개념 운동의 **전환점**을 이룬다. 그것은 **부정적 자기 관련의 단순한 점(點)**이며, 모든 활동의, 즉 생명과 정신의 자기 운동의 가장 내면적인 원천이고,

모든 참된 것을 자신에게서 지니고 또 그것을 통해서만 참된 것이 비로소 참된 것이 되는 변증법적 영혼이다. 개념과 실재 사이의 대립의 지양과 진리로서의 통일은 바로 이러한 주체성에 토대를 두고 있기 때문이다.―우리가 다다르게 된 **두 번째** 부정적인 것, 즉 부정적인 것의 부정적인 것은 모순의 지양이다. 그러나 모순의 지양은 모순과 마찬가지로 **외적 반성의 행위**가 아니라 생명과 정신의 **가장 내면적이고 가장 객관적인 계기**인 바, 이를 통해 **주체, 인격자, 자유로운 자**가 존재하게 되는 것이다.(『대논리학 III』, 428/L II, 563)

자기 관련적 부정성을 통해 모순은 발전적으로 해소되고 대립자들의 통일로서 동일성이 회복된다. 그런데 이렇게 재구축된 동일성은 더 이상 처음의 추상적이고 형식적인 동일성이 아니다. 헤겔은 이런 사변적 동일성을 **"동일성과 상이성의 통일"**(『대논리학 II』, 55/L II, 42), "대립과 관련의 결합"(W 1, 422), "동일성과 비동일성의 동일성" 등으로 표현한다. 그 안에는 동일성 못지않게 차이가 본질적인 계기로 포함되어 있으며, 그 두 계기 사이에는 구별 속에서 통일되면서 또 통일 속에서 구별된다는 긴장이 항존한다.

그러나 절대적인 것 자체는 동일성과 비동일성의 동일성이며, 절대적인 것 속에는 대립과 합일이 동시에 존재한다.(『차

이』, 118/W 2, 96)

물론 우리는 잘못 알 수도 있다. 무엇인가를 잘못 알고 있다고 할 때, 그것은 그 앎이 실체와 동일하지 않음을 뜻한다. 그러나 바로 이 비동일성은 본질적인 계기인 구별 일반이다. 이러한 비동일성에서 동일성이 생겨나게 되며, 이렇게 생성된 동일성이야말로 진리이다. 그런데 그렇게 생성된 동일성은 마치 순수한 금속에서 타다 남은 찌꺼기가 제거되거나 완성된 용기에서 그것을 만들던 도구가 벗겨지는 식으로 비동일성이 제거되면서 진리가 되는 것은 아니다. 비동일성은 부정적인 것이자 자기로서 진리 그 자체 속에 여전히 직접 현존한다.(『정신현상학 1』, 77 이하/Phä, 40 f.)

주체, 무한자, 진리는 모순을 제거한 죽은 존재가 아니라 모순의 긴장을 늘 새롭게 이겨내면서 자신의 보편성을 획득하고 갱신하는 살아 있는 것이다. 무한자가 참으로 무한자인 까닭은 그것이 자신의 생명을 자신의 씨앗으로 삼아 "자신의 형태 속에서 스스로를 고통과 죽음에 양도하고서는 그 재 속에서 찬란하게 솟아오르는" 불새와 같은 정화된 새 생명이기 때문이다.(『자연법』, 83/W 2, 495) 헤겔은 이렇게 생동하는 보편을 개별적인 것들이 지닌 특수성을 사상시키고 차이를 배제하여 구성되는 '추상적 보편' 또는 '공통적인 것'과 대비시키면서 '구체적 보편'이라고 일컫는다. 앞에서도 보았듯이 구체적 보편이란 자기 자신을 차이와 구별로 분화시키면서 그것을 자신의 고유한 내용으로 삼는 자기동일성, 개별과 특수가 스스로를 고양시켜 자신의 진리로 드러내는 보편, 그러한 개별과 특수를 자신의 구성 계기로 포함하고 있는 보편이다.

이렇게 볼 때 개념은 무엇보다도 **절대적 자기동일성**이긴 하지만, 그러나 이 동일성은 어디까지나 부정의 부정 혹은 부정성의 자기 자신과의 무한한 통일을 뜻하는 한에서만 있을 수 있는 것이다. 그리하여 어디까지나 부정성을 통해서만 그 스스로가 정립될 수 있는 그러한 관계, 즉 개념의 자기 자신과의 **순수한 관계**야말로 다름 아닌 개념의 **보편성**인 것이다. […] 그러나 보편적인 것의 본성은 바로 절대적 부정성을 통해서 극도의 구별과 규정성을 **자신 안에** 포함하고 있는 그러한 단순한 것이라는 데 있다.(『대논리학 III』, 56/L II, 274 f.)

그러면 이처럼 대립자들의 상호 매개와 통일을 통해 모순을 긍정적으로 해소하면서 자신을 구체적 보편으로 구축하는 그런 '사변적인 것', 그런 무한자의 현실적인 사례를 우리는 과연 어디에서 발견할 수 있을까? 헤겔에 따르면 우리는 도처에서 그 실례들을 볼 수 있다. 우리의 모든 개념적 사유, 그리고 정신의 그 모든 다양한 현상들에서 그런 사변적 이성이 늘 드러난다는 것이다. 아니, 철학 자체가 이렇게 객관적으로 존재하는 사변적 이성의 개념적 파악에 다름 아니다. 여기서는 그 대표적인 사례로 생명, 정신, 사랑을 간략하게 살펴보자.

생명체는 항상 위험을 무릅쓰고 항상 타자를 자신에게서 지니지만 또한 비유기체와는 달리 이런 모순을 건녀낸다. 그러나 동시에 생명은 이런 모순의 해소이며, 바로 여기에 사변적인 것이 존립한다. 반면에 오직 오성에게만 모순은 해소되지 않는다. 생명 속에 바로 사변적인 것이 실존하기 때문에 생명은 오로지 사변적으로만 파악될 수 있다. 따라서 생명이 지속적으로 하는 일은 절대적 관념론이다. 생명은 타자가 되지만, 이 타자는 다시 늘 지양된다.(E, § 337 Z.)

죽음을 회피하고 황폐화에서 벗어나 자신을 순수하게 보존하려는 생명이 아니라 죽음을 건녀내고 그 안에서 자기를 유지해나가는 생명이 바로 정신의 생명이다. 정신은 절대적인 분열 속에서 자기 자신을 발견함으로써만 자신의 진리를 획득한다. 부정적인 것을 도외시하는 긍정적인 것으로서는 정신이 이런 힘을 얻지 못한다. 이때 정신은 마치 우리가 부정적인 것은 아무런 의미도 없는 쓸모없고 잘못된 것이라고 말하면서 이제 그것과 결별하고 외면하여 다른 것으로 넘어갈 때의 태도와 마찬가지 상태에 있는 것이다. 정신이 정말로 이런 힘을 발휘하게 되는 것은 부정적인 것을 직시하고 거기에 머무를 때이다. 이러한 머무름이야말로 바로 부정적인 것을 존

재로 반전시키는 마력(魔力)인 것이다.(『정신현상학 1』, 71
이하/Phä, 36)

따라서 사랑은 오성으로서는 도무지 해결할 수 없는 가장
엄청난 모순이다. 왜냐하면 분명히 부정되면서도 여전히 내
가 긍정적인 것으로 지니고 있어야만 하는 그런 자기의식의
점성(點性)보다 난해한 것은 있을 수 없기 때문이다. 사랑은
모순을 낳는 것이면서 동시에 이를 해소하는 것이다. 이러한
해소로서 사랑은 곧 인륜적 화합이다.(『법철학』, §158 Z.)

생명이란 바로 유기체가 자신을 위협하는 비유기물을 자신
안에 받아들여 동화시키는 과정이며, 그것은 또한 죽음으로 향
하는 과정이기도 하다. 생명은 삶과 죽음, 나와 타자의 투쟁과
화해이다. 또 정신의 깊이와 크기는 그것이 얼마나 큰 대립과 분
열을 겪으면서 스스로를 초극했는지, 얼마나 쓰라린 소외와 좌
절 속에서 자신을 새롭게 추슬렀는지에 달려 있다. 괴테는 『파
우스트』에서 "인간은 추구하는 한 방황한다"고 말했다. 자신을
버리는 방황은 자신을 찾기 위한, 자기 자신이 되기 위한 험난한
모험이다.

그런데 정신은 오직 다른 정신 속에서만 진정한 만족을 얻을
수 있다. 사랑이 바로 그렇게 타자를 절대적 타자로 인정하면서
그와 하나가 되고 또 타자 속에서 나를 남김없이 상실하면서 오
히려 이를 통해 나를 온전히 되찾는 기적이다. 이 모든 것이 실

상 '변증법적인 것'이다. 사변적 논리학으로서의 변증법은 이런 존재의 모순과 그 모순의 해소, 대립과 통일, 자기 상실과 자기 회복의 장엄한 서사시이자 정교한 학적 방법론이다.

헤겔 철학의 최후이자 최정점, 절대 정신

정신

절대 정신은 결코 고독한 자기반성
속에 갇혀 있는 외로운 존재가 아니다.
헤겔에게서 정신은 본질적으로
상호주관성의 구조를 가지고 있다.
우리는 이를 순수하고 아름답고 밝고
참다운 얼이라고 불러도 좋으리라.

절대자에 대한 최고의 정의, 정신

헤겔의 철학을 특징지어 가리키는 또 하나의 용어가 '정신 형이상학'이다. 반(反)형이상학을 표방하는 현대에 '형이상학'이라는 말이 지니게 된 부정적인 함의를 탈색시키고 '존재의 본질과 원리를 탐구하는 근본학'이라는 본래의 의미를 염두에 둔다면, 그것은 헤겔의 철학을 지칭하는 적절한 규정 중의 하나로 간주될 수 있을 것이다. 왜냐하면 정신은 헤겔의 철학 체계에서 맨 마지막 분과 학문인 「정신철학」의 논구 대상이자 구성 원리일 뿐만 아니라 그에 선행하는 분과 학문들인 「논리학」과 「자연철학」의 참된 근원이기도 하기 때문이다. 정신은 "자연의 진리이고 최종 목적이며, 이념의 진정한 현실태"이다.(E, § 251) 또한 **"절대자는 정신이다.** 이것이 바로 절대자에 대한 최고의 정의(定義)이다."(E, § 384 A.) 논리적 이념, 자연, 법과 사회 제도, 역사, 그리고 예술, 종교, 철학─이 모든 것이 실은 각기 다른 형태로 또는 각각 다른 층위에서 정신이 자신을 드러내면서 전개하는 다양한 모습들이고 그 산물들이다.

고대 그리스에서 'nous'(정신, 이성, 통찰력)나 'pneuma'(영혼, 숨결, 정신) 또는 'psyche'(숨, 생명, 영혼, 의식)라는 개념이 쓰이기 시작한 이래로 '정신'이 이토록 드높은 지위를 차지한 적은 일찍이 없었다.[1] 정신은 이성과 자연, 사유와 존재, 자유와 필연성, 주관과 객관의 사변적 통일이자 지성의 이론적 능력과 의지의 실천적 능력을 함께 갖추고 있는 자기의식적 주체이다. 헤겔의 철학 체계에서 최후에 등장하면서 그 정점을 이루는 개념이 다름 아닌 '절대 정신'이다.

이번 장에서는 이처럼 헤겔의 철학에서 그 체계 전체의 갓돌과 같은 역할을 하는 정신의 본성과 원리, 정신의 운동과 그 주요 양태들, 「정신철학」을 중심으로 본 정신의 구조와 발전 단계, 절대 정신의 의미 등을 살펴볼 것이다. 우리는 여기서 헤겔 철학의 정상(頂上)을 언뜻 둘러보는 데에 머물 것이다. 즉 정신의 명목적인 규정과 원리와 구조 등만을 개략적으로 살펴보고, 절대 정신이라는 최고봉에 실제로 이르기까지의 여러 도정과 단계들에 대해서는 다음 장부터 몇몇 중요한 중간 봉우리들을 거점으로 삼아 좀 더 상세하게 고찰할 것이다. 지금의 장과 더불어 제1장에서부터 시작한 헤겔의 철학 체계에 대한 전반적인 조망은 일단락된다.

자연과 정신의 관계

제1장에서 우리는 헤겔의 철학이 근본적으로 '이념의 학'이고, 그것이 다시 순수 사유라는 내재적 형식 속의 이념(논리학), 물질적 현존재로 외화된 타자 존재라는 형식 속의 이념(자연철학), 타자 존재 속에서 자신을 회복한 현실적 주체라는 형식 속의 이념(정신철학)으로 분화되면서 하나의 통일된 체계를 이루

고 있음을 보았다. 이와 같은 체계의 서술 순서상 정신철학은 자연철학을 전제로 하고 또 계통 발생론적 관점에서도 정신은 자연을 모태로 하여 출현한다. "정신은 자연에 의해 매개되어서만 정신이 된다."(E, §187 Z.) 논리적 이념 및 자연과 정신의 체계적 연관성에 대해서 헤겔은 다음과 같이 밝힌다.

> 현실적 정신은 정신에 관한 학에서 비로소 우리의 대상이 되는데, 그것은 논리적 이념을 자신의 첫 번째 전제로 삼고 또 외적 자연을 자신의 가장 가까운 전제로 삼는다. 따라서 자연철학은—그리고 간접적으로 논리학은—그 결론으로 정신 개념의 필연성에 대한 증명을 제시해주어야 한다. 다른 한편 정신의 학은 그 스스로 자신의 전개와 실현을 통해 이러한 개념을 입증해야 한다.(E, §381 Z.)

헤겔에게서 정신은 우선 그 발생론적 전제인 자연과 대비되어 '자기로의 복귀' 또는 '타자 존재 속에서 자기 자신에게 있음' 등으로 규정된다. 끊임없이 타자로 이행하고 그런 타자 관련의 필연성 속에서 발산되고 소멸해버리는 자연과 달리 정신은 자기 자신을 현실화하고 외적 세계 및 타자와의 관련을 곧 자기 관련으로 수렴하여 자기 자신으로 되는 자유로운 존재이다.

정신의 규정은 우선 자연의 규정과 대비된다. 그런 까닭에 정신의 규정은 오직 자연의 규정과 더불어서만 파악될 수 있다. **이념성**, 즉 이념의 타자 존재를 지양하는 것, 이념이 자신의 타자로부터 자기로 귀환하고 그렇게 귀환하여 있음이 바로 정신 개념의 변별적 규정이라고 말해져야 한다. 이에 반해 논리적 이념에는 단순한 **자기 내 존재**가, 그리고 자연에는 이념의 **자기 외 존재**가 변별적인 것이다.(E, § 381 Z.)

그러나 그렇다고 해서 자연과 정신의 관계가 단순히 병렬적이거나 대립적인 것은 아니다. 스피노자에게서는 사유와 연장(延長)이 실체의 두 가지 무한한 속성이고, 자신의 동일철학 시기에 스스로 스피노자주의자임을 표방한 셸링에게서는 자연과 정신(지성)이 무차별적 동일자의 두 가지 서로 다른 방향에서 서로를 향해 진행되는 동등한 역량들로 파악된다. 이런 체계적 틀 속에서 셸링은 "자연과 지성의 병행론"을 주장했다.[2] 헤겔도 예나 초기에 처음 한동안은 셸링의 동일철학적 입장에 동조한다. 그러나 그는 이미 예나 초기의 저서인 『자연법』에서 "정신은 자연보다 우월하다"고 선언하면서 곧 셸링에게서 무차별적 동일자가 차지했던 무한자의 지위를 사변적 이념의 주체인 정신에게 부여한다.(『자연법』, 93/W 2, 503) 비록 정신은 자연으로부터 산출되지만, 그렇게 출현한 정신이 오히려 자연의 진리이고 자신 안에서 자연과의 매개를 지양한다.

정신은 문자 그대로 절대적(絕對的, ab-solute)인 것이다. 정신이 자연과 대립해 있는 한, 그것은 여전히 자연에 대해 상대적이고 자연에 의해 제약받는 유한자에 머물 것이다. 정신이 절대적인 까닭은 그것이 유한성의 총체인 자연을 자신의 계기로 자신 안에 지양하여 포괄하고 있기 때문이다. 반면에 자연은 "소외된 정신", "마비되고 화석화된 지성"일 따름이다.(E, §247 Z. 및 W 20, 425) 자연철학의 내적 목적은 주체적으로 활동하는 정신으로의 해방에 있다.[3] 자연 속에서 약동하는 창조적인 힘, 자연을 그토록 다채로운 모습으로 펼치면서도 정교하게 질서지우는 내적인 힘은 다름 아닌 정신인 것이다.

　　자연 속에서 정신이 자신의 고유한 본질, 즉 개념을 발견하고 자연 속에서 정신이 자신의 모상(模相)을 발견하는 것, 이것이 바로 자연철학의 규정이자 그 목적이다. 이렇듯 자연에 대한 연구는 자연 속에서 정신이 해방되는 것이다. 왜냐하면 정신은 자연 속에서 타자와 관계하는 것이 아니라 자기 자신과 관계하는 한에서 자연 속에 있게 된다. 그런데 이는 또한 자연의 해방이기도 하다. 자연은 즉자적으로 이성인데, 이 이성이 정신을 통해 비로소 자연에서 나와 이성으로서 실존하게 된다.(E, §246 Z.)

　　즉자 대자적으로 존재하는 정신은 한낱 자연의 결과물이 아니라 실은 자기 자신의 결과물이다. 정신은 그 스스로 설정한 전제인 논리적 이념과 외적 자연으로부터 스스로를 산출하며, 논리적 이념의 진리이자 또한 자연의 진리이기도 하다. 즉 정신은 단지 자기 안에 존재하는 정신 및 단지 자기 밖에 존재하는 정신의 참다운 형태이다. 정신이 타자에 의해 매개된 것처럼 보이는 가상은 정신 자신에 의해 지양된다. 왜냐하면 정신은 자신을 매개하는 것 같아 보이는 것을 지양하고 병합하고 정신에 의해서만 존립하는 것으로 격하시켜서 자신을 완전히 독립적으로 만드는, 말하자면 주권적 망은성(忘恩性)을 가지고 있기 때문이다.(E, §381 Z.)

경험적 의식에게는 자연이 직접적으로 주어지는 것이고 그래서 정신에 앞서 전제된 것으로 나타나지만, 실은 자연은 자신의 목적인 정신에 의해 비로소 전제로서 정립된 것이다. 또 개념적 서술에서는 논리적 이념이 최초의 것이고 체계 전체의 원리였지만, 정신은 바로 그런 논리적 이념의 실존적 주체이다. 아직 추상적이고 형식적이기에 그냥 자연의 저편에 머물러 있던 논리적 이념과는 달리 정신은 "자연을 지양된 것으로서 자기 안에 포함하고" 있기 때문에 구체적이고 현실적인 것이다.(E, §96 Z.) 정신이야말로 논리적 이념과 자연의 진리로서 **"절대적으로 최초의 것"**이다.(E, §381)

자신을 거듭하여 갱신하는 정신의 활동성

이와 같은 정신의 개념 속에서는 우리가 지금까지 살펴본 '이념', '이성', '현실성', '자유', '사변적·변증법적 통일' 등의 핵심 규정들이 모두 망라되어 다시 발견된다. 정신은 "주관과 객관, 형식과 내용의 완전한 통일이며, 따라서 **절대적 총체성**이고, 그러므로 **무한**하고 **영원**하다."(E, § 441 Z.) 이념의 주체적 실존으로서 정신은 "그것의 **객관성** 자체가 개별성의 지양된 직접성, 즉 **구체적 보편성**인 그런 개념의 주관성이며, 따라서 자신에게 부합하는 실재, 즉 개념을 자신의 **현존재**로 갖는 그런 개념이 정립되어 있다."(E, § 376) 또한 정신은 자유로운 주체로서 "절대적 **자기규정**, 자기에 대한, 그리고 자신에게 외적인 것에 대한 무한한 부정성, 모든 실재를 **자기로부터** 산출하는 **이념적인 것**"이다.(E, § 442 Z.) 대립자들의 사변적 통일인 정신은 "이미 그 자체에서 자신의 절대적 통일로, 즉 개념으로 되돌아간 모순이고, 이러한 통일 속에서는 구별들이 더 이상 자립적인 계기가 아니라 단지 주체 내지 단순한 개체성 속에 있는 특수한 계기들로 받아들여진다."(『대논리학 II』, 203/L II, 147) 「정신철학」에서는 정신이 자연으로부터 스스로를 해방시키고 각성한 대자 존재로 파악되고, 「논리학」에서는 모순의 긍정적 해소를 통한 사변적 이념으로 출현하였듯이, 『정신현상학』에서는 그것이 이성의 진리이자 인륜적 주체로 등장한다.

자신이 모든 실재라는 확신이 진리로 고양되어 이성이 자기 자신을 세계로 의식하고 세계를 자기 자신으로 의식하기에 이르렀을 때, 이성은 곧 정신이 된다.(『정신현상학 2』, 17/Phä, 324)

물론 이와 같은 정신의 '개념'은 이제 정신 자신의 고유한 운동을 통해 실현되어야 하고 그 타당성이 입증되어야 한다. 그렇기 때문에 헤겔은 이런 정신의 명목적인 규정들보다 그것을 실현하는 정신 자신의 활동과 과정을 더 중요하게 여긴다. 그래서 그는 정신의 본성은 바로 절대적 활동성에 있다는 점을 거듭 강조한다. 제4장에서 언급한 실체 철학에서 주체 철학으로의 전환은 정태적·구조론적 철학에서 역동적·행위론적 철학으로의 근본적인 변환을 의미한다.[4]

스콜라 철학자들이 이미 신에 대해서 신은 절대적 현실 활동성(Aktuosität)이라고 말한 바로 그 의미에서 정신은 활동성이다. 그런데 정신이 활동적이라는 말에는 정신이 스스로를 외화한다는 뜻이 담겨 있다. 그러므로 정신의 과정 없는 내면성을 그 외면성과 분리시켰던 낡은 형이상학이 그렇게 했듯이 정신을 과정을 결여한 존재(ens)로 간주해서는 안 된다. 정신은 본질적으로 그 구체적인 현실성, 그 에너지 속에서 고찰되어야 하며, 그리하여 그 에너지의 표출이 정신의 내면성에 의해 규정된 것으로 인식되어야 한다.(E, §34 Z.)

정신은 정지해 있는 것이 아니라 오히려 절대적으로 동요하는 것, 순수한 활동성, 고착된 오성 규정 일체의 부정 또는 관념성이며,―추상적으로 단순한 것이 아니라 그 단순성 속에서도 동시에 자기를 자기 자신과 분리시키는 것이며,―자신이 현상하기 이전에 완결되어 있고 현상들의 무더기 뒤에서 그저 자신에게 머무는 그런 본질이 아니라 오직 자신의 필연적인 자기 현현의 특수한 형식들을 통해서만 진실로 현실적인 것이다.(E, §378 Z.)

그러나 정신은 자기의식이 자신의 순수한 내면으로 퇴거하는 것도 아니고 단지 실체로 함몰되거나 자신과 구별이 없는 것으로 함몰되는 것도 아니다. 오히려 정신은 자신을 자기로부터 외화하여 자신의 실체 속으로 침잠하지만 또한 주체로서 이 실체로부터 자신 안으로 돌아와서 실체를 대상과 내용으로 삼는 것 못지않게 또한 이런 대상성과 내용의 구별을 지양하는 **이러한** 자기의 **운동**이다.(『정신현상학 2』, 356/Phä, 587 f.)

따라서 정신이 지니는 힘도 어떤 무한한 초월적 실체가 유한하고 나약한 개별 존재자들에 대해 낯선 타자로 군림하면서 행사하는 위압적인 폭력이 아니다. 오히려 정신의 힘은 자기 분열과 소외와 죽음을 굳건히 견디어내며 자기를 보다 더 충만하고 자유로운 존재로 다시 일으켜 세우는 쉼 없는 자기 초극의 역량이다. 우리는 이미 제1장에서 정신이 스스로를 도야하는 도정이 회의의 길이자 절망의 길이라는 점을 보았다. 정신에게는 애초에 버티고 설 한 줌의 영토도 주어져 있지 않고 비약의 날개도 없다. 정신은 오직 그가 떨쳐낸 허무와 불안의 강도만큼 강인해지고 그가 건너뛴 모순의 진폭만큼 넓으며 그가 한 걸음 한 걸음 힘겹게 다시 내딛고 올라선 좌절과 몰락의 나락만큼 깊은 것이다. '골고다(해골) 언덕'에서의 이 고난에 찬 노동의 길(via dolorosa)이 정신을 비로소 새로운 생명으로 가득 찬 정신으로 만든다.

실로 정신의 힘은 오직 자신을 표출하는 만큼만 큰 것이고, 그 깊이도 또한 오직 자신을 널리 펼쳐내면서 자신을 상실할 용기와 태세를 지니는 만큼만 깊은 것이다.(『정신현상학 1』, 43 이하/Phä, 18)

신은 사망했다. 신은 죽었다.—이처럼 어떤 영원한 것도 어떤 진리도 존재하지 않으며 **부정이 신 안에도 있다**는 것이야말로 가장 경악스러운 생각이다. 가장 극심한 고통, 전혀 구원받을 길이 없다는 느낌, 모든 고귀한 것의 포기가 이 생각과 결부되어 있다.—하지만 사태의 진행은 여기서 멈추지 않고 이제 **전환**이 일어난다. 즉 신은 이러한 과정 속에서 자신을 보존하는데, 이는 바로 **죽음의 죽음**이다. 신은 생명으로 다시 부활

티에폴로가 그린 「십자가를 짊어진 예수」(1737~38)
정신에게는 애초에 버티고 설 한 줌의 영토도 주어져 있지 않고
비약의 날개도 없다. '골고다(해골) 언덕'에서의 이 고난에 찬
노동의 길(via dolorosa)이 정신을 비로소 새로운 생명으로 가득 찬
정신으로 만든다.

"신은 죽었다"고 선언한 니체

니체는 『차라투스트라는 이렇게 말했다』에서 신의 죽음을 선포한다. 그런데 이보다 앞서 헤겔은 신의 죽음을 선언했는데, 그는 초월자로 피안에 숨어 있던 추상적 실체로서의 신이 스스로를 세속화하여 유한한 인간의 형상을 취함으로써 이미 자신을 죽였다고 보았다.

한다. 이렇게 해서 사태는 그 반대로 전도된다. […] 예수의
죽음은 이 죽음 자체의 죽음, 부정의 부정이다.(W 17, 291 f.)

'신은 죽었다!'고 선언한 이는 니체(F. Nietzsche)에 앞서 헤
겔이며,[5] 그는 그 선언이 지니는 절박하고 처절한 의미도 잘 알
고 있었다. 자기 자신에게만 머무는 즉자로서의 신, 초월자로 피
안에 숨어 있던 추상적 실체로서의 신은 스스로를 세속화하여
덧없는 피조물들의 세계에 유한한 인간의 형상으로 내어놓음으
로써 이미 자신을 모욕하고 죽였다. 인간의 손에 의해 저질러진
신의 죽음은 이렇게 신이 스스로 결행한 자신의 죽음을 실존의
세계에서 반복하여 확인하는 것(recapitulation)이다. 동시에 그
죽음은 죽음의 죽음, 다시 말해 유한성과 일시성의 부정으로서
타자로부터 자기로의 복귀, 인간 속에서 영원한 생명을 지닌 현
실적인 신으로의 부활을 의미한다.

이러한 자기 상실과 타자화, 그리고 타자로서의 자기 자신의
지양이라는 격렬하고 고통스러운 변증법적 운동을 거치면서야
비로소 신은 그가 참으로 그러한 바대로의 신, 즉 거룩한 정신
(성신)이 된다. 그리고 이러한 정신이 바로 신의 인간화와 신을
향한 인간의 고양을 통해 신과 인간, 무한자와 유한자, 이념과
현실, 무상(無常)과 영원이 서로 화해하고 합일되는 신비의 정
체이다. 육신으로의 유한화라는 죄는 살아 있음의 은총이고 죽
음의 수난은 무한한 정신으로의 찬란한 부활이다.

신이 인간을 매개로 해서만 비로소 참다운 신이 되듯이 인간도 그 현존재의 유한성을 극복하고 무한한 신을 자신의 성스러운 본질로 받아들임으로써만 진정한 인간, 즉 정신적 존재가 된다. 그리고 정신적 존재로서의 인간이란 바로 자신의 활동을 통해 자신의 존재와 정체성을 창조적으로 정립하는 자기 산출적 존재라는 것을 뜻한다.

정신으로서의 인간은 직접적 존재가 아니라 본질적으로 자기 자신 안으로 복귀한 것이다. 이러한 매개의 운동이 곧 정신의 본질적인 계기를 이룬다. 정신의 활동은 직접성의 초탈이자 부정이며, 또한 자신 안으로의 귀환이다. 따라서 정신은 자기 활동을 통해 스스로를 만드는 바로 그것이다. 자신 안으로 복귀한 것이야말로 비로소 주체 또는 실재적 현실이다.(『역사 속의 이성』, 89/ViG, 57 f.)

극단적인 타자화와 소외, 심지어 죽음을 수반하는 정신의 활동은 정신의 질적 자기 변화를 유발한다. 이런 자기 변화의 과정을 통해 정신은 유(類)의 재생산이라는 계통적 반복의 회로에 갇혀 있는 자연과는 달리 끊임없이 도약하면서 스스로를 더 성숙한 존재로 발전시키고 더욱 높은 존재로 고양시킨다. '새로움'은 정신만이 갖는 특권이고 특징이다. 정신은 자신을 거듭하여 갱신한다.

그런데 이런 자기 혁신의 운동에서 정신이 극복해야 할 가장 큰 장애물은 다름 아니라 바로 자기 자신이다. 즉 정신이 자유롭게 활동하기 위해서는 무엇보다도 현존재에 안주하고 개별성에 집착하는 자신의 배타적이고 폐쇄적인 직접성 내지 즉자성을 타파해야 한다. 그렇기 때문에 정신의 활동은 "자기 자신에 대한 강고하고 무한한 투쟁"이다.(『역사 속의 이성』, 211/ViG, 152) 정신의 변화와 발전은 정신의 '절대적 자기 부정성', 내적 자기 균열에 의해 추동된다.

> 정신의 활동성을 전반적으로 놓고 볼 때 정신이란 그의 산물이나 변화가 질적인 변화로서 표상되고 인식되어야 하는 그런 것이다. […] 이런 점에서 정신은 자기 자신 안에서 자신과 대립해 있다. 정신은 자신의 목적을 가로막는 진정한 적대적 장애물로서 자기 자신을 극복해야만 하는 것이다.(『역사 속의 이성』, 210 이하/ViG, 150 ff.)

정신의 운동 계기: 즉자 – 대자 – 즉자 대자

그러면 이렇게 자기 부정성을 통해 촉발되는 정신의 활동은 어떤 구조를 가지고 전개되는가? 다시 말해서 정신의 변증법적 운동은 어떤 계기들을 따라 진행되는가? 바로 여기서 '즉자' – '대자' – '즉자 대자'라는 잘 알려진 도식이 등장한다. 정신은 처음에 미분화된 상태로 자기 내부에 머무르는 즉자로 있다가, 다음에 스스로를 부정하고 외화하여 타자와 관계하는 대자가 되고, 마지막으로 자신의 타자로부터 자기로 다시 귀환하여 즉자대자가 된다. 정신의 이러한 운동은 우리가 제3장에서 다룬 자유의지의 세 가지 계기와 동일한 구조를 지닌 것이다.

여기서 '즉자'(卽者, Ansich)란 자기 자신에게 있음, 그 자체임, 구별 없는 자기 관련, 무규정성, 무매개적 직접성, (추상적) 보편성을 뜻한다. 정신은 언제나 즉자, 즉 그 자신이고자 한다. 그리고 그러한 즉자는 모든 운동의 명목적인 출발점이자 목표가 된다. 그러나 대자와 유리된 즉자 존재는 자신을 즉자로 정립하기 위한 전제인 자기 자신 및 타자와의 관계를 사상시키고 누락시켜서 획득된 것이므로 실은 추상적인 것, 깨어 있지 못한 것, 내용 없는 공허한 것, 생동하지 못하는 것, 따라서 불완전한 것이다. 즉자적 정신은 아직 잠들어 있는 정신이다. 그것은 운동의 기체(基體)이지만 자신의 운동을 통해 스스로를 부정하고 지양한다. 즉자는 자기 관계이되, 즉자 존재 자신은 그 직접성 때문에 자신의 본질적인 관계성을 망각하고 있다. 즉자에 내재하는 바로 이 관계성이 정신 자신에 의해 관계로서 의식적으로 정립된 것이 대자이다.

'대자'(對自, Fürsich)는 자신을 자신과 구별하여 마주하고 있음, 자기 자신을 위해 있음, 자기 자신만으로 있음, 자신을 자신으로 깨닫고 있음, 구별과 분리, 부정적 자기 관계, 매개, 유한성,

특수성을 뜻한다. 정신은 무차별적 자기 관련(즉자)을 깨뜨리고 스스로를 대자로 정립함으로써 비로소 자신이 누구인지를 규정하고 자각적인 존재가 된다. 그런데 그런 규정은 자신을 자신과 구별하고 더 나아가 자신을 타자와 구별할 때에만 가능하다. 대자 존재(Fürsichsein)는 본질적으로 대타 존재(Für-anderes-sein)를 함축하고 있다. 그래서 대자는 자신만을 위해(오직 자신에 대해) 있으면서 동시에 필연적으로 타자를 위해(타자에 대해) 있는 이중적이고 모순적인 존재이다. 대자는 한편으로는 타자 관계를 자기 관계의 구성 조건으로 내포하고 있지만 동시에 다른 한편으로는 이 타자 관계를 자신으로부터 배제한다. 대자는 자신이 타자가 아닌 것으로 의식함으로써 자신을 자신으로 의식한다. 그러나 대자 존재의 각성된 홀로 있음은 실은 그가 배제하는 타자들과 함께 있음이다.

정신의 운동은 대자로의 생성과 더불어 실제로 가동되며, 따라서 대자는 정신의 실질적인 운동 원리이다. 자신을 알고 의식하는 자각적 정신만이 진정한 정신이다. 그러나 즉자가 결여된 대자는 실체 없는 운동, 머물 곳 없고 기약도 없는 동요, 허망하게 떠도는 가상과도 같은 것이다. 대자의 독립성과 자각성은 정신의 본질인 자유를 위한 필수불가결한 구성 요소이지만 그것의 배타성과 고립성은 대자를 유한하고 추상적인 개별성으로 몰아넣기 때문에 극복되어야 할 한계이다.

'즉자 대자'(An und für sich)는 즉자와 대자의 사변적 통일,

타자 속에서 자기 자신에게 있음, 외적인 것에서 자기로의 복귀, 재건된 자기 관련, 매개된 직접성 내지 자기 매개, 자기 관련적 부정성, 대립들의 통일, 유한 속의 무한, 개별성(구체적 보편성)을 뜻한다. 즉자 대자로서의 정신은 즉자와 대자를 모두 자신의 계기로 정립하면서 자신의 외화 속에서도 자신을 동일하게 유지하고 또 자신을 그러한 것으로 알고 있다. 즉자 대자는 자기와 타자의 통일, 자신의 타자 존재 속에서 자기동일성을 유지하는 운동, 타자 속에서 자신을 직관하고 아는 것, 그런 의미에서 자기의식적 주체이다. 이것이 바로 정신의 참된 규정이자 원리이고 진정한 시원(始原)이다.

오직 정신적인 것만이 **현실적인 것**이다. 정신적인 것은 우선 본질 또는 **즉자적으로 존재하는 것**이고, 다음으로 **행위 하면서 관계를 맺는 것**이자 **규정된 것**, **타자 존재**이자 **대자 존재**이며, 또한 이와 같은 피규정성 또는 그 외재 존재 속에서도 자기 자신에 머무는 것, 다시 말해 그것은 **즉자 대자적인 것**이다.(『정신현상학 1』, 61 이하/Phä, 28)

따라서 세 가지 계기가 서로 구별된다. 첫 번째가 **본질**이다. 두 번째는 **대자 존재**인데, 그것은 본질에 대한 타자 존재이고 그것에 대해 본질이 존재한다. 세 번째는 **타자 속에서의 대자 존재** 내지 타자 속에서 자기 자신을 앎이다.(『정신현상학 2』, 318/Phä, 559)

정신은 […] 자기에 대한 자신의 의식을 실재화시켜야 하고 스스로에게 대상적이어야 한다. 정신은 자신을 알고 자신에게 객관적인 한에서만 비로소 정신이다. 그러나 객관성은 유한화를 함축하며, 이와 더불어 마치 유기체의 특수한 지체(肢體)들처럼 정립되어 있는 구별들을 함축하고 있다. 정신은 자신의 대상과 관계를 가지면서 바로 여기에 구별이 정립되는 것이다. 정신은 자기 자신과 관계하면서 자기를 풀어 펼치고 또한 여러 지체들 중에 있는 생동하는 하나의 영혼이기 때문에 자신 안에서 스스로를 의식하고 자신 안에서 자신의 특수한 영역 안에 자리 잡은 특수한 부분들의 표현으로 귀결된다. 정신은 단지 단초적인 것으로만 파악되어서는 안 되며, 오히려 그것은 자기 자신을 산출하면서 자신의 목적이자 결과가 되기도 하는 것이다. 결국 이렇게 산출되는 것은 바로 그 시원을 이루는 것에 다름 아니다. 그런데 정신이 스스로에게 현실성을 부여하는 것은 바로 객관화라고 하는 매개 작용을 통해서이다.(『역사 속의 이성』, 187/ViG, 131)

헤겔의 철학 체계가 전반적으로 3항 구조를 지니는 것은 바로 이렇게 들고 나고 되돌아오는 정신의 3단계 행보에서 비롯된 것이다. 「논리학」-「자연철학」-「정신철학」이라는 철학 체계의 대분류만이 아니라 각 분과 학문 내에서의 장과 절의 소분류들에서도 즉자-대자-즉자 대자의 구조가 중첩적으로 적용된다. 물론 그렇다고 해서 그 적용이 예외 없이 도식적으로 이루어지는 것은 아니고 대자의 양극성에 의해 또는 각 단계 내의 하위 범주가 다시 세분화됨에 따라 때로는 4항 구조나 5항 구조 등으로 다양하게 나타날 수 있다. 또 제4장에서 이미 보았듯이 변증법이라는 헤겔의 논리가 근본적으로 3단계 구조를 가지고 있는 것도 같은 이유에서이다. 여하튼 '왜 헤겔이 사유와 존재의 전개를 (예를 들면 음양론처럼 2항 구조나 오행론처럼 5항 구조로 파악하지 않고) 굳이 3항 구조로 파악하는가?'라는 물음에 대한 답변이 여기에 있다. 즉 그것이 바로 정신의 근본적인 운동 방식이기 때문이다.

정신의 자기 전개: 우리인 자기 자신으로 되기

그렇다면 이런 구조로 진행되는 정신의 활동이 지향하는 목표는 무엇인가? 그것은 다름 아니라 즉자 대자가 된 정신 자신일 터인데, 헤겔은 그것의 보다 구체적인 내용을 정신의 자기 인식과 자유로 규정한다. 물론 이때 '인식'과 '자유'는 우리가 앞의 장들에서 본 이성적 인식과 사변적 자유라는 의미로 이해되어야 한다.

정신의 활동의 궁극 목적은 직접성 또는 주관성이라는 형식을 지양하여, 스스로를 달성하고 파악하며, 자신을 **자기 자**

신에게로 해방시키는 것이다.(E, § 442 A.)

정신은 스스로를 전개하고 실현하여 그 자신이 되고자 한다. 따라서 정신의 활동은 정신의 자기 현현이고 이를 통해 산출되는 내용도 정신 자체이다. 정신에게서는 형식과 내용, 주체와 객체, 이념과 현실, 안과 밖이 통일되어 있다. 정신의 활동은 이런 그의 사변적 원리를 객관화하여 드러내고 그러한 드러냄을 통해서 스스로를 완성하는 데에 있다. 쿠자누스(N. Cusanus)가 신에 관하여 그렇게 표현했듯이 정신은 세계의 접힘(집약, complicatio)이고, 세계(자연과 인간의 정신 및 그 산물)는 정신의 펼침(전개, explicatio)이다.

하지만 결국 정신이라는 단어가 어떤 의미를 지닌다면, 그것은 자기 현시라는 뜻을 담고 있다.(E, § 564 A.)

따라서 정신이 지닌 규정은 **현현**이다. 정신은 그 표현이나 외형이 한낱 그것과 구분되는 형식이 되는 그런 어떤 규정이나 내용이 아니다. 따라서 정신은 **그 어떤 것**을 현시하는 것이 아니라 정신의 규정과 내용이 바로 이 현시 자체이다. 따라서 정신의 가능성은 직접적으로 무한하고 절대적인 **현실성**이다.(E, § 383)

정신의 본질인 주·객 통일의 원리, 그리고 그로부터 획득되는 절대적 자유 때문에 헤겔이 정신과 타자의 관계를 일견 유아론(唯我論)적으로 설정하는 듯이 보이는 구절들이 적지 않게 발견된다. "정신에게 전적인 타자는 아예 없다" 같은 구절이 그러하다.(E, §377 Z.) 그러나 우리가 이미 여러 차례 확인했듯이 정신의 자기 인식은 객체의 배제가 아니라 '타자 속에서 자기 자신을 봄'이며, 정신의 절대적 자유는 자립적 타아의 소멸이 아닌 '타자 속에서 자기 자신에게 있음'이다. 헤겔에게 정신은 근본적으로 상호주관성을 통해 구성되며, 또 역으로 그렇게 구성되는 상호주관성의 주체가 다름 아니라 정신이다. "정신의 개념"은 "대자적으로 존재하는 상이한 자기의식이 완전한 자유와 자립성을 지니면서 대립하고 있는 가운데 이 양자의 통일인 절대적 실체, **우리인 나**이자 **나인 우리**"라는 데에 존립한다.(『정신현상학 1』, 220/Phä, 145) (나의) 정신은 (너의) 정신을 통해 (보편적 우리의) 정신이 된다.

자기의식은 사물이 자기이고 자기가 사물이라는 것을 알아차리게 되었으니, 이는 자기의식이 **즉자적으로** 대상적 현실이라는 점이 **의식에게 대자적으로 되었음**을 뜻한다. 자기의식은 더 이상 자신이 모든 실재라는 **직접적** 확신에 그치지 않고, 직접적인 것 일반이 지양된 것이라는 형식을 갖게 됨에 따라 그것의 **대상성**은 한낱 표면에 지나지 않고 그 내면과 본질은 **자**

기의식 **자신**이라는 확신을 갖게 된다.―따라서 자기의식이 긍정적으로 관련을 맺는 대상은 그 또한 자기의식이다. 이 대상이 되는 자기의식은 사물의 형식을 띤다. 즉 그것은 **자립적**이다. 그러나 자기의식은 이 자립적인 대상이 자기에게 이질적인 것은 아니라는 확신을 가지고 있다. 이로써 자기의식은 자기가 **즉자적으로** 이 대상적 자기의식에 의해 승인받고 있다는 것을 알고 있다. 이 자기의식이 곧 **정신**이다. 정신은 자신의 자기의식을 이중화하고 이 두 자기의식이 자립성을 가지는 가운데서도 자기 자신과의 통일을 지닌다는 확신을 가지고 있다.(『정신현상학 1』, 368/Phä, 263)

정신의 발전 단계, 정신의 자기실현

정신의 상호주관성에 관해서는 자립적 자기의식들의 상호 승인 운동을 통한 정신의 형성 과정을 서술할 제6장에서 해명될 것이다. 여기서는 헤겔의 「정신철학」의 목차와 각 장에 대한 해설을 간략하게 살펴봄으로써 정신의 자기 전개의 구조와 발전 단계들을 우선 개략적으로 파악해보자. 이 가운데 주관 정신의 「자기의식」 장, 객관 정신의 여러 주요 단계들, 그리고 절대 정신 가운데 철학에 관해서는 뒤따르는 여러 장에서 좀 더 상세하게 다루게 될 것이다.

정신의 발전은 다음과 같다.

I. 정신은 **자기 자신과의 관련**이라는 형식으로 **존재**하며, 자기 내부에서 그에게 이념의 **이념적** 총체성이 생성된다. 다시 말해 정신의 개념이 정신을 위해(대자적으로) 형성되며, 정신에게 자신의 존재는 자기 자신에게 있다는 것, 즉 자유롭다는 것이다.—**주관 정신**;

II. 정신은 정신에 의해 산출되어야 하고 또 정신에 의해 산출된 **세계로서의 실재성**이라는 형식으로 존재한다. 그 세계에서는 자유가 현존하는 필연성으로 존재한다.—**객관 정신**;

III. 정신은 정신의 객관성과 그 이념성 내지 개념의 **즉자 대자적으로** 존재하면서 영원히 스스로를 산출하는 통일 속에 존재한다. 그 절대적 진리에서의 정신—**절대 정신**.(E, § 385)

1. 유한 정신

「정신론」의 처음 두 부분은 **유한한** 정신을 다룬다. 정신은 무한한 이념인 반면에, 여기서 유한성은 개념과 실재의 부적합성이라는 의미를 가진다.(E, § 386)

　1) 주관 정신

　정신이 타자로서의 자기 자신과 관련되는 한에서 그것은 단지 **주관적인** 정신, 자연에서 유래한 정신이며 처음에는 그 자체가 자연 정신이다. 주관 정신의 활동 전체는 자기를 자기 자신으로 파악하고 스스로를 자신의 직접적 실재의 관념성으로 입증하는 데에로 나아간다.(E, §385 Z.) 우리는 우리가 처음에 고찰해야 할 정신의 형식을 **주관** 정신이라고 불렀다. 왜냐하면 여기서 정신은 아직 전개되지 않은 자신의 개념 속에 존재하고 자신의 개념을 아직 대상적으로 만들지 않았기 때문이다. 그러나 이와 같은 자신의 주관성 속에서도 정신은 동시에 객관적이고 또 직접적인 실재성을 갖는데, 이 실재성의 지양을 통해 정신은 비로소 대자적으로 되고 자기 자신에 도달하며, 자신의 개념, 즉 자신의 주관성을 파악하게 된다.(E, §387 Z.)

(1) 인간학(영혼)

「인간학」에서의 시초는 질적으로 규정되어 있고 그 자연적 규정에 얽매여 있는 영혼이다. (예를 들어 인종의 차이가 여기에 속한다.) 영혼은 이와 같은 자신의 자연성과의 직접적 합일에서 벗어나 그 자연성과 대립하고 투쟁하게 된다. (착란이나 몽유병의 상태가 여기에 해당한다.) 이 투쟁은 영혼이 자신의 신체에 대해 승리를 거두고 신체성을 영혼의 기호 내지 표현으로 격하시키는 것으로 귀결된다. 이렇게 해서 영혼의 이념성이 그 신체성 속에서 출현하며, 이런 정신의 실재성이 여전히 신체적인 방식을 통해서이긴 하지만 이념적인 것으로 정립된다.(E, §387 Z.)

(2) 정신현상학(의식)

이제 「정신현상학」에서는 영혼이 자신의 신체성에 대한 부정성을 통해 순수하게 이념적인 자기동일성으로 고양되어 의식으로 되고 자아로 되며, 자신의 타자에 대하여 대자적으로 존재한다. 그러나 이러한 정신의 첫 번째 대자 존재는 정신이 그로부터 유래하는 타자에 의해 여전히 제약을 받는다. […] 여기서 정신은 더 이상 자연에 함몰되지 않고 자기 안으로 반성하면서 자연과 관련을 맺지만, 단지 **현상**(現象)하면서 현실과 관련을 맺고 있을 뿐이며, 따라서 아직은 **현실적인** 정신이 아니다. 그래서 정신의 이런 형식을 고찰하는 학문의 부분을 우리는 현상학이라고 부른다.(E, §387 Z.)

(3) 정신학(정신)

이제 **제3부**인 「정신학」은 정신 그 자체를 고찰한다. 다시 말해 대상 속에서 오직 자기 자신과 관련하고 자신의 고유한 규정들과만 관계하며 자신의 고유한 개념을 파악하는 그런 정신을 고찰한다. 이렇게 해서 정신은 진리에 도달한다.(E, §387 Z.)

2) 객관 정신

정신이 스스로를 대자 존재로 만들었다면 그것은 더 이

상 주관 정신이 아니라 **객관** 정신이다. 주관 정신이 타자와 관련되어 있기 때문에 아직 자유롭지 못하거나, 같은 말이지만, 단지 **즉자적**으로만 자유로운 반면에, 객관 정신에서는 자유가, 즉 자유로운 존재로서 스스로에 대한 정신의 앎이 현존재를 획득한다.(E, § 385 Z.)

객관 정신은 자신의 자유를 알고 있고, 자신의 **주관성**이 실은 **절대적 객관성** 자체를 이룬다는 점을 인식하고 있으며, 자신을 단지 **자기 안에서** 관념으로서만 파악하는 것이 아니라 자신을 외적으로 **현존하는** 자유의 **세계**로 산출한다.(E, § 444 Z.)

  (1) 추상법
  (2) 도덕성
  (3) 인륜성

2. 절대 정신

정신의 객관성이 갖는 결함은 그것이 단지 정립된 객관성일 뿐이라는 데에 있다. 세계는 정신으로부터 다시 자유롭게 방기되고, 정신에 의해 정립된 것은 동시에 직접적으로 존재하는 것으로 포착되어야 한다. 이는 정신의 세 번째 단계인 절대 정신의 견지, 즉 예술과 종교와 철학의 견지에서 이루어진다.(E, § 385 Z.)

정신의 **개념**은 자신의 **실재성**을 정신 속에서 갖는다. 이 정신의 실재성은 정신의 개념과의 동일성 속에서 절대 이념에 대한 **앎**으로 존재한다. 바로 여기에 **즉자적으로** 자유로운 지성이 그 현실성 속에서 자신의 개념으로 해방되어 자신의 개념에 걸맞은 **형태**가 된다는 필연적인 측면이 존재한다. 주관 정신과 객관 정신은 이런 **실재성** 내지 실존의 측면이 형성되는 도정으로 간주되어야 한다.(E, §553)

(1) 예술

(2) 종교

(3) 철학

이와 같은 체계상의 목차는 동시에 즉자에서 대자를 거쳐 즉자 대자로 나아가면서 자기 인식과 자유라는 목표를 향해 가는 정신의 발전 과정에서 순차적인 단계들을 나타낸다. 그리고 이런 발전 과정이 지니는 의미를 헤겔은 자신의 형식과 내용의 개조를 통한 정신의 자기실현으로 파악한다. 그 최초의 형태 속에서 정신은 아직 자연과의 직접적인 합일 상태에 있다가 자연성으로부터 벗어나고 다른 자아와 관계함으로써 스스로를 자각하여 본래적인 의미의 정신이 된다(주관 정신). 그다음 이런 자유로운 정신은 스스로를 외화하여 자신의 고유한 현실을 창출하고 객관성을 확보하면서 다양한 현존재의 형태로 실현한다(객관 정신). 마지막으로 정신은 객관 세계가 불가피하게 지니는 유한성을 극복하고 자기 자신에게로 되돌아와 자신을 정신적 형태로 구현하고 전개한다(절대 정신).

이처럼 학문에서는 정신을 자신의 자유의 산출이라고 고찰해야 한다. 정신 개념의 발전 전체는 오직 정신이 자신의 개념에 부합하지 않는 자신의 현존재의 모든 형식들로부터 스스로를 자유롭게 만드는 것을 서술한다. 이러한 해방은 이런 형식들이 정신의 개념에 완전히 부합하는 현실성으로 개조됨으로써 이루어진다.(E, §383 Z.)

이에 따라 정신 개념의 최초의 실재는 아직 추상적이고 직접적이며 자연성에 속하는 것이기 때문에 정신에게 가장 적합하지 않은 것이라고 말해야겠다. 반면에 정신의 참다운 실재는 개념의 여러 전개된 계기들의 총체성으로 규정되어야 하며, 여기서 영혼은 이 여러 계기들의 통일로 유지된다. 정신의 개념은 필연적으로 이처럼 자신의 실재성이 발전하는 것으로 진전된다. 정신의 실재가 처음에 지니는 직접성 내지 무규정성이라는 형식은 정신에게 모순되는 것이기 때문이다. 정신 속에 직접적으로 현존하는 것처럼 보이는 것은 정말로 직접적인 것이 아니라 그 자체가 정립된 것, 매개된 것이다. 이런 모순을 통해 정신은 그가 스스로를 그러한 것으로서 전제하는 직접적인 것, 즉 타자를 지양하도록 추동된다. 이 지양을 통해 정신은 비로소 자기 자신에 도달하고 정신**으로서** 등장하게 된다. […] 정신이 자신이 무엇인지를 알게 되는 것, 이것이 바로 정신의 실현을 이룬다. 정신이란 본질적으로 오직 그가 자신에 대해 아는 바로 그것일 따름이다. 처음에 정신은 단지 즉자적으로 정신일 뿐이다. 정신이 대자가 되는 것이 정신의 실현을 이룬다. 그런데 정신이 스스로를 특수화하고 자신을 규정하거나 또는 스스로를 자신의 전제로, 즉 자기 자신의 타자로 만들어서 처음에는 이 타자와 자신의 직접성으로서 관계하다가 이를 타자로서 지양함으로써만 정신은 대자적으로 된다.(E, §385 Z.)

진정 자유롭고 거룩한 정신, 바로 절대 정신

그러면 이런 정신의 발전에서 최후의 단계로 등장하는, 따라서 헤겔의 철학 체계 전체에서 그 정점을 이루는 절대 정신이란 과연 무엇인가? 절대 정신은 헤겔의 철학 체계에서 정의상 주관 정신과 객관 정신의 통일로서 사유와 존재, 자아와 타자, 형식과 내용, 개념과 현실이 합일된 정신을 말한다. 그런데 절대 정신이라고 하면 사람들이 이를테면 우주를 굽어보는 거대한 정신이나 전지전능한 신의 정신 같은 것을 떠올리는 경우가 많다. 그러나 이런 기대를 가지고서『철학 백과전서』에서의 「절대 정신」 장이나『정신현상학』에서의 「절대지」 장을 보는 사람은 필시 크게 실망하게 될 것이다. 헤겔이 말하는 절대 정신은 실은 그보다 훨씬 소박하기 때문이다.

절대 정신이란 곧 "스스로가 정신임을 아는 정신"이고(『정신현상학 2』, 361/Phä, 591), 이렇게 자신을 정신으로 자각하는 앎이 '절대지'이다. 「절대 정신」의 장이나 「절대지」의 장에서 헤겔이 서술하는 것은 어떤 신비로운 지혜 같은 것이 아니라 다만 정신의 본질, 즉 정신의 내부 구조는 무엇이고(논리) 또 정신이 어떻게 정신으로 형성되어왔는가 하는 자기 도야의 과정(역사)에 대한 '회상'(내면화를 통한 각성, Er-Innerung)이다. 본질(Wesen)이란 그가 어떻게 자신이 되었는가(gewesen) 하는 과정 자체이다.(『대논리학 II』, 17/L II, 13 참조) 절대 정신은 이런 자기 인식을 통해 스스로에게 투명해지고 명증해진 정신, 내가 누구인지를 뚜렷하고 총체적으로 각성한 정신을 일컫는다.

이 단계에서는 한편으로 자립적인 자연 내지 분산으로 흘러넘친 정신과 다른 한편으로 이제 비로소 대자적으로 되기 시작했지만 전자와의 통일을 아직 파악하지 못하는 정신 사이의 이원론이 사라진다. 절대 정신은 자신을 스스로가 존재를 정립하는 것으로, 스스로가 자신의 타자인 자연과 유한한 정신을 산출하는 것으로 파악한다. 그렇게 함으로써 이 타자는 정신에 대해 자립성을 갖는다는 가상을 상실하고 정신에 대한 제약이 되기를 멈추며, 정신이 절대적 대자 존재, 자신의 즉자 존재와 대자 존재의 절대적 통일, 자신의 개념과 현실성의 절대적 통일에 다다르는 데에 쓰이는 수단으로 나타나게 된다.(E, §384 Z.)

이와 같은 정신의 궁극적인 형태, 즉 완전하고 참된 내용에 동시에 자기라는 형식을 부여함으로써 그 개념을 실현하는 것 못지않게 또한 이와 같이 실현하면서 그 개념을 견지하는 정신이 바로 절대지이다. 절대지는 정신의 형태 속에서 스스로를 아는 정신 또는 개념적으로 파악하는 지이다.(『정신현상학 2』, 349/Phä, 582)

그런데 이 절대 정신은 결코 고독한 자기반성 속에 갇혀 있는 외로운 존재가 아니다. 앞에서 이미 보았듯이 헤겔에게서 정신은 본질적으로 상호주관성의 구조를 가지고 있다. 이런 사실을 우리는 절대 정신에 대한 규정에서도 다시 한 번 확인할 수 있다. 절대 정신이란 자립적인 개별 정신들이 상호 승인을 통해 화해하고 통일되어서 만들어내는 보편적 정신, 오로지 나와 너의 자유로운 합일 속에 존립하는 정신, 우리의 공동체 속에서 살아 숨쉬고 우리 각자에게 모두 깃들어 있는 인륜적 정신, 바로 그렇기 때문에 진정 자유롭고 거룩한 정신이다. 우리는 이를 순수하고 아름답고 밝고 참다운〔精〕 얼〔神〕이라고 불러도 좋으리라.[6]

화해의 말은 **현존하는** 정신이다. 이 정신은 자신의 정반대인 절대적으로 자기 내에 존재하는 **개별성**으로서의 자기 자신에 대한 순수한 지(知) 속에서 **보편적** 본질로서의 자기 자신에 대한 순수한 지, 즉 상호 승인이며, 이것이 바로 **절대** 정신이다.(『정신현상학 2』, 232 이하/Phä, 493)

헤겔의 『정신철학』은 '사유를 사유하는 사유'(noesis noeseōs)에 관한 아리스토텔레스의 말을 인용하면서 끝을 맺는다.[7] 또한 『정신현상학』은 스스로를 회상하는 정신에 대한 다음과 같은 의미심장한 시적 표현으로 종결된다.

목표가 되는 절대지, 즉 스스로가 정신임을 아는 정신은 온갖 다양한 정신이 그 자체로 어떠하며 어떻게 자신들의 왕국을 구축해왔는가 하는 데에 대한 회상을 자신의 도정으로 삼는다. 이 정신들을 우연성의 형식 속에서 현상하는 자유로운 현존재라는 측면에서 보존하는 것이 역사이고, 그 정신들을 개념적으로 파악된 체계라는 측면에서 보존하는 것이 **현상하는 지의 학문**이다. 이 양자를 합쳐놓은 것이 개념적으로 파악된 역사로서, 이것이야말로 절대 정신의 회상이자 골고다 언덕을 이루며, 절대 정신의 왕좌를 받들어놓은 현실이자 진리이고 확신을 이룬다. 이 왕좌가 없었다면 절대 정신은 생명 없는 고독한 자에 불과했을 것이다. 다만,

이 정신의 왕국의 성배(聖杯)에서

그에게 자신의 무한성이 흘러넘치는도다.(『정신현상학 2』, 361/Phä, 591)

타자를 자기 자신으로 자각하는
의식의 운동, 자기의식

자기의식

승인 투쟁, 그리고 지배와 예속의
관계라는 고통스러운 학습 과정을
통해서 자기의식은 자립적 타자 속에서
자기 자신을 자립적 주체로 구성하는
상호성을 자각하게 되는 것이다.

진리의 본고장, 자기의식

단순히 형식적인 관점에서 체계의 목차에 따라보면 자기의식은 헤겔의 철학 체계에서 정신의 한 가지 특수한 형태, 그중에서도 주관 정신의 한 단계에 불과하다. 그러나 그토록 광범위한 헤겔의 철학 체계 전체에서 자기의식에 관한 장만큼 연구자들의 높은 관심과 치열한 토론이 집중되었던 부분도 드물 것이다. 자기의식에 관한 헤겔의 논의는 그 난해함에도 불구하고 인간의 자기 이해에 새롭고 더 깊은 통찰을 제공해주면서 지금도 여전히 큰 대중적 영향력을 발휘하고 있다. 그런데 헤겔의 자기의식 이론이 체계상의 제한적인 위상을 넘어서 이처럼 후대에 커다란 반향을 불러일으키게 된 데에는 그럴 만한 여러 가지 이유가 있다.

사실 헤겔의 자기의식 이론이 애초에는 헤겔 철학의 연구자들로부터 별다른 주목을 받지 못한 채 오랜 기간 망각되다시피 했다. 그러다가 그것이 일약 학문적 논의의 중심 무대에 등장하게 된 것은 1940~50년대에 프로이트와 니체의 세례를 받은 일군의 프랑스 학자들에 의해서이다. 특히 코제브(A. Kojève)가 1930년대를 거치면서 프랑스 파리의 고등연구원(Ecole des Hautes-Etudes)에서 행한 일련의 헤겔 『정신현상학』에 관한 강의는 이 저서 내의 「자기의식」 장에 대해 폭발적인 관심을 불러일으켰다.[1] 메를로-퐁티(M. Merleau-Ponty), 라캉(J. Lacan),

바타유(G. Bataille), 아롱(R. Aron) 등 당시의 대표적인 차세대 프랑스 지식인들이 청강했던 이 강의는 프랑스에서 그동안 철저하게 외면받아오던 헤겔의 철학을 본격적으로 수용하기 시작한 계기가 되었고 지금까지도 프랑스적 헤겔 해석의 기본적인 방향과 틀을 확정짓는 획기적인 사건이었다.

이 해석의 특징은 갈등과 투쟁을 강조하거나 심지어 영구화하면서 개인의 자기의식을 철저하게 사회적·역사적 연관 속에서 고찰하는 데에 있다. 이러한 해석은 헤겔 철학에 대해 그동안 널리 퍼져 있던 수구적 전체주의의 원흉이라는 통속적인 오해를 불식시키면서 그것이 지닌 갈등이론적 측면과 사회 변혁적 함의를 부각시키는 매우 긍정적인 역할을 했다. 그러나 다른 한편 그것은 헤겔의 자기의식 이론에서 주관적 의식의 경험과 도야라는 의식이론적 측면, 그리고 화해와 통일의 사상을 도외시하는 결함도 가지고 있다. 또한 헤겔의 승인이론이 실은 그의 여러 저서에서 다양한 형태로 제시되고 있음에도 불구하고 이에 관한 논의를 『정신현상학』 내의 「자기의식」 장으로만 국한시키는 문제점도 야기했다.

코제브의 이 강의록은 우리나라에서도 1980년대 초에 번역되어 출간되었는데,[2] 이 책은 즉각적인 사회적 실천이 요구되던 당시의 참담하고 급박한 현실과 맞물리면서 큰 호소력을 가지고 폭넓게 수용되었다. 『정신현상학』의 「자기의식」 장에서 전개되는 이른바 '주인과 노예의 변증법'이 헤겔의 철학 가운데서 가장 유명한 부분이 되고, 또 우리나라에서도 아직까지 헤겔 연구의 상당수가 여기에 할애되고 있는 데에는 이런 역사적인 연유가 있다.

그러나 이런 외적인 이유보다 더 중요한 것은 헤겔의 철학 자체에 내재하는 이론적인 이유이다. 헤겔이 실은 큰 빚을 지고 있는 칸트와 피히테의 철학을 포함하여 근대 철학 전반을 '한낱 의식철학'이라고 낮추어 부를 때, 그것은 그가 자신의 철학을 이와 차별화된 '자기의식의 철학'으로 이해하고 이 점을 부각시키려는 의도를 담고 있는 것이다. 헤겔에게 자기의식은 단지 주관 정신의 한 형태에 머무는 것이 아니라 정신의 근본적인 실존태이고 학적 사유 및 실천 행위의 현실적 주체이다. 그래서 우리는 자기의식의 내적 구조와 발전 과정을 이해함으로써 정신의 본질을 파악할 수 있고, 더 나아가 정신의 자기 전개인 학문 체계와 세계의 필연적인 구조를 인식할 수 있다. 다음의 구절들은 헤겔의 철학에서 자기의식이 얼마만큼 정신철학은 물론 논리학, 그리고 학문 체계 전반의 중심 원리가 되고 있는지를 확인시켜준다.

이러한 자기의식의 출현과 더불어 우리는 이제 진리의 본고장에 들어서게 되었다.(『정신현상학 1』, 210/Phä, 138)

개념이 이제 그 자체로 자유로운 **실존**의 상태에까지 다다른 이상 그것은 **자아** 또는 순수한 자기의식 이외의 그 어떤 것일

수 없다.(『대논리학 III』, 30/L II, 253)

학문으로서의 진리는 스스로 전개하는 순수한 자기의식이
고 자기라는 형태를 지니고 있으며, **즉자 대자적으로 존재하는**
것이 곧 터득된 개념이고 또한 개념 그 자체는 곧 즉자 대자적으로
존재하는 것이라는 사실이다.(『대논리학 I』, 36 이하/L I, 43)

헤겔은 심지어 자기의식을 인간이 인간이게끔 만들어주는 변
별적 특징으로 제시한다. 이성적 존재인 인간만이 자기의식을
통해 자각적 자기동일성을 갖는다는 것이다.

인간을 자연 일반, 특히 동물과 구별되게 하는 것은 다름 아
니라 자기 자신에 대한 의식으로서의 정체성이다. 동물은 자
신을 자아로, 즉 자기 자신 안에서 자신의 순수한 통일로 파악
하는 데에 이르지 못한다.(E, § 115 Z.)

이와 같은 중요성을 지닌 자기의식을 다루는 이번 장에서 우
리는 ① 자기의식의 개념적 정의, ② 자기의식의 발전 원리인 상
호 승인의 구조, ③ 자기의식의 구체적인 발전 과정(승인 운동
및 주인과 노예의 변증법), ④ 그 결과인 보편적 자기의식의 뜻
과 체계론적 함의 등을 살펴볼 것이다. 칸트에게서도 모든 대상
인식의 가능성의 근거로서 근원적 통각에 이르는 「오성 개념의
선험적 연역」이 『순수이성비판』의 백미를 이루듯이, 자기의식

에 관한 이 논의를 통해 우리는 헤겔 철학 전체의 내부 핵심에 들어서게 된다. 여기서 우리는 그동안 원리적 차원에서만 고찰했던 '변증법'과 '자유'와 '사변적 통일'을 이제 그 구체적인 실존 형태로 만나는 동시에 헤겔의 정신 개념, 그리고 실천철학의 근본적 규범 원리가 태동하여 탄생하는 격동의 광경을 목격하게 된다.

자기의식은 어떻게 가능한가

'자기의식'(Selbstbewußtsein)이라는 용어는 18세기경에 비로소 형성되기 시작하여 라이프니츠가 사용한 이후 통용되던 '통각'(Apperzeption) 개념을 점차 대체하게 되었다. 하지만 칸트만 하더라도 아직까지 이 두 가지 용어를 혼용했다. 그래서 칸트가 말하는 '순수 통각', '선험적 통각' 또는 '근원적 통각'은 다름 아니라 자기의식을 일컫는다.[3]

칸트는 『순수이성비판』 가운데 그 유명한 「선험적 연역」 장을 통해 자기의식(근원적 통각)이 오성의 순수 개념인 범주들의 선험적 존재 근거, 따라서 경험 일반과 경험 대상의 가능성의 조건이자 최종 근거임을 밝혔다.[4] 자기의식을 객관적 인식의 근원이자 자연의 입법자로 옹립하는 칸트의 사상은 곧바로 독일 관념론의 출발점이 된다. 하지만 칸트는 우리 인간에게 자기 직관이라는 특수한 인식 능력이 없는 한 자기의식 그 자체에 대한 인식은 불가능하다고 선언한다.[5] 그에게 자기의식은 모든 현상을 규정하는 자이기는 하되 그 자신은 그 무엇으로도 규정될 수 없는, 따라서 더 이상 되물어갈 수도 없고 근거짓기도 불가능한 최종 근거이기 때문이다. 그래서 모든 인식의 근거인 나의 자기의식은 인식하는 주체인 나 자신에게도 영원히 풀리지 않는 수수께끼로 남게 된다.

피히테의 『학문론』, 그리고 헤겔의 자기의식 이론은 칸트에게서 이렇게 미해결로 남겨진 '자기의식(절대 자아, 정신)은 어떻게 가능한가?'라는 물음에 대해 그 답을 구하려는 시도이다. 그들은 "생성되는 의식의 역사"를 서술함으로써 자기의식의 근거를 발생론적 · 행위이론적으로 정초하려고 한 것이다.[6]

자기의식이란 문자 그대로 자기 자신에 대한 의식, 자기를 의식하는 의식이다. 의식은 항상 지향적 의식, 즉 어떤 대상을 향하는 의식, ~에 대한 의식이다. 자기의식도 의식인 한에서 지향된 대상을 갖고 있다. 그런데 자기의식은 일반적인 경험적 의식과는 달리 외적 대상이 아니라 바로 자기 자신을 대상으로 가지는 의식이다. 언뜻 자기의식은 단지 자기의 의식이라는 특수한 대상을 가졌을 따름이지 경험적 의식과 본질적으로 다르지 않은 의식 일반의 한 가지 특별한 경우에 불과한 것처럼 보인다. 그렇다면 자기의식은 모든 대상 의식처럼 심리학적으로 설명될 수 있는 경험적 의식의 한 가지 특수 형태가 될 것이다. 그러나 문제는 자기의식의 근거와 작용과 의미가 경험적 대상 의식의 그것을 근본적으로 넘어선다는 데에 있다.

첫째로 자기의식도 하나의 의식으로서 늘 대상 의식과 관련되어 있고 또 이를 매개로 하여 대상과도 관련되어 있기는 하지만, 자기의식 그 자체는 일반적인 대상 의식과는 차원이 다른 일종의 메타 의식, 즉 의식에 대한 의식이다. 마치 어떤 개념(예를 들어 '사람')에 대한 개념(보편성)이 그 개념에 의해 지칭되는 구체적인 개별 대상(철수, 영희 등)으로 환원될 수 없듯이, 자기의식도 대상과 그에 대한 경험적 의식으로 환원되지 않는다. 대상 의식이 의식 외부에 있는 대상 속에서 반성된 의식인 반면에, 자기의식은 자기 안에서 반성된 의식이다. 자기의식이 '사실상' 대상 의식과 더불어 발생하지만, 그렇다고 '권리상' 그 존재와 타당성의 근거를 경험에 두고 있는 것은 아니다. 물론 경험적 차원의 자기의식도 분명히 있다. 그러나 지금 문제가 되고 있는 모든 경험의 근거로서의 자기의식은 그런 경험적 자기의식이 존재할 수 있기 위해서라도 먼저 전제되어 있지 않으면 안 된다. 그래서 칸트는 이런 근원적 자기의식을 선험적 통각이라고 불렀다. 헤겔도 이런 맥락에서 자기의식을 좁은 의미의 의식과 구분하여 "자기 안으로 반성됨, 자신의 타자 존재 속에서 자기 자신에 대한 의식"으로 정의한다.(『정신현상학 1』, 203 이하/Phä, 135)

둘째로 자기의식의 존재 근거는 그것이 경험 일반, 즉 대상 의식의 가능성의 선험적 조건으로서 작용하고 있다는 점에 있다.

만일 자기의식이 없다면 우리에게는 감각 기관을 통해서 우리의 지각장 안으로 무질서하게 쏟아져 들어오는 혼란스러운 인상들만 있을 뿐 내가 '나의 경험' 또는 '나의 의식'이라고 부를 수 있는 것은 없을 것이다. 잡다한 인상들과 지각 소여물들이 '나의 경험'이 되는 것은 자기의식의 종합적 통일과 의미 부여 작용에 의해서이다. 그 자체로는 뿔뿔이 분산되어 있는 대상 의식들이 '나의 의식'이 되는 것도 마찬가지이다. 만약 근원적 자기의식의 통일이 없다면 나의 의식은 무수한 대상과의 관련 속에서 파편화되고 발산되어버리고 말 것이다. 자기의식이 경험 인식과 경험 대상 일반을 가능하게 만드는 근거이기 때문에 칸트는 자기의식을 경험적 현상들의 총체인 자연의 입법자라고 선언했고,[7] 또 같은 이유에서 헤겔도 자기의식을 의식의 진리이자 근거로 규정한다.

> 의식의 진리는 **자기의식**이며, 자기의식은 의식의 근거이다. 따라서 실존하는 다른 대상에 대한 의식 일체는 자기의식이다. 즉 내가 대상을 나의 것으로 알 때(그 대상은 나의 표상이다), 나는 거기서 나 자신을 안다.(E, §424)

셋째로 자기의식을 통해 의식의 차원에서는 아직 결여되어 있던 자기동일성, 자아 정체성이 비로소 출현한다. 인간은 외부 세계를 인지할 뿐만 아니라 자기가 누구인지를 의식하고 자신의 존재를 스스로 규정하는 존재이다. 자기의식은 의식된 대상들(noema)을 종합할 뿐만 아니라 목적격 대상 의식들(noēsis)을 하나의 동일한 주격 자아 아래 통일한다. 자기의식이 대상으로 삼는 의식은 엄밀히 말해서 단순한 대상 의식이 아니라 메타 차원의 '나 = 나'라는 의식, 자신의 종합적 통일 작용 자체에 대한 의식(noesis noeseōs)이다. 즉 자기의식은 내가 나임을 의식하고 있는 의식이다. 이런 자아 정체성에 대한 자각, 주체 의식이 곧 자기의식의 본질이다. 자기의식의 순수한 자기 관련성(자기 내 반성)이 부인되거나 실제로 저해될 경우 주체로서의 자기 동일성은 해체되고 만다. 그때 인간은 자아 정체성을 갖지 못한 분열된 존재로서 정처 없이 떠돌게 된다.

넷째로 의식이 의식 외부에 있는 대상에 의해 제약되어 있는 반면에, 자기의식은 자기가 자기를 근원적으로 정립하고 규정하기 때문에 내적 무한성을 지닌다. 그것은 마치 서로 마주 선 두 개의 거울이 서로 안에서 끝없는 소실점으로 반사되는 것과도 같다. 자기의식이 성립하기 위해서는 우선 자기의식이 자신을 자신으로부터 분리시키고 타자화하여 스스로와 거리를 두어야 한다(척력, 자신의 타자 존재). 만일 의식하는 자아(주격 의식)와 의식되는 자아(목적격 의식)가 구분되지 않고 공생적 동일성 속에 무매개적으로 통합되어 있다면, 그런 의식은 자기를 자각하는 자기의식이 되지 못할 것이다. 우리가 거울에 너무 밀착해 있을 때, 우리는 거울을 통해 우리 자신을 비추어볼 수가 없다. 그러나 자기의식은 그렇게 분리된 자기가 실은 낯선 타자가 아니라 자기 자신임을 안다(인력, 자신의 타자 존재 속에서의 자기 인식).

나르시스의 비극은 흔히 생각하듯이 그가 자기의 원초적 동일성을 벗어나지 못했기 때문에 벌어지는 것이 아니다. 오히려 그가 자기를 영구히 타자화하는 바람에 자기(비추는 나)가 자기(비추어진 나)를 보면서도 그가 자기 자신이라는 사실을 알지 못했다는 데에 비극의 진정한 원인이 있다. 그는 온전한 자기의식을 지닌 존재가 되지 못했던 것이다. 자기의식 속에서 의식되는 자아는 곧 의식하는 자아와 하나이며, 주격 의식과 목적격 의식은 서로의 위치를 끊임없이 교환하고 역전시키면서 서로를 비춘다. 구별 속에서 구별되지 않음, 차이 나는 것들의 동일성, 사변적 통일—이것이 자기의식의 본질적인 구조이고, 여기에 자기의식의 무한성이 있다.

의식에게 이러한 무한성의 개념이 대상이 됨으로써, 의식은 구별의 의식, 그러나 그에 못지않게 **직접적으로** 지양된 것으로서의 구별의 의식이다. 이제 의식은 **대자적으로** 되었다. 그것은 **구별되지 않는 것의 구별** 또는 **자기의식**이다. 나는 **나를 나 자신으로부터 구별한다.** 그러나 **이렇게 구별된 것이 구별되지 않는 것이라는 사실을 나는 그런 구별 속에서 직접적으로 자각한다.** 동일한 이름을 지닌 자인 내가 나를 내 자신으로부터 밀쳐낸다. 그러나

카라바조가 그린 『나르시스』(1597~99)
나르시스의 비극은 그가 자기를 영구히 타자화하는 바람에
자기(비추는 나)가 자기(비추어진 나)를 보면서도 그가 자기
자신이라는 사실을 알지 못했다는 데에
진정한 원인이 있다.

이렇게 구별된 것 내지 동일하지 않게 정립된 것은 그것이 구별되면서도 직접적으로 나에 대해서 구별이 아니다.(『정신현상학 1』, 203/Phä, 134 f.)

그런데 이와 같은 자기의식의 자기 지시성은 다음과 같은 논리적 난점을 야기한다. 즉 내가 나의 자기의식을 인식하기 위해서 그것을 대상으로 삼는 순간 그렇게 대상화된 의식은 더 이상 내가 본래 인식하고자 했던 주체적 의식이 아니다.[8] '나는 나다'라는 자기동일성 명제에서 주어로서 사유하는 나는 늘 술어로서 사유되는 나를 매개로 해서만 규정되는데, 사유되는 나(객체로 정립된 나)는 사유하는 나(주체로서 정립하는 나) 자체와 같지 않다는 것이다. 역으로 사유되는 나가 사유하는 나와 같기 위해서는 사유되는 나 자체가 사유하는 나와 동일한 자기의식이어야 할 터인데, 이는 이제 비로소 규정되어야 할 것을 이미 규정하는 것으로 정립되어 있다고 미리 전제하는 것이다.

이런 이유에서 칸트는 자기의식에 대한 자기 인식이 불가능하다고 여겼다.[9] 피히테나 헤겔도 이런 자기의식 속에 내재하는 논리적 순환의 난점을 충분히 숙지하고 있었다.[10] 그러나 그들은 그런 순환적 구조야말로 바로 내(자기의식)가 인식하고자 하는 자기의식의 고유한 사변적 본성이라는 점, 그리고 그런 순환론의 이론적 난점은 타자(다른 자기의식)와의 만남을 통해 실천적으로 극복된다는 점을 보여준다.

그러나 이보다도 더 자아는 자기 자신을 사유할뿐더러 또한 사유하는 것이 바로 자아라고 하는 사실을 떠나서는 결코 자아가 사유될 수 없다고 하는 바로 이와 같은 자기의식의 본성을 **불편한 것** 또는 어떤 결함을 지닌 순환론으로 명명하는 것은 참으로 우스운 노릇이다.―그보다는 오히려 이러한 관계를 통해서 직접적이고 경험적인 자기의식 속에서 바로 이 자기의식과 개념의 절대적이고도 영원한 본성이 현시된다. 그렇게 현시되는 이유는 바로 자기의식이야말로 **현존하는**, 따라서 **경험적으로 지각될 수 있는** 순수한 **개념**이며, 분리시키는 판단으로서 곧 자기 자신을 대상으로 삼고 이를 통해 스스로를 하나의 순환으로 만드는 바로 그러한 것인 절대적 자기 관계이기 때문이다.―돌은 그런 불편함을 모른다. 돌에 대해서 사유거나 판단을 해야 할 경우, 돌이 스스로에게 거추장스럽게 되지는 않는다. […] 즉 자아란 분명히 **그 어떤 것**, 즉 자기이거나 아니면 다른 어떤 것을 사유하게 마련이다. 바로 이와 같이 자아가 자기 자신에 대립하게 되는 이 두 형식 간의 불가분성이야말로 자아의 개념과 더 나아가서는 개념 그 자체의 가장 고유한 본성에 속하는 것이다.(『대논리학 III』, 336 이하/L II, 490 f.)

세계의 진리가 의식 자신에게 있음을 깨닫다

헤겔의 철학 체계에서 자기의식에 관한 논의는 그에 앞서 의식에 관한 서술이 마무리되고 나서 시작된다. 「의식」 장의 결론은 자기의식이 곧 의식 및 대상의 진리라는 것, 다시 말해서 의식이 경험하는 대상의 보편적이고 필연적인 본질은 의식 자신에게 있으며 대상을 경험하는 의식 자체가 자기의식을 근거로 해서만 가능하다는 것이다.

칸트는 『순수이성비판』 초판의 「선험적 연역」 장에서 경험 일반의 가능성의 선험적 조건이 되는 감각적 지각과 구상력과 오성 개념의 종합 작용이 자기의식의 근원적 통일을 전제로 해서만 가능하다는 점을 분석적 방법으로 밝혀냈다. 이에 대응하여 헤겔은 정신철학의 「의식」 장에서 감성적 확신(감성적 의식)과 지각과 오성의 단계를 거치며 대상을 다양한 방식으로 경험하는 의식이 대상 세계의 진리는 곧 의식 자신에게 있음을 자각하게 되면서 자기의식으로 이행하는 과정을 내재적·발생론적으로 서술한다.

이렇게 생성된 자기의식은 자신과 마주 서 있는 모든 대상에 대해 자신의 이념적 자립성과 자기동일성을 절대적으로 관철시키고자 하는 일종의 본성적 충동을 지니고 있다. 의식이 늘 대상 관련적이고 대상에서 진리를 찾으려고 하는 반면에, 자기의식의 개념은 오직 **자기 자신과 관계하는 것, 나는 나라는 것**"에 있기 때문이다.(E, §426 Z.) 이런 순수한 자기 지시성과 자기반성성을 통해 자기의식은 '자기 자신에 대한 확신', 즉 진리는 자신 안에 있으며 자기 자신에 대한 앎이 곧 진리 자체라는 확신을 획득하게 된다.

지금까지 의식이 확신하는 방식에 따르면 진리가 의식에게 그 자신과는 다른 어떤 것이었다. 그러나 의식이 진리를 경험하는 가운데 그런 진리의 개념은 사라지게 된다. […] 그런데 바로 이제 지금까지의 관계에서는 성립된 적이 없는 새로운 사태, 즉 자신의 진리와 일치하는 확신이라는 사태가 발생했다. 왜냐하면 의식의 확신이 그 스스로에게 자신의 대상이 되고, 의식은 그 자신에게 진리가 되었기 때문이다.(『정신현상학 1』, 209/Phä, 137)

그러나 차이를 배제한 동일성이 추상적 동일성에 불과하듯이, 헤겔은 모든 대상을 사상시키고서 무차별적 자기동일성에 매몰되어 있는 최초의 자기의식을 '직접적 자기의식'이라고 일컫는다. 추상적 동일성이 참된 동일성이 아닌 것과 같은 이유에서 직접적 자기의식은 변증법적 자기 부정과 도야의 운동으로 나아갈 수밖에 없는 미성숙하고 결함을 지닌 자기의식이다.

직접적 자기의식은 다만 나(Ich)를 대상으로 가지고 있을 뿐 아직 나는 나(Ich = Ich)를 대상으로 가지고 있지는 못하며, 그렇기 때문에 **우리의 관점에서만** 자유로울 뿐이지 **그 자신의 관점에서는** 자유롭지 못하다. 그것은 자신의 자유를 아직 알지 못하며, 자기 안에 자유의 **기반**만을 갖추고 있을 뿐 아직 진정한 **현실적** 자유를 갖고 있지는 못하다.(E, § 424 Z.)

이제 막 의식의 단계를 벗어난 자기의식에게는 자기 자신과의 무매개적 동일성, 추상적 자유만이 정립되어 있을 뿐이다. 직접적 자기의식은 '나 = 나'라는 동어반복 속에서 어떠한 현실적인 구별도 포함하고 있지 않기 때문에 아무 내용도 없는 공허한 내면성에 머문다. 더 나아가 이런 분화되지 않은 동일성 속에서 자기의식은 오히려 의도치 않은 내적 분열에 사로잡혀 있다. 왜냐하면 직접적 자기의식은 순전히 자기 자신만을 대상으로 가지는데, 이 대상이 되는 자기가 실은 자기 자신이 아니라 다른 그 무엇이기 때문이다.

즉 직접적 자기의식(나 = 나)은 의식으로서의 자기(나)를 대상으로 가지고 있을 따름이지 아직 자기의식으로서의 자기(나 = 나)를 대상으로 가지고 있지 못하다. 그래서 자기 자신과의 총체적 통일이어야 할 자기의식이 그 직접성 속에서는 여전히 자신과 불일치하기 때문에 이미 극복했다고 여긴 의식의 또 다른 형식 속에 정체되고 만다. 자기의식은 이런 내적 자기모순을 해소하고 '나 = (나 = 나)'라는 진정한 자기의식이 되어야 한다.

이렇게 자기의식이 자신의 주관성을 심화하고 완성하는 과정은 동시에 최초의 추상성을 극복하고 스스로에게 객관성과 현실성을 마련하는 과정이기도 하다.

추상적 자기의식의 결함은 그린 자기의식과 의식이 여전히 서로 별개의 **두 가지**이고 그 양자가 아직 서로 융화되지 않았다는 데에 있다. […] **자기의식**이 유한성을 지니게 되는 것은 그것이 아직 **추상적 자기동일성**이라는 점에 있다. 직접적 자기의식의 나 = 나 속에는 다만 **존재해야 할** 구별이 있을 뿐 **정립된** 구별, **현실적인** 구별은 아직 현존하지 않는다. 이와 같은 자기의식과 의식 사이의 알력은 **자기의식**의 **내적** 자기모순을 형성한다. 왜냐하면 그런 자기의식은 동시에 애초에 자신에 선행하는 단계인 **의식**이기도 하고 따라서 자기 자신의 반대인 것이기 때문이다. […] 여기서 묘사된 모순은 해소되어야 하는데, 이는 다음과 같은 방식으로 이루어진다. 의식 내지 자아로서의 자신을 대상으로 가지는 자기의식은 자아의 **단순한 이념성**을 **실제적인 구별**로 더욱 발전시키고, 이를 통해 자신의 **일면적인 주관성**을 지양하면서 자신에게 **객관성**을 마련한다.―이는 동시에 **객체**가 자아에 의해 **주관적으로** 정립되고 자기의 내면성으로 몰입되어 아직 의식에 현존하던 외적 실재성에 대한 자아의 의존성이 소멸하게 되는 그 역의 과정과 동일한 과정이다. 이렇게 해서 자기의식은 더 이상 자신을 의식 **곁에** 가지

고서 이 의식과 외면적으로만 결합되는 것이 아니라 의식을
진실로 관통하고 의식을 지양된 것으로서 자기 자신 안에 포
함하게 된다.(E, § 425 Z.)

자기의식의 발전 원리: 상호 승인 운동

자기의식은 외부에 주어져 있는 대상과 관계하던 의식의 자
기 지양적 운동의 산물이며, 이러한 경험을 통해 자신이 자유로
운 대자 존재라는 확신을 가지고 있다. 하지만 자기의식은 아직
즉자적인 상태에 있을 뿐인 자신의 대자 존재를 이제 그 자신의
고유한 차원에서 대자적으로 실현시켜야 한다. 이런 자기실현
의 운동에서 관건이 되는 것은 자기의식이 자신의 절대적 자립
성을 그 스스로에게 입증하고 이를 통해 자신을 즉자 대자적으
로 자유로운 존재로 고양시키는 일이다.

그런데 헤겔에 따르면 이러한 자기의식의 실현은 오직 다른
자기의식(타인)과의 관계 속에서만, 그것도 상호 승인의 관계
속에서만 가능하다. 자기의식의 운동은 '나 = 나'에서 출발한다.
그러나 이런 추상적 자기동일성의 진리는 '나 = (나 = 우리)'이
다. 한 개인의 구체적 주관성(개체화)은 타자와의 상호주관성
(사회화)을 매개로 해서만 성취될 수 있다. 또 역으로 구체적 주
관성의 형성을 가능케 하는 상호주관성은 개인들 간의 자유로
운 상호 행위의 산물이다. 자기의식의 자립성을 자기 자신에 대

해 입증하는 자기 구성의 과정은 동시에 최초의 유아론적 자기의식을 탈중심화하고 상호주관적으로 공유된 보편성을 자율적으로 창출하는 과정이기도 하다. 즉 그것은 자기의식의 단순한 자기 보존이 아니라 오히려 타인을 향해 자신을 개방하고 서로 간의 인격적인 관계 속에서 배타적 자기 보존의 강박으로부터 해방되는 길이다.

처음에는 타자에 대해 지배 지향적이고 전략적으로 행위 하는 자기의식이 그 자신의 목표인 절대적 자립성과 자기 확신에 도달하기 위해서는 자신의 전략적 행위가 초래한 실패와 좌절의 경험을 통해 자기중심적 행위 방식을 수정하고 타자와의 호혜적 관계 속에서 상호주관적·보편적 자기의식으로 스스로를 고양시켜야 한다는 것을 스스로 깨닫게 된다. 이렇게 상호 승인을 통해 자기 안에서 보편성을 획득한 자기의식은 최초의 직접적 자기의식 속에 내재하던 자기의식과 의식 사이의 불일치를 해소하고 진정한 자기동일성, 충만하고 성숙하고 강한 자기의식이 된다.

자기의식은 의식을 자신의 **대상**으로 가지며, 따라서 자신을 의식에 **대립하여** 세운다. 그러나 또한 동시에 의식은 자기의식 자체 안에 하나의 **계기**로 보존되어 있다. 따라서 의식은 필연적으로 자신을 자기 자신으로부터 밀쳐냄으로써 자신에게 또하나의 **다른** 자기의식을 대립시키고 이 다른 자기의식 속에서 자신과 동일하면서도 동시에 자립적인 객체를 자신에게 부여하는 데로 나아간다. 이러한 객체는 처음에는 **직접적이고 개별적인 자아**이다. 그러나 이 자아가 아직 자신에게 붙어 있는 **일면적인** 주관성이라는 형식에서 해방되고 **개념의 주관성**으로 꽉 채워진 **실재성**으로, 따라서 이념으로 파악되면, **자기의식은** 이제 **의식**에 대한 **대립**에서 의식과의 **매개된 통일**로 전진하고 이를 통해 자아의 **구체적 대자 존재**로, 객관 세계에서 **자기 자신을 인식하는 절대적으로 자유로운 이성**으로 된다.(E, § 417 Z.)

직접적 자기의식에 내재하는 모순을 해소하기 위해 자기의식이 취하는 첫 번째 시도는 대상을 순전히 부정함으로써 스스로에게 자기 확신을 부여하는 것이다. 이렇게 "전적으로 **대자적**이고 그 대상을 직접 부정적인 것으로 특징짓는" 자기의식의 형태를 헤겔은 '욕망하는 자기의식' 또는 간단히 '욕망'이라고 부른다.(『정신현상학 1』, 213/Phä, 139 f.) 욕망하는 자기의식은 대상의 긍정성과 독자성을 인정하지 않는 오로지 부정적인 대자 존재이다. 그의 활동은 자신의 배타적 자립성을 지키기 위해 타자를 파괴하는 것이고, 그의 자유는 타자 존재의 희생을 대가로 한 자기 보존이다.

욕망이 대상에 대해 가지는 관계는 **도야**의 관계가 아니라 아직 전적으로 이기적인 **파괴**의 관계이다. [⋯] 욕망에 사로잡힌 자기의식은 타자를 하나의 독립적인 것으로서 감당할 만한 힘을 아직 가지고 있지 못하기 때문에 자신의 욕망 충족을 통해 객체의 자립성을 파괴하고, 그래서 주관의 형식은 객체 속에서 존속하지 못하게 된다.(E, § 428 Z.)

그러나 자기의식은 타자에 대해 부정적이기만 한 자기중심적 행위 방식으로는 그가 추구하는 자기 확신의 객관화, 즉 자기동일성의 대자적 정립이 성취되지 않는다는 사실을 경험하게 된다. 비록 욕망하는 자기의식이 타자를 파괴하고 흡수함으로써 감각적 만족이라는 방식으로 자기동일성을 확보하는 듯이 보이지만, 그러나 욕망의 만족이 곧 자기의식의 만족이 되지는 못한다. 왜냐하면 자기의식이 정말 욕망한 것은 대상 자체나 대상의 감각적 향유가 아니라 다만 대상을 매개로 하여 자기동일성에 대한 주관적 확신을 객관적으로 입증하려는 것이었기 때문이다. 그런데 욕망의 직접적 만족은 대상의 자립성을 단순히 파괴함으로써 자신의 자기 확신이 객관적으로 존립할 수 있는 조건도 함께 파괴하는 일종의 수행적 자기모순을 범한다.

그리하여 욕망하는 자기의식은 스스로를 도야시키지 못하고 자기가 극복하고자 했던 공허한 주관성으로 무한 퇴행하면서 자기 내부에서 자신의 결핍을 끊임없이 재생산할 뿐이다.[11] 추상적 주관성은 단지 형식적으로만 자유로울 뿐이지 그 내용에서는 오히려 욕망이 추구하는 외적 대상에 철저하게 종속되어 있다. 따라서 욕망하는 자기의식은 절대적 대자 존재에 도달하기는커녕 끝내 장악되지 않는 대상의 완강한 자립성을 경험하게 된다. 이런 대상의 견고함과 불투과성 앞에서 욕망하는 자기의식의 자기 확신은 되풀이하여 속절없이 무너진다.

그리하여 자기의식은 그에게 자립적인 생명으로 나타나는 타자의 지양을 통해서만 자기 자신을 확신하게 되는데, 이것이 바로 **욕망**이다. 타자의 무가치함을 확신하면서 자기의식은 이러한 무가치함이 타자의 진리라고 **대자적으로** 정립하고 자립적인 대상을 파괴하면서 이를 통해 스스로에게 자기 자신에 대한 확신을 **참된** 확신, 곧 그 자신에게 객관적인 방식으로 입증된 확신으로 부여한다.

그러나 이와 같은 욕망의 충족 속에서 자기의식은 그 대상이 자립성을 띠고 있다는 경험을 하게 된다. 욕망과 그 충족을 통해서 얻어지는 자기 확신은 대상에 의해 제약을 받는다. 왜냐하면 욕망은 이런 타자의 지양을 통해서 존재하는데, 이러한 지양이 행해지려면 타자가 존재해야만 하기 때문이다. 따라서 자기의식은 대상에 대한 부정적인 관련을 통해 대상을 지양할 수 없으며, 오히려 욕망을 재생산하듯이 대상도 재생산하게 된다.(『정신현상학 1』, 217 이하/Phä, 143)

헤겔은 이런 대상의 자립성에 대한 경험으로부터 자기의식의 성공적인 자기 구성을 위해서는 다른 자기의식(타인)의 존재가 필수적이라는 점을 이끌어낸다. 즉 대상의 자립성에 직면한 자기의식은 그 대상이 대상 외부에 있는 자기의식에 의해 단지 수동적으로 부정되는 것이 아니라 자신의 독자성 속에서 스스로 자기 부정을 수행하고 이로써 자기의식의 외적 부정을 견뎌낼 수 있는 그런 대상일 경우에만 그 대상을 통해 진정한 만족을 얻을 수 있다. 그런데 오직 타인의 대자적 자기의식만이 이런 절대적 자기 부정성을 지닌 대상이 될 수 있다는 것이다.[12] 욕망하는 자기의식은 대상에 대한 그의 일방적인 부정의 행위가 좌초될 수밖에 없음을 경험함으로써 다른 자립적 존재를 통해서만 자기 확신의 객관성에 도달할 수 있으며, 따라서 바로 자신의 자유를 위해서도 다른 대자적 자기의식과의 관계가 요구된다는 점을 깨닫게 된다.

> **자기의식은 오직 다른 자기의식 속에서만 만족에 도달할 수 있다.** […] 하나의 **자기의식이 또 하나의 자기의식에 대해** 있다. 이를 통해 비로소 자기의식이 실로 존재한다. 왜냐하면 여기서 비로소 자기의식은 대자적으로 자신의 타자 속에서 자기 자신과의 통일이 되기 때문이다.(『정신현상학 1』, 218 이하/Phä, 144 f.)

자기의식은 고독에서 벗어나 자신과 실체적으로 구별되는 다른 자립적 자기의식을 향해 자신을 개방하고 이런 타인과의 긍정적 상호 관계를 통해서만 비로소 충만한 주관성을 획득할 수 있다. 자기중심적이고 유아론적인 '욕망하는 자기의식'으로부터 상호주관적으로 계몽된 '승인하는 자기의식'으로의 이행은 자기의식이 바로 이 진리를 자각한다는 것을 의미한다.[13]

> 자기의식은 타자에 대해 즉자 대자적인 한에서, 즉 오직 승인받은 자로 존재하는 한에서, 그리고 이를 통해서만 **즉자 대자적**이다.(『정신현상학 1』, 220/Phä, 145)
>
> 두 번째 단계에서는 객관적 자아가 **타자의 자아**라는 규정을 얻게 되며, 이를 통해 **타자의 자기의식**에 대한 **자기의식**의 관계, 그리고 이 두 자기의식 간에 **승인의 과정**이 발생한다. 여기서 자기의식은 더 이상 한낱 **개별적** 자기의식이 아니며, 자기의식 속에서 이미 **개별성과 보편성**의 합일이 시작된다.(E, § 425 Z.)

이제 나의 자기의식은 타인의 자기의식 속에서 단지 '나'가 아니라 '나 = 나'를 대상으로 갖게 된다. 다시 말해서 자기의식에게 목적격 나는 더 이상 자신과 대립해 있는 대상 의식이 아니라 자기의식 자신이다. 이로써 욕망하는 자기의식이 극복하지 못했던 자기의식의 내적 불일치가 해소된다.

이와 같은 자기의식의 운동을 통해 정신의 개념이 형성된다. 제5장에서 이미 보았듯이 정신의 개념이란 "대자적으로 존재하는 상이한 자기의식이 완전한 자유와 자립성을 지니면서 대립하고 있는 가운데 이 양자의 통일인 절대적 실체, **우리인 나**이자 **나인 우리**"이기 때문이다.(『정신현상학 1』, 220/Phä, 145) 헤겔에게서 정신은 강제 없이 서로 화합하고 통일을 이룩하는 개인들의 상호주관적 자유의 주체이다.

> 그리하여 보편 정신 안에서는 존재하는 현실 속에서 자기 이외의 다른 어떤 것도 발견되지 않는다는 자기 확신을 누구나가 갖는다. 사람들은 자기 자신에 대해 확신하는 만큼이나 타인들에 대한 확신도 갖는다.—나는 모든 타인에게서 내가 그러한 존재이듯이 그들도 대자적으로 오로지 이와 같은 자립적 존재라는 점을 직관한다. 나는 타인들 속에서 그들과의 자유로운 통일을 직관하며, 따라서 그들이 나를 통해 존재하듯이 나도 또한 그들 자신을 통해 존재한다는 점을 직관한다.—즉 모든 타인을 나로, 그리고 나를 모든 타인으로 직관한다.(『정신현상학 1』, 327 이하/Phä, 266)

이런 자유로운 자기의식들의 정신적 통일이 바로 승인 (Anerkennung)의 개념을 이룬다.[14] 승인은 타자 속에서의 자기 발견과 타자로부터의 자기 회복이라는 쌍방적 이중 운동을 통한 두 대자적 자기의식들의 화해와 통일이다. 승인 운동 속에서 두 자기의식은 그들의 배타적 개별성을 지양(자기 극복)하면서도 자신의 자립성을 잃지 않는다(자기주장). 이를 통해 그들은 상호주관적으로 공유된 보편성을 자율적으로 창출하며, 이러한 보편성 속에서 각자가 자유로운 타자 속에서 자신의 구체적인 자유를 발견하고 실현한다. '승인받은 존재'는 "다른 자유로운 자기의식 속에서 자기 자신에 대한 확신을 가지고, 바로 여기에서 자신의 진리를 지니는" 그런 자기의식이다.(『정신현상학 1』, 370/Phä, 264) 이 승인받은 존재가 바로 자기의식이 처음부터 추구하던 '자기 확신의 진리', 즉 충만하고 성숙한 자기의식이다.

승인 운동의 개념적 구조와 세 가지 계기

헤겔은 자기의식이 실제로 어떻게 다른 자기의식과의 투쟁과 상호 승인이라는 복잡한 관계를 거치고서 마침내 '보편적 자기의식'에 도달하는가 하는 자기의식의 경험과 도야 과정을 구체적으로 서술하기에 앞서 이 과정의 지도적 원리가 되는 승인 운동의 개념적 구조를 다음과 같은 세 가지 계기로 나누어 제시한다.

자기의식에 대해 또 하나의 자기의식이 존재한다. 자기의식은 **자기 밖으로** 벗어나 있다. 여기에는 이중적인 의미가 있다. **첫째로** 자기의식이 스스로를 **타자** 존재로 여기기 때문에 자기를 상실한다. **둘째로** 이를 통해 자기의식은 타자를 지양한다. 왜냐하면 자기의식은 타자도 본질로 보지 않고 **타자** 속에서 **자기 자신**을 보기 때문이다.

이제 자기의식은 이러한 **자신의 타자 존재**를 지양해야만 한다. 그런데 이는 앞서 언급한 첫 번째의 이중적 의미를 지양하는 것이고, 그렇기 때문에 그것은 그 자체가 두 번째의 이중적 의미가 된다. **첫째로** 자기의식은 **자신**을 본질로 확신할 수 있기 위해 **다른** 자립적 존재를 지양하는 방향으로 나아가야만 한다. 둘째로 자기의식은 이와 더불어 **자기 자신**을 지양하는 방향으로 나아간다. 왜냐하면 이 타자는 바로 자기 자신인 것이다.

그런데 이런 이중적 의미를 지닌 자신의 타자 존재를 이중적인 의미에서 지양하는 것은 또한 이중적 의미에서 **자기 자신으로의** 복귀이다. 왜냐하면 **첫째로** 자기의식은 **자신의** 타자를 지양함으로써 자기 자신과 다시 동일하게 되었으므로 이러한 지양을 통해 자기 자신을 되돌려받기 때문이다. 그런데 **둘째로** 자기의식은 타자에게도 타자의 자기의식을 다시 돌려준다. 왜냐하면 자기의식은 타자 속에 있었고, 바로 이 타자 속에 있는 **자신의** 존재를 지양함으로써 타자를 다시 자유롭게 놓아주는 것이기 때문이다.(『정신현상학 1』, 221/Phä, 146)

승인 운동은 ① 자기의식의 탈자화(脫自化), ② 자신의 타자존재의 지양, ③ 자기 복귀라는 세 가지 계기로 구성되며, '자신의 이중적 의미의 타자 존재를 이중적 의미에서 지양'하여 '이중적 의미에서 자기 복귀'하는 구조를 가지고 수행된다. 자기동일성 속에서 동시에 자기 자신의 반대, 즉 자기 자신이면서 동시에 자신과 대립해 있는 타자라는 자기의식의 사변적 본성 때문에 승인 운동의 각 계기들은 내적으로 이중적 의미를 지니고 있다. 즉 자기의식의 행위는 "**자기 자신에 대한** 행위이면서 곧 **타자에 대한** 행위"라는 이중성을 지닌다.(『정신현상학 1』, 221/Phä, 146)

승인 운동의 첫 번째 계기인 탈자화 속에서 자기의식은 처음에는 타자 속에서 자신을 상실한다. 즉 자기의식은 자신의 본질이 타자 속에 있음을 발견한다. 그러나 바로 이를 통해 타자는 자기의식 자신의 타자가 되어 양자의 차별성이 지양된다. 즉 자기의식은 타자 속에서 자기 자신을 발견한다.

따라서 두 번째 계기를 이루는 타자 존재의 지양 역시 이중적 의미를 지니게 된다. 자기의식의 행위는 처음에는 타자의 지양을 겨냥한다. 그러나 첫 번째 계기를 통해 타자가 이미 자기의식 자신의 타자가 되었기 때문에 타자의 지양은 동시에 자기 자신의 지양이다. 이는 타자성의 부정 못지않게 자기 부정이 승인 운동의 필수적인 조건임을 말한다.

그러므로 세 번째 계기인 자기 복귀 역시 타자의 단순한 부정을 통한 유아론적 자아로의 복귀가 아니다. 자기의식은 타자 속에 침입한 자신의 낯선 존재를 지양하지 않고서는 자신의 타자를 지양할 수 없다. 자신의 타자 존재의 지양을 통해 타자 속에서 자기 자신을 회복하는 자기의식은 타자를 자유롭게 놓아준다. 즉 타자 존재를 자신 안에 통합하는 행위는 동시에 타자를 자립적인 존재로 인정하고 자신으로부터 해방시키는 행위이며, 또 그러한 한에서만 자기의식은 타자로부터 자립적 대자 존재로 승인받을 수 있다.

그런데 자기의식의 행위는 지금까지 서술한 바와 같이 내적으로 이중적인 의미를 지니고 있을 뿐만 아니라 그것이 "불가분 **한쪽의 행위**이자 또한 **타자의 행위**"라는 점에서 필히 상호적이라는 의미의 이중성도 지니고 있다.(『정신현상학 1』, 222/Phä, 147)

그런데 다른 자기의식과의 관련 속에서 행해지는 이러한 자기의식의 운동은 이런 식으로는 다만 **한쪽 편의 행위**로만 표상된 것이다. 그러나 이 한쪽 편의 행위는 그 자체가 **자신의 행위**이자 또한 **타자의 행위**라는 이중의 의미를 지닌다. 왜냐하면 타자 역시 자립적이고 자기 완결적이며, 그 자신 속에 있는 것은 모두 스스로 이룬 것이기 때문이다. 한쪽의 자기의식은 처음에 단지 욕망에 대한 대상에 불과했던 그런 대상을 눈앞에 두고 있는 것이 아니라 대자적으로 자립적인 대상과 마주하고 있는 것이고, 따라서 자기의식이 이 대상에 행하는 바를 대상이 자기 자신에게서 행하지 않는 한 자기의식은 스스로를 위해 이 대상에 대해 아무것도 할 수 없다. 그러므로 이 운동은 전적으로 두 자기의식이 행하는 이중적 운동이다. 각각의 자기의식은 자기가 행하는 바를 **타자**도 행하는 것을 본다. 각자는 자신이 타자에게 요구하는 바를 스스로 행하며, 따라서 **오로지** 타자가 그와 똑같은 것을 행하는 한에서만 자기가 하는 바를 행한다. 일방적인 행위는 아무 소용이 없을 것이다. 왜냐하면 일어나야 할 일이 오직 양자를 통해서만 이루어질 수 있기 때문이다.(『정신현상학 1』, 221 이하/Phä, 146 f.)

자기의식은 자신을 비추어볼 수 있는 거울을 오직 타자의 자기의식 속에서 갖는다. 그런데 타인과의 만남은 한낱 죽은 사물과의 부딪침, 그저 나를 수동적으로 되비춰주는 거울 앞에 서는 것이 아니다. 타자의 자기의식은 나의 자기의식과 마찬가지로 그 자체가 고유한 중심점과 초점을 가지고 있는 주체이다. 그리고 타자의 자기의식 속에서 자신을 비추어보는 나의 자기의식이 또한 역으로 타인의 자기의식이 그 자신을 비추어보는 거울이 된다. 그렇기 때문에 한쪽은 그가 다른 쪽에게 요구하는 바에 상응하여 동시에 자기 자신을 자발적으로 변화시키지 않고서는 다른 쪽을 변화시킬 수 없다. 그렇게 하지 않으면 그가 애초에 의도했던 바인 자기 자신을 바라보는 일(자기 직관, 자기 확신)이 불가능해진다. 여기서는 두 개의 능동적인 거울이 서로 자신의 초점을 동시에 상대방에게 맞추는 일이 요구된다. 한쪽만의 일방적인 행위는 그것이 일방적인 자기주장이건 또는 일방적인 자기 부정이건 간에 '아무 소용이 없을 것'이다.

'주인과 노예의 관계', 폭력적 지배 관계, 타인을 수단화하는 관계 등이 양자의 정신적 통일을 형성하는 데에 실패할 수밖에 없는 까닭은 그것이 승인 개념이 요구하는 평등한 상호성의 원리를 충족시키지 못하기 때문이다. 승인은 그 원리상 두 자립적 자기의식들이 동등한 권리를 지닌 존재로서 대칭적으로 참여하는 호혜적 관계로서만 가능하다. 바로 이런 의미에서 헤겔은 "그들은 **서로를 승인하는 존재**로서 서로 **승인한다**"고 말한다.(『정신현상학 1』, 224/Phä, 147)

승인 운동의 실현 과정: 승인 투쟁

이상과 같이 '승인의 개념'을 먼저 서술한 후에 헤겔은 이제 어떻게 그와 같은 승인 개념이 행위자인 자기의식 자신에 의해 대자적으로 실현되는지를 현상학적 방법으로 묘사한다. 행위자의 관점에서 보면 자기의식이 자기동일성을 객관적으로 입증할 수 있기 위해서는 타인과의 관계가 필수적이라는 점은 이미 자각했지만 아직 상호 승인을 통해 타인과의 상호주관적 동일성을 대자적으로 구현한 것은 아니기 때문이다.

다른 대자적 자기의식과 처음 대면하는 순간 자기의식은 아직 욕망의 관점을 벗어나지 못한 채로 있다. 그래서 그에게 타인은 여전히 욕망의 대상이 되는 한낱 사물의 형태로만 주어진다. 그렇기 때문에 타인에 대한 자기의식의 행위 방식은 처음에는 전적으로 지배 지향적이고 전략적이다. 즉 자기의식은 타인을 자신의 의지에 아무런 저항 없이 굴복하고 단지 자신의 욕망을 충족시키기 위한 수단으로 이용되는 무가치한 대상으로 대한다.

그러나 자기의식의 대상인 타인은 한낱 사물적 객체가 아니라 그 자체가 또 하나의 대자적 자기의식이며, 그러한 존재로서 자기의식이 행하는 폭력적 사물화에 저항할 뿐만 아니라 자신의 자립성에 대한 절대적 권리를 주장한다. 나에 의해 장악되지 않는 타인과의 만남으로 인해 나의 절대적 권리 주장은 근본적인 한계에 부딪히게 되며, 타인 역시 그와 똑같은 부자유를 경험한다. 그래서 그 두 자기의식은 어떤 대가를 치르고서라도 훼손된 자신의 무제약적 자기동일성을 회복하려고 시도하게 된다. 그리하여 이제 하나의 내적 총체성을 지닌 개인이 또 다른 총체성으로서의 개인과 대립하게 된다. 이 대립 속에서 각각의 자기의식은 타인에 대해 자신이 절대적으로 자유로운 대자 존재임을 보여주고 입증해야 한다.

처음에 자기의식은 단순한 대자 존재이고 모든 **타자를 자기 밖으로** 배제시킴으로써 자기동일성을 유지한다. 그에게 자신의 본질이자 절대적 대상이 되는 것은 **자아**이다. 그리고 그는 이와 같은 대자 존재의 **직접성** 또는 **존재** 속에서 **개별자**이다. 그에게 타자는 비본질적이고 부정적인 성격을 지닌 대상으로 존재한다. 그러나 이 타자도 자기의식이다. 그리하여 개인이 개인과 맞서 등장한다. […] 물론 각자는 자기 자신에 대해서는 확신하지만 타자에 대해서는 그렇지 않으며, 따라서 자기 자신에 대한 그의 확신은 아직 진리가 되지 못한다. […] 자신을 자기의식의 순수한 추상으로 **서술한다**는 것은 자신이 자신의 대상적 존재 방식에 대한 순수한 부정임을 보여주는 것 또는 자신이 그 어떤 특정한 **현존재**에도 얽매여 있지 않다는 것, 즉 현존재의 보편적 개별성 일반에, 다시 말해 생명에 얽매여 있지 않다는 것을 보여주는 데에 있다. 이러한 서술은 **이중**의 행위, 즉 타자의 행위이면서 또한 자기 자신에 의한 행위이다. 그것이 **타자**의 행위인 한에서 각자는 타자의 죽음을 지향한다. 그러나 여기에는 또한 두 번째 행위, 즉 **자기 자신에 의한 행위**도 현존한다. 왜냐하면 타자의 죽음을 겨냥하는 앞서의 행위는 자기 자신의 생명을 거는 것을 내포하고 있기 때문이다. 그리하여 그 두 자기의식의 관계는 그들이 생사를 건 투쟁을 통해 자기 자신과 서로를 **입증해 보인다**는 것으로 규정된다.— 그들은 이러한 투쟁에 뛰어들 수밖에 없다. 왜냐하면 그들은 자신이 **대자적으로 존재한다**는 자기 확신을 타자에게서도, 그리고 자기 자신에게서도 진리로 고양시켜야 하기 때문이다. 그리고 자기의식에게 본질이 되는 것은 **존재**도 아니고 그가 등장하는 **직접적** 방식도 아니며 또 삶을 영위하는 데에 함몰되어 있는 것도 아니라는 점을 입증해 보이고, 자신에 대해 소멸되는 계기가 아닌 것은 그 무엇도 자신에게 존재하지 않는다는 것, 그리고 자신이 오로지 순수한 **대자 존재**라는 점을 입증해 보일 수 있는 것, 즉 자유를 입증해 보일 수 있는 것은 오직 생명을 거는 길밖에 없다. 한 개인이 생명을 걸지 않았다 하더라도 **법적 인격자**로 인정받을 수는 있다. 그러나 그는 자립적 자기의식으로 승인받은 존재라는 진리에는 도달하지 못한 것이다.(『정신현상학 1』, 224 이하/147 ff.)

자신의 생명을 걸고서 타인에게 자신의 절대적 자유를 입증하려는 행위는 자기의식에게 공연한 허세가 아니라 타인의 존재에 의해 침해받은 자기 확신을 회복하기 위한 불가피한 일이다. 자기의식이 처음에 다른 자기의식을 자신의 자유를 확인하기 위한 사물적 수단으로 대한다는 사실은 승인의 과정이 '투쟁'이라는 부정적 상호 행위의 형식을 매개로 하여 진행될 수밖에 없도록 만든다. 이렇게 헤겔은 상호 승인에 기초한 사회적 통합을 투쟁이라는 부정적 계기를 통해 매개시킴으로써 사회적 분화와 갈등의 문제를 승인 운동의 구성 요소로 통합시키고, 이를 통해 그의 사회 이론을 역동화한다.

자기의식의 본성은 자신을 절대적으로 자유로운 대자 존재로 인식하고 확인하려는 것에 있다. 따라서 이런 자기의식들 간의 상호 관계가 처음에는 투쟁, 그것도 전면적 투쟁이라는 부정적 양식을 띠는 것이 불가피하다.[15] 자신의 무한한 자유를 위해 타자의 자유를 한 치도 용납할 수 없는 두 자기의식은 필연적으로

'삶과 죽음을 건 투쟁' 속에 뛰어들게 된다.

> 따라서 자유는 자기의식적 주체가 자기 자신의 자연성을 존속시키지 않고 또 타자의 자연성도 용인하지 않으며, 오히려 현존재에 대해 무관심하게 직접적인 개별 행위에서 자유의 쟁취를 위해 자기 자신과 타인의 생명을 내걸 것을 요구한다. 따라서 자유는 오직 **투쟁**을 통해서만 획득될 수 있다. 자유롭다고 말하는 확언만으로는 불충분하다. 이 시점에서는 인간이 자기 자신과 타인을 **죽음의 위험**에 빠뜨리는 것을 통해서만 자신의 자유 능력을 입증할 수 있다.(E, § 431 Z.)

투쟁하는 자기의식이 지향하는 목표는 (홉스가 생각한 자연 상태에서의 인간처럼) 단순한 자기 보존이 아니라 타인으로부터 승인받는 것이다. 그러나 그가 투쟁 속에서 염두에 두고 있는 것은 다만 그 무엇에도 구속받지 않는 절대적 자립성, 자신의 '부정적 자유'뿐이다. 따라서 그가 취할 수 있는 가장 철저한 태도는 자기 자신의 육체와 삶을 포함한 모든 개별적 현존재에 대한 절대적 부정, 즉 자신의 순수한 대자 존재를 위해 주저 없이 죽음을 감수하려는 것이다. 죽음은 "승인을 위한 투쟁에서 자유에 대한 절대적 증명"이기 때문이다.(E, § 432 Z.) 자신의 자유를 위해 자기를 죽음의 위험에 내맡기는 행위는 욕망하는 자기의식을 아직 속박하고 있던 개별적 현존재에 의한 제약으로부터 자기의식을 해방시키는 긍정적인 역할을 한다. 타인의 죽음을 지향하는 부정적 행위는 동시에 자기 자신의 죽음, 즉 자신의 자연적 개별성의 지양을 견인한다.

그런데 삶과 죽음을 건 투쟁에서 자신의 생명에 집착하여 자유를 포기하는 자는 스스로를 타자에 의존하는 현존재로 고착시킴으로써 비자립적 자기의식, 즉 노예가 된다. 반면에 그에 맞서 죽음을 무릅쓰고 자신의 대자 존재를 끝까지 고수하여 관철시키는 자는 자립적 자기의식, 즉 주인이 된다. 이렇게 해서 지배와 예속의 관계가 형성되는데, 이와 더불어 한쪽의 자기의식(노예)에 의해 다른 한쪽의 자기의식(주인)이 자유로운 대자 존재로 승인받음으로써 승인 투쟁이 일단락된다.[16]

생명은 자유 못지않게 본질적인 것이므로, 처음에는 투쟁하고 있는 어느 한쪽이 생명을 선호하여 자신을 개별적 자기의식으로 보존하는 대신 승인받는 것을 포기하는 반면 다른 한쪽은 자기 관련을 고수하여 굴복하는 자인 전자로부터 승인받는다는 불평등을 수반한 **일방적인** 부정으로 투쟁이 종결된다.─**지배와 예속의 관계.**(E, § 433)

주인과 노예의 변증법

지배와 예속의 관계에서 자기의식이 추구하는 '자기 확신의 진리'는 처음에 주인 편에 있는 듯이 보인다. 그러나 자신의 절대적 자유를 배타적으로 주장하여 타자로부터 승인을 획득한 주인도 실은 자유를 포기하고 목숨을 구걸한 노예만큼이나 승인의 개념을 실현하지 못한다. 나와 맞서던 타자의 죽음이나 또는 주인과 노예의 관계는 타자로부터 승인받기 위해 투쟁하던 자기의식의 내적 모순을 해소하기는커녕 오히려 확대 재생산할 뿐이기 때문이다. 오직 자기 자신만을 위해 존재하는 자기의식은 타자를 부정하고 지배하는 부정적 행위를 통해 오히려 그가 의도했던 목적의 실현을 스스로 봉쇄한다.

즉 주인의 부정적 행위를 통해 죽거나 노예로 전락한 타인은 모든 인격성을 박탈당하게 되는데, 이와 같이 한낱 사물적 존재로 전락한 '비본질적 자기의식'으로부터 정신적 승인을 얻고자 기대하는 것은 무가치하고 부조리한 일이다. 주인과 노예의 일방적인 관계에서는 주인도 노예도 투쟁하는 자기의식이 본래 추구했던 '승인받은 존재'에 도달하지 못한다. 지배와 예속의 관계가 승인 투쟁을 최종적으로 해소시키지 못하고 좌초할 수밖에 없는 이유는 그것이 승인 개념에 의해 요구되는 평등의 원리를 충족시키지 못하는 비대칭적인 관계이기 때문이다.

그러나 진정한 승인에 이르기에는 주인이 타자에 대해 행하는 바를 자기 자신에 대해서도 행하고 또 노예가 자신에 대해 행하는 바를 타자에 대해서도 행해야 한다는 계기가 아직

결여되어 있다. 이로써 일방적이고 불평등한 승인이 발생한
다.(『정신현상학 1』, 229 이하/Phä, 152)

지배와 예속이라는 불평등하고 불완전한 관계의 극복은 지배
하면서 향유하는 주인의 편에서가 아니라 오히려 주인에게 봉
사하면서 노동하는 노예의 편에서 일어난다. 노예의 자기의식
은 처음에는 다른 자기의식과의 관계에서 비자립적이고 비본질
적인 측면으로 전락했지만, 그 발전 잠재력에서는 오히려 자기
의식의 진리를 내포하고 있다.

생사를 건 투쟁 속에서 자신을 자립적 대자 존재로 입증하고
승인받았던 주인은 노예에 의해 미리 마련된 사물을 단지 '향
유'하기만 함으로써 이미 극복되었던 욕망의 입장으로 퇴행하
여 고착되고 만다. 반면에 주인에게 봉사하는 노예는 현존재 일
체를 뒤흔들어 해체시키는 '죽음에 대한 공포', 그리고 욕망을
유보하고 자존감과 보편성을 회복시키는 '노동'을 통해 그를 노
예가 되도록 만들었던 자연적 현존재에 대한 집착과 의존에서
벗어나 자유로운 자기의식으로 도야된다. 향유하는 주인은 단
지 자신만을 위한 존재(대자 존재)로서 존재한다. 반면에 노동
하는 노예는 즉자 대자적인 대자 존재로 발전한다.

노예가 자기 자신의 개별성이 지닌 배타적 이해 관심이 아
니라 주인을 위해 노동하면서 그의 욕망은 어느 한 **그 사람**만

의 욕망이 아니라 동시에 **다른 사람**의 욕망도 포함하는 **확장된 폭**을 얻게 된다. 이를 통해 노예는 그의 자연적 의지가 지녔던 자기중심적 개별성을 넘어 스스로를 고양시키고, 그러한 한에서 자신의 이기욕에 사로잡혀 있으면서 노예에게서 오직 자신의 직접적 의지를 직관하면서 부자유한 의식으로부터 형식적인 방식으로만 승인을 받은 주인보다 가치상 더 우위에 서게 된다. 노예가 지녔던 이기욕의 속박은 참된 자유의 **시작**을 이룬다.(E, §435 Z.)

이에 따라 자립적 의식의 진리는 노예의 의식에게 있다. 노예의 의식이 처음에는 자기 밖에 있고 자기의식이 진리가 아닌 것처럼 보인다. 그러나 지배의 본질이 원했던 것과는 반대되는 것으로 전도되는 데에 있다는 점을 보여주었듯이, 예속 역시 그것이 완수되면서 오히려 그것의 직접적인 상태와 정반대가 된다. 즉 예속은 자기 내로 되밀쳐진 의식으로서 자기로 되돌아가면서 참다운 자립성으로 전도된다.(『정신현상학 1』, 230/Phä, 152)

이와 같이 노예가 스스로 자유를 쟁취하는 것과 더불어 주인의 편에서도 그에 상응하는 '의식의 전환'이 일어난다. 주인은 자신이 사물로 도구화했었던 노예가 자유로운 자기의식으로 해방됨으로써 비로소 그 자신도 진정으로 승인받은 존재가 될 수 있다는 점을 깨닫는 것이다. 그리하여 지배와 예속의 관계에서는 노예에게만 일방적으로 강요되었던 자기 지양을 이제는 주인도 수행하게 되면서 양자에게서 탈(脫) 자아 중심화가 이루어진다.

이런 이중적 상호 지양을 통해 비로소 주인과 노예는 서로 자유로운 타자 속에서 자유로운 존재로서의 자기 확신을 회복하게 된다. 주인의 자기의식과 노예의 자기의식 양자가 모두 승인 투쟁을 통해 자신이 처음에 고집했던 배타적 개별성으로부터 자신을 해방시키고 그들의 자립성을 상호 구성하면서 서로 간의 보편적인 동일성을 형성한다. 그들은 서로를 자립적 대자 존재로 승인하면서 그런 자립적 대자 존재에게서 서로 자립적 대자 존재로 승인받는다.

노예와 마주 섰던 주인은 아직 진정으로 자유롭지 못하다. 왜냐하면 그는 타자 속에서 전적으로 자기 자신을 볼 수 없었기 때문이다. 따라서 노예의 해방을 통해서 주인도 비로소 자유롭게 된다.(E, § 436 Z.)

자기의식의 대자적 실현, 보편적 자기의식

이와 같은 치열한 승인 투쟁의 과정을 거치면서 자기의식이 깨닫게 되는 점은 두 가지이다. 첫째로 그가 추구하는 절대적 자립성은 현존재(그리고 그 총체인 삶) 밖에서가 아니라 바로 현존재 안에서 구체적으로 실현되어야 한다. 둘째로 자신이 자유로운 대자 존재로 승인받기 위해서는 타인에 대한 자기중심적 행위 방식을 지양하고 타인을 자신과 동등한 권리를 지닌 자유로운 존재로 승인해야 한다.

이러한 경험을 통해 자기의식은 마침내 승인 개념을 대자적으로 실현한 '보편적 자기의식'으로 고양된다. 보편적 자기의식은 자신의 자기 이해 속에서 동시에 타인의 정당한 요구와 이해를 고려한다. 그뿐만 아니라 보편적 자기의식은 자유로운 타자 속에서 자신을 자유로운 대자 존재로 구성하고 자신과 타인을 이러한 상호주관적 통일로 인식한다. 승인 투쟁, 그리고 지배와 예속의 관계라는 고통스러운 학습 과정을 통해서 자기의식은 자립적 타자 속에서 자기 자신을 자립적 주체로 구성하는 상호성을 자각하게 되는 것이다.

보편적 자기의식은 타자의 자기 속에서 자기 자신에 대한 긍정적 인식이다. 이들 각자는 자유로운 개별성으로서 **절대적 자립성**을 갖지만, 자신의 직접성 내지 욕구의 부정을 거치면서 타인과 구별되지 않게 되고 보편적이고 객관적으로 된다. 그들은 자유로운 타인 속에서 자기 자신을 승인받은 존재로 인지하고 있고 또 그가 타인을 승인하고 자유로운 존재로 인지하는 한에서 자기 자신을 승인받은 존재로 인지하는 그러한 상호성으로서의 실재적인 보편성을 지닌다.(E, §436)

보편적 자기의식은 그가 자유로운 타인에 의해 자유로운 존재로 승인받았다는 점과 또한 오로지 자유로운 존재로 승인받은 타인의 승인을 매개로 해서만 자신이 진정으로 자유로운 대자 존재가 될 수 있다는 점을 알고 있다. 이와 같이 보편적 자기의식들이 서로를 자유로운 존재로 승인하면서 승인받고 있는 상태가 바로 "나는 **나를** 반성하면서 동시에 **타자를** 반성하고 또 역으로 내가 나를 **타자와** 관련시킴으로써 직접적으로 나를 **나 자신**에게 관련시키는 보편적 자유의 상태", 참된 '긍정적 자유'의 상태이다.(E, § 436 Z.)

더 나아가 상호 승인을 통해 두 자기의식은 "그들 **모두에게** 귀속되는 **자유에** 대한 의식과 이를 통해 그들 **서로 간의 특정한 동일성에** 대한 직관"에 도달한다.(E, § 436 Z.) 즉 상호 승인은 개별적 존재인 내가 개별적 존재인 타인을 승인하고 그로부터 승인받는 개인적 차원의 승인만이 아니라 동시에 두 참여자가 서로를 승인함으로써 공동으로 창출하고 공유하는 보편성에 대한 승인이기도 하다. 승인 운동의 관건이자 목표는 이기적 개별성의 부정을 통한 보편적 동일성의 자율적 형성이다. 개별자들은 서로를 보편적 자기의식으로 승인하는데, 이 보편적 자기의식은 자신을 자유로운 존재로 구성하는 일이 다른 자유로운 존재와의 상호 연대 속에서만 가능하다는 점을 알고 있고 또 이에 따라 행위 하는 인륜적 자기의식이다.

이런 보편적 자기의식이 지닌 자유가 "가족, 조국, 국가 같은 모든 본질적인 정신성의 **실체**, 그리고 사랑, 우애, 용맹성, 명예, 명성과 같은 모든 덕들의 **실체**", 한마디로 "인륜성의 실체"를 이루며, 그것이 바로 헤겔의 실천철학을 구성하는 근본 원리가 된다.(E, §436 A. 및 Z.) 그리고 이러한 상호주관적 · 인륜적 자유 안에서 자기의식의 자기 확신이 객관적 실체성을 획득하면서 완성되는 것이다.

관찰자인 **우리에게** 이미 **개념**으로 형성되어 있는 이 목표, 즉 타자의 자유로운 자기의식 속에서 자기 자신을 확신하고 바로 거기에서 자신의 진리를 지니는 승인받은 자기의식을 실재하는 것으로 받아들여서 아직 내면적인 이 정신을 현존재로 뻗어나간 실체로 들어올릴 때 **인륜성의 왕국**이라는 개념이 개시(開示)된다. 인륜성이란 다름 아니라 개인들이 자립적인 **현실성**을 갖는 가운데 그들의 본질이 절대적인 정신적 **통일**을 이루는 것이다. 그것은 그 자체로 보편적인 자기의식으로서, 이러한 보편적 자기의식은 타인의 의식이 완전한 자립성을 갖고 그에게 하나의 사물이 되는 방식으로 타인의 의식 속에서 스스로에게 현실적으로 되면서도 또한 이때 이 다른 의식과의 **통일**을 자각하고 또 바로 이런 대상적 존재와의 통일 속에서 비로소 자기의식이 되는 것이다.(『정신현상학 1』, 370/Phä, 264)

헤겔은 그의 『법철학』에서 '법의 개념'을 '자유의 규정이자 현존재'라고 정의하면서, 이와 같은 "법의 개념은 그 **생성**이라는 측면에서는 법에 관한 학문의 영역 밖에 속하며, 그 연역은 여기서는 전제되어 있어서 법의 개념을 이미 **주어져 있는 것**으로 받아들여야 한다"고 말한다.(『법철학』, § 2) 즉 『법철학』을 구성하는 규범 원리는 『법철학』 자체 내에서는 더 이상 주제화되지 않고 그 발생적 정당화가 『법철학』에 선행하는 체계의 어느 부분에서인가 이미 완결되어서 전제되고 있다는 것이다. 헤겔이 『법철학』 이전의 체계 그 어느 곳에서도 법의 개념을 명시적으로 다루지 않기 때문에 법의 규범 원리가 생성되는 장소가 과연 어디인지는 쉽게 단정할 수 없다. 그러나 앞의 논의를 통해서 헤겔의 실천철학의 근본적 규범 원리가 잉태되는 곳은 다름 아니라 보편적 자기의식, 인륜적 자유, 정신의 개념이 탄생하는 곳이기도 한 「자기의식」 장이라는 점을 알 수 있다.[17]

헤겔의 자기의식 이론은 첫째로 주관적 의식에 관한 이론이다. 그것은 어떻게 개별적 자기의식이 그 추상적 직접성을 극복하고 충만한 자기동일성을 획득한 성숙한 자기의식으로 스스로를 완성해나가는가 하는 의식의 발전 과정을 경험하는 의식의 관점에서 서술한다. 그러나 둘째로 주관적 자기의식의 성공적인 자기 구성을 위해서는 자유로운 타자와의 상호 승인의 관계가 필수적임을 논증한다는 점에서 헤겔의 자기의식 이론은 동시에 상호주관성의 형성에 관한 이론이다. 여기서 나와 타자, 개인의 주관성과 사회적 상호주관성, 개체화의 과정과 사회화의 과정은 하나의 통일된 변증법적 운동 속에서 동근원(同根源)적이고 상관적으로 파악된다. 셋째로 헤겔의 자기의식 이론은 규범 원리의 정초 이론이기도 하다. 그것은 헤겔의 철학 체계 내에서 실천철학을 위한 보편적 규범 원리를 발생학적으로 제시하고 정당화하는 역할을 담당한다. 그리하여 그것은 기존의 자연법이나 사회계약론을 대체하는 이성법의 토대를 제공한다.

인륜성의 근대적 회복을 꾀한 헤겔의 『법철학』

법과 인륜성

헤겔은 자유, 더 정확히 말하자면
즉자대자적인 자유의지를 법의
근거이자 절대적 출발점으로 삼는다.
법이란 "자유의 규정이자 현존재"이다.

헤겔의 완숙한 실천철학을 담아낸 『법철학』

헤겔이 자신의 손으로 출판한 마지막 저서인 『법철학』은 후기 헤겔의 주저인데, 여기에는 헤겔의 완숙한 실천철학이 집대성되어 있다. 체계상으로는 『법철학』이 단지 「정신철학」 중에서 '객관 정신'의 내용을 이루는 일부분이지만 헤겔의 전체 철학 체계에서 그것이 지니는 중요성은 그 어떤 다른 부분도 능가한다.

첫째로 헤겔 철학의 발전사라는 측면에서 실천철학은 늘 그의 사상의 중심에 자리 잡고 있었다. 그래서 헤겔에게서 『법철학』은 플라톤에게서 『국가』가 지니는 의미에 비견할 만하다. 청년 시기 헤겔의 사상은 격동의 시대인 당대가 던진 실천적인 문제들에 대한 고심과 숙고 속에서 형성되었으며, 그의 이론철학은 바로 이런 실천적인 문제들의 엄밀한 파악과 해결을 학문적으로 모색하면서 발전하기 시작했다. 예나 초기의 초고인 『자연법』과 『인륜성의 체계』에서 실천철학이 이론철학을 자신 안에 포섭하면서 그 자체로 전체 철학 체계를 구성하게 된 것도 이런 실천적 관심에서 연유한다.[1] 물론 헤겔이 그 후에는 철학 체계를 「논리학」, 「자연철학」, 「정신철학」으로 분류하고 실천철학을 정신철학의 일부로 편입시키면서 초기의 체계 구상을 포기하지만, 헤겔의 후기 철학에서도 『법철학』은 여전히 특별한 지위를 유지한다.[2]

둘째로 영향과 수용의 역사라는 관점에서도 『법철학』은 헤겔의 다른 어떤 저서와도 비교할 수 없는 넓고 깊은 흔적을 남겼다. 출판 직후부터 현재에 이르기까지 이 저서는 극도로 치열한 대립적 논쟁을 야기했으며, 또 그만큼 이 저서에 대한 해석과 평가도 지극히 다양하고 분분하다. 심지어 『법철학』의 복잡한 수용사 자체가 이제는 학문적 연구의 흥미로운 소재가 되었고, 『법철학』에 대한 이러저러한 오해를 바로잡는 것이 헤겔 연구자들의 중요한 과제 중의 하나가 되었을 정도이다. 헤겔 사후 헤겔학파가 이른바 '헤겔 정통파', '헤겔 좌파', '헤겔 우파'로 분화되는 것도 종교에 대한 태도와 더불어 『법철학』을 둘러싼 철학적·정치적 입장의 차이에 주로 기인한다.[3]

이번 장과 이어지는 다음 두 장에서는 헤겔의 철학 체계에서 '객관 정신'의 내용을 이루는 『법철학』, 그리고 체계상 법철학의 일부로 편입되어 있는 『역사철학』을 살펴볼 것이다. 특히 이번 장에서는 ① 『법철학』의 체계적 위치, ② 헤겔적 의미에서 법의 개념, ③ 『법철학』의 전체적인 구성, ④ 인륜성의 개념 등을 중심으로 『법철학』의 목적과 의의를 해명하려고 한다. 「인륜성」 장 중에서 늘 초미의 관심거리가 되고 있는 시민사회와 국가에 관한 논의는 그 중요성에 걸맞게 다음 장에서 독립적으로 다루어질 것이다.

『법철학』은 헤겔의 여러 난해한 저작들 가운데서 그나마 상당한 대중성을 누리는 책이다. 그것은 이 저서가 다루고 있는 대상이 우리에게 제법 친숙한 구체적인 경험 현상들이나 사회 제도들이어서 헤겔 철학의 다른 사변적 범주들과는 달리 비교적 쉽게 접근할 수 있기 때문일 것이다. 그러나 『법철학』을 둘러싸고 벌어지는 광범위한 학문적·정치적 논란에서도 알 수 있듯이 이 저서는 실은 헤겔의 그 어떤 다른 저작보다도 오히려 정확하게 이해하기가 쉽지 않다. 그래서 우리는 이 장에서 '헤겔의 『법철학』이 의도하는 바가 과연 무엇인가?'라는 근본적인 질문에 논의의 초점을 맞출 것이다.

『법철학』의 체계적 위치

『법철학』이 속하는 객관 정신의 철학은 주관 정신의 철학에 뒤따르며, 따라서 주관 정신의 마지막 단계인 '자유로운 정신'을 그 출발점으로 삼는다. 자유로운 정신이란 이론적 정신(지성)과 실천적 정신(의지)의 통일로서 "자신이 자유롭다고 알고 있고 스스로를 이와 같은 자신의 대상으로 의욕 하는 정신, 다시 말하면 자신의 본질을 자신의 규정과 목적으로 삼고 있는 정신"을 말한다.(E, § 482) 그런데 "자유가 현실적이라는 것은 이성의 절대적인 목적"이므로, 이러한 '자신의 자유를 의욕 하는 의지'는 필연적으로 내면의 주관성을 넘어서 자신의 자유에 현실적인 객관성을 부여하고자 한다.(『법철학』, § 258 Z.)

이런 정신의 본성에 따라 주관 정신은 객관 정신으로 이행하면서 이제 객관 정신의 내용을 이루는 『법철학』의 고유한 지평이 펼쳐진다. 주관 정신의 영역에서 자유로운 정신의 내부적 형성이 이루어졌다면, 객관 정신의 영역에서는 그렇게 이미 형성되어 있는 자유로운 정신이 스스로를 대상적으로 현실화하는 것, 자유의지가 자신의 자유 개념을 객관적으로 실현하는 것이 문제가 된다.

자유로운 정신의 절대적 규정, 달리 말하면 그의 절대적 충동이란 의지가 즉자적으로 그것인 바가 대자적으로, 즉 이념으로 되기 위해 정신의 자유가 곧 자신에게 대상이 되는 것이다. 이때의 자유는 정신 자체의 이성적 체계라는 의미에서만이 아니라 또한 이 체계가 곧 직접적 현실이라는 의미에서도 객관적이다.(『법철학』, §27)

자유의 **이념**에는 의지가 자신의 **개념**, 즉 **자유 자체**를 자신의 내용이나 목적으로 만든다는 것이 속한다. 의지가 이를 행할 때 **객관** 정신이 되면서 스스로에게 자신의 자유의 세계를 건설하고, 그리하여 자신의 참된 내용에 자립적 현존재를 부여한다. 그러나 의지는 오직 자신의 개별성을 조탁하여 개별성 속에서는 단지 **즉자적**으로만 존재하는 자신의 보편성을 **즉자대자적으로** 보편적인 내용으로 발전시킴으로써만 이러한 목표에 도달할 수 있다.(E, §469 Z.)

『법철학』이 자유로운 정신의 자유의지를 출발점으로 삼는다는 전제는 객관 정신이 헤겔의 철학 체계에서 차지하는 위치에 비추어볼 때 적어도 체계 논리상 큰 어려움을 주지 않는다. 그런데 『법철학』은 그 외에도 『법철학』 내에서는 더 이상 주제화되지 않지만 이에 대한 해명 없이는 『법철학』을 올바로 이해할 수 없는 여러 숨은 전제들을 가지고 있다. 그중에서 지금 우리의 논의에 중요한 것은 다음의 두 가지이다.

그 하나는 방법론적인 문제인데, 『법철학』은 그것의 전반적인 서술을 위한 형식적인 절차를 제공해줄 뿐만이 아니라 법의 여러 형태와 규정들을 분류하고 그것들 사이의 선차성과 이행의 필연성을 담보해주는 학적 방법론으로서 사변적 논리학을 전제한다는 것이다. 『법철학』의 내용이 규범적 타당성을 지닌다는 것에 대한 보증은 오직 그것이 법개념의 엄격한 논리적 전개에 의거하여 구성된다는 데에 있다.

여기서는 하나의 소재에서 다른 소재로 진척하고 학적으로 증명하는 철학적 방식, 즉 이런 사변적 인식 방법 일반이 여타의 다른 인식 방법과 본질적으로 구별된다는 사실이 전제되어 있다. […] 나는 이미 『대논리학』에서 사변적 지(知)의 본성에 대하여 상세하게 개진한 바 있다. 따라서 이 요강에서는 그 진행 과정과 방법에 대한 설명을 다만 간간이 덧붙여놓았을 따름이다. 여기서 다루어지는 대상은 구체적이고 또 그 자체가 너무나 다양한 성질을 가진 것이어서 모든 개개의 문제마다 그 논리적 진행을 증명하거나 부각시키는 일이 부득이 등한시될 수밖에 없었다. 물론 학적 방법에 이미 친숙해져 있음을 전제로 한다면 이런 일이 불필요하다고 여겨질 수도 있겠고 또한 이 책을 구성하는 전체와 그 분지(分枝)의 형성이 논리적 정신에 기초하고 있음은 자명하게 드러날 것이다. 나도 바로 이와 같은 측면에서 이 논고가 파악되고 평가되기를 간곡히 바라는 바이다.(『법철학』, 16 이하/Rph, 12)

법철학은 '철학적 법학'으로서 엄연히 철학의 한 분과이고, 그러한 한에서 다른 모든 분과 학문들과 마찬가지로 이념(여기서는 자유의 이념)의 논리적 전개에 따라 서술되어야 한다. 철학적 법학은 이런 논리적 서술 방법에서 그 학적 타당성과 규범적 구속력을 확보한다. 바로 이 점이야말로 무엇이 법규정에 부합하는 합법적인 것인가를 형식 논리에 맞춰 따지거나 또는 기껏해야 권력이나 관습이나 전통의 권위에 기대는 실증법학과, 무엇이 정당한 법이고 "그 모든 증거와 증명이 있은 연후에도 법규정이 과연 **이성적**인가"를 비판적으로 묻는 철학적 법학의 본질적인 차이이다.(『법철학』, §212 A.)4

헤겔에 따르면 어떤 법규정에 대한 "즉자 대자적 정당화"란 오직 논리적인 "개념으로부터의 전개"에 있다.(『법철학』, §3 A.) 그런데 문제는 논리적 사유 규정들이 구체적으로 어떻게 『법철학』의 논변 전개에 적용되는지가 불명확하고 헤겔 자신도 이에 대해 막연한 암시에 머물고 있다는 데에 있다. 이 점은 우리가 제1장에서 논리학과 실재철학의 관계와 관련하여 이미 지적했고 또 위의 인용문에서도 다시 한 번 확인할 수 있다. 개념의 자기 운동에 따라 전개되는 헤겔의 철학에서는 방법과 내용이 일치하므로『법철학』의 구조 논리와 서술 방법에 대한 이해의 차이는 곧바로 그 내용에 대한 이해의 차이로 귀착된다. 헤겔의『법철학』에 관한 문헌들을 한 번 둘러보면 이 저서가 얼마나 상이하게, 때로는 극단적으로 상반된 시각에서 해석되는지를 금방 알 수 있다. 그런데『법철학』을 둘러싼 논쟁의 상당 부분은 그 방법론 또는 그것에 대한 이해의 불명료성에서 기인하는 바가 크다.

두 번째 숨은 전제는『법철학』의 내용적 기반과 관련된 것이다. 그것은 바로 앞의 제6장에서도 간략하게 언급했는데『법철학』에서의 법개념이 승인 투쟁을 성공적으로 완결하여 그 결과로 생성된 '승인받은 존재'의 '보편적 자기의식', 다시 말해 강한 상호주관성을 그 발생 근거이자 규범 원리로 전제하고 있다는 점이다. 이 문제에 대해 헤겔이『법철학』에서 명확하게 밝히지 않고 있고 또 법의 최초 형태로 제시되는「추상법」에 관한 장에서 상호주관성의 원리가 사상되거나 심지어 결여되어 있는 듯이 보이기 때문에 이 전제가 곧잘 간과되곤 한다. 그러나 이 전제는『법철학』을 올바로 이해하는 데에 필수불가결한 기반이다. 그리고 헤겔 자신도 비록 산발적이나마 여러 군데에서 그의 법철학이 보편적 상호주관성과 사회적 승인의 상태를 전제하고 있다는 점을 암시한다.

　법, 그리고 법학의 시초를 이루는 자유로운 의지의 입장은
인간이 자연적 존재로 또는 한낱 즉자적으로 존재하는 개념
으로 있는 탓에 노예가 될 수도 있는 그런 참되지 못한 입장을
이미 초월하고 있다. 이처럼 초기에 나타난 노예 제도라는 참
되지 못한 현상은 아직 한낱 의식의 입장을 취하고 있는 그런
정신에 해당한다. 여기서는 아직 자유의 개념과 이 자유에 대
한 이제 겨우 직접적인 의식의 변증법이 **승인 투쟁** 및 **지배와 예
속**의 관계를 조성할 따름이다.(『법철학』, § 57 A.)

　시민사회와 국가에서는 승인 투쟁의 결과를 이루는 것, 즉
승인받은 존재가 이미 현존한다. 국가가 **폭력**을 통해 **발생**할 수
있을지는 모르지만 폭력에 기반을 두는 것은 아니다. [⋯] 국
가에서는 민족의 정신, 관습, 법률이 지배하는 것이다. 여기서
는 사람들이 **이성적인** 존재, **자유로운** 존재, 인격자로 승인받고
또 그렇게 대우받는다. 또한 개인도 그의 자기의식이 지닌 자
연성을 극복하여 **보편적인 것**, **즉자 대자적으로 존재하는 의지**, 법
률에 복종하며, 따라서 타인들에 대해 **보편타당한** 방식의 태도
를 취하고 그 자신이 그렇게 간주되기를 바라는 그런 존재로,
즉 자유로운 존재, 인격자로 타인들을 승인한다. 그럼으로써
개인은 자기편에서도 자신을 그와 같은 승인을 받을 만한 가
치가 있는 존재로 만든다.(E, § 432 Z.)

헤겔에게 법 일반의 근원은 보편적 의지가 지닌 상호주관적 자유에 있다. 그리고 이 원리는 많은 논란이 일고 있는 「추상법」 장에 관해서도 유효하다. 여기에서도 헤겔은 객관 정신의 한 가지 형태로서 추상법에 "승인의 계기가 그 안에 이미 내포되어 있고 선제되어 있다"고 분명히 말한다. "자유가 **현존재**를 지니게 되는 고유하고 참다운 지반", 즉 법의 진정한 토대는 고립된 개인의 주관적 의지가 아니라 상호주관적인 "의지와 의지 사이의 관계"라는 것이다.(『법철학』, §71 및 A.) **"하나의 인격자가 되어라. 그리고 타인을 인격자로서 존중하여라"**라는 "법의 명령"은 이미 그 안에 상호주관성을 원리로 명확하게 담지하고 있다.(『법철학』, §36)

『법철학』이 밝혀낸 자연법의 진면목, 바로 이성법

『법철학』의 본래 제목은 『법철학 개요 또는 자연법과 국가학 강요』(*Grundlinien der Philosophie des Rechts oder Naturrecht und Staatswissenschaft im Grundrisse*)이다. 제목에서도 알 수 있듯이 『법철학』은 규범학 일반으로서 좁은 의미의 법론(法論)만이 아니라 덕론(德論), 그리고 당시 '국가학'이라고 통칭되는 사회제도론과 정치경제학, 국제관계론 등도 포괄하고 있다. 그런데 이 제목에서 유의할 것은 헤겔이 여전히 '자연법'이라는 고전적인 용어를 사용하고 있다는 점이다. 이 때문에 『법철학』에서 헤겔이 아직까지도 자연법의 전통을 계승하고 있고 『법철학』은 또 하나의 자연법 체계인 것처럼 여겨질 수 있다. 이런 생각은 일부는 옳고 일부는 그르다. 헤겔의 철학적 법학은 고전적 자연법에 대한 비판이자 동시에 그것을 근대적 조건 아래에서 혁신하여 재건하려는 시도이다.

사실 '자연법'은 매우 다의적인 개념이다. 일반적으로 자연법(physis)은 '자연의 법칙' 또는 '자연스러운 법도'를 뜻하고, 그러한 것으로서 실정법처럼 인위적으로 제정된 법(인간법, nomos)과 구분된다. 즉 자연법은 인간의 의지에 따른 입법에 앞서 (최소한 잠재적으로라도) 이미 주어져 있는 규범이다. 더 나아가 인간법이 시대에 따라 변천하는 일시성과 역사 제한성, 그리고 각 문화 공동체마다 그 내용이 다른 문화적 상대성을 갖는 반면에, 자연법은 모든 존재에게 언제나 보편타당한 유효성을 지니고 있고 영원 불변하는 법이다.

실정법만을 유효한 법으로 간주하는 법실증주의자들에 대항하여 자연법의 지지자들은 그와 같은 자연법이 분명 존재할 뿐만 아니라 실정법과의 관계에서 도덕적 구속력의 준거와 근원이 되는 상위의 법이라고 주장한다. 자연법에 어긋나는 실정법은 설사 실효성을 가지고 관철되고 있다 할지라도 그에 대한 복종의 의무가 없는 '불법적인 법'이라는 것이다. 그러나 여기서 말하는 '자연'(Natur)이 무엇이고 그것이 지닌 '법'(Recht)이 무엇인가에 대한 구체적인 규정에 이르러서는 자연법 진영 내부에서도 극히 다양하고 논쟁적인 견해들이 존재한다.

한편으로 헤겔의 『법철학』은 분명 자연법의 전통을 이어받고 있다. 『법철학』은 어떤 특정한 시대의 특정한 국가(예를 들어 당시 헤겔이 몸담고 있던 프로이센 제국)에서 실제로 통용되는 사실적 법에 대한 기술(記述)을 넘어서서 역사적 우연성과 특수성을 초월한 보편타당한 법에 대한 규범적 이론을 제공하려고 하기 때문이다. 실정법의 경우에 "어떤 법규정이 **주변 여건과 현존하는** 법제도에 의거할 때에는 전적으로 **근거 있고 일관된** 것으로 제시되지만 그럼에도 즉자 대자적으로는 부당하고 비이성적일 수 있다."(『법철학』, § 3 A.) 더욱이 법규정에 합목적성을 부여했던 특수한 여건과 법제도가 사라지고 나면 그 법규정도 지금까지 지녔던 의미와 타당성을 모두 상실하게 된다. 『법철학』은 그런 우연하고 가변적인 법규정들의 모음집이 아니다. 헤겔이 말하는 자연법은 바로 '철학적 법학'인데, "**철학적 법학은 법의 이념**, 즉 법의 개념과 그 실현을 대상으로 갖고 있다."(『법철학』, § 1) 이때 법의 개념은 오로지 "이성 규정"을 뜻하며, 우리가 제2장에서 보았듯이 이성은 주어진 경험적 현실에 대해 비판적이다.(『법철학』, § 227 A.)

그러나 다른 한편 헤겔은 그의 『법철학』이 한낱 비현실적인 당위론으로 이해되는 것을 경계한다. 『법철학』이 목표로 하는 것은 법과 국가란 어떠해야 하는지에 대한 도덕적 교훈을 주려는 것이 아니라 법과 국가는 무엇인지를 개념적으로 파악하고 인식하는 일이라는 점을 그는 여러 차례 강조한다. 이런 점에서 헤겔의 철학적 법학은 선험적이고 현실 초월적인 자연법이 아니다.

　　이처럼 이 논고가 국가학을 포함하고 있는 한에서 그것은 **국가를 그 자체로서 이성적인 것으로 파악하고 서술**하려는 시도 이외의 다른 것이 아니다. 철학적 저술로서 이 논고는 국가를 **그 것이 어떠해야 하는가**에 따라 구축하려는 것과는 아예 거리가 멀다. 이 논고가 담고 있는 교훈이 있을 수 있다면 그것은 국가가 어떠해야 하는지를 국가로 하여금 깨닫도록 가르쳐주는 데에 있는 것이 아니라 인륜적 우주인 국가가 어떻게 인식되어야 하는지를 가르쳐주는 데에 있다.

　　"여기가 로도스다. 여기서 뛰어봐라."[5]

　　존재하는 그것(das was ist)을 개념적으로 파악하는 것, 이것이 철학의 과제이다. 왜냐하면 존재하는 그것이 바로 이성이기 때문이다.(『법철학』, 33 이하/Rph, 26)

　그렇다면 도대체 헤겔이 『법철학』에서 서술하고자 했던 것은 무엇일까? 앞에서 우리는 『법철학』이 법의 개념을 주어져 있는 것으로 전제한다는 점을 보았다. 그것은 우리가 살펴본 것처럼 우선 체계론적인 관점에서 법개념의 발생적 정당화가 이미 완결되어 있다는 것을 뜻하기도 하지만 동시에 우리가 제9장에서 좀 더 자세하게 살펴보게 될 다음과 같은 역사철학적 함의도 가지고 있다.

즉 헤겔은 법의 개념이 세계정신의 역사적 발전을 통해 당대의 현실 세계 속에서 이미 실현되어 있고 철학적 법학의 과제는 다만 그런 법의 현실 속에 내재하는 이성을 개념적으로 파악하는 일이라고 믿었다.『법철학』은 그것에 이어지는『역사철학』에서 비로소 다루어지는 대상인 국가와 민족정신의 개념을 발생론적으로 마련한다는 면에서 체계의 서술 순서상『역사철학』의 앞 단계를 형성한다. 하지만 근거이론적인 면에서는 내용상『법철학』이 오히려『역사철학』을 전제하고 있다. 즉『법철학』이 서술하려고 하는 것은 역사의 마지막 단계인 근대 세계, 특히 프랑스 혁명을 통해 표출된 근대적 자유의 질서에서 비로소 현실화된, 그러나 그 원리에 있어서는 영원한 법의 개념이다. 이것이 바로 헤겔이『법철학』의 서문에서 말하는 "내재적인 실체이자 현재적인 영원한 것", "현재의 십자가에 드리워진 장미"이다.(『법철학』, 32 및 35/Rph, 25 f.)[6] 그 장미는 '현실적인 것'의 서술을 통해 주어진 현실을 내재적으로 비판하는 이성적 사유의 전개를 통해 피어난다.『법철학』은 근대의 법현실에 관계하는 기술적(記述的) 학문이면서 동시에 법현실을 비판할 수 있는 영원법의 규범학이고자 한다. 헤겔은 이런『법철학』의 복합적인 목표를 다음과 같이 표현한다.

법과 인륜성과 국가에 관한 진리를 **개념적으로 파악**하고 이미 그 자체로 이성적인 내용으로부터 또한 이성적인 형식을 얻어내어 그 내용이 자유로운 사유에 대해서 정당화된 것으로 나타내는 일이 요구된다. 이때 자유로운 사유는 국가나 사람들의 합의가 지닌 실증적인 외적 권위에 의해 뒷받침되었건 또는 내적 감정과 심정의 권위나 정신이 직접적으로 규정한 증거에 의해 뒷받침되었건 간에 그 어떤 **주어진 것**에 머물지 않고 자기 자신으로부터 출발하여 자신이 그 가장 깊은 내면에서 진리와 일치해 있을 것을 요구한다.(『법철학』, 18 이하/Rph, 14)

비록 헤겔이 『법철학』의 제목에서 자연법이라는 용어를 여전히 사용하고는 있지만 그는 자연법을 다루는 기존의 학적 방식에 대해서뿐만이 아니라 이 개념 자체에 대해서도 대단히 비판적이다. 우선 전통적인 형이상학적 자연법 사상에서 '자연'은 인간 역시 그 일부분으로 속해 있는 유기적 생명체이고 모든 사건과 행위의 규범적 전범이 되는 질서 체계로 이해된다. '자연 상태'란 이런 본연의 자연 질서가 왜곡되지 않고 온전하게 발현되는 상태를 말한다.[7] 이 자연의 질서는 인간 삶 전반의 근원이고 되돌아가야 할 목표이며 개별 존재에 가치와 의미를 부여해 주는 근본적 규범 체계이다. 헤겔은 초기의 『자연법』에서는 근대적 자연법에 대항하여 이런 전통적 자연 개념을 복권시키려고 시도하지만 후기의 『법철학』에서는 미리 주어진 전범으로서의 자연이라는 표상과 완전히 결별한다.

실상 '자연'(Natur)이라는 말에는 우리를 둘러싼 '외부의 물질 세계 일체'라는 뜻과 더불어 존재와 사물의 '본성'이라는 뜻도 동시에 함유되어 있다. 헤겔은 법이란 그것이 자연에 의해서건 신에 의해서건 간에 결코 인간의 의지와 무관하게 외부로부터 타율적으로 주어지는 어떤 것일 수 없으며, 오직 인간의 본성에 근거하고 그 자신의 자유로운 의지에 의해 자율적으로 입법된 것일 때에만 규범적 타당성을 지니는 진정한 법일 수 있다고 본다. 규범으로서의 법이란 근본적으로 인간법이다. 그런데 인간의 본성은 '이성'에 있다. 따라서 진정한 자연법은 이성법이다.[8] 전통적 자연법 사상에서는 이성이 총괄적인 자연의 한 속성으로 간주되었다. 반면에 독일 관념론의 이성법 사상에서는 이성을 자연으로부터 탈피한 정신적 존재로서의 인간이 지닌 고유한 본성으로 본다. 이성법으로 이해된 자연법은 자연으로부터 부과된 법이 아니라 이성적 존재인 인간이 스스로 만들고 스스로에게 부과하는 법, 즉 이성 존재의 자기 입법이다.

이성법은 인간의 주체성과 자율성을 전제로 하는 인간법이기는 하지만 그렇다고 해서 작위적인 것은 아니다. 이성 안에 이미 보편적인 질서와 법칙이 내재하기 때문에 이성법은 인간의 자유의지의 산물이면서도 엄밀하고 보편타당한 법칙성을 지니고 있다. 이 법칙의 내용은 바로 타인들과의 상호주관적 관계, 즉 서로를 자유롭고 이성적인 존재로 승인하고 존중하는 사회적 관계의 형식에서 나온다.

법칙에는 자연의 법칙과 법의 법칙이라는 두 가지 종류가 있다. 자연의 법칙은 있는 그대로 존재하며 유효성을 지닌다. 자연의 법칙은 설사 사람들이 개별적인 경우에 이를 위반할 수 있다 할지라도 전혀 훼손되지 않는다. 자연의 법칙이 무엇인지를 알기 위해서는 단지 자연을 알아보기만 하면 된다. 왜냐하면 자연의 법칙은 옳고, 다만 그것에 대한 우리의 생각만이 그를 수 있기 때문이다. 이 법칙의 척도는 우리 외부에 놓여 있으며, 우리가 그것을 인식한다고 해서 거기에 무엇인가를 덧붙이거나 촉진시키지 않는다. 다만 그 법칙에 대한 우리의 인식이 확장될 따름이다. […] 법의 법칙은 정립(제정)된 것, 인간으로부터 유래한 것이다. 자연에서는 어떤 법칙이 **도대체 존재한다**는 사실이 최고의 진리이다. 반면에 법의 법칙에서는 어느 한 사태가 단지 존재하기 때문에 유효성을 지니는 것이 아니며, 여기서는 누구나 그 사태가 자기 자신이 가지고 있는 기준에 부합해야 한다고 요구한다. 따라서 여기서는 있는 것과 있어야 하는 것 사이의, 불변하며 보존되는 즉자 대자적으로 존재하는 법과 무엇이 법으로 유효해야 하는지를 규정하는 자의성 사이의 충돌이 존재한다. […] 인간은 법 속에서 자신의 이성과 조응해야 한다. 따라서 인간은 법의 이성성을 고찰해야 하며, 바로 이것이 우리의 학문이 하려는 일이다.(『법철학』, 21 이하/Rph, 15 ff.)

자유의 법칙은 그것이 존재하기 때문에 타당한 것이 아니라,

그것이 **우리의 이성 자체의 규정**이기 때문에 타당한 것이다. 그렇기 때문에 자유의 법칙은 이런 규정으로 인지될 때에 결코 실증적인 것, 한낱 통용되는 것에 지나는 것이 아니다.(W 17, 196)

외부 세계로서의 자연을 더 이상 존재의 규범적 척도로 간주하지 않고 자연법에서의 '자연'을 본성으로 이해하는 시각을 헤겔은 근대 자연법 사상과 공유한다. 그러나 그는 전통적 자연법 못지않게, 아니 그 이상으로 근대적 자연법 개념에 대해서도 비판적이다.

근대의 경험주의적 자연법에서 자연은 필연적인 인과 법칙에 의해 지배받는 죽은 물질들의 집합으로 축소되고 자연법의 규범 근거는 인간의 내적 본성으로 구해진다. 그런데 여기서는 인간의 본성도 이성이나 양심 같은 어떤 형이상학적 자아에 있는 것이 아니라 그의 신체적 욕구나 욕망, 심리적 충동 같은 경험적인 특질로 파악된다.

전통적 자연법에서는 개인의 권리가 사회적 의무에 포섭되어 있던 반면에, 근대적 자연법에서는 인간의 내적 본성과 외부 세계로서의 자연이 서로 분리되면서 법(의무)과 권리도 서로 대립되는 개념으로 설정된다.[9] '자연 상태'란 국가 공동체를 이룬 상태를 일컫는 것이 아니라 오히려 어떠한 사회 질서도 형성되지 않은 원초적 상태를 가리킨다. 그리고 이런 자연 상태에서 인간은 아무런 도덕적 · 법적 의무에도 구속받지 않고 자신의 본성인 욕망을 능력껏 충족시키고 자기 이익을 추구할 권리를 갖는다. 그것은 외부 세계나 국가로부터 부여받은 것도 아니고 타인이나 공동체의 동의를 필요로 하는 것도 아닌, 한 개인이 단지 그가 인간이기 때문에 원천적으로 보유하고 있는 자연적인 권리이다.[10] 따라서 그런 개인의 권리는 공동체 속에서의 사회적 의무(법)에 선행하며 사회에 아무런 책무도 지고 있지 않다. 근대 자연법 사상가들이 '자연법'이라는 용어를 여전히 사용하고는 있지만 그들이 실제로 지칭하는 것은 엄밀한 의미에서의 법과는 구분되는 '자연권'이다.

헤겔은 이런 자연권 개념에 대해서 강력하게 이의를 제기한다. 물론 인간에게는 결코 침해받아서는 안 되는 근원적인 권리들이 있다. 그러나 이런 기본권조차도 보편적 상호주관성에 의해 구축된 사회 상태를 전제한다. 법과 권리는 근본적으로 이성적 존재자들 사이의 상호 승인의 관계를 통해 비로소 구성되는 사회적 범주이다.[11] 따라서 자연 상태에서의 권리나 법은 비역사적인 허구일 뿐만 아니라 그 개념 자체가 술어적 모순이다.

철학적 법론에서 통용되던 **자연법**이라는 표현은 **직접적인 자연의 방식**으로 현존하는 것으로서의 법을 말하는가 아니면 사물의 본성, 즉 **개념**을 통해 규정되는 것으로서의 법을 말하는가 하는 이중적인 의미를 내포하고 있다. 예전에는 통상 전자의 의미를 염두에 두었었다. 그리하여 동시에 **자연 상태**라는 것이 날조되어서, 여기서는 자연법이 유효성을 지니는 반면에 사회 상태와 국가 상태는 오히려 자유의 제한과 자연권의 희생을 요구하고 또 수반한다고 간주되었다. 그러나 실은 법과 그 제반 규정은 오로지 **자유로운 인격성, 자기규정**에 기반을 두는 것이고, 이는 **자연의 규정**에 오히려 정반대가 된다. 그러므로 자연의 법은 강자의 현존재와 폭력의 관철이고, 자연 상태는 폭력 행위와 불법의 상태이며, 이에 관해서는 **그 상태에서 벗어나야 한다**는 것보다 더 옳은 말이 있을 수 없다. 반면에 사회는 오히려 오직 법이 그 현실성을 지니는 상태이다. 여기서 제한하거나 희생되어야 할 것은 바로 자연 상태의 자의(恣意)와 폭력 행위이다.(E, §502 A.)

권리(법)는 **순수한 인격자, 순수한 승인받은 존재**를 내포한다.—그러므로 자유로운 개인들은 자연 상태에 있는 것이 아니다. […] 그가 인간이라는 사실을 통해 그는 자신의 **개념** 속에 존재하게 된다. 그런데 자연 상태에서는 그가 자신의 개념 속에 존재하지 않고 자연적 존재로서 자신의 현존재 속에 존재할 따름이다.—자연 상태에서의 절대적 권리라는 물음은 곧바로 자신과 모순된다.—나는 인간을 그 **개념** 속에서 고찰하는 것이고, 이는 즉 인간을 자연 상태 속에서 고찰하는 것이 아니다.(GW 8, 214, 주)[12]

법, 필연적이고 신성한 자유의 현존재

'법'(Recht)이라는 개념도 헤겔에게서는 다중적인 의미를 지니고 있다. 우선 법(law)과 권리(right)가 용어상으로도 구분되어 있는 영어권과는 달리 독일어 'Recht'는 법과 권리를 동시에 지시한다. 더욱이 'Recht'는 'right'와 마찬가지로 '올바름', '정의로움', '정당함'이라는 뜻도 지니고 있다. 헤겔은 근대에 들어서서 이미 이런 용어들이 개념적으로 분화되었다는 사실을 알고 있었으면서도 근대적 법사상에 맞서서 의도적으로 'Recht'가 지닌 다중적인 의미를 되살리고자 한다. 그래서 『법철학』은 법의 철학이기도 하지만 동시에 권리의 철학이자 올바름의 철학이기도 하다. 헤겔은 사회적 보편 의지에 반하는 개인의 자의(恣意)에 대해서는 법의 권리를 내세우고 기존의 비이성적인 권력과 제도에 대해서는 철학의 권리를 마주 세운다. 일견 애매어의 사용처럼 보이는 이런 용법을 통해 헤겔이 의도하는 바는 올바른 법에서는 권리와 의무가 일치해야 한다는 사상이다. 그것이 바로 법개념이 완전히 전개되어 실현된 단계인 '인륜성'의 특징이다.

'법'이라고 하면 사람들이 보통 법률로서의 법, 특히 헌법을 필두로 한 실정법의 체계를 염두에 둔다. 헤겔은 『법철학』에서 법이라는 개념을 때로는 이런 통상적인 이해에 따른 좁은 의미로 사용하기도 하지만, 때로는 법률적 법(추상법)만이 아니라 도덕성과 인륜성, 심지어는 세계사까지 포괄하는 매우 넓은 의미로 사용하기도 한다.『법철학』이라는 제목이 지칭하는 '법'은 이런 광의로 사용된 것으로서 자유의지의 모든 현존재를 일컫는다. 그렇기 때문에『법철학』은 민법이나 형법, 헌법 등의 법률만이 아니라 선이나 양심 같은 도덕성, 그리고 가족, 시민사회, 국가, 세계사 같은 인륜성의 영역까지 광범위하게 다루는 것이다.『법철학』은 법학, 윤리학, 경제학, 정치학, 역사학 등 실천철학 전반을 포괄한다.

> 이런 자유의지의 **현존재**로서의 실재성 일반이 **법**인데, 이때 법은 제한된 법률적 법만이 아니라 자유의 **모든** 규정들의 현존재를 포괄하는 것으로 받아들여야 한다.(E, § 486)
> 이렇게 법에 대해 논할 때 우리는 흔히 사람들이 이해하듯이 시민법만을 염두에 두는 것이 아니라 도덕성과 인륜성과 세계사까지도 염두에 두는데, 이들도 역시 법에 속하는 것이다.(『법철학』, § 33 Z.)

우리는 제3장에서 헤겔이 근대의 개인주의적 자유 개념을 비판하면서 참다운 공동체는 개인의 자유의 제한이 아니라 오히려 그것의 실현과 확장이어야 한다고 역설하고 있음을 보았다.『법철학』은 근대적 조건 아래에서 이런 인륜적 공동체를 수립하기 위한 헤겔 자신의 기획이라고 할 수 있는데, 여기서 그는 자유, 더 정확히 말하자면 즉자 대자적인 자유의지를 법의 근거이자 절대적 출발점으로 삼는다. 법이란 "**자유**의 규정이자 현존재"이다.(『법철학』, §30 A.)

> 법의 지반은 무릇 **정신적인 것**이며, 또한 그것의 좀 더 엄밀한 위치와 출발점은 **자유로운 의지**이다. 이 자유야말로 법의 실체와 규정을 이루며, 법의 체계는 실현된 자유의 왕국, 정신 자체로부터 산출된 제2의 자연으로서의 정신의 세계이다.(『법철학』, §4)
> 이렇듯 현존재가 무릇 **자유의지의 현존재**로 있게 되는 것이 다름 아닌 **법**이다.―결국 법은 무릇 이념으로서의 자유인 것이다.(『법철학』, §29)

여기서 헤겔은 법을 '제2의 자연'이라고 표현했다. 인간의 의지와는 무관하게 본래부터 스스로 그렇게 주어져 있는 '제1의 자연'과는 달리 법은 '제2의' 자연으로서 인간 고유의 자유로운 정신에 의해 새롭게 구축된 자유의 영역이다. 그러나 또한 법은 제2의 '자연'으로서 개개인에게는 그 속에서 태어나고 성장하는 삶의 유사(類似)-선험적 지평이자 토대가 된다. 법은 전적으로 인간의 자유의지의 산물이지만 동시에 개인의 주관적 자의를 넘어선 '객관적인 것'이다. 그렇기 때문에 『법철학』은 '객관정신'의 영역에 속한다. 이때 '객관적'이라 함은 "의지가 자기

자신을 스스로의 규정으로 삼음으로써 자신의 개념에 부합하는 참다운 것"을 의미한다.(『법철학』, §26)

법은 이성적 존재로서의 시민들 각자가 지닌 보편 의지를 현실 속에서 객관화하고 제도화한 것이다. 법에 복종하는 것은 자신의 자유를 포기한 채 타율과 외적 폭력에 굴종하는 것이 아니라 오히려 타인과의 인륜적 연대 속에서 자신의 '긍정적 자유'를 획득하고 실현하는 것이다.[13] 이런 제2의 자연으로서 법은 필연적이고 신성한 것이다. 그런데 법의 필연성과 신성함은 단지 그것이 법이라는 이름으로 현존한다는 데에 있는 것이 아니라 그것이 바로 자유의 현존재라는 데에 있고 또 오직 그러한 한에서만 필연적이고 신성하다.

법은 **무릇 신성한 것**이다. 그 까닭은 오로지 법이 절대적 개념, 즉 자기의식적 자유의 현존재이기 때문이다.(『법철학』, §30)

『법철학』의 체계 구성

철학적 법학인 『법철학』은 이와 같은 "**법의 이념**, 즉 법의 개념과 그것의 실현"을 대상으로 삼고서 법개념의 논리적 자기 전개에 따라 법의 체계를 서술한다.(『법철학』, §1) 자유의지의 현존재인 법은 크게 '추상법', '도덕성', '인륜성'이라는 세 가지 형태로 구성된다. 이 세 가지 형태는 동시에 법개념이 보다 더 완전하게 실현되고 자유의지의 규범의식이 좀 더 상위의 단계로 발전해가는 계기들이기도 하다. 그리고 다시 1.「추상법」장은 ① 소유, ② 계약, ③ 불법(불법에 맞선 법)으로, 2.「도덕성」장은 ① 기도(企圖)와 책임, ② 의도와 복지, ③ 선과 양심으로, 3.「인륜성」장은 ① 가족, ② 시민사회, ③ 국가로 세분된다. 이런 목차와 단계들에 대해 헤겔은 다음과 같이 설명한다.

이 학문 분야에서도 우리는 **추상적인 것**, 즉 **의지의 개념**에서 시작하여, 아직 **추상적인** 의지가 **외적** 현존재 속에서 자신을 실현하면서 **형식적 법**의 영역을 형성하는 데로 **전진한** 다음, 거기에서 다시 외적 현존재에서 벗어나 **자기 내로 반성된** 의지, 즉 **도덕성**의 구역으로 넘어간 다음에는, 마지막 세 번째로 **이 두 가지 추상적인** 계기들을 자기 안에 **통합시키고** 그리하여 **구체적인** 인륜적 의지에 도달한다.(E, §408 Z.)

자유로운 의지는

A. 그 자체가 처음에는 **직접적**이고, 따라서 **개별적인** 의지이다.—**법적 인격자**. 이러한 법적 인격자가 자신의 자유에 부여하는 현존재는 **소유**이다. 그러한 것으로서의 **법**은 **형식적이고 추상적인** 법이다.

B. 자유로운 의지가 자기 내로 반성되어서 자신의 현존재를 자기 내부에 지니고, 이를 통해 **개별적인** 의지로 규정된다. **주관적** 의지의 법—**도덕성**.

C. 주체 속에서 자신의 개념에 부합하는 현실성을 지니고 필연성의 총체를 이루는 것으로서의 **실체적** 의지—가족과 시민사회와 국가에서의 **인륜성**.(E, §487)

이런 『법철학』의 논리적 구조를 도식화하여 개관해보면 다음과 같다.

개념 규정	개념의 정신적 형태	정신의 주관적 실존	대상적 현존재	정신적 · 법적 현존재
개념	자유의지	의식	대상	법
보편성	추상적 보편성의 형식 속에서의 자유의지	직접적이고 배타적인 개별 의지 (법적 인격자)	소유	추상법 { 소유 계약 불법 }
특수성	특수성의 형식 속에서의 자유의지	내적으로 반성하는 특수 의지 (도덕적 주체)	주관성	도덕성 { 기도와 책임 의도와 복지 선과 양심 }
개별성	개별성(구체적 보편성)의 형식 속에서의 자유의지	실체적인 보편 의지 (공동체의 구성원)	공동체	인륜성 { 가족 시민사회 국가 }

인격성의 권리, 추상법

추상적 인격성을 근거로 한 형식적인 법인 추상법에서는 직접적 개별 의지가 자신의 자유를 외적 사물을 통해 실현된다. 그러므로 추상법의 첫 번째 형태는 배타적 개인의 소유권으로 나타난다. 그런데 추상법의 영역에서 법적 효력을 지니는 것은 직접적 개별 의지 자체가 아니라 오히려 법적 인격성 일반이라는 추상적 보편성이다. 여기서 문제가 되는 것은 모든 개인이 법적 인격자로서 동등하게 지니는 형식적 권리 능력일 따름이고, 한 개인이 실제로 어떤 특정한 권리를 획득하고 행사하는지, 그리고 그가 어떤 가치관과 인생 설계와 추구하는 목표를 가지고 있는지 등 개별 의지의 특수성은 고려 사항이 아니다. 법적 인격자(Person)는 누구에 의해서도 대체 가능한 익명의 가면(persona)일 따름이다.

> 법적 인격성은 무릇 권리 능력을 포함하면서 추상적이고 따라서 형식적인 법의 개념과 그 자체로 추상적인 토대를 형성한다.(『법철학』, §36)

「추상법」 장에서 헤겔은 소유권과 계약, 형벌 등 근대 법이론의 핵심을 이루는 사법(私法)과 형법(刑法)의 주요 요소들을 다룬다. 여기서 전개되는 논의들 중에는 현재의 관점에서 보더라도 주목할 만한 것들이 꽤 많다. 몇 가지 중요한 예들을 들어보자.

첫째로 로크 같은 자유주의 이론가들이 물권(物權)을 인신권(人身權)과는 독립적인 근거를 가진 권리로 인정했던 것과는 달리 헤겔은 인신권을 모든 권리의 근본으로 놓고 물권 역시 이로부터 파생된 것으로 본다.[14] 다시 말해서 소유권의 법적 근거와 정당성은 노동의 투여 같은 인간과 사물의 관계보다는 이에 앞서 일차적으로 자신의 자유를 사물적 형태로 실현하려는 의지가 다른 의지와 맺는 사회적 관계에 의해 마련된다는 것이다.[15]

둘째로 헤겔은 계약을 사회와 정부를 수립하는 정치적 행위로 확대시키는 근대 사회계약론에 맞서서 소유를 매개로 한 개인과 개인 사이의 사적 교환 행위에 그 적용 영역을 국한시킨다.[16] 계약은 전적으로 개인들 사이의 사법적(私法的) 행위일 따름이다. 이런 사회계약론에 대한 비판은 곧 공적 영역을 사적 이해관계로 환원시키려는 근대 개인주의에 대한 반박이다. 헤겔에 따르면 자유나 인신 같은 인간의 기본권만이 아니라 혼인이라든가 국가 같은 인륜적 공동체도 계약의 대상이나 산물이 아니다.

셋째로 헤겔은 형벌과 관련하여 교화론을 인간의 존엄성에 어긋나는 타율을 원리로 하는 잘못된 발상이라고 신랄하게 비판하면서 형벌을 피해자만이 아니라 가해자 자신의 자유와 권리를 회복하는 정의로운 절차로 파악한다.[17] 그렇지만 헤겔은 법을 칸트나 피히테처럼 처음부터 강제법으로 규정하는 것에 반대한다. 형벌을 포함하여 추상법 일반이 불가피하게 강제의 성격을 띠는 것은 사실이다. 그러나 추상법도 어디까지나 근본적으로는 자유를 실현하는 하나의 양태이고, 다만 이 자유가 불법 행위에 의해 부당하게 침해받았을 때 법적 강제가 수반되어 나타나게 된다는 것이다.[18]

헤겔은 한편으로는 「추상법」 장에서 다루어지는 여러 가지 개인의 권리가 근대가 쟁취한 철회될 수 없는 역사적 성과라는 점을 적극적으로 인정하고 높이 평가한다.

> 인격의 자유가 그리스도교를 통하여 피어나기 시작하여 비록 인류의 작은 일부에서나마 보편적인 원리가 된 지도 거의 1500년이 흘렀다. 그러나 소유의 자유가 이곳저곳에서 원리로 인정받게 된 것은 겨우 엊그제의 일이라고 할 수 있다.(『법철학』, §62 A.)

그러나 다른 한편으로 헤겔은 추상법이 자유의지의 한낱 직접적인 현존재여서 권리의 구체적인 주체와 내용을 도외시하는 형식성과 의지의 특수성을 사상시킨 추상적 보편성이라는 근본적인 한계를 지니고 있음을 지적한다. 법률적 법은 사회 공동체의 기초 질서이긴 하지만 그렇다고 결코 최고의 심급이 되지는 못한다. 사회가 법으로만 유지되지 않으며, 사회 갈등을 법으로 모두 해결할 수 있을 것이라는 생각은 가능하지도 않고 바람직하지도 않은 환상에 불과하다. 추상법 속에서 개인이 진정한 '자기'를 발견하기란 어렵고, 오히려 법은 그 추상적 보편성 때문에 개인의 특수성에 대립하여 획일적이고 강압적인 규율의 모습을 갖기 일쑤이다.[19]

준법이 각별히 강조되는 때는 정치나 건전한 상식 같은 다른 사회적 합의의 장치가 제대로 작동하지 않거나 상호 신뢰와 동지애가 상실되어 차가운 법률에 호소하지 않고서는 갈등과 충돌을 해소할 마땅한 방법이 없는 경우가 대부분이다. '법대로'에만 의존하는 이런 상황은 그 사회가 그만큼 타락하고 허약한 지반을 갖고 있다는 징표이다. 그런데 헤겔에 따르면 법에는 추상법 외에도 더 고결한 상위의 법형태들이 있다.

> 만약 누군가가 자신의 형식적 권리 이외에는 그 어떤 것에도 관심을 기울이지 않는다면, 이는 편협한 마음과 심성을 지닌 자에게서나 자주 있는 순전한 아집일 수 있을 따름이다.(『법철학』, §37 Z.)

> 보다 더 형식적인 법, 즉 **좀 더 추상적**이고 따라서 더 제한적인 법에 대해 정신이 자신의 이념 속에 내포하고 있는 그 이상의 계기들을 자신 안에서 규정하고 실현하는 영역과 단계는 **보다 더 구체적**이고 그 자체로 더 풍부하고 좀 더 진정으로 보편적인 것이며, 그렇기 때문에 또한 더 상위의 권리를 지닌다.(『법철학』, §30)

주관적 의지의 법, 도덕성

추상법이 특수성을 사상시킨 보편적 의지의 법이었다면, 도덕성은 스스로가 몸소 통찰하고 수긍하는 것만을 의무로 인정하고 자신의 의도와 신념이 담긴 행위에 대해서만 책임을 지려는 **"주관적 의지의 법"**이다.(『법철학』, §33) 추상법의 영역에서는 권리 주체가 '누구'인지는 중요하지 않았지만, 도덕성에서는 바로 이 '누구', 바로 이 개별 의지의 특수성과 주관성이 이제 자신의 권리를 주장한다. 여기서 의지는 자신의 자유를 실현하는 대상을 더 이상 외적 사물에서 찾지 않고 자신의 내면에서, 즉 자신의 의지 자체에서 찾는다. 이렇게 의지가 자신의 의지를 대상과 내용으로 삼게 됨으로써 비로소 개인은 실제적인 '주체'가 되고 추상법에서보다 자유의 개념에 더 부합하는 현존재를 획득하게 된다. 그렇기 때문에 도덕성은 추상법보다 더 발전된 법의 형태이다. 더 나아가 행위자인 개별 의지가 추상법에서는 타인에 대해 배타적인 의지였던 반면에, 도덕성에서는 타인의 복지와 안녕도 주관적 의지의 본질적인 고려 사항이 되면서 "타인의 의지에 대해 **긍정적인 관계**"를 갖게 된다.(『법철학』, §112) 도덕적 주체는 자신의 삶을 스스로 선택하고 자주적으로 계획한다. 그리고 그는 이런 자기 이해와 자기 존중 속에서 동시에 타인에게 관심을 갖고 그를 동등한 권리를 지닌 존재로 배려한다.

「도덕성」 장에서 헤겔은 '선'(善), '복지', '의무', '의도', '책임' 등의 개념을 검토하면서 근대의 개인 윤리학, 특히 칸트의 윤리학을 비판적으로 서술한다.[20] 도덕성 속에서 의지는 최초의 개별 의지(단지 대자적인 의지)에서 보편 의지(즉자적 의지)와 대자적으로 동일해진 즉자 대자적 의지로 발전한다. 이렇게 개별 의지가 자기반성 속에서 내재적으로 보편화되는 과정은 도덕성의 실현이면서 동시에 보편성을 결여한 특수한 주관성이라는 도덕성의 일면적 원리의 지양이다.

근대 자유주의의 전통에서는 법과 도덕이 이분법적으로 분리된다. 도덕은 사적 영역 내에서 각 개인의 고유한 결단과 선택의 문제인 반면에, 법은 공적 영역에서 개인들 서로 간의 자유를 침해하는 행위를 예방하고 교정하는 일반적 강제라는 것이다. 칸트와 피히테도 외적 행위와 내면의 양심, 물리적 강제와 선의지, 소송 청구의 가능성 여부 등을 기준으로 하여 법과 도덕을 분리시켰다.[21] 헤겔도 한편으로는 법과 도덕이 주의 깊게 구분되어야 한다고 말한다. 도덕을 남김없이 법제화하려는 시도가 오히려 도덕을 질식시키고 과도한 강압 정치를 유발할 수 있듯이, 반대로 도덕적 양심의 자유는 실정법에 의해 통제되거나 규율될 수 없는 것이다.

여기서는 주로 법과 도덕의 차이를 고려해야 하겠다. […] 선(善)의 현존재는 나의 결단이며, 나는 이를 내 속에서 실현한다. 그런데 이러한 현존재는 전적으로 내면적인 것이므로 여기서는 그 어떤 강제도 일어날 수 없다. 따라서 국법은 심정의 영역에까지 그 힘을 미치려고 해서는 안 된다. 왜냐하면 도덕에서는 내가 오직 내 자신에 대해서 있을 뿐이며, 여기서 폭력은 아무런 의미도 지니지 못하기 때문이다.(『법철학』, §94 Z.)

그러나 다른 한편 헤겔은 법과 도덕이 다만 각기 다른 방식으로 구현되었을 뿐이지 모두 자유의지의 현존재들이므로 서로 이분법적으로 분리될 수는 없다고 강조한다. 법개념의 전개에 따른 서술에서는 도덕성이 추상법의 결과로 등장하지만 실은 추상법은 도덕성을 토대로 해서만 존립할 수 있다. 즉 원리적 심층에서는 도덕성이 추상법의 존재 근거이다. 우선 추상법의 원리가 되는 보편적 인격성은 주관적 의지의 주권적 자유를 전제로 한다. 신분, 지위, 재산, 인종, 성 등 모든 외적 구속에서 벗어나 자신의 존재를 오로지 자기 자신으로부터 규정하는 도덕적 주체만이 또한 법적 권리 능력의 능동적 담지자가 될 수 있기 때문이다.

더욱이 추상법의 한계 내에서는 개별 의지가 보편 의지와 분리되어 있어서 개별 의지가 보편 의지를 침해하면서 자신의 권리를 주장할 가능성, 즉 범죄의 가능성이 상존한다. 바로 이런 법의 내적 취약성을 극복하고 법에 확고한 유효성과 내면적 구속력을 부여하는 것은 다름 아닌 도덕의식이다. 이런 도덕적 주체의 주관적 자유야말로 근대를 특징짓는 역사적 성과이다.

충족된 상태에 이르고자 하는 주체의 **특수성**이 지닌 권리 또는 이와 한가지 뜻인 **주관적 자유**가 지닌 권리는 **고대**와 **근대**를 구별하는 전환점이자 중심점을 이룬다.(『법철학』, §124 A.)

사고(思考)를 통해 정당화되지 않은 것은 그 무엇도 결코 신조로 인정하지 않으려는 고집, 이것은 인간을 영예롭게 만드는 위대한 고집이다.—바로 이러한 고집이야말로 근대적 특징을 이루는 것이고 프로테스탄티즘에 고유한 원리이기도 하다.(『법철학』, 35/Rph, 27)

그러나 주관적 특수 의지의 법인 도덕성은 그 나름대로 원리적 한계를 지니고 있다. 우선 도덕성은 의지의 내면에 머물기 때문에 '현실적인 것'이 되지 못하고 존재와 대립한 한낱 당위에 그치고 만다. 도덕성은 실현되어야만 하면서도 동시에 실현될 수 없고 실현되어서는 안 되는—왜냐하면 그것이 실현되는 순간 더 이상 의지의 내면에 순수하게 존립하는 도덕성이 아닌 것이 되기에—"영구적인 **당위**"라는 자기모순적 요청에 귀착된다.(『법철학』, 135 A.)

또한 도덕성은 의지의 순수한 자기규정이라는 형식을 그 원리로 삼는다. 바로 그런 공허한 형식주의적 보편성 때문에 도덕성은 그 내용의 측면에서 오히려 주관의 자의적 결단과 동요(動搖), 그리고 외부로부터 주어지는 경험적 소재의 특수성과 우연성에 종속된다. 도덕적 양심은 선만이 아니라 악의 뿌리이기도 하다.[22] 악 역시 선 못지않게 주체적 자유와 자기 확신을 전제로 하기 때문이다. 도덕의 이름 아래 나름대로의 확신을 가지고 자행되는 무자비한 폭력과 인종 학살에까지 이르는 만행을 인류는 역사를 통해 충분히 경험했고 지금도 그 참담한 광경을 목격하고 있다. 이런 주관성의 권리로서 도덕성은 아직 '객관성의 권리'와 대립해 있다.

나 스스로가 이성적인 것으로 통찰하지 않은 것은 그 무엇도 인정하지 않을 수 있는 권리는 주체가 지닌 최고의 권리이다. 그러나 동시에 그 권리는 그것의 주관적 규정으로 인해 **형식적**이며, 이에 반해 주관에 대해 객관으로서 **이성적인 것의 권리**는 확고하다.(『법철학』, § 132 A.)

도덕성이 주관의 특수성을 지양하여 내용의 측면에서도 보편성을 획득하고 사회적 연관 속에서 구체적으로 실현될 때 인륜성으로 이행한다. 개인의 도덕적 양심은 사회 공동체의 생동하는 정기(精氣)인 인륜성을 전제로 해서만 진정한 선이 무엇인지에 대한 내실 있고 확고한 인식과 왜 도덕적으로 옳은 행위를 해야 하는가라는 동기에 대한 정서적 확신을 획득할 수 있다. 사회적 맥락과 단절되고 개인의 내면성으로 후퇴한 도덕성은 한낱 **"부르주아** 또는 사인(私人)의 인륜성"에 불과하며 현실 비판적 실천력도 결여하고 있다.(『자연법』, 96/W 2, 506)

그런데 흥미로운 것은 헤겔이 도덕성에서 인륜성으로 이행할 수밖에 없는 필연성을 생존을 위한 긴급권에서 찾고 있다는 점이다. 헤겔에게 긴급권은 도덕성의 영역에 속하면서도 한낱 공정함에 대한 당위적 요구가 아니라 정당하게 청구될 수 있는 엄연한 '권리'이다.[23] 그런데 우리가 빅토르 위고(Victor-Marie Hugo)의 소설 『레미제라블』에서도 볼 수 있듯이 바로 긴급권에서 추상법(소유권)과 도덕성(생존권)의 충돌이 일어나면서 양자의 일면성과 결함이 동시에 드러난다.

> 위급한 곤경은 법과 복지—즉 특수한 인격자의 실존으로 존재하지는 않는 자유의 추상적 현존재 및 법의 보편성을 결여한 특수한 의지의 영역—의 유한성과 함께 그 우연성을 드러낸다.(『법철학』, §128)

추상법, 도덕성, 그리고 인륜성의 체계적 관계

헤겔의 인륜성 개념을 해명하기에 앞서 먼저 『법철학』에서 법의 세 가지 근본 형태로 제시되는 '추상법'과 '도덕성'과 '인륜성' 사이의 체계적 관계에 대해 잠시 살펴보자. 한편으로 헤겔은 이 세 가지 형태가 모두 나름대로의 방식으로 구현된 자유의 현존재들이므로 각기 고유한 타당성과 적용 영역을 가지고 있다고 말한다. 그래서 추상법이 도덕성으로, 그리고 도덕성이 인륜성으로 이행한다고 해서 추상법과 도덕성이 무효화되어 사라지는 것은 아니다. 인륜적 공동체 속에서도 개인의 법적 권리와 도덕적 자율성은 인정되고 존중된다. 개인의 자유와 권리를 훼손하거나 제한하는 공동체는 참다운 인륜적 공동체라고 할 수 없다.

> 자유의 이념이 발전하는 여러 단계는 저마다의 독특한 권리를 지니는 바, 왜냐하면 각각의 단계는 자유의 여러 고유한 규정 중 하나의 규정 속에 있는 자유의 현존재이기 때문이다. […] 도덕성이나 인륜성이나 국가의 이해 관심 등은 저마다가 독특한 권리인데, 왜냐하면 이들 형태는 그 각각이 **자유**의 규정이자 현존재이기 때문이다.(『법철학』, § 30 A.)

그러나 인륜성은 추상법과 도덕성의 진리이며, 인륜성 없이는 추상법과 도덕성 모두 자기 안에 존립 근거를 갖지 못한 '추상물', '사라지는 계기'들에 불과하다. 추상법과 도덕성이 자신의 영역 안으로 유리되어 폐쇄될 때, 다시 말해서 법과 도덕이 각각 자신을 '자기 재생산적 체계'로 절대화하여 사회 질서 전반을 장악하려고 할 때, 양자는 그 특유의 불안정성과 자기모순을 드러낸다. 법적 정의의 여신 디케(Dike)는 구체적인 주체들 앞에서 눈을 가리고 있고, 대지의 품 안에서 꿈틀대는 도덕의 정령들은 빛의 보편성과 공공성을 결여하고 있다. 헤겔은 『정신현상학』의 「정신」 장 초반에서 법과 도덕 사이의 대립과 충돌이 그리스 비극의 기원이자 중심 플롯이라는 점을 소포클레스(Sophokles)의 비극 『안티고네』를 소재로 삼아 보여준다. 개인의 권리와 도덕은 인륜성 속에서 비로소 온전히 실현될 수 있는데, 그러기 위해서는 추상법의 추상성과 배타성, 그리고 도덕성의 특수성과 자의성이 극복되어야만 한다.

> 도덕성은 그보다 앞선 형식적 법이라는 계기와 마찬가지로 두 가지 다 추상들에 불과하며, **인륜성**이야말로 그 두 가지의 진리이다.(『법철학』, §33 Z.)

> 법과 도덕은 스스로 실존할 수는 없고 어디까지나 인륜을 담지자이자 기반으로 삼지 않으면 안 된다. 왜냐하면 법에는 주관성의 계기가 결여되어 있고, 도덕의 경우에는 오직 주관성의 계기만을 홀로 지니고 있어서, 결국 이들 두 계기는 스스로는 아무런 현실성도 지니지 못하기 때문이다. 오직 무한한 것, 즉 이념만이 현실적이다. 따라서 법은 오직 전체의 가지로서만, 다시 말하면 즉자 대자적으로 견고하게 서 있는 나무에 넝쿨을 뻗은 식물과 같은 상태에서만 실존할 뿐이다.(『법철학』, §141 Z.)

이처럼 추상법과 도덕성이 존립할 수 있는 근거이자 지평이 되는 인륜성은 또한 추상법과 도덕성을 자신의 분지(分枝)로

리트라스가 그린 「죽은 폴뤼네이케스 앞의 안티고네」(1865)
헤겔은 『정신현상학』의 「정신」장 초반에서 법과 도덕 사이의 대립과 충돌이
그리스 비극의 기원이자 중심 플롯이라는 점을 소포클레스(Sophokles)의 비극
『안티고네』를 소재로 삼아 보여준다.

갖고 있는 유기적 통일체이다. 인륜성 속에서 추상법과 도덕성은 '지양'된다. 인륜성을 파악하는 데에는 두 가지 관점이 있을 수 있다. 그 하나는 총체론적(holistic) 관점에서 구체적 보편성으로부터 출발하는 것이고, 다른 하나는 원자론적(atomistic) 관점에서 고립된 개별성으로부터 출발하는 것이다.[24] 후자의 가장 대표적인 예가 사회계약론인데, 여기서는 사회 공동체가 서로 유리된 이기적 개인들의 일시적 집합체로, 법질서는 상충하는 경쟁적 이해 관심들의 기계적 균형으로 파악된다. 헤겔의 견해로는 오직 전자만이 올바른 관점이다.

그러므로 인륜에 관해서는 항상 오직 두 가지 관점만이 가능하다. 즉 실체성으로부터 출발하거나 아니면 원자론적 방식에 따라 개별성을 토대로 삼아 위로 올라가거나 하는 것이다. 이 후자의 관점에는 정신이 결여되어 있으니, 왜냐하면 이 관점은 한낱 조립으로만 이끌 뿐인 반면에 정신은 결코 개별적인 것이 아니라 개별과 보편의 통일이기 때문이다.(『법철학』, §156 Z.)

법의 완성이자 자유의 실현된 이념, 인륜성

자유의지의 현존재인 법은 인륜성에 이르러서 "즉자 대자적으로 보편적인 실존으로 실현된 **이념**"이 된다.(『법철학』, § 33) 즉 법의 개념은 인륜성 속에서 비로소 완전하게 전개되고 자신에게 합당한 보편적 정신의 형태로 실현된다. 따라서 인륜성은 "자유 개념의 **진리**"이다.(『법철학』, § 141 A.) 이런 인륜성이 바로 최초에 법의 정의로 제시되었던 "**제2의 자연**, [⋯] 하나의 세계로 생동하며 현존하는 정신, 그리하여 그 실체가 이제 비로소 정신으로 존재하는 **정신**"이다.(『법철학』, § 151) 헤겔은 인륜성을 다음과 같이 좀 더 상세하게 규정한다.

인륜성이란 **자유의 이념**, 즉 자기의식 속에 자신의 앎과 의욕을 가지고 있고 자기의식의 행위를 통하여 그 현실성을 갖는, 그리고 자기의식이 인륜적 존재에 자신의 즉자 대자적인 기반과 동인이 되는 목적을 두고 있는 그런 생동하는 선으로서의 자유의 이념이다.—인륜성은 **현존하는 세계가 되고 자기의식의 본성이 된 자유의 개념**이다.(『법철학』, § 142)

여기서 헤겔은 인륜성의 두 가지 구성 요소를 언급하고 있다. 그 하나는 '현존하는 세계'라는 객관적 계기인데, 이런 관점에서 인륜성은 "즉자 대자적으로 존재하는 법률과 제도들"로 존재한다.(『법철학』, § 144) 다른 하나는 '자기의식'이라는 주관적 계기인데, 이에 따르면 인륜성은 상호주관적으로 계몽된 긍정적 자유의 의식에 있다. 이때의 자기의식은 "나의 실체적인 이해 관심이나 특수한 이해 관심이 타자의 이해 관심과 목적 안에, 즉 타자가 개별자로서의 나에 대해 갖는 관계 안에 보존되고 포함되어 있고, 따라서 이 타자가 곧 나에 대해서 타자가 아니며 내가 이러한 의식 속에서 자유롭다고 하는 의식"이다.(『법철학』, § 268) 요약해서 말하자면 인륜성은 상호주관적 · 긍정적 자유가 보편적 사회 제도로 체제화되고 또 이것이 개인의 성숙한 의식 속에서 자신의 진정한 자유로 자각된 것을 의미한다. 이런 의미에서 인륜성은 주관과 객관, 보편성과 특수성의 사변적 통일이다.

우리가 '인륜성'으로 옮기는 'Sittlichkeit'라는 단어는 가족이나 마을이나 국가 같은 일정 규모의 사회에서 오랜 기간 전승되고 규범적 구속력을 가지고 있는 것으로서 통용되고 있는 습속이나 관습을 뜻하는 'Sitte'로부터 유래한 것이다. 그런데 '윤리(학)'(Ethik)의 어원이 되는 고대 그리스어 'ethos', 그리고 '도덕'(Moralität)의 어원인 라틴어 'mos' 역시 본래 습속, 관습, 사회적 습관 등을 뜻한다. 따라서 'Sittlichkeit'는 이런 전통적인 의미에서 '윤리'나 '도덕'으로 옮겨도 무방하다. 그러나 헤겔은 인륜성을 도덕성으로부터 엄격하게 구분한다. '도덕성'은 근대의 개인주의적 윤리학, 특히 칸트의 윤리학에 의해 그 의미가 변경된 신조어로서 본래의 '인륜성'을 가리키기에는 더 이상 적합하지 않다는 것이다.

즉 절대적 인륜성의 본성 안에 그것이 보편적인 것 또는 **관습**이라는 점이 있고, 따라서 인륜성을 표현하는 그리스어와 독일어의 단어가 인륜성의 본성을 훌륭하게 표현한다는 것이다. 그런데 인륜성에 관한 최근의 체계들은 대자 존재와 개별성을 그 원리로 삼기 때문에 그들 역시 이와 같은 단어들과 연관이 있음을 제시하려고 진력하지 않을 수 없다. 또한 **그들이 다루는 사태**를 표시하는 데 이 체계들이 인륜성이란 단어를 오용하지 못하고 도덕성이란 단어를 받아들일 만큼 이러한 내적 암시는 강력한 것으로 밝혀진다. 도덕성이란 단어는 비록 그 어원상으로는 같은 것을 지칭하지만 최근에야 비로소 만들어진 단어이기 때문에 오히려 더 열악한 그 의미에 대해서 그렇게까지 직접적으로 거부감을 일으키지는 않는다.(『자연법』, 94/W 2, 504)

인륜성은 순진무구하다. 그런데 반성과 결합된 인륜성이 도덕성이다. 이러한 차이는 칸트의 철학에 의해 야기되었고, 칸트의 철학은 도덕적이다.(W 18, 445)

칸트에 의해 '도덕성'이 이성 주체의 반성적 자기 입법이라는 근대적 의미로 확립되면서 관습과는 구분되는 도덕의 고유한 영역이 확보되었다. 그러나 이는 도덕을 사회적 삶의 지평과 단절시키고 개인의 주관적 의지의 문제로 축소시키는 결과를 가져왔다.

헤겔이 인륜성을 법개념의 최고 형태로 제시할 때, 그는 근대적 의미의 도덕성이 지닌 개인주의와 주관주의를 비판하면서 고대 그리스에서 이상적으로 구현되었다고 믿었던 전통적 의미의 인륜성을 도덕성보다 더 상위의 보편적 규범 원리로 복권시키고자 했던 것이다. 근대의 도덕성이 율법주의적 사고방식에서—그것이 칸트의 정언명법이 되었건 아니면 공리주의가 주장하는 유용성의 원리가 되었건—어떤 추상적인 법칙과 감성을 억누르는 당위적 의무에 기초를 두는 반면에, 인륜성은 구체적인 생활 공동체 안에서 생생하게 실행되고 체험되고 정서적으로 공유되고 당연한 책무로 자연스럽게 내면화되는 살아 있는 규범 원리이다.[25] 인륜성은 '제2의 본성(자연)'이다.

그러나 인륜성을 도덕성보다 우위에 둔다고 해서 그것이 무반성적으로 습득된 전통적 인륜성으로의 수구적 회귀를 의미하지는 않는다. 참다운 인륜성은 근대적 도덕성을 매개로 하고 도덕성을 '지양'하여 완성되는 것이다. 헤겔은 고대의 실체적 인륜성에 대해 다음과 같이 비판한다.

처음에는 다만 **직접적**이고 **개념상**으로만 정신인 그런 자기의식은 자신의 본분을 달성하여 자신의 규정 속에서 살아간다는 행복에서 이미 벗어나 있거나 또는 아직 그런 행복에 도달하지 못한 것이다. 여기서는 이 두 가지 표현 방식이 다 무방하다.

이성은 **이러한 행복으로부터 벗어나야만 한다**. 왜냐하면 자유로운 민족의 삶은 단지 **즉자적인** 또는 **직접적인** 상태에서는 **실재적 인륜성**에 불과하기 때문이다. 또는 여기서는 실재적 인륜성이 그냥 **존재하는 것**이고, 따라서 이 보편적 정신 자체도 하나의 개별적인 정신이며 관습과 법률 전체도 하나의 **특정한** 인륜적 실체이기 때문이다. 이런 특정한 인륜적 실체는 더 고차적인 계기인 **그 본질에 대한 의식** 속에서 비로소 그 한계가 드러나고, 바로 이런 인식 속에서만 그 절대적 진리를 지니지 직접적으로 자신의 존재 속에 진리를 지니는 것은 아니다.(『정신현상학 1』, 373 이하/Phä, 266 f.)

적어도 예나 중기 이후의 헤겔은 고대적 인륜성의 복원이 가능하지도 않고 또 바람직하지도 않다는 점을 깨닫는다. 그것은 아름답긴 하지만 돌이킬 수 없이 지나가버린 과거이다. 근대적 조건 아래에서는 이런 실체적 인륜성이 그 직접적 형태로는 더 이상 실행될 수 없다. 게다가 고대적 인륜성에는 개별성과 주관성이라는 자유의 불가결한 계기가 아직 결여되어 있다는 결정적인 결함이 있다.

이것이 **고대인들이나 플라톤이 알지 못했던 근대의 더 높은 원리**이다. 고대에는 **아름다운** 공적 삶이 모든 사람의 습성이었고 보편자와 개별자의 직접적 통일이라는 아름다움이 존재했다. 그것은 어떤 부분도 전체와 유리되지 않고 자신을 아는 자기와 그 서술이 천재적인 통일을 이루고 있는 예술 작품이었다. 그러나 자기 자신에 대한 개별성의 절대적인 앎, 이런 절대적 자기 내 존재는 없었다. 플라톤의 공화국에서는 스파르타 국가에서와 마찬가지로 자기 자신을 아는 개별성이 사라진다.(GW 8, 263)

이로써 헤겔의 『법철학』이 지향하는 근본 목표 중의 하나가 명확하게 드러난다. 그것은 바로 고대 이후 역사의 진행 속에서 상실된 인륜성을 근대라는 적대적이면서 연약한 조건 아래에서 재구축하는 것, 개인의 법적 권리와 도덕적 주체성을 구성 요소로서 내포하고 있는 근대적 인륜성을 새롭게 수립하는 것이다. 이는 개인의 자유와 주관적 특수성을 가능한 한 제약 없이 발휘되도록 허용하면서도 개인들이 서로를 부축하고 북돋아주는 강력한 결속감과 연대적 조직으로 통합되어 있는 그런 사회 제도와 정치 체제를 구축하려는 시도이다.

근대 국가의 원리는 주관성의 원리를 개인적 특수성이라는 **독립적인 극단**으로까지 완성시키도록 놓아두면서 동시에 이를

실체적 통일로 복귀시켜서 주관성의 원리 자체 안에서 실체적 통일을 보존하는 어마어마한 힘과 깊이를 지니고 있다.(『법철학』, §260)

추상법 및 도덕성과 비교할 때 인륜성은 다음과 같은 두드러진 특징을 지니고 있다. 첫째로 추상법과 도덕성의 단계에서는 개별 의지와 보편 의지가 서로 어긋나거나 대립하게 될 위험에 항상 노출되어 있는 반면에, 인륜성의 단계에서는 "보편 의지와 특수 의지의 동일성"이 확립된다.(『법철학』, §155) 인륜성 속에서 개인은 더 이상 배타적인 소유자나 고독한 자기반성 속에 유폐된 주체가 아니라 타인들과 함께 자율적으로 구성한 "보편자의 구성원"이 되어 공동의 선을 추구한다.(『법철학』, §303 A.) 우리는 실로 타인과 소통하면서 자기 정체성과 가치관을 형성하고 타인을 고려하면서 자신의 인생을 설계하고 타인들과 두터운 교집합을 가진 삶을 영위한다. 인륜적 공동체 속에서는 개인의 노동이 곧 전체를 위한 노동이 되고, 개인의 말은 민족의 언어가 되고, 개인의 점유는 모두에게서 인정받은 소유가 되며, 하나는 모두를 위해, 그리고 모두는 하나를 위해 존재하게 된다.

구체적으로 고찰한 결과인 이념은 특수성이라는 계기 역시 본질적이며 따라서 그 계기를 충족시키는 것이 단적으로 필연적임을 보여준다. […] 특수한 이해 관심은 정말로 무시되거나 심지어 억압되어서는 안 되며, 오히려 보편에 일치하도록 정립됨으로써 특수한 이해 관심과 보편이 다 같이 보존되어야 한다.(『법철학』, §261 A.)

즉 실제적인 절대적 인륜성은 무한성 또는 절대적 개념 내지 순수한 개별성을 전적으로, 그리고 극도의 추상 속에서 자기 안에 통합하여 포함하고 있으므로, 실제적인 절대적 인륜성은 직접 개별자의 인륜성이며 또 역으로 개별자의 인륜성의 본질은 전적으로 실제적이고 따라서 보편적인 절대적 인륜성이다. 개별자의 인륜성은 체계 전체의 맥박이자 그 자체가 전체 체계이다.(『자연법』, 94/W 2, 504)

둘째로 이를 통해 인륜성 속에서는 "의무와 권리의 절대적 동일성"이 성립된다.(『법철학』, §261 A.) 추상법의 영역에서도 권리와 의무가 대칭적으로 대응하기는 했으나 아직 호혜적이지는 못했다. 즉 한 가지 사안에서 권리와 의무가 동근원적으로 발생하지만, 권리의 주체와 의무의 주체가 서로 분리되어 있기 때문에 내가 특정한 권리를 지니는 한에서 이와 관련된 타자는 그에 상응하는 의무만을 지니고 또 그 역의 관계가 성립하는 방식이었다. 나는 타인을 나와 동등한 권리 담지자로 존중해야 하지만 어느 한 사물에 대한 나의 소유권은 타인의 소유권을 배제한다. 또 도덕성의 영역에서는 반대로 권리와 의무가 호혜적이지만 대칭적이지 못했다. 즉 내가 타자에 대해 의무를 지니는 만큼 타자도 나에 대해 동일한 의무를 지니지만, 타자가 나에 대해 권리를 지니지 못하고 있음에도 불구하고 나는 그 타자에 대해 여전히 일정한 의무를 지게 될 수도 있다. 예컨대 어린이는 어떤 권리 주장을 스스로 할 수 있는 성숙한 주체가 아니지만 나는 보호자로서 어린이에게 양육과 교육을 마땅히 제공해야 하며, 어린이는 이에 대한 감사와 존경의 도덕적 의무를 지닌다.

반면에 인륜성의 단계에서는 권리와 의무가 대칭적이면서 동시에 호혜적이다. 나와 타자는 하나의 동일한 연관 속에서 서로에 대해 서로가 권리의 주체이자 동시에 그에 상응하는 의무의 주체이다. 나는 동료 시민이 특정한 권리를 가지고 있을 때 이를 존중할 의무를 지니는 동시에 그와 동일한 권리를 지니며, 동료 시민 역시 마찬가지이다. 그리고 인륜성 속에서는 (예를 들어 자녀의 양육 같은) 대부분의 사안이 굳이 권리와 의무여서가 아니라 그것이 당연하고 마음에서 우러나오는 일이기 때문에 자연스럽게 행해진다. 자발적인 동참과 헌신, 그리고 이에 대한 인정과 보답은 굳이 표현하자면 인륜적 권리와 의무라고 할 수 있겠다.

이와 같은 보편 의지와 특수 의지의 동일성 속에서 의무와 권리는 하나로 귀착되며, 인간은 인륜을 통해 그가 의무를 지니는 한에서 권리를 지니고 또 권리를 지니는 한에서 의무를

지니게 된다.(『법철학』, §155)

인륜으로서의 국가, 즉 실체적인 것과 특수한 것의 상호 침투로서의 국가는 실체적인 것에 대한 나의 구속성이 동시에 나의 특수한 자유의 현존재라는 점, 즉 국가에서는 의무와 권리가 **하나의 동일한 관련 속에 통합되어 있다**는 점을 함의한다.(『법철학』, §261 A.)

인륜성의 세 형태: 가족, 시민사회, 국가

헤겔은 이와 같은 인륜성의 이념을 ① 가족, ② 시민사회, ③ 국가라는 세 가지 제도의 형태로 구체화하여 전개한다.

인륜적 실체는

a. 직접적이고 **자연적인** 정신──**가족**

b. 형식적 보편성 속에서 자립적 인격자로서의 개인들이 서로 맺는 상대적 관련들의 상대적 총체성──**시민사회**,

c. 유기적 현실로 발전된 정신으로서의 자기의식적 실체──**국가 헌정**.(E §517)

이 이념의 개념은 자기 자신을 객관화하고 자신이 지닌 계기들의 형식을 거치며 운동함으로써만 정신으로, 즉 스스로를 인지하는 현실적인 것으로서 존재한다. 따라서 그 개념은

A. 직접적인 또는 **자연적인** 인륜적 정신──**가족**이다.

그런데 이 실체성은 자신의 통일성을 상실하고 분열되어 상대적인 입장으로 이행한다. 그리하여

B. **시민사회**가 된다. 시민사회는 **독립적 개별자**로서의 구성원들이 그들의 **욕구**를 통해, 그리고 법적 인격자와 소유의 안전을 위한 수단으로서의 **법률 체제**를 통해, 그리고 또한 그들의 특수한 이해 관심과 보편적 이해 관심을 위한 **외적 질서**를 통해 하나의 **형식적 보편성** 속에서 결합한 것이다. 이러한 **외면적 국가**는

C. 실체적 보편과 이에 봉사하는 공적인 삶의 목적과 현실성으로—즉 **국가 체제**로 복귀하며 귀착된다.(『법철학』, §157)

가족은 사랑을 원리로 하여 타인과의 직접적 통일이라는 형식 속에서 자연적 개인에 대한 정서적 승인이 이루어지는 생활 공동체이다. 독립적이었던 개인들은 사랑을 통해 자신의 배타적 개별성을 기꺼이 포기하고 가족이라는 하나의 전체로 통합되는 동시에 이 전체 안에서 각 개인은 총체적 개별자로 성장하고 고유한 욕구를 지닌 구체적인 존재로서의 자신에 대한 신뢰와 인정을 획득하게 된다. 가족은 또한 근대라는 비인륜적 바다 위에 떠 있는 인륜성의 작은 섬으로서 개인들이 반성적 인식보다 앞선 차원에서 상호주관적·긍정적 자유를 생생하게 체득하고 인륜적 공동체의 구성원으로 성장할 수 있도록 해주는 기초적인 도야의 장이기도 하다.

시민사회는 동등한 자립적 인격자로 분화된 개인들이 욕구와 노동과 소유의 상호 의존 관계를 통해 서로를 승인하고 하나의 공통분모를 가진 사회 체계를 구성한 것이다. 시민사회에서의 법적 관계를 통해 상호 승인은 가족이라는 좁은 범위를 넘어서 사회 전반의 구성 원리로 보편화되고 객관화된다.

마지막으로 민족의 정치 공동체인 국가의 단계에서는 절대적 인륜성이 실체적으로 실현된다. 여기서 개인은 보편 그 자체를 자신의 의지의 목적으로 삼는 공민으로서 공동체에 주권적으로 참여하는 한편 독특한 개별자로서 지닌 가치를 공동체의 모든 구성원들로부터 승인받고 보장받게 된다. 이로써 인륜성의 이념, 따라서 법의 개념이 마침내 완성되고 완전하게 실현된다.

후기 『법철학』에서는 사랑이 가족이라는 제한된 공동체의 구성 원리로 등장하지만, 청년 헤겔에게는 그것이 근대의 비극적인 분열과 소유물이나 법 같은 죽은 사물의 지배를 넘어서는 보편적 생명의 원리이자 화해와 통합의 원리로서 그의 사상의 중심이 되는 범주였다. 사랑에 관한 헤겔의 서술은 그의 철학 중에서 가장 아름답고 감동적인 부분이다. 게다가 사랑은 차이 나는 것들의 통일, 자립적 타자 속에서의 자기 발견, 자기 상실을 통한 자기 회복, 비동일성의 동일성이라는 사변적 구조를 가지고 있기 때문에 이후에 변증법, 긍정적 자유 개념, 승인이론, 자기의식 이론 등 헤겔의 핵심 사상이 다듬어지는 데에 중요한 단초를 제공해주었고, 이 점은 헤겔 철학의 발전이라는 관점에서 매

코르넬리스가 그린 「예술가의 가족」(1634)

후기 『법철학』에서는 사랑이 가족이라는 제한된 공동체의 구성 원리로
등장하지만, 청년 헤겔에게는 그것이 근대의 비극적인 분열과 소유물이나 법
같은 죽은 사물의 지배를 넘어서는 보편적 생명의 원리이자 화해와 통합의
원리로서 그의 사상의 중심이 되는 범주였다.

우 중요하다. 그리고 또한 사랑을 원리로 하여 세워진 가족은 인류성의 가장 기초적 단계라는 점에서도 좀 더 상세히 고찰할 가치가 충분히 있다. 그러나 여기서는 아쉽지만 사랑에 관한 논의를 이 정도로 줄이고 다음 장에서 가족 이후의 인류성의 단계인 시민사회와 국가를 살펴볼 것이다.

헤겔의 국가론, 분리 속의 통일을 꿈꾸다

시민사회와 국가

사변적 통일이 이루어져 있지 않다면
그런 국가는 외양으로만 존재하는
국가일 뿐 실은 "공중에 떠 있는"
가상에 불과하며 '세계사의 법정'
앞에서 조만간 무기력하게 사라질
것이다.

화이부동한 시민사회와 국가

헤겔 철학의 발전사에서 시민사회론과 국가론은 가장 급격한 변화가 일어나는 부분 중의 하나이다. 헤겔은 근대 시민사회의 핵심적인 원리와 구조를 일찍이 예나 초기에 간파했지만, 시민사회의 역사적 역할과 의의에 대한 평가, 그리고 이에 따른 시민사회와 국가 사이의 관계 설정 문제에 관해서는 초기의 『자연법』과 후기의 『법철학』 사이에 큰 입장차를 보이고 있다. 이러한 변천은 그만큼 헤겔이 근대의 시민사회와 국가라는 사회적 실체를 올바로 파악하고 서술하는 데에 끊임없이 고심해왔다는 사실에 대한 반증이다.

특히 후기의 『법철학』 중에서도 「시민사회」와 「국가」에 관한 장은 가장 많은 논란을 불러일으키고 있는 부분이다. 우선 『법철학』을 해석할 때에 그 방점을 시민사회론에 두느냐 아니면 국가론에 두느냐에 따라 『법철학』은 상당히 달리 이해될 수 있다. 헤겔의 논의가 실질적으로는 시민사회에 초점을 두고 있다고 볼 때 일반적으로 '자유주의적'인 성향이 보다 더 두드러지게 나타나게 되고, 반대로 헤겔 자신의 명시적인 진술에 따라 국가론을 중심에 둘 경우 상대적으로 '전체주의적'인 모습이 좀 더 강조된다. 또 헤겔의 '전체주의적 국가론'을 '자유주의적 시민사회론'의 필연적인 귀결로 보는 맑스주의적 시각도 있다. 게다가 정말로 헤겔의 시민사회론이 자유주의적이고 국가론이 전체주의적인가 하는 물음도 늘 새롭게 제기되고 답변되고 또 반박되고 있다.

헤겔의 시민사회론과 국가론을 다루는 이 장에서 우리는 『법철학』을 중심으로 하여 ① 시민사회의 이중적 성격을 그 역사적 측면과 구조적 측면에서 분석하고, ② 시민사회에서 국가로 이행해야 하는 필연성은 어디에 있으며, ③ 국가의 이념과 주요 기능은 무엇인가 하는 물음들을 중점적으로 살펴볼 것이다.

시민사회: 근대적 인륜성의 필연적 계기

'시민사회 단체', '시민사회 운동', '시민적 사회의식' 등의 용법에서도 볼 수 있듯이 '시민사회'라는 개념은 우리에게 사뭇 친숙하다. 그러나 '시민사회'(bürgerliche Gesellschaft, civil society)는 사적 영역인 가정(oikos)과 공적 영역인 국가(polis)라는 전통적 사회 구성체의 이분법적 구조로는 분류되지 않는 새로운 중간 혼재 영역을 지칭하기 위해서 근대에 만들어진 신조어이다.

시민사회는 가족과 국가로부터 분리되어 그 중간 지점에 독자적인 자기재생산적 체계로 존재한다. 그뿐만 아니라 시민사회는 사회 전체로 확대된 경제의 압도적인 힘을 기반으로 하여 가족을 해체·흡수하고 국가를 잠식하면서 사회 전반의 질서와 가치를 지배하는 주도 영역으로 자리 잡았다. 시민사회는 심지어 근대적 세계 질서에서 가장 강력한 구획선인 민족 국가의 경계마저 쉽게 넘나든다. 우리는 자기 자신을 어느 특정한 가족의 구성원이나 한 나라의 국민이기에 앞서 독특하고 고유한 개인(사적 인격자로서의 시민)으로 이해하고 그러한 존재로 어느 사회에서나 대우받기를 원한다. 시민사회는 일차적으로 그런 개인이 자신의 사적 이익을 공적인 방식으로 추구하는 장이지만 또한 개인이나 집단의 사익과 사회 전체의 공익 사이에 헤게모니 투쟁이 벌어지는 장이기도 하다.

근대 자본주의와 자유주의의 발달과 더불어 형성되고 발전한 이 제3의 사회 영역을 '시민사회'라고 명명하고 사회이론에 체계적으로 편입하여 분석한 최초의 인물이 바로 헤겔이다. 물론 '시민사회'라고 옮길 수 있는 'civitas', 'societas civilis', 'communitas civilis' 등의 용어는 오래전부터 존재해왔고 로크도 이미 'civil society'라는 용어를 직접 쓰기도 했지만, 사실 이 개념들은 모두 '정치사회'(koinonia politike, communitas politica, political society), 즉 '국가'와 동의어로 사용되었을 뿐이다.[1] 다만 흄 등에게서는 정치 제도를 수립하기 이전이지만 무법의 자연 상태와도 구분되면서 일정한 자생적 규범 질서에 의해 독자적으로 유지되는 시민적 사회 상태가 존재한다는 생각이 이미 발견되기도 한다.[2] 그러나 가족 및 국가의 영역과 분리되어 근대에 새롭게 형성된 사회경제적 층위를 '시민사회'라고 지칭하고 전문 용어로 정착시킨 사람은 분명 헤겔이다.

산업 혁명과 더불어 사회 전반이 급속하게 산업 사회로 재편되고 시민 계급이 발흥하기 시작한 18세기의 서구에서 시민사회에 관한 논의는 크게 두 가지 흐름을 따라 전개되었다. 그 한 방향은 (아직 17세기에 속하는 흡스와 로크를 이어) 몽테스키외, 흄, 루소, 칸트 등에 의해 대표되는 근대 자연법론이다. 여기서는 개인과 시민의 권리, 소유권의 법적 근거, (사회) 계약의 유효성, 국가의 규범적 기원과 목적, 지배의 정당성과 유형과 한계 등이 핵심적인 주제로 다루어졌다.

다른 한 방향은 케네, 스미스, 리카도 등에 의해 이제 막 새로운 학문으로 정착되기 시작한 정치경제학이다.[3] 이 신흥 학문은 상품과 가치의 생산과 소비와 순환에 관한 풍부한 경험적 지식들을 제공해줌으로써 사회적 차원에서의 인간 과학을 가능하게 만들었다. 이뿐만 아니라 정치경제학은 인간의 이기적 동기와 행위, 육체노동과 정신노동, 노동 분업에 따라 분화된 여러 계층의 사회적 역할 등에 대해 전통적인 가치관과는 전혀 다른 경제적 합리성에 입각한 평가 기준을 제시했다.[4]

헤겔의 독창성은 이 두 가지 흐름을 하나의 시민사회론으로 통합하고 인륜성의 이념 아래 체계화함으로써 시민사회가 지닌 역사적 위치와 의미, 그 본질적 구조와 한계를 명료화했다는 데에 있다. 시민사회는 욕구와 노동의 경제적 체계, 소유와 권리의 법적 체계, 그리고 이를 뒷받침하고 교정하는 행정 체계가 결합된 총체적 구성체이다.

시민사회는 다음과 같은 세 가지 계기를 포함한다.

A. 개인의 노동을 통해, 그리고 **다른 모든 사람들의** 노동과 욕구 충족을 통해 개별자의 **욕구**를 매개하고 만족시키는 것 — **욕구**의 체계.

B. 이 욕구의 체계에 포함되어 있는 **자유**라는 보편적인 것의 현실성, **사법**(司法)을 통한 소유의 보호.

C. **경찰 행정**과 **직능 조합**을 통해 이들 체계 속에 남아 있는 우연성에 대비하고 특수한 이해 관심을 공통적인 것으로서 돌보는 것.(『법철학』, §188)

시민사회에 대한 헤겔의 관심은 그의 청년기 저작들에서 이미 확인되며, 예나 시기에 이르면 시민사회론의 기본적인 골격이 거의 완성된다.[5] 그러나 헤겔의 시민사회론이 가장 상세하고 정련된 모습으로 제시되는 것은 역시 『법철학』에서이다.

앞의 제7장에서 보았듯이 자유의지의 현존재라는 법개념의 전개와 실현을 서술하는 철학적 법학은 인륜성의 단계에 이르러서 그 완성된 진리에 도달한다. 인륜성은 공동체적 규범과 행위 양식이 법률과 제도와 관습으로 생생하게 체현되고 또 각 개인의 의식 속에서 개인 자신의 실현된 자유로 자각되어 자율적으로 수용된 상태이다. 인륜성 안에서는 개별 의지와 보편 의지가 일치하고 권리와 의무가 대칭적·호혜적으로 상응한다.

이러한 인륜성의 이념은 다시 가족과 시민사회와 국가라는 각기 고유한 방식으로 상대적 총체성을 이루는 영역들로 분화된다. 시민사회는 인륜성의 필연적인 계기이면서 그 부정적인 형태이다. 이를 다시 헤겔의 논리학적 범주로 표현하면 시민사회는 특수성과 보편성의 상대적 동일성으로 설정된다. 이러한 체계적 배치 속에서 헤겔은 시민사회를 "그 **분열**과 **현상** 속에서의 인륜적 실체"라고 규정한다.(『법철학』, § 33) 그러고는 이를 다음과 같이 보다 상세하게 설명한다.

> 이 **구별**의 단계는 **특수성**이라는 규정을 제공하는데, 이때 특수성이 비록 **보편성**과 관련되어 있기는 하지만, 이 보편성은 아직 **내면적인** 토대에 불과하며, 따라서 특수 속으로 **현상하는** 형식적인 방식으로만 존재한다. 그러므로 이 반성 관계는 우선은 인륜성의 상실로 나타난다. 다시 말해 본질로서의 인륜성은 필연적으로 **현상하는** 것이므로, 이러한 반성 관계는 인륜의 **현상 세계**, 즉 **시민사회**를 구성한다.(『법철학』, § 181)

이 구절은 매우 추상적으로 표현되어 있긴 하지만 시민사회가 지닌 이중적 성격의 변증법을 함축적으로 잘 말해주고 있다. 시민사회는 먼저 인륜성의 상실이라는 역사적 진행 과정의 산물이자 동시에 근대적 인륜성의 필수적인 계기라는 역사적·통시적 이중성을 지니고 있다. 그리고 시민사회는 각 개인이 자신의 특수성을 발현하고 배타적 사익을 쟁취하기 위해 경쟁하는 냉혹한 전쟁터이자 또한 이러한 길항 작용 속에서 특수성이 지양되고 상호 의존과 협동을 통해 보편성으로 고양되는 도야의 장이기도 하다는 구조적·공시적 이중성도 보여준다.

시민사회의 역사적 이중성: 고대 그리스와 근대 시민사회

시민사회는 국가에 대해 종속적인 위치에 있던 가정(생존과 유적 재생산을 위한 일상적 삶)을 관리하고 경영하는 사적 활동이 공공의 장으로 확장되어 가정과 국가 사이에 독자적인 사회적 층위를 형성함으로써 성립한 것이다. 『법철학』은 내용상 『역사철학』을 전제하므로 『법철학』에서 다루어지는 모든 범주들은 『역사철학』이 종결되는 근대의 지평 위에서 비로소 그 의미가 온전하게 규정된다. 이는 소유권이나 가족이나 국가같이 역사적으로 오래전부터 존재해온 제도들에 대해서도 유효하다. 하물며 시민사회는 그 개념과 실체가 철저하게 근대의 산물이다. 따라서 『법철학』에 등장하는 시민사회 역시 근대적 시민사회, 다시 말해 노동 분업에 기초한 초기 산업 사회를 의미한다.

시민사회의 창조는 근대 세계에 속하는데, 이 근대 세계는 이념의 모든 규정에다 비로소 그 권리를 부여해준다.(『법철학』, §182 Z.)

이러한 근대 시민사회의 역사적 구성 요소로 헤겔은 두 가지를 든다. 그 하나는 소크라테스에게서 그 단초가 마련되고 그리스도교, 특히 근대의 프로테스탄티즘을 통해 보편적인 원리로 자리 잡게 된 개인의 주관적 자유이고, 다른 하나는 로마법에 뿌리를 둔 소유권 중심의 추상적 법체계이다.

그런데 이 두 가지는 모두 전통적 인륜성에는 치명적인 독소들이다. 무엇보다 자신의 의지와 신념에 따른 판단과 결정만을 유효한 것으로 인정하려는 개인의 주관적 자유는 근대적 의미의 도덕성을 가능하게 만들었다. 하지만 바로 그렇기 때문에 개인의 주관적 자유는 관습적인 덕, 그리고 개인의 권리에 앞서 주어진 사회적 역할과 책무를 근간으로 삼았던 전통적 인륜성에는 파괴와 분열의 계기로 작용한다. 주관적 자유가 지닌 파괴적인 힘을 헤겔은 프랑스 혁명에서 목도하는데, 기존의 질서를 해체하고 인간을 파편화하여 개인의 자의(恣意)와 욕망을 무제한으로 표출시키도록 만드는 시민사회는 이런 근대사의 산물이다. 시민사회는 실체적 통일성의 상실이 만들어낸 "정신이 결여된 공동체, […] 절대적인 다수의 개인들이라는 원자들로 흩어진 보편자, 죽은 정신"이다.(『정신현상학 2』, 57/Phä, 355)

우리의 근대 세계에서는 자유의 원리와 그 고유한 형태를 형성하고 우리의 국가와 종교 생활의 절대적 토대를 형성하는 주관적 자유가 바로 그리스에서는 **타락**으로서 등장할 수밖

에 없었다.(『역사철학강의』, 248/Gph, 309)

　자립적 자유를 가지고 **특수자**로서 대자적으로 존재하는 다수의 **인격자**(가족은 오직 **하나의** 인격자이다), 가족들과 개별자들로 정신이 스스로를 추상적으로 특수화하면서 이들 인격자가 그 자체로 절대적 통일을 이루지 못하고 그들의 의식 속에서 그들의 고유한 특수성과 대자 존재를 자신의 목적으로 삼게 되면서 실체는 우선은 그 인륜적 규정을 상실한다.─원자론의 체계. 이렇게 하여 실체는 단지 자립적 극단들과 그것들이 지닌 특수한 이해 관심들의 보편적이면서 매개하는 연관이 된다. 이러한 연관의 발전된 총체성이 시민사회 또는 **외면적 국가**로서의 국가이다.(E, § 523)

　또한 추상적 인격성에 기초한 법체계는 개인을 신분과 인종과 종교 등 전근대적 질서의 구속으로부터 해방시키고 평등을 최소한 형식적으로라도 보편화할 수 있는 조건이다. 시민사회 속에서 인간은 어떤 특정한 가족이나 계층이나 국가의 일원이 아니라 독립적인 인격자로서 **"시민사회의 아들"**이 된다.(『법철학』, § 238) 그렇지만 추상적 법체계는 동시에 개인과 공동체 사이의 생생한 일체감이나 하나의 공동체에 속한 일원으로서 개인들 사이에 존재하던 두터운 연대성을 형식적이고 기계적인 권리와 의무의 관계로 대체한다. 시민사회는 인간을 "(**부르주아**로서의) 시민"으로 만든다.(『법철학』, § 190 A.) 부르주아는 한편으로는 자신의 쾌락과 이익을 배타적으로 추구하는 구체적인 욕망 덩어리이고, 다른 한편으로는 서로 평등하되 소원하며 타인에 의해 대체 가능한 추상적인 권리 담지자이다. 시민사회 속의 인간은 이렇게 내적으로 분열되어 있다.

> 이제 무릇 주체의 개별화가 등장한다. 주체가 자신의 것으로 삼는 보편성, 그것도 추상적인 보편성은 주체를 법적 인격자로, 즉 그 특수성 속에서 자립적이며 본질적인 인격자로 만든다. 다른 한편 이와 더불어 형식적이고 추상적인 법, 소유의 법이 생겨난다.(『역사 속의 이성』, 331/ViG, 252)
>
> **인간은 그가 바로 인간이기 때문에 인간의 가치를 지니는 것이지,** 그가 유대인이거나 가톨릭교도이거나 신교도이거나 독일인이거나 이탈리아인이거나 등의 이유 때문이 아니다.(『법철학』, § 209 A.)
>
> 그런데 시민사회에서는 누구나가 곧 그 자신이 목적이 되고 모든 타자는 그에게 아무것도 아니다. 그러나 타자와의 관련이 없이는 그 누구도 자기가 목적하는 것의 모든 범위를 달성할 수가 없으므로 이 타자는 특수자의 목적을 위한 수단이 된다.(『법철학』, § 182 Z.)

헤겔은 개인(사익)과 공동체(공익)가 직접적인 통일을 이루는 '아름다운 인륜성'이 고대 그리스의 도시 국가들에서 원형적으로 구현되었다고 믿는다. 이런 고대 국가로부터 근대 시민사회로의 진행은 "본래의 인륜성과 실체적 통일성의 상실"의 역사이다.(『법철학』, §33 Z.) 그 내부에서부터 심각하게 분열되고 죽은 사물들이 인간의 삶과 생명을 지배하는 근대 사회에 직면하여 그리스적 인륜성의 복원을 꿈꾸던 청년 헤겔에게 이런 상실과 몰락의 역사는 불가피하지만 비극적인 사태로 파악된다. 그것은 인륜성의 이념이 현실성을 획득하기 위해 자신의 일부를 비인륜적인 '실재성의 체계', 즉 시민사회에 양도할 수밖에 없는 '인륜 속의 비극'이다.

> 이는 바로 절대자가 객관성을 향해 영원히 자신을 분만하고 이러한 자신의 형태 속에서 스스로를 고통과 죽음에 양도하고서는 그 재에서 찬란함으로 솟아오른다는, 절대자가 자기 자신과 영원하게 연출하는 인륜 속의 비극의 상연일 따름이다.(『자연법』, 83/W 2, 495)

루소의 퇴보사관을 연상시키는 이런 관점에서는 시민사회가 지극히 부정적으로 평가되는 것이 당연하다. 시민사회는 인륜성의 체계 내에서 나름대로의 독자적인 영역으로 존립할 수 있도록 용인되지만, 그 자체가 부정적인 것으로서 절대적 인륜성을 체현하는 국가에 의해 '제압'되어야만 한다. 청년 헤겔 역시 시민사회가 지닌 막강한 파괴력을 잘 알고 있었지만, 그러면 그럴수록 잃어버린 인륜성에 대한 안타까움과 동경은 깊어지고 시민사회를 통제할 수 있는 더욱 강력한 실체주의적 국가를 요구할 수밖에 없었다.

이 실재성의 체계는 전적으로 부정성과 무한성 속에 있으므로, 긍정적 총체성과의 관계에 대해서는 이 체계가 긍정적 총체성에 의해 극히 부정적으로 취급되고 긍정적 총체성의 지배 아래 복속되어 있어야만 한다는 결론이 나온다.(『자연법』, 69/W 2, 482 f.)

그러나 헤겔은 곧 고대적 인륜성이 더 이상 복원될 수 없는 과거가 되었을 뿐만 아니라 막대한 희생을 치르고서 쟁취한 근대의 최대 성과인 개인의 절대적 자유와 권리를 결여하고 있으므로 미성숙한 단계에 불과하다는 점을 깨닫게 된다.

플라톤은 하나의 이상을 제시한 것이 아니라 그 시대의 국가를 그 내면에서 포착했던 것이다. 그러나 이러한 국가는 과거로 흘러갔다. 플라톤의 공화국은 실현이 불가능하다. 왜냐하면 그것은 절대적 개별성의 원리를 결여하고 있기 때문이다.(GW 8, 263, 주)

플라톤은 그의 『국가』에서 실체적 인륜성을 이상적인 아름**다움**과 **진리**를 지닌 모습으로 서술했다. 그러나 그는 당시에 그리스적 인륜성 속으로 침투해 들어온 자립적 특수성이라는 원리를 다음과 같은 방식으로 처리할 수밖에 없었다. 즉 그는 이 자립적 특수성의 원리를 자신의 오로지 실체적이기만 한 국가에 대립시키고서 그 원리의 단초가 되는 **사유 재산**과 **가족**에 이르기까지, 그리고 자신만의 자의(恣意)나 계층의 선택 등 그 원리의 형성과 발달을 철저하게 배제했다. 플라톤의 국가가 지닌 위대한 **실체적** 진리를 오인하도록 만들고 그것을 통상 추상적인 생각에서 나온 몽상이라든가 심지어 걸핏하면 **이상**이라고 부르곤 하는 것으로 여겨지게 만든 것도 바로 이런 결함 탓이다. 개별자의 **자립적이고 자신 안에서 무한한 인격성**이라는 원리, 즉 주관적 자유의 원리는 내면적으로는 **그리스도교**에서, 그리고 외면적으로는 추상적 보편성과 결부되어 **로마** 세계에서 출현했는데, 바로 이 원리가 플라톤이 제시한 바와 같은 현실적 정신의 단지 실체적인 형식 속에서는 그 권리를 성취하지 못했다.(『법철학』, §185 A.)

이제 인류의 역사는 '아름다운 인륜성의 상실'의 역사가 아니라 오히려 '자유 의식의 진보'를 통한 인륜성의 발전과 완성의 역사로 파악된다. 이러한 역사관의 전환과 더불어 헤겔은 개인의 자유에 기초한 근대적 인륜성의 구축을 모색하게 된다. 그리고 시민사회는 근대적 인륜성을 구성하는 필수적인 계기로서 긍정적인 평가와 위치를 부여받게 된다. 이에 따라 시민사회의 발흥은 더 이상 인륜성의 해체와 사멸의 징표가 아니라 오히려 근대적 인륜성의 생동성과 강인함으로 제시된다.

근대 국가의 본질은 보편자가 특수성의 완전한 자유 및 개인의 안녕과 결합되어 있다는 것, 따라서 가족과 시민사회의 이해 관심이 국가로 총괄되어야 한다는 것, 그렇지만 목적의 보편성이 자신의 권리를 보존해야 하는 특수성의 고유한 앎과 의욕이 없이는 진척될 수 없다는 데 있다. 이런 점에서 보편자가 활동을 해야 하지만 또 다른 면에서는 주관성도 역시 전적으로 활발하게 발양되어야 한다. 오직 이 두 계기가 저마다의 힘을 지님으로써만 국가는 계통을 지닌 참다운 유기적 국가로 간주될 수 있는 것이다.(『법철학』, §260 Z.)

초기의 헤겔이 그리스적 인륜성을 발판으로 삼아 근대 시민사회를 비판했다면, 원숙한 헤겔에게는 이제 역으로 근대 시민사회에서 마음껏 펼쳐지는 개인의 자유와 권리가 고대의 실체주의적 인륜성을 비판하는 준거점이 된다. 그러나 그렇다고 해서 헤겔이 '정치적 자유주의'의 옹호자가 된 것은 아니다. 헤겔이 추구하는 이상은 자유로운 개인들의 강한 연대적 공동체이며, 이처럼 근대적 조건 위에서 새로운 인륜성을 구축해야 한다는 역사적 과제 앞에서 개인의 부정적 자유를 절대화하는 자유주의는 여전히 심각한 위험 요소로 다가온다. 『역사철학』의 말미에서 헤겔은 그가 젊은 시절 그토록 환호했던 프랑스 혁명을 돌이켜보면서 다음과 같이 그의 고민을 토로한다.

자유주의는 이 모든 것에 원자(原子)의 원리 내지 개별 의지의 원리를 대립시킨다. 어떤 일이든지 그들 자신의 명확한 권한과 명시적인 동의를 통해서 일어나야만 한다는 것이다. 이러한 자유의 형식성과 추상으로 그들은 어떤 확고한 조직체도 발생하지 못하도록 만든다. […] 이와 같은 충돌, 이러한 갈등이 현재 역사가 당면해 있고 미래에 해결해야 할 문제이다.(『역사철학강의』, 430/Gph, 534 f.)

시민사회의 구조적 이중성: 특수성과 보편성

헤겔은 인륜적 이념의 기본 형태로 가족, 시민사회, 국가를 제시한다. 이 사회 제도들은 각각 '자연적 정신으로서의 인륜적 실체', '그 분열과 현상 속에서의 인륜적 실체', '인륜적 이념의 현실성'으로 특징지어지며, 이들은 다시 헤겔의 『논리학』에서 제시된 '보편성', '특수성', '개별성'이라는 논리적 규정에 각각 상응한다. 타인과의 공생적 통일 속에서 하나의 인격 공동체를 이루던 가족이 해체되고 가족의 일원이 독립적 개별자인 시민으로 분화됨으로써 특수성이 지배하는 '구별의 단계'인 시민사회가 발생한다.

개별자의 특수성이 주도적인 원리를 이루는 한에서 시민사회는 "개인의 사적 이익을 둘러싼 만인에 대한 만인의 전쟁터"이다.(『법철학』, § 289 A.) 시민사회는 엄연히 인륜적 이념에 의해 구성되는 사회 상태이면서도 홉스의 '자연 상태'가 지닌 특징을 고스란히 간직하고 있기 때문에 인륜성 속에 남아 있는 "자연 상태의 잔재"이다.(『법철학』, § 200 A.) 이런 시민사회 속에서 각 개인은 그 자신의 욕구 충족을 유일한 목표로 삼고 타인은 그에게 다만 이런 이기적 목적을 달성하기 위한 수단으로 간주된다.

> 시민사회에서는 욕구의 충족, 그것도 인간으로서 지니는 욕구를 안정적인 보편적 방식으로 충족시키는 것, 다시 말해 이런 충족의 **보장**이 그 목적이다.(E, § 533)

그러나 시민사회를 구성하는 원리는 특수성만이 아니다. 근대 사회계약론자들이 말하는 자연 상태와는 달리 시민사회는 그 자체가 이미 인륜적 이념의 조직화된 한 형태이며, 그러한 한에서 시민사회에는 보편성의 원리가 내재한다. 이 보편성은 자기 이익만을 추구하는 개인의 의식 배후에서 개인을 지배하며, 개인의 욕구와 충족 수단을 개인의 특수성에서 추상화하여 보편적인 것으로 전화시킨다. 물론 이때 보편성은 특수성의 우위로 말미암아 아직 '형식적 보편성'에 머물며, 개별성과 특수성의 통일인 참된 보편성에는 이르지 못하고 다만 특수성 속으로 '비쳐드는(현상하는)' 데에 머문다. 우리가 유행이라는 사회 현상에서 잘 목격할 수 있듯이 시민사회에서 나의 욕구와 그 충족 방식은 나만의 고유한 개성처럼 보이지만 실은 다른 모든 사람들과 공통된 것이고 타인에게 의존해 있는 것이다.

그러나 이제는 특수한 것이 나에게 가장 우선하는 규정자가 되는 관계가 들어서고, 이로써 인륜적 규정이 지양되기에 이른다. 그러나 나는 이 점에서 사실은 오류에 빠져 있는 것이다. 왜냐하면 내가 특수한 것을 고수하고 있다고 믿고 있을지라도 실은 보편적인 것, 그리고 연관의 필연성이 첫째가는 것이고 본질적인 것이기 때문이다. 그러므로 나는 무릇 가상의 단계에 놓여 있는 것이다. 비록 나에게는 나의 특수성이 규정자, 즉 목적이 될지라도 나는 이를 통해 보편성에 봉사하고 있으며, 이 보편성이야말로 나에 대한 최종적인 지배력을 유지하고 있는 것이다.(『법철학』, §181 Z.)

이와 같은 노동과 욕망 충족에서의 의존성과 상호성 속에서 **주관적 이기심**은 어느덧 **모든 타인의 욕구 충족을 위해 기여**하는 데로—즉 보편을 통해 특수를 매개하는 변증법적 운동으로 전화되기에 이른다. 그리하여 이제는 누구나 자기를 위해서 벌어들이고 생산하고 향유하면서 바로 이를 통해 또한 다른 이들의 향유를 위해 생산하고 벌어들이게 되는 것이다.(『법철학』, § 199 Z.)

특수성과 보편성의 두 원리를 동시에 가지고 있는 시민사회의 구조적 이중성은 '시민'이라고 명명되는 시민사회의 주체 내부에서도 반영된다.

스스로가 **특수한** 목적으로, 욕망들의 전체이자 자연 필연성과 자의의 혼합으로 존재하는 구체적인 인격자는 시민사회를 이루는 **한 가지 원리**이다.──그러나 특수한 인격자는 본질적으로 그와 같은 다른 특수자와의 **관련** 속에 존재하는 자로서 각자는 타자들을 통해, 그리고 동시에 전적으로 **또 하나의 원리인 보편성**의 형식을 통해 **매개**되어서만 자신을 관철시키고 만족시킨다.(『법철학』, § 182)

'그 극단 속으로 상실된 인륜성의 체계'인 시민사회는 특수성과 보편성이라는 두 개념적 계기들로의 분열이면서 동시에 이두 계기들이 서로 반성하는(서로 안으로 비추어들어 반영되는) 필연성의 관계이다. 이러한 관계 속에서 시민사회는 개인의 사적 이익이 오직 전체의 연관을 통해서만 달성되고 보호될 수 있는 "전방위적 의존의 체계"를 이룬다.(『법철학』, § 183)

이와 같은 그 분열 속에서의 이념은 **계기들**에다 각기 **고유**

한 **현존재**를 부여한다.─즉 **특수성**에는 모든 방면으로 스스로를 전개하며 펼칠 권리를 부여하고, 보편성에는 자신이 특수성의 근거이자 필연적 형식임을 그리고 특수성을 지배하는 힘이자 그것의 궁극 목적임을 입증할 권리를 부여한다.─이는 그 극단 속으로 상실된 인륜성의 체계인바, 그것은 여기서는 한낱 이런 외적 **현상**에서 이루어지는 **상대적 총체성**과 **내적 필연성**으로 존재하는 이념의 **실재**라는 추상적 계기를 형성한다.(『법철학』, §184)

　시민사회에서 특수성과 보편성이라는 두 계기는 양극으로 분열되어 있으면서도 서로 연결되어 상호 제약하는 '상대적 동일성'을 이룬다. 이 말이 뜻하는 바는 사회적 보편성의 형성과 실현이 개인의 특수성을 매개로 해서만 가능하듯이 역으로 개인의 특수성이 발전하고 성취되는 것은 특수성을 넘어선 사회적 보편성을 전제로 해서만 이루어질 수 있다는 것이다. 다만 이런 동일성이 시민사회의 단계에서는 자신의 특수한 이해 관심에만 매몰되어 있는 개인들의 의식 배후에서 자각되지 못하고 의도되지도 않은 보편성의 필연적인 힘이라는 형태로 나타나기 때문에 아직 상대적일 따름이다.

　그러나 자기 이익의 적나라한 이전투구의 장인 '욕구의 체계'에서조차 나의 욕구를 충족시키는 것은 타인의 욕구와 기대와 노동에 의해 조건지어져 있다. 즉 '욕구의 체계'가 안정적으로 작동하기 위해서라도 이기적 욕구들의 기계적 조합 이상의 더 두터운 사회성이 존립의 기반으로 요구되는 것이다. 시민사회에 대한 헤겔의 묘사는 극히 자유주의적이지만 시민사회의 심층 원리를 개념적으로 파악하는 헤겔의 시민사회론이 자유주의적인 것은 아니다.

　욕망과 그 수단은 실제적 현존재로서는 타자를 위한 존재이며, 이 타자들의 욕구와 노동에 의해 그 충족이 상호 제약을 받는다. 욕구와 수단의 성질이 되어버린 추상도 개인들 사이의 상호 관련이라는 규정이 된다. 이와 같은 승인받은 존재라는 보편성이야말로 바로 개별화되고 추상화된 욕구와 그 수단들을 **사회적인 것**으로서 **구체적인** 욕구와 수단과 충족 방식으로 만드는 계기인 것이다.(『법철학』, § 192)

『법철학』에서 서술되는 '욕구의 체계'에서부터 '사법'을 거쳐 '경찰 행정'과 '직능 조합'에 이르는 시민사회의 단계적 발전은 특수성의 길항적 운동 속에서 보편성이 내재적으로 형성되고 보편성이 특수성 속으로 삼투되어 더 충만하고 의식화된 인륜성으로 나아가는 과정을 보여준다. 타인과 심지어 사회 전체를 수단화하면서 자신의 이기적 목적만을 추구하던 개인이 점차 보편적 연관성을 자각하여 내면화하고(욕구의 체계), 타인의 자유와 소유권에 대한 소극적 존중(사법)을 넘어서, 실정법만으로는 보장되지 않는 동료 시민의 생존권과 복지까지도 적극적으로 배려하고(경찰 행정), 의식적으로 공동의 목적을 위해 활동하는 연대적 시민으로 변모해간다(직능 조합). 그러므로 시민사회는 주관적·사적 목적이 보편적·공익적 목적으로 고양되고 특수성이 보편성을 향해 성장해가는 도야의 장이기도 하다.

그런데 이 사적 개인의 목적이 그에게는 **수단**으로 **나타나는** 보편에 의해 매개되는 까닭에, 사적 개인은 스스로가 자신의 지식과 의욕과 행동을 보편적인 방식에 따라 규정하고 자신을 이와 같은 **연관** 사슬의 한 **고리**로 만드는 한에서만 자신의 목적을 달성할 수 있다. 시민사회의 구성원들 자신의 의식 속에는 깃들어 있지 않지만 여기서 이념이 추구하는 관심사는 시민사회의 구성원들의 개별성과 자연성을 자연 필연성을 통해 그리고 또 욕구의 자의를 통해 **지식과 의욕의 형식적 자유**와 형식적 **보편성**을 향해 고양시키고 그 특수성 속에서의 주관성을 **도야**시키는 **과정**에 있다.(『법철학』, §187)

시민사회에서 고립되고 경쟁적인 삶을 살던 개인에게 가족은 자신의 배타적인 개체성을 포기하고 타인과 하나가 되면서도 그를 통해 보다 더 완전해진 자아를 되찾는 공동체적 삶의 생생한 체험장이다. 가족을 통해 개인은 타인에게 헌신함으로써 오히려 더 깊어지고 충만해진 자기 존재를 발견하는 경험을 한다.

가족 속에서 개인은 타인들과의 두터운 연대 의식과 일체감을 지닌 공동체의 일원으로 성장한다.

시민사회는 이런 가족의 자연발생적·직접적 통일이 해체되면서 성립한 부정적인 **"차이의 단계"**이다.(『법철학』, § 181) 그러나 시민사회는 근대적 인륜성의 필수적인 구성 요소이고 그 안에 이미 '인륜화'의 역능을 담고 있다. 우선 시민사회 속에서 개인은 자신의 노동을 통해 자기 삶의 주체가 되는 자립성과 자존감을 획득하고 독자적인 개별자로서의 권리와 명예를 다른 구성원들로부터 승인받는다. 그러나 인륜성의 관점에서 그보다 더 중요한 요소는 처음에는 개인들이 의도하지도 않고 자각하지도 못했던 상호 의존의 기제 속에서 그들이 지녔던 **"특수성의 연마**(鍊磨)**"**가 일어나고, 그와 같은 경험의 과정을 통해 결국에는 개인이 "공동의 목적을 위한 의식적 활동"으로 도야된다는 점이다.(『법철학』, § 187 Z. 및 § 254) 그러므로 가족이 "국가의 첫 번째 토대"라면, 이처럼 주관적 목적과 사적 이해 관심이 보편적 목적과 공익을 위한 이해 관심으로 고양되는 것은 "시민사회를 토양으로 한, 국가의 두 번째 **인륜적** 뿌리"라고 할 수 있다.(『법철학』, § 201 Z. 및 § 255)

그러나 비록 시민사회 안에 인륜화의 기능이 내재하고 있을지라도 시민사회가 스스로 산출할 수 있는 보편성에는 근본적인 한계가 있다. 시민사회는 "구성원들이 **독립적인 개별자들**로서 **형식적인 보편성** 속에서 이루는 결합체"이다.(『법철학』, § 157) 시민사회의 마지막 단계로서 시민사회 안에서 소실되었던 인륜성을 다시 활성화시키는 '직능 조합'에서조차도 그것이 도달하는 보편성은 진정한 보편성이 아니라 그 직능 조합의 이해 관심에 국한된 '공통된 특수성'에 불과하다. 시민사회는 본질적으로 특수성에 의해 지배되는 분열과 대립의 장이고, 그 안에서는 온갖 탐욕, 사치, 낭비, 빈곤, 퇴폐, 윤리적 타락, 노동의 기계화, 물신화, 비인간적 소외, 불평등의 참상이 펼쳐진다.

> 이념 속에 포함되어 있는 정신의 **특수성이 지닌** 객관적 **권리**는―불평등의 요소인―자연에 의해 부과된 인간 사이의 불평등을 시민사회에서 지양하기는커녕 오히려 정신적으로 산출하여 이를 숙련성이나 재산의 불평등, 심지어는 지적 내지 도덕적 교양의 불평등으로까지 고양시킨다.(『법철학』, §200 A.)

> 시민사회는 이러한 대립과 그 대립들의 착종 속에서 방탕과 곤궁, 그리고 이 두 가지에 공통적인 육체적 타락과 인륜적 타락의 드라마를 보여준다.(『법철학』, §185)

시민사회가 안고 있는 근본적인 문제는 시민사회의 구성 원리인 특수성이 바로 시민사회를 해체시키는 원심력으로 작용하며, 시민사회는 이런 내적 모순을 통제하고 자기 조절을 할 만한 충분한 역량을 자신 안에 가지고 있지 못하다는 데에 있다. 이

점을 헤겔은 특히 시민사회의 경제 메커니즘에 따른 사회화가
진행되면 될수록 불가피하게 더욱 심화되는 빈곤의 문제에서
선명하게 보여준다.

시민사회가 순탄하게 작동할 경우에는 자체 내에서 **인구 팽
창**과 **산업 발전**을 지속한다.—서로의 갖가지 욕망을 통해 인
간 간의 연관이 **보편화**되고 또 이 욕망의 충족을 위한 수단을
준비하고 마련하는 방법들이 **보편화**됨으로써 한편에서는—
이런 이중의 보편화에서 최대한의 수익이 창출되기 때문
에—**부의 축적**이 증대되지만, 다른 한편에서는 특수 노동의 **개
별화**와 **제약성**, 그리고 이와 함께 그런 노동에 매어 있는 계급
의 **의존성**과 **곤궁**이 심화된다. 시민사회가 제공하는 그 밖의 여
러 자유와 특히 정신적 이점들을 받아들이고 향유할 수 있는
능력의 상실이 이와 맞물려 있다.(『법철학』, §243)

따라서 사회 전체가 소유하고 있는 총체적인 부의 과잉과 낭
비 속에서도 빈곤이 만연하고 천민층이 발생하는 것을 막을 수
있을 만큼 충분히 부유하지 못한 역설적인 현상을 시민사회는
지속적으로 드러낸다. 빈곤의 문제가 단지 현실적으로 해결을
요구하는 경제적인 문제에 그치지 않고 시민사회 자체의 본질
적인 자기모순을 지시하는 까닭은 빈곤이 바로 시민사회의 원
리이자 최대 성과인 개인의 자유와 권리와 자존을 치유 불가능

콜비츠가 그린 「독일 아이들이 굶주리고 있다」(1924)
사회 전체가 소유하고 있는 총체적인 부의 과잉과 낭비
속에서도 빈곤이 만연하고 천민층이 발생하는
것을 막을 수 있을 만큼 충분히 부유하지 못한
역설적인 현상을 시민사회는 지속적으로 드러낸다.

할 정도로 침해하고 무효화하기 때문이다. 빈곤은 "개인들에게 시민사회의 여러 욕구들을 남겨놓으면서도—동시에 그들로부터 자연적인 생계 수단을 박탈하고 혈족으로서의 가족이라는 그 밖의 유대마저 지양함으로써—개인들로 하여금 사회가 제공하는 모든 이점, 즉 숙련된 기술과 교육에서 얻는 생계 능력 일반, 사법(司法), 보건, 심지어는 종종 종교가 주는 위안조차 많든 적든 상실하게 만드는 상태"이다.(『법철학』, §241)

시민사회는 개인을 혈연·신분·인종 등 전통 사회가 보존하고 있던 모든 자연적 또는 사회적 맥락으로부터 떼어내어 '시민사회의 아들'로 만들었으며, 따라서 시민사회는 제2의 **"보편적인 가족"**으로서 개인의 생존권과 복지를 보장할 도덕적·법적 의무를 지고 있다.(『법철학』, §239) 그런데 시민사회는 이 의무를 방기한 채 생존권의 실현을 우연과 자의에 내맡겨버린다. 그러므로 빈곤은 시민사회가 개인들에 대해 저지르는 명백한 불법이고 부정의이다.[6]

자연에 대해서라면 그 누구도 권리를 주장할 수 없지만, 사회가 성립된 상태에서는 결핍이 곧바로 그 어느 한 계급에 가해지는 불법이라는 형식을 띠게 된다. 빈곤을 어떻게 구제할 것인가는 특히 근대 사회를 뒤흔들고 괴롭히는 중요한 문제이다.(『법철학』, §244 Z.)

시민사회에서 국가로, 자유의 공동체를 실현하다

시민사회는 이미 특수성과 보편성의 통일이지만 그것들의 '상대적 동일성'에 불과하다. 그러므로 시민사회가 아무리 막강한 흡인력을 지니고서 개인들의 삶을 지배하고 있을지라도 자기 완결적이지 못하고 오히려 자기모순적이며, 따라서 그것의 존립을 위해서는 보다 상위의 인륜적 실체가 요구된다. 이런 까닭에 시민사회는 필연적으로 국가로 이행한다.

헤겔은 국가의 필요성과 필연성을 크게 두 가지 근거에서 찾는다. 첫째로 시민사회가 도달할 수 있었던 제한된 보편성(특수 이익들의 우연하고 일시적인 공통성)을 넘어서는 진정한 보편성의 구현을 위해 더 높은 차원의 고유한 정치적 영역이 요구된다는 것이다. 여기서 '정치'는 마키아벨리 이후 근대의 정치 공학적 담론에서처럼 독점적 지배 권력과 권위의 획득과 유지와 동원의 기술이라는 의미가 아니라 인륜성의 실현이라는 고전적인 의미에서 이해되어야 한다. 즉 정치란 공적 의사 결정과 수행에 일반 의지(volonté générale)를 가지고 함께 참여하면서 민족정신이라는 하나의 통일된 집단 정체성을 형성하고 공동선을 추구하는 주권적 국가 공동체의 구성원으로서 조직화된 공적 삶을 영위하는 활동인 것이다. 이런 정치적 삶이 없다면 인간은 진정으로 자유롭고 총체적인 인격을 결여한 '속물', 인간 존재에 본질적인 한 가지 차원을 결핍한 한낱 사사롭고 깊이 없는

'법적 인격자'에 머물고 말 것이다. 본래적 의미에서의 국가는 보편적 목적을 추구하며 서로 연대하는 자유인들이 조직한 인류적 정치 공동체이다.[7]

> 국가는 **자기의식적인** 인류적 실체이며, 가족의 원리와 시민 사회의 원리의 통합이다. 가족에서 사랑의 감정이었던 바로 그런 통일이 국가의 본질이다. 그러나 이 본질은 동시에 인지하고 스스로 활동하는 의욕이라는 두 번째 원리를 통해 **인지된** 보편성의 **형식**을 획득한다. 이 보편성의 형식 및 그것의 앎 속에서 전개되는 규정들은 인지하는 주관성을 내용과 절대적 목적으로 삼는다. 즉 그것은 이런 이성적인 것을 스스로 의욕한다.(E, §535)

둘째로 시민사회가 필연적으로 야기하지만 스스로 해결할 수 없었던 여러 가지 문제들은 시민사회보다 더 강력한 권능을 가지고서 조정하며 사회를 통합하는 상위의 심급을 필요로 한다. 헤겔도 애덤 스미스를 비롯한 당대의 정치경제학자들의 견해를 수용하여 수요와 공급의 시장에서 '보이지 않는 손'이 일정 정도 작동한다고 인정한다.[8] 그러나 자유 경쟁 시장이 야기하는 빈곤 계층의 발생, 공급의 과잉, 제국주의적 식민지 확대의 필요성 등의 문제는 '보이지 않는 손'으로는 도저히 해결되지 않는 근본적이고도 치명적인 난제이다. 그런데 시민사회가 초래하는 이러한 "혼란은 오직 이를 제어하는 국가를 통해서만 조화에 이를 수 있다"고 헤겔은 보았다.(『법철학』, §185 Z.)

앞서 본 이행의 관점에서는 시민사회와 국가 사이의 구분이 부각되고 나중에 언급한 요청의 관점에서는 양자의 연관성이 부각된다. 청년기부터 헤겔은 국가와 시민사회의 관계가 '반성 관계'이고, 따라서 양자는 구별과 연관의 이중적 관계 속에서 긍정적 방식과 부정적 방식이라는 이중적 방식으로 동시에 관계를 맺을 수밖에 없다고 생각했다. 즉 시민사회와 국가는 각기 독자적인 영역을 가진 총체성들을 형성하되 하나의 동일한 인륜적 이념의 다양한 형태들이다. 따라서 이 둘은 자신 안에 상대를 부분적으로는 긍정적으로 수용하고 부분적으로는 부정적으로 배제하면서 공존해야 한다는 것이다. 다만 고대의 실체주의적 인륜성을 고수했던 청년 헤겔이 양자의 구분과 부정적 관계를 좀 더 강조했던 반면에, 후기 『법철학』에서의 헤겔은 근대적 자유의 이념을 적극적으로 받아들이면서 양자의 긍정적 연속성을 상대적으로 더 강조한다.

민법 및 사적(私的) 복지, 가족과 시민사회의 영역에 대해 국가는 한편으로는 **외적** 필연성이고 이 영역들에 대한 상위의 권력이며, 이 영역들의 법률과 이해 관심은 이 상위의 권력이 지닌 본성에 의존하고 종속된다. 그러나 다른 한편 국가는 이 영역들의 **내재적** 목적이며, 국가의 보편적인 궁극 목적과 개인의 특수한 이해 관심의 통일 속에, 즉 개인들이 권리를 지니는 한에서 국가에 대한 **의무**를 지닌다는 점에 국가의 강력함이 있다.(『법철학』, § 261)

이에 따라 헤겔은 『법철학』에서 시민사회와 국가를 각각 이중화시키면서 서로 연관시킨다. 시민사회에는 좁은 의미의 시민사회를 이루는 자유 시장 경제의 영역인 '욕구의 체계' 외에도 실은 이미 국가 권력의 일부인 '사법'(司法)이나 '경찰 행정'이 편입되어 있다. 이와 마찬가지로 국가는 시민사회에 직접 관여하면서 유지와 조정의 기능을 담당하는 **외면적 국가—비상 국가**이자 **오성 국가**와 경제 체계로부터 단절된 "본래의 **정치적** 국가"로 분화된다.(『법철학』, § 183 및 § 267) 더 나아가 '욕구의 체계'에서 형성된 사적 소유권이 '사법'에 의해 보호되고 '경찰 행정'에 의해 공익적 목적을 위해 제한되듯이, 국가에서 입법부의 구성에는 시민사회에서 자율적으로 형성된 '계층'의 요소가 반영된다.[9]

그렇게 함으로써 시민사회와 국가는 하나가 다른 하나에 일방적으로 흡수되지도 않고 또 서로 간의 혼합에 의해 각각의 고유한 영역과 기능이 혼탁해지지도 않으면서 하나의 유기적 통일체를 이룰 수 있을 것이라고 헤겔은 기대했다. 헤겔은 시민사회에 대한 국가의 과도하고 자의적인 간섭과 통제만큼이나, 아니 그 이상으로 근대적 조건 아래에서 벌어지고 있는 시민사회에 의한 국가의 침식을 매우 우려하고 경계했다. 후자와 관련하여 헤겔은 근대 사회계약론이나 자유주의가 한낱 '비상 국가이자 오성 국가'를 '본래의 국가'와 혼동하면서 정치의 고유한 영역을 경제의 전일적 지배 속에서 소멸시키고 있다고 비판한다. 로크가 제안한 사회 계약에 의해 수립되는 '경찰국가'는 실은 한낱 "시민사회 또는 **외면적 국가**로서의 국가"에 불과하다.(E, §523)

　　만약 국가를 시민사회와 혼동하여 국가의 사명을 소유와 개인적 자유의 안전과 보호에 둔다면, 이때에는 개별자 자신의 이해 관심이 곧 모든 개별자들을 한데 모으는 궁극 목적이 될 것이고, 이로부터 국가의 구성원이 되는 것도 어떤 임의적인 일이 될 것이라는 결론이 도출된다.——그러나 국가는 개인에 대해 이와는 전혀 다른 관계를 지닌다.(『법철학』, §258 A.)

다른 한편 헤겔은 국가의 참정권에 시민사회적 요소를 반영하면서도 직능 조합과 계층이 이기적인 이익 집단으로 고착되어 공익과 보편적 목적을 저해하거나 왜곡하지 않도록 국가의 규제 아래에 두고자 했다. 이와 관련하여 흥미로운 점은 헤겔이 간섭적 국가주의를 개인주의의 필연적 결과로 파악하면서 이 둘을 동시에 비판한다는 것이다. 즉 서로에 대해 배타적이고 스스로 화합할 수 없는 원자들을 묶어 질서를 부여할 수 있는 것은 물리력에 의한 기계적 결합밖에 없다. 홉스의 '리바이어던'이나 피히테의 '폐쇄 국가'가 그 표본이다.[10] 특히 피히테에 의한 '합법성'과 '도덕성'의 분리는 합법성의 현실적 체계로 왜소화된 국가를 개인의 자유를 제한하는 기계적 강제 장치로 만들고 말았다. 이에 반해 참된 인륜성은 바로 합법성(추상법)과 도덕성의 통일로서 단지 제도적 질서만이 아니라 구체적인 삶 속에서 생생하게 구현되는 총체적인 생활양식이다. 이런 인륜성의 실현인 국가는 인륜적 개인들이 함께 만들어내는 '자유의 공동체'이어야 한다.

국가 안에서 자유는 스스로 대상화되고, 또 그 속에 적극적으로 실현되어 있다. 그러나 이를 마치 개별자의 주관적 의지가 일반 의지를 통하여 실행되고 향유에 다다르며 일반 의지는 주관적 의지를 위한 수단인 듯이 생각해서는 안 된다. 또한 국가는 모든 개개인의 자유가 제한되어야 하는 그러한 인간들의 집합체도 아니다. 우리가 자유를 대하기를 마치 다른 여러 주체들과 더불어 주체가 자신의 자유를 제한하고, 이와 같은 공동의 제한과 모든 구성원 상호 간의 방해 작용이 각자에게 그럭저럭 지닐 수 있을 만큼의 협소한 여지가 주어지는 것이라고 생각한다면, 이때 자유는 한낱 부정적으로 파악된 데에 지나지 않는다. 오히려 법과 인륜성과 국가는, 그리고 오직 이것들만이 자유의 긍정적 현실성이자 그 충족인 것이다. 개별자의 자의는 자유가 아니다. 제한되어야 하는 **그런** 자유는 욕구가 지닌 특수한 것과 관련된 자의이다.(『역사 속의 이성』, 161/ViG, 111)

국가의 이념: 보편성과 특수성의 변증법적 통일

국가는, 참다운 국가는 자유를 제한하고 속박하는 쇠창살의 우리가 아니라 오히려 "인륜적 이념의 현실태"로서 또한 "구체적 자유의 현실태"이다.(『법철학』, §257 및 §260)[11]

그런데 **구체적 자유**란 인격적 개별성과 그의 특수한 이해 관심이 완전하게 **발양**되고 **그의 권리가** (가족과 시민사회의 체계 속에서) 독자적으로 **승인받을** 뿐만 아니라 또한 그의 특수한 이해 관심이 부분적으로는 그 자신에 의해 보편자의 이해 관심으로 **이행**하고 또 부분적으로는 앎과 의지를 가지고서 이 보편자를 그 자신의 **실체적** 정신으로 인정하여 자신의 **궁극 목적**으로서의 보편자를 위해 **활동**하는 데 있다. 그리하여 보편자로서는 특수한 이해 관심과 앎과 의욕 없이는 타당성을 지니지도 않고 성취될 수도 없다. 또한 개인의 경우도 동시에 보편자 속에서, 그리고 보편자를 위하여 의욕 하면서 이러한 목적을 의식하는 활동을 펴나가지 않은 채 한낱 특수한 이해 관심과 앎과 의욕에 따르는 사인(私人)으로서의 삶을 영위할 수도

없는 것이다.(『법철학』, § 260)

즉자 대자적인 국가는 인륜적 전체이자 자유의 실현이며, 자유가 현실적으로 되는 것은 이성의 절대적인 목적이다.(『법철학』, § 258 Z.)

제7장에서 보았듯이 법(권리)은 '자유의 규정이자 현존재'인데, 이런 법의 개념, 다시 말해 자유의 개념은 국가의 단계에 이르러서 비로소 '이념'으로 실현되고 그 최고의 권리에 도달하게된다. 그런데 헤겔이 국가를 자유 이념의 현실태라고 규정하는 까닭은 국가가 단지 인간 삶의 가장 큰 조직 단위로서 이른바 '국가 이성'(raison d'État)이라고 하는 자기 자신의 고유한 존립근거와 작동 원리를 가지고서 가장 강력한 권한을 행사하기 때문만이 아니다. 그것은 또한 국가가 개인의 자유와 복지가 보장되고 실현되기 위한 필연적인 조건이기도 하기 때문이다.

개인의 의지가 지닌 규정들은 국가를 통해 객관적 현존재에 이르게 되고 국가에 의해 비로소 자신의 진리와 실현에 다다르게 된다. 국가는 특수한 목적과 복지를 성취할 수 있는 유일한 조건이다.(『법철학』, § 261 Z.)

이상의 논의를 통해 헤겔이 제시하는 국가의 이념이 명료해졌을 것이다. 그것은 다름 아닌 보편성과 특수성의 통일, 보편자와 개별자의 변증법적 통일로 요약된다. "국가에서 모든 문제는 보편성과 특수성의 통일로 귀착된다."(『법철학』, § 261 Z.) 이런 사변적 통일이 이루어져 있지 않다면 그런 국가는 외양으로만 존재하는 국가일 뿐 실은 "공중에 떠 있는" 가상에 불과하며 '세계사의 법정' 앞에서 조만간 무기력하게 사라질 것이다.(『법철학』, § 265 Z.)

이성적이라는 것은 추상적으로 보자면 무릇 보편성과 개별성의 상호 침투된 통일에 있다. 여기서 이를 구체적으로 그 내용 면에서 보면 그것은 객관적 자유, 즉 보편적인 실체적 의지, 그리고 개인의 앎과 자신의 특수한 목적을 추구하는 의지로서의 주관적 자유의 통일에 있으며—따라서 그 형식 면에서 보면 사유된, 즉 보편적인 법률과 원칙에 따라 자신을 규정하는 행위에 있다.(『법철학』, § 258 A.)

국가는 현실적이다. 그런데 국가의 현실성은 전체의 이해관심이 특수한 목적들 속으로 실현된다는 데에 있다. 현실성이란 언제나 보편성과 특수성의 통일, 보편성이 특수성 속으로 분화되어 펼쳐져 있는 것이어서, 여기서 특수성은 오직 전체 속에서 유지되고 보존되는 것임에도 불구하고 독립적인 것으로 나타난다.(『법철학』, § 270 Z.)

구체적인 고찰, 즉 이념은 특수성의 계기도 그에 못지않게 본질적이고 따라서 그것의 충족도 전적으로 필수적임을 보여준다. […] 특수한 이해 관심이 무시되거나 심지어 억압되어서는 정말 안 되고 보편적인 것과 일치하도록 되어야 하는데, 이를 통해 특수한 이해 관심 자체와 보편적인 것이 보존된다.(『법철학』, § 261 A.)

그럼 이런 국가의 이념에 헤겔이 구체적으로 어떤 제도적 형태와 조직을 부여하는지 간략하게 살펴보자. 우선 그것은 성문 헌법에 입각한 입헌 군주제를 근간으로 하는 헌정 체제를 갖는다. 헤겔은 국가 권력이 그 고유한 업무와 기능에 따라 입법부, (사법권과 행정권을 귀속시킨) 정부, 왕권의 세 가지 권력으로 분화되어야 한다고 주장한다.(『법철학』, § 273) 그러나 자유주의적 삼권 분립 또는 피히테가 제안하는 행정부와 민선 감독관제의 분리에 대해서는 강력하게 반대한다.[12] 그것은 국가의 이념을 근본적으로 오해하여 국가를 한낱 서로 대립하고 견제하는 배타적 힘들 사이의 외적인 균형의 기제, 즉 시민사회로 생각하는 오성적 사고라는 것이다. 이들 삼권은 하나의 총체성인 국가 권력을 그 기능에 따라 구분한 것일 뿐이고, 따라서 그중 한 권력은 다른 권력들을 이미 자기 안에 반영하여 내포하고 있으면서 함께 하나의 실체적 통일을 이루는 것이다.

즉 권력 분립의 원리는 **구별**이라고 하는 **실제적** 이성성의 본질적인 계기를 포함하고 있다. 그런데 추상적 오성이 파악하는 바에 따르면 권력 분립의 원리 속에는 부분적으로는 권력들 상호 간의 **절대적 독립성**이라고 하는 그릇된 규정이, 그리고 또 부분적으로는 이 권력들 간의 상호 관계를 부정적인 관계, 즉 상호 **제한**으로 이해하려는 일면성이 담겨 있다. 그리하여 이러한 견해에 따르면 각각의 권력이 다른 권력에 대해 마치 악한 것을 대하는 듯이 여기면서 행사하는 것은 상대방에 대한 적대감과 공포로 변해버리는데, 이는 각각의 권력이 서로를 대립시키고 이와 같은 평형을 통해 일반적인 의미의 균형은 이룰지언정 결코 생동하는 통일은 만들어내지 못한다는 규정을 갖고 있다.(『법철학』, §272 A.)

입법부는 귀족 계층이 친히 참석하는 상원과 시민 계층이 대의제를 통해 구성하는 하원의 양원제로 이루어진다. 국회에서 법률의 제안과 토의와 의결은 자유로운 공개 토론으로 진행되어야 한다. 정부는 시민사회와 긴밀한 연관을 맺으면서 (이미 시민사회의 영역에서 논한) 사법과 경찰 행정을 통해 국가의 보편적 이해 관심을 특수한 영역과 개별적인 사례들에 적용시키면서 관철시키는 매개의 역할을 한다. 주로 중간 계층 출신의 공무원들이 이런 정부의 업무를 담당한다. 그중에서 사법의 경우 재판은 공개된 법률 절차에 따른 배심원제로 운용된다. 왕권은 이들 세 가지 권력 중에서 가장 상위의 권력인데 장자 상속의 원칙에 따라 세습된다.[13] 그러나 왕권이 지닌 실질적인 권한은 대부분 의회와 정부에서 이미 논의되고 의결된 사안에 형식적인 결단과 재가를 통해 정당성을 부여하는 일에 한정된다.

> 완성된 조직체에서는 단지 형식적 결단의 정점(頂點)만이 문제가 되며, 사람들이 군주에게서 필요로 하는 것은 다만 '그렇다'라고 말하고 '나'에 점을 찍는 그런 한 인간일 따름이다. [⋯] 잘 질서 잡힌 군주제에서는 오로지 법률에만 객관적인 측면이 귀속되고, 군주는 다만 여기에 주관적인 '나는 하고자 한다'를 덧붙이기만 하면 되는 것이다.(『법철학』, § 280 Z.)

이와 같은 국가 체제 안에서 개인은 공민으로서 국방의 의무와 납세의 의무 등을 지지만 사상과 학문의 자유, 종교의 자유, 양심의 자유, 언론과 출판의 자유, 입법과 사법의 공개성과 시민의 참정권, 소유권과 경제 활동의 자유 등의 권리를 누린다.

마지막으로 국제법과 관련하여 헤겔은 개별적인 주권 국가들 사이에도 공히 따라야 할 일정한 도덕규범들이 있기는 하지만 한 국가의 내정에서와는 달리 국제 관계에서는 보편 의지를 관철시킬 상위의 심급이 존재하지 않기 때문에 국제법은 한낱 당위에 머물 뿐이라고 단언한다. 국가 간의 관계에서는 투쟁이 지배하고 상호 승인을 통해 안정된 공동 질서를 수립하는 것은 불가능하다고 보았던 것이다. 이런 맥락에서 헤겔은 칸트의 영구

평화론이나 근대의 여러 사상가들이 옹호했던 세계시민주의를
반박한다.

그러나 국가 간의 관계는 저마다의 주권을 원리로 하는 까
닭에, 그런 한에서 이들 국가는 서로 자연 상태 속에 있으며,
이들이 지니는 권리는 초국가적 권한을 가지는 것으로 구축
되는 보편 의지에 의해서가 아니라 그들의 특수 의지에 의해
서 **현실성**을 지니게 된다. 따라서 그러한 보편적 규정은 당위
에 그칠 뿐이며, 실제 상태는 조약에 부합하는 관계와 이 관계
의 파기가 교체되는 현상을 빚게 마련이다.

국가 간에는 대법관이란 있을 수 없고 기껏해야 심판과 중
재자가 있을 뿐이며, 이들도 또한 한낱 우연한 방식으로, 즉
특수 의지에 따라서 존재할 뿐이다.(『법철학』, §333 및 A.)

그런데 아마도 『법철학』에서 가장 악명 높은 구절은 '전쟁의
인륜적 필연성'을 내세우는 다음과 같은 구절일 것이다.

지금 언급한 것 속에는 전쟁의 인륜적 계기가 담겨 있다. 전
쟁은 절대악으로 간주되어서는 안 되며, 그것이 권력자나 민
중의 격정이라든가 불의(不義) 등등과 같은 그 무엇이건 간에
도대체 있어서는 안 될 것에 그 자체로 우연한 근거를 지니는
한낱 외적 우연성으로 간주되어서도 안 된다. 우연한 것의 본

성을 지니고 있는 것에는 우연이 닥쳐오기 마련이니, 바로 이렇게 해서 빚어지는 운명이 다름 아닌 필연성인 것이다. […] 재산이나 생명 같은 유한한 것이 우연한 것으로 **정립되는** 일은 **필연적**인데, 왜냐하면 바로 이것이 유한한 것의 개념이기 때문이다. […] 그리하여 평상시 같으면 그저 경건한 말투가 되고 말았을 덧없는 재화와 사물들의 허망함이 정말로 심각해지는 상태인 전쟁은 **특수자**의 관념성이 **그 권리를 획득하면서** 현실이 되는 계기이다.—내가 다른 곳에서 표현했듯이, 전쟁은 '마치 바람의 운동이 지속적인 고요에 의해 호수가 부패되는 것에서 호수를 보존하듯이, 바로 그렇게 지속적인 혹은 심지어 영구적인 평화가 민족을 그러한 상태로 놓을 유한한 규정들의 고착화에 대항하여 그 무차별성 속에서 민족의 인륜적 건강을 유지시킨다'라고 하는 더 높은 의미를 지니고 있다.— 아무튼 이는 **다만** 철학적 이념 또는, 사람들이 이를 달리 표현하곤 하듯이, **섭리**의 정당화일 따름이며, 현실에서 실제로 벌어지는 전쟁이 또 다른 정당화를 필요로 한다는 점에 대해서는 뒤로 미루도록 하겠다.(『법철학』, § 324 A.)[14]

물론 여기서 헤겔이 제국주의적 확대 전쟁이나 파시즘적 침략 전쟁을 옹호하려는 것은 아니다. 그는 오히려 식민국의 해방을 지지하고 전쟁의 와중에도 평화의 가능성을 말살해서는 안 된다고 호소한다.(『법철학』, § 248 Z. 및 § 338) 그가 말하려는 것은 다만 국제 관계에서는 각 국가가 배타적인 개체로서 자기 이익을 관철시키려 하고 그런 개별 국가들을 넘어선 상위의 권한이 있을 수 없으므로 전쟁은 사실적인 측면에서 불가피할 뿐만 아니라, 또한 그것이 국가 내부적으로 개체성의 고착화를 파괴하면서 총체성의 위력을 드러내고 활성화시킨다는 점에서 인류적으로도 필연적이라는 점이다. 전쟁은 시민사회가 국가를 침식하고 사인(私人)의 자기 이익과 사유 재산에 대한 속물적 이해 관심이 공민의 정치적·보편적 이해 관심을 질식시키는 것을 막고 잠들어 있던 공동체 의식과 애국심을 일깨워 고취시키는 역사적 장치라는 것이다.[15]

보편적 결사(結社)의 정신은 **단순성**이며 스스로를 고립시키는 체계들에 대해 **부정적인** 본질이다. 개인적 자립성과 소유권의 체계가 고립된 상태로 고착되고 확고해져서 전체가 분해되고 정신이 증발되어버리게 되지 않도록 해야 한다. 그러기 위해서 정부는 때때로 전쟁을 통해 이 체계를 그 내부에서 뒤흔들고, 이를 통해 이 체계의 기존 질서와 자립적인 권리를 타파하고 교란시키는 한편, 이 체계 속에 함몰되어 전체에서 이탈한 채 법적 인격자의 침해받을 수 없는 **대자 존재**와 안전을 추구하는 개인에게는 노동을 부과함으로써 그의 주인인 죽음을 실감하도록 해야만 한다. 정신은 이런 존립의 형식을 와해시킴으로써 인륜적 현존재에서 벗어나 자연적 현존재로 함몰되는 것을 방어하고 정신의 의식이 지닌 자기로 하여금 **자유와 힘**을 획득하도록 고양시킨다.(『정신현상학 2』, 31 이하/Phä, 335)

헤겔의 국가론은 당시 보수화되기 시작한 프로이센의 왕정복고를 옹호하는 어용 철학이라는 비난을 받곤 했다.[16] 그러나 그의 생존 시에는 그의 이론이 국가의 권위에 대한 반역과 불경죄를 저지르고 있다는 정반대의 비난이 제기되기도 했다.[17] 헤겔은 자신이 『법철학』에서 서술하는 국가가 근대에 이르러 현실화된 보편적 자유의 원리에 입각한 국가의 이성적 이념이지 그것이 현존하는 어느 특정한 국가와 동일시되어서는 안 된다고 강조한다.(『법철학』, § 258 Z.)[18] 하지만 굳이 당시에 실존하던 국가들과 비교해본다면 프로이센의 절대 군주제보다는 오히려 영국식 입헌 군주제가 헤겔의 국가 이념에 더 근접한 정치 체제이다. 입법부에서의 양원제, 사법부에서의 배심원제 등 『법철학』에서 제안하는 많은 제도들이 당시 프로이센에서는 시행되지 않았던 것들이다. 특히 군주의 권한을 명목상의 재가권(裁可權)으로 제한하려는 헤겔의 시도는 많은 왕당파의 분노와 반발을 야기하기도 했다.

시민사회와 국가의 '분리 속의 통일'이라는 헤겔의 사변철학적 해결책이 과연 성공적이고 설득력이 있는지에 대해서는 많은 논란이 있다. 혹자는 그것을 통일의 계기가 너무 강하여 개인의 자유와 권리를 충분히 반영하지 못하고 심지어는 이른바 국가 이성 아래 소멸시켜버리는 권위주의적 국가 이론으로 본다. 또 혹자는 분리의 계기에 따른 시민사회의 반목이 너무 강하여 국가에 의한 조화와 통일은 한낱 헛된 관념론적 환상에 불과하다고 비판한다. 경제적 시민사회와 유리된 정치적 국가는 명목상으로만 시민사회를 지배할 뿐이지 실상은 시민사회에 종속되어 있는 이데올로기적 반영물에 지나지 않는다는 것이다. 이외에도 헤겔의 해결 방안이 얼마나 설득력이 있는지, 또 헤겔이 제안했던 구체적인 제도와 조직들이 과연 그 자신의 국가 이념에 부합하는지,[19] 또 그의 국가 이념이 오늘날의 민주·공화주의적 국가 이상에 어떤 공헌을 할 수 있을지에 대해서 여러 논란이 있다. 하지만 헤겔이 제시한 인륜적 정치 공동체로서의 국가라는 이념적 원리는 여전히 많은 이들의 관심을 받으면서 새로운 영감을 주고 있다.

세계를 지배하고 자유를 실현한 이성, 헤겔의 역사철학

역사

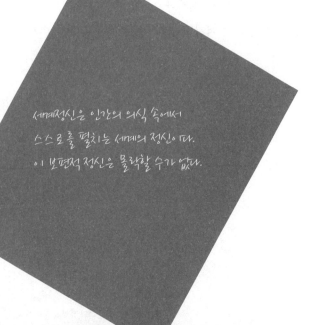

세계정신은 인간의 의식 속에서
스스로를 펼치는 세계의 정신이다.
이 보편적 정신은 몰락할 수가 없다.

국가들 위의 절대적 재판관, 세계사

헤겔의 『법철학』은 「세계사」에 관한 장으로 마무리된다. 헤겔은 1822~23년 겨울부터 사망 직전인 1830~31년 겨울까지 격년 주기로 겨울학기에 역사철학 강의를 개설하는데, 이 강의에서 상세하게 다루게 될 내용이 『법철학』의 마지막 장에 미리 간략하게 요약된 형태로 제시된다.[1]

그런데 왜 법(권리)의 이념을 서술하는 『법철학』에 일견 이와는 무관할 것 같은 역사철학이 편입되어 있는가? 물론 헤겔에 따르면 세계사는 "정신의 보편적 이념이 그 현실성 속에서 전개되는 것"이고(E, § 536), 또 우리가 제7장에서 보았듯이 『법철학』과 『역사철학』은 서로를 전제하면서 긴밀하게 연관되어 있다. 하지만 이런 점을 고려한다 할지라도, 이는 역사철학이 법철학과 더불어 「객관 정신」을 구성하는 요소라는 것을 알려줄 뿐이지 역사철학을 『법철학』의 틀 내에서 다루는 체계적 구성의 이유를 해명해주지는 않는다. 그렇다면 세계사는 어떤 의미에서 법(권리)의 한 형태, 그것도 그 마지막 단계의 형태라고 할 수 있는가? 달리 표현하자면 왜 국가론은 역사로 이행할 수밖에 없는가?

『법철학』에서 헤겔은 인륜성의 이념을 "보편성과 개별성의 상호 침투된 통일"로 규정하면서 개인의 의식이 보편적인 인륜적 자기의식으로 도야되는 것 못지않게 국가가 개인의 특수한 이해 관심과 권리를 존중하고 충족시키는 일이 매우 중요하다는 점을 누누이 강조한다.(『법철학』, §258 A.) 그러나 개인과 국가 사이의 권한 관계를 구체적으로 언급하는 구절들에서는 두 동등한 관계항들의 상호 작용이라는 변증법의 근본 원리가 무색하리만큼 국가(보편성)가 개인(개별성)에 대해 확연하게 우월한 위치에 놓이고 양자의 갈등 상황에서 개인은 거의 무력해 보인다.[2] 국가는 "자유가 자신의 최고 권리에 이르게 되는 절대적인 부동의 자기 목적", "세계 속에서 신의 행보", "**지상**에서의 절대 권력" 등으로 신성화된다.(『법철학』, §258, §258 Z. 및 §331) 반면에 개인은 국가라는 인륜적 실체의 "속성"으로서 "인륜적 전체에 자신을 바쳐야만 하는 종속적인 것"에 불과하고 그의 최고 의무는 "국가의 성원이 되는 것"에 있다.(『법철학』, §145, §70 Z. 및 §258)

그런데 이렇게 이념상 개인이 전적으로 헌신해야 할 국가가 불행하게도 실제로는 인륜성의 이념에 어긋나는 폭압적이고 전제적인 국가라면, 만일 한 국가의 법률이 법의 이름을 빙자하여 불의한 폭력을 자행하고 더 나아가 그 희생자들을 오히려 '폭도'나 '범죄자'로 낙인찍어 치욕을 주는 '법률적 불법'이라면,[3] 그 국가에 속한 개인이 이런 참담한 현실에 맞서서 할 수 있는 것은 무엇인가? 그런 '조악한 국가', '비이성적이고 현실적이지 못한 국가' 또는 '허울뿐인 국가'를 거부하고 변혁시킬 수 있는 가능성과 정당성은 어디에 있으며 그 주체는 누구인가?[4] 한 국가의 법체제 자체를 전면적으로 대상으로 삼아 그 타당성을 묻고 판단할 수 있는 기준과 심급이 있는가?

헤겔에 따르면 이런 궁극적 물음들은 한 국가 내부의 '국법'만 가지고는 해결되지 않는다. 국법은 주어진 특정한 헌정 체제를 존립 기반으로 이미 전제하고 있어서 이 관점에서 국가의 보편성에 대항하는 개인의 모든 행위는 한낱 '불법'으로 단죄받기 때문이다. 또한 단지 당위에 머무는 국제법도 이 물음들에 대한 답변을 주지 못한다. 어느 국가도 또 어떤 국제기구도 다른 국가의 내정에 간섭할 정당한 권한을 지니고 있지 못하다. 그래서 이 물음들은 개별 국가 내부의 정태적 차원을 넘어서서 장구한 시간 속에서 여러 국가들이 등장했다가는 사라지는 역동적인 계통 발생의 대서사시가 펼쳐지는 장인 세계사에 조회해야 하고 바로 여기서 그 답변을 구할 수 있다는 것이 헤겔의 생각이다.

세계사는 한 국가와 그 법체제의 특수성에 대해 더 상위의 보편자로서 더 큰 권리를 행사하면서 '역사의 심판'을 내리는 "국가들 위에 있는 절대적 재판관"이다.(『법철학』, § 259 Z.) 개별 국가들은 역사의 모태 속에서 존재의 근거와 이유를 획득하고 역사의 법정 앞에 회부되어 평가받는다. 그렇기 때문에 세계사는 국법보다 더 상위의 법이자 그 타당성의 근거이고, 바로 이 점이 역사철학을 『법철학』 안에서 다루는 이유이다.

민족정신들이 지닌 각 원리는 저마다의 특수성 때문에—이 특수성 속에서 그들은 **실존하는** 개체들로서 자신의 객관적 현실성과 자기의식을 지니게 되는데—무릇 제한된 원리이며, 이렇듯 상호 관계를 이루고 있는 민족정신들의 운명과 행위란 곧 이들의 유한성을 드러내는 변증법에 다름 아니다. 그러나 또한 바로 이 현상화된 변증법에서는 다름 아닌 **보편적** 정신, 즉 **세계의 정신**이 무제약적인 것으로서 스스로를 발현시키면서 동시에 바로 이 세계정신은 자기의 권리—그런데 이 세계정신의 권리야말로 최고의 권리이다—를 **세계 법정**으로서의 **세계사** 속에서 이들 민족정신에 대하여 행사하는 것이다.(『법철학』, §340)[5]

이렇듯 헤겔의 역사철학은 사뭇 강한 평가적 성격을 지닌다. 그런데 올바른 평가를 하기 위해서는 평가의 타당한 기준과 평가 대상의 명확한 규정이 요구된다. 바로 이 문제를 헤겔은 철학적 역사의 원리와 이념을 확립함으로써 해결하고자 한다. 그러나 다른 한편 그는 '계몽적 역사철학'이나 '선험적 역사철학'처럼 역사 밖에서 역사를 재단하여 구성하고 평가하는 방법을 거부한다. 역사는 엄연한 '사실들'로서 존재하며 역사철학은 이 경험적 사실들을 존중해야 한다. 그러므로 여기서도 평가는 존재하는 것의 '서술을 통한 비판'이어야 한다.

이렇게 역사의 이념을 철학적으로 정초하려는 시도는 역사 기술(記述)에 대한 방법론적 반성과 더불어 그런 역사 이념의 전개를 실제 역사를 바탕으로 하여 내용적으로 서술하는 작업으로 이어진다. 이 장에서는 헤겔에게서 ① 역사철학의 개념과 역사 서술의 방법, ② 철학적 역사의 이념과 목적, ③ 세계사의 단계들과 그 내용, ④ 역사 발전의 동인과 법칙 등을 중심으로 헤겔의 역사철학을 살펴볼 것이다.

역사철학의 개념

역사 기술은 인간의 역사 자체만큼이나 오래된 것이다. 아니, 역사가 무릇 존재하기 위해서는, 다시 말해서 과거에 발생한 어떤 사건들이 '역사적 사실'이 되기 위해서는, 잡다한 현상들 가운데서 특정한 사건들을 선별하여 부각시키고 사건들 사이의 선후 관계와 연쇄의 연관성을 확정하고 그 사건들에 의미를 부여하면서 일정한 맥락 속에서 '이야기하기'가 요구된다. 그런 의미에서 인간의 역사는 역사 기술과 함께 비로소 시작되었다. 그 이전 시대는 사건들은 분명 있지만 아직 역사는 없는 '선사(先史) 시대'이다.[6]

서구의 경우 이런 역사 기술은 상형문자로 기록된 이집트의 고대 문헌들에서 시작하여 기원전 5세기경 헤로도토스의 『역사』(*Histories apodeksis*)와 투키디데스의 『펠로폰네소스 전쟁사』(*Historia toy Peloponnesiakoy Polemoy*)에 이르러 탐구(historia)의 체계적 형태를 띠게 된다. 그러나 역사철학은 근대 계몽주의

시대에 비코의『새로운 학문』(*Scienza Nuova*, 1744)과 볼테르의
『역사철학』(*Philosophie de l'histoire*, 1765)을 기점으로 하여 새
로운 학문으로 등장하고 헤겔과 맑스의 철학에서 그 정점에 다
다른다.

역사철학이 성립하기 위해서는 역사학의 주요 과제인 사료
탐구와 기술 방법의 학적 체계화를 넘어서서 '역사의식'이 본질
적으로 요구된다. 이때 역사의식이란 단지 탐구의 대상이 어떤
역사적 의미를 지니는지에 대한 명료한 인식만을 말하는 것이
아니다. 더 나아가 역사의식은 역사의 목적과 의미에 관한 탐색,
그리고 그렇게 역사에 물음을 던지면서 접근하는 나 자신이 역
사의 흐름 속에 있는 '역사적 존재'라는 것, 다시 말해 우리의 생
각과 말과 행동이 역사적으로 조건지어져 있고 또 역으로 그것
이 역사에 영향을 미치면서 역사를 변화시킨다는 점, 즉 탐구자
자신이 역사와의 상호 작용 속에서 탐구의 대상이자 동시에 주
체라는 사실에 대한 자각을 뜻한다.

역사의 주체로서의 인류라는 자기의식은 과학을 통해 인간
의 자연 지배가 급속도로 확대되고 근대 민족 국가가 수립되면
서 민족의식이 고양되기 시작한 사회적 배경과 맞물려서 발생
한 계몽주의의 산물이며, 역사철학은 이런 역사의식의 형성과
더불어 비로소 등장할 수 있었다. 18세기 중엽부터 헤겔을 거쳐
맑스에 이르는 19세기 중엽까지는 가히 '역사철학의 시대'라고
불릴 만하다.

'역사철학'이란 용어는 앞서 언급한 볼테르의 저서에서 최초로 등장하여 통용되기 시작했다. 그런데 전통적 학문관에 따르면 역사철학은 일종의 형용 모순이어서 애초부터 학문으로 성립될 수 없는 것이었다. 이렇게 회의적인 시각이 지배적이었던 전통 속에서 역사철학이 정당성을 지닌 학문임을 주장하려면 두 가지 물음이 선결되거나 최소한 그에 대해 어느 정도 설득력 있는 답변이 제공되어야 했다.

우선 아리스토텔레스 이래로 역사는 개별적이고 우연한 사건들과 관련된 것인 반면에 철학은 보편적이고 영원한 것을 대상으로 삼는다고 여겨졌다. 그러므로 역사와 철학은 개념상 상충되는 것이고, 따라서 역사철학이란 원칙적으로 불가능하다는 것이다. 우리가 '역사의 미로' 속에서 어떤 보편적인 것, 이를테면 역사의 법칙이나 역사의 반복적인 유형 같은 것을 포착하여 학적으로 정식화하고, 이를 통해 '역사의 의미'와 '역사의 진리'를 밝혀낼 수 있을까?[7]

그다음으로 역사학에서도 주체와 객체, 사유와 대상의 일치라는 진리의 조건을 어떻게 충족시킬 수 있는가 하는 진리론의 근본 문제가 역시 난제로 남아 있다. '역사'라는 단어는 사적(史蹟) 내지 사료(史料)가 되는 '발생한 일'(res gestae)과 '발생한 일에 대한 보고'(historia rerum gestarum)라는 두 가지 의미를 동시에 담고 있다. 즉 (넓은 의미의) '역사'는 경험적 사실로서의 (좁은 의미에서의) 역사와 그런 역사를 탐구하고 기술하고 평가하는 역사학을 동시에 지칭한다. '역사'라는 용어의 어원이 되는 고대 그리스어 'historia'는 물론이고 이에 해당하는 독일어 'Geschichte' 역시 이 두 가지 의미를 모두 함축하고 있다. 'Geschichte'는 '발생하다'를 뜻하는 동사 'geschehen'에서 파생된 것으로서 '발생한 것'과 그것에 대한 '이야기' 또는 '설화'를 동시에 지시한다.[8] 역사철학은 그런 이중적 의미의 역사에 대한 철학이고, 따라서 그것은 역사적 사건들의 진행에 대한 철학적 반성인 동시에 역사적 사건들의 진행에 대한 기술과 설명과 평가의 본질과 방법에 대한 반성이기도 하다. 그러므로 역사철학에서는 역사학이 안고 있는 인식론적 난제가 보다 높은 메타 차원에서 확대 재생산된다.

게다가 역사철학은 역사를 철학적으로 반성하는 탐구자의 주관적 의식이 탐구의 대상인 역사의 흐름 속에 있다는 역사의식을 전제한다. 마치 양자 역학에서 관찰자의 측정 위치가 관찰되는 양자의 운동량에 지속적으로 영향을 주어 측정치가 확정되기 어렵듯이 역사가의 의식도 역사 속에서 끊임없이 변하면서 역사를 늘 새롭게 재구성한다. 그렇다면 역사철학에 의해 재구성된 역사가 어떻게 한낱 '꾸며낸 이야기'나 '날조된 허구'가 아니라 '진실된 역사'일 수 있을까?[9] '객관적 역사'라든가 '보편적 역사'라는 것이 도대체 존재하며, 그것은 어떻게 인식될 수 있는가?

이런 난관에 결정적인 탈출구를 제공한 것이 '진리와 사실은 일치한다'(Verum et factum convertuntur)라는 비코의 유명한 표어이다. 사실로서의 역사가 곧 역사의 진리이다. 왜냐하면 사실(factum)은 행위(factio)에 의해 만들어진 것이기 때문이다. 마치 신이 자연을 창조했기에 자신이 자연에 부여한 보편적 법칙에 대한 참된 인식을 갖고 있듯이 역사는 바로 인간에 의해 만들어진 것이기 때문에 인간은, 적어도 인류로서의 인간은 역사의 법칙을 올바로 간파하고 인식할 수 있다.

역사는 개별적이고 우연한 사건들의 무질서한 혼돈도 아니고 인간에게는 숨겨져 있는 신의 계획이 신비롭게 관철되는 그림자극도 아니다. 역사는 인간이 만든 것이다.[10] 역사는 한낱 관찰과 관조의 대상이 아니라 우리가 그 안에서 살아가고 우리에 의해 늘 새롭게 만들어지는 실천적 삶의 장인 것이다. 그렇기에 역사 속에는 인간의 노동과 정신이 깃들어 있고 인간은 자신의 정신을 통해 역사를 이해하고 파악한다. 자연의 영역에는 자연의 법칙을 연구하는 자연과학이 있듯이 인간의 영역에는 인간사와 그 진행 법칙을 탐구하는 학문인 역사(철학)가 있다. 이런 역사 주체로서의 인간이라는 이념을 통해 역사철학은 정당성을 지닌 학문으로 등장할 수 있게 되었다.

그리고 비코의 모토는 계몽주의 시대 동안 내내 학문적 담론 안에서 확산되고 강화되면서 독일 관념론과 맑스에 이르러서는 역사철학이 심지어 유일한 포괄적 학문으로 등극한다.[11] 헤겔은 이런 역사철학의 원리를 "역사 속의 이성"이라고 표현한다.(『역사 속의 이성』, 51/ViG, 29)[12] 이때의 이성은 신적이지만 철저하게 인간에 의해 구현되는 현실적인 이성이다.

헤겔에게 역사철학은 단지 철학의 여러 분과 학문들 가운데 하나에 불과한 것이 아니다. 그에게 철학은 본질적으로 역사철학이다. 체계 논리상 『역사철학』이 속해 있는 '객관 정신'을 넘어서서 예술과 종교와 철학이라는 '절대 정신'을 다룰 때에도 그가 일관되게 역사적 서술의 관점을 취한다는 사실이 이를 웅변하고 있다. 그래서 예를 들어 철학에 대한 실질적인 서술은 다름 아닌 철학사가 된다. 철학 자체가 근본적으로 역사철학적인 까닭은 철학이 해명하고 서술하려는 정신이 필연적으로 역사적 구조를 가지고 있기 때문이다.[13]

정신은 고정된 존재가 아니라 자기 생성의 활동 자체이다. 정신은 자기 내의 절대적 부정성 때문에 자신을 시간 속으로 외화하고 시간 속에서 스스로를 도야하여 자기 소외를 극복하고 자기 안으로 복귀하면서 자신을 자각된 정신으로 완성한다. '즉자-대자-즉자 대자'라는 정신의 공시적·논리적 구조 계기들은 동시에 정신의 통시적·존재론적 운동 계기들이기도 하다. 이런 정신의 시간성, 정신의 역사가 정신의 본질이고, 이를 개념적 사유를 통해 파악하는 것이 바로 철학이다. 본질(Wesen)이란 존재했던(gewesen) 것들의 총체이고 존재했던 것은 생성된 것이다.[14] 정신은 역사 속에서 자기 자신이 되며, 이런 정신의 자기 구성과 자기 해명의 과정이 다름 아닌 역사이다.

정신의 역사는 정신의 **행위**(Tat)이다. 왜냐하면 정신은 오직 그가 행위 하는 바로 그것일 따름이며, 정신의 행위는 자기 자신을, 더욱이 여기서는 정신으로서의 자기 자신을 자기의식의 대상으로 삼아 오직 자기를 자기 자신에 대해 펼쳐놓으면서 파악하는 데 있기 때문이다.(『법철학』, §343)

세 가지 역사 서술 방법

헤겔은 역사 서술의 방식을 크게 "1. 근원적 역사, 2. 반성적 역사, 3. 철학적 역사"라는 세 가지로 구별한다.(『역사 속의 이성』, 19/ViG, 3 f.)

우선 '근원적 역사'는 헤로도토스나 투키디데스처럼 역사가가 직접 체험하거나 보고 들은 것을 소박하게 기록한 것이다. 이때 역사가의 정신은 그가 기록하는 사태나 행위의 정신과 일치하며 아직 여기에 자신의 반성 작용을 가하지 않는다.

'반성적 역사'에서는 역사가가 자신이 기록하는 역사적 사건과 시간적인 거리를 두고서 과거를 역사가 자신의 정신 속에서 재구성한다. 그래서 역사가의 반성적 정신은 사태 자체의 정신과 상이하다. '반성적 역사'는 다시 '일반적 역사', '실용적 역사', '비평적 역사', '특수사'로 세분된다. ① '일반적 역사'는 과거의 사건들을 수집하고 편찬하여 한 민족이나 국가나 세계의 역사를 전체적으로 개관하고 조망하는 방식의 역사 서술이다.

리비우스의 『로마사』가 그 예로 거론된다. ② '실용적 역사'는 현재의 관심에서 출발하여 과거의 사건들 속에 담겨 있는 내적 연관성, 유형, 목적 등을 역사의 항구적이고 보편적인 요소로 파악하고 그로부터 현재를 위한 도덕적 교훈을 이끌어내려는 시도이다. ③ '비평적 역사'는 역사를 바라보고 서술하는 방식이나 사료의 신빙성 등에 대해 방법론적 관점에서 재검토하는 메타이론적 역사학을 일컫는다. 그리고 ④ '특수사'는 예술사나 종교사, 법제사같이 다양하고 다채로운 삶 가운데 어떤 특수한 영역을 추상화하여 떼어내서 일정한 일반적 관점 아래 그 역사를 서술하는 방식이다.

마지막으로 '철학적 역사'는 바로 헤겔의 역사철학이 지향하는 것으로서 근원적 역사의 직접성(통일, 보편성)과 반성적 역사의 매개성(구별, 특수성)의 변증법적 종합이라고 할 수 있다. 그것은 보편적 세계사를 서술하지만, 구체적 보편으로서 역사 속에 실재하면서도 역사 전체를 관통하는 철학적 '이념'에 입각하여 역사를 사유하며 고찰한다.

> 철학적 세계사의 보편적 관점은 추상적으로 보편적인 것이 아니라 구체적이고 전적으로 현재적이다. 왜냐하면 그것은 영원히 자기 자신에게 존재하며 과거란 있을 수 없는 정신이기 때문이다. (또는 그것은 이념이다.)(『역사 속의 이성』, 39/ ViG, 22)

철학적 역사의 이념과 목적:
이성의 세계 지배, 자유의 진보

철학적 역사가 세계사를 고찰하면서 전제하는 철학적 이념은 '이성이 세계를 지배한다'는 것, 세계사란 "현실 속으로 이성이 구상(具象)된 것"이라는 사상이다.(『법철학』, §270 A.) 이 전제의 올바름을 입증하는 것이 헤겔의 역사철학이 수행하려는 핵심 과제이며, 그것의 타당성은 바로 세계사 자체에 대한 철학적 논구를 통해 입증된다.

> 그러나 철학이 끌어들이는 유일한 사상은 이성이 세계를 지배한다는 것, 따라서 세계사에서도 역시 사태는 이성적으로 진행되어왔다고 하는 **이성**에 관한 단순한 사상이다. 이러한 확신과 통찰은 그야말로 역사 그 자체에 관한 하나의 **전제**이다.(『역사 속의 이성』, 49/ViG, 28)

이렇게 '역사 속의 이성'이라는 이념을 역사 고찰의 방법론적 관점으로 전제한다는 점에서, 그리고 더 나아가 이 이념을 역사 자체에 내재하는 존재론적 원리로 설정한다는 점에서 헤겔의 역사철학은 '목적론적'이다. 그러나 헤겔의 목적론적 역사철학은 선험적 역사철학과도 다르고 그것을 유용성의 관점에서 수단과 목적의 관계로 파악하는 '외적 합목적성'의 목적론과 혼동해서도 안 된다. 우선 헤겔은 칸트와 피히테의 선험철학에 대해 '경험의 상대적 권리'를 마주 세웠듯이, 선험적 역사철학에 대해서도 경험적 사실로서의 역사를 있는 그대로 받아들이고 존중해야 한다고 항변한다.

> 그러나 우리는 역사를 있는 그대로 받아들여야만 한다. 우리는 사실적(史實的, historisch) 경험적 방법을 취해야만 한다. […] 그러므로 우리가 사실적(史實的)인 것을 **사실**(事實)**대로 충실하게 파악하는 것**을 으뜸가는 조건으로 내세울 수 있었다.(『역사 속의 이성』, 52 이하/ViG, 30 f.)
>
> 발생한 일을 그 자체로 그 현실적 형태 속에서, 즉 그것의 경험적 매개와 근거와 목적과 원인을 받아들이고 이해하는 냉철함이 역사적 고찰에 요구된다.(W 13, 432)

왜냐하면 역사철학이 고찰하는 역사적 사실은 바로 이성적 정신이 산출한 것이기 때문이다. 그러므로 역사철학이 전제하는 철학적 이념은 단순한 이상(理想)도 아니고 한낱 이론적 가설도 아니다. 이것이 헤겔의 '관념론적' 역사철학과 칸트의 '선험적' 역사철학을 가르는 중요한 차이점 중 하나이다. 칸트 역시 헤겔과 유사하게 세계사를 이성과 자유의 진보로 파악했다. 그러나 그에게 이런 "선험적 실마리"는 "(역사에 관해 매우 해박한) 어느 한 철학자의 머리가 다른 관점에서 시도해볼 수도 있을 법한 것에 대한 단지 하나의 사념"에 불과하다.[15] 반면에 헤겔에게 이념은 '객관화된 개념', 현실 속에 침잠하며 자신을 실재화한 사유이다. 따라서 철학적 역사 이념은 경험적 역사로부터 길어온 것이고 역사 자체의 결과로서 입증되는 것이다.

> 세계사 속에서 사태가 이성적으로 진행되어왔다는 점, 세계사는 역사의 실체인 세계정신의 이성적이고 필연적인 도정이라는 점 […] (세계정신은 정신 일반이다), 이것은 세계사 자체의 고찰로부터 비로소 밝혀졌고 또 밝혀질 것이다. 이는 이미 말한 바와 같이 역사 자체의 결과이다.(『역사 속의 이성』, 52/ViG, 30)

역사철학적 이념과 경험적 역사 사이의 관계에 대한 헤겔의 발언이 상당히 혼란스럽고 일관성이 없는 것처럼 보일 수도 있다. 한편으로는 철학적 이념을 역사 고찰의 선험적 전제로 삼으면서, 다른 한편으로는 그 철학적 이념이 경험적 역사의 산물이라고 주장하고 있으니 말이다. 그러나 헤겔이 이 문제를 논할 때 실상 염두에 두고 있는 것은 나중에 '해석학적 순환'이라고 불리게 되는 "역사가와 사실의 상호 작용의 과정"이다.[16] '역사 속의 이성'이라는 이념은 경험적 역사에 의해 비로소 입증되는 귀결이자 동시에 우리가 역사를 올바로 이해하고자 할 때 필수적으로 먼저 수반해야 하는 전제이기도 하다. 이 문제에 관해서도 우리가 제1장에서 살펴본 헤겔 특유의 논변 방식인 '역진적 정당화'가 적용된다. 이를 헤겔은 다음과 같이 표현한다.

> 내가 여기서 잠정적으로 미리 말했고 또 앞으로도 말하려고 하는 것은—지금 여기서 다루어지고 있는 학문과 관련해서도—단지 전제로서가 아니라 전체의 **개관**으로서, 즉 앞으로 우리가 행할 고찰의 **결과**로 받아들여져야 한다. [···] 세계를 이성적으로 바라보는 자만을 세계도 역시 이성적으로 바라본다. 이 두 가지는 상호 규정 아래 있는 것이다.(『역사 속의 이성』, 52 이하/ViG, 30 f.)

헤겔에 따르면 세계사는 "자신의 자유에 관한 정신의 의식과 정신의 자유 일반의 현실태"라는 목적을 향한 진보의 과정이다.(『역사 속의 이성』, 97/ViG, 63) 그런데 헤겔이 주장하는 '역사의 목적'을 내용적으로 검토하기에 앞서 그가 왜 군이 역사의 목적을 설정했으며 그 근거는 무엇인지를 살펴보자. 역사란 실은 우연하고 일회적인 사건들의 무의미한 연속에 불과한 것이 아닐까? 도대체 역사에 내재하는 어떤 보편적이고도 필연적인 목적이 있는 것일까?[17] 헤겔은 역사 속에 일정한 목적이 실재한다는 주장의 근거를 역사란 인간에 의해 산출된 정신의 왕국이라는 점에서 찾는다. 즉 역사의 목적은 역사를 만드는 정신 자신의 완전한 실현에 있는 것이다.

발전의 원리가 내포하는 또 하나의 요소는 스스로를 실존화하는 하나의 내적 규정, 어떤 **즉자적으로** 현존하는 전제가 그 바탕에 깔려 있다는 것이다. 이러한 형식적 규정은 본질적이다. 즉 세계사를 자신의 활동 무대이자 소유물, 그리고 자신을 실현하는 장으로 삼고 있는 정신은 결코 우연성들의 외적 유희 속에서 배회하는 것이 아니라, 오히려 그것은 그 자체가 절대적인 규정자이다.(『역사 속의 이성』, 210/ViG, 151)

그리고 우리가 역사의 목적을 애써 찾으려는 까닭은 그로부터 역사의 의미를 구할 수 있기 때문이다. 냉혹한 역사의 수레바퀴 앞에서 이름 없이 스러져간 그 무수한 생명들, 흔적도 없이 사라진 분투의 땀과 눈물, 불꽃처럼 산화하고서 사그라진 용기, 웅장하던 옛 영광의 폐허와 잔해, 어둠 속에 묻혀버린 분노와 절규와 탄식, 아직도 이루어지지 않은 기나긴 기다림, 이 모든 것에 의미를 주는 것은 그것이 우리가 동경하고 추구하는 역사의 목적을 실현하는 데에 밑거름과 받침돌이 될 것이라는 희망이다.

우리는 단지 고통받기 때문에 괴로워하는 것이 아니라 고통의 무의미함 때문에 괴로워한다. 우리에게 삶의 지향점과 의미를 주고 고난과 희생, 심지어 고독과 망각조차 의연하게 감내하면서 암흑 같은 현실에 맞서 싸울 용기를 주는 것은 역사의 목적에 대한 전망이다. 언젠가는 불의가 심판받고 정의가 관철될 것이라는 기대, 압제와 분열과 빈곤이 종식되고 마침내 자유와 평화와 풍요의 그날이 올 것이라는 믿음 말이다.

그러나 아무리 우리가 역사를 여러 민족들의 행복과 국가의 지혜, 그리고 많은 개인의 덕성이 모두 다 희생된 도살대로 본다 하더라도, 이러한 생각에 필연적으로 뒤따르는 물음은 과연 필설로 다할 수 없을 정도의 이 엄청난 희생은 **누구를 위하여, 어떤 궁극 목적을 위하여** 바쳐졌던가 하는 것이다.(『역사 속의 이성』, 120/ViG, 80)

역사에는 일정한 목적이 있고 세계사의 실제 진행은 그 목적을 향한 전진이라고 믿는다는 점에서 헤겔의 역사철학은 계몽주의적 발전사관을 계승하고 있다.[18] 그는 심지어 자신의 역사철학을 '신정론'(神正論)으로 규정하기까지 한다.(『역사 속의 이성』, 76/ViG, 48 및 『역사철학강의』, 434/Gph, 540)[19] 그러나 헤겔은 단순한 직선적 진보를 신봉하지도 않았고 종말론적 역사관을 설파한 것도 아니다. 그는 역사의 불연속성과 각 시대의 고유성, 때로는 절망적인 퇴행과 좌절과 몰락, 시대정신의 수많은 변형과 변질과 지체와 우회가 있음을 간과하지 않는다. 또한 헤겔이 비록 여전히 '신의 섭리' 같은 신학적 용어들을 종종 차용하고는 있지만 자신의 역사철학이 전(前)근대적인 역사신학과 근본적으로 다르다는 점을 분명하게 밝힌다. 헤겔의 철학 체계 전반이 그러하듯이 그의 역사철학도 철저하게 내재성의 논리를 따른다.

> 우리는 우리의 보편적 의식 속에 자연의 왕국과 정신의 왕국이라고 하는 두 개의 왕국을 지닌다. 이때 정신의 왕국은 인간에 의해 산출된 것이다. 사람들이 신의 왕국에 관하여 온갖 표상을 떠올린다 하더라도 그것은 인간에게서 실현되고 인간에 의해 실존으로 정립되어야 하는 정신의 왕국이다.(『역사 속의 이성』, 78 이하/ViG, 50)
>
> 결국 세계사의 목표는 정신이 스스로의 참모습을 깨우치고 또 이러한 앎을 대상화하여 이를 현존하는 세계로 현실화시키고 자신을 객관적인 것으로 산출하는 데 있다. 여기서 본질적인 것은 이러한 목표가 어디까지나 창출된 것이라는 점이다.(『역사 속의 이성』, 112/ViG, 74)
>
> 더 나아가 이 이성은 역사적 현존재에 내재하며 역사적 현존재 속에서, 그리고 역사적 현존재를 통해 완성된다.(『역사철학강의』, 35/Gph, 40)

그리고 그의 역사철학을 '목적론적'이라고 할 때, 그것은 우리가 통상적으로 이해하는 목적론과 사뭇 다르다. 헤겔은 합목적성 중에서 '외적 합목적성'과 '내적 합목적성'을 엄격하게 구분한다.

외적 합목적성에서는 목적이 수단과 무관하게 그 외부에서 부여되고 수단은 이를 달성하기 위한 단순한 도구로 파악된다. 이때 수단은 내재적 가치를 지니지 못한 채 오직 그 상대적 효용성 때문에 채택되는 파생적이고 대체 가능한 것이며, 수단과 목적 사이의 관계는 외면적이고 일시적이고 일방적이다. 기계론이나 전체주의가 이런 외적 합목적성에 따라 부분과 전체의 관계를 파악하는데, 이런 식의 목적론은 '목적이 수단을 정당화'하고 '과정이야 어쨌든 결과만 좋으면 된다'는 결과주의나 성과주의로 귀결된다. 예를 들어 못을 박으려는 목적을 이루는 데에는 보통 망치가 도구로 사용되지만 경우에 따라서는 돌이나 구두 뒤꿈치나 주먹이 유용한 수단이 될 수도 있다. 이때 못을 박는 일과 돌(혹은 망치, 구두 뒤꿈치 등등)은 외적 합목적성의 관계에 있는 것이다.

반면에 내적 합목적성에서는 수단과 목적이 본질적이고도 내재적인 상호 관련 속에 있다. 그래서 수단의 완성은 곧 목적의 실현을 위한 필수 조건이 되고 또 역으로 목적의 완수는 수단의 실현을 위한 필수 조건이 된다. 여기서 수단은 목적의 목적이고 목적은 수단의 수단이다. 즉 수단과 목적은 하나의 동일한 과정 속에서 모두 동시에 서로에 대한 수단이자 자기 목적이다. 우리는 유기체 내의 부분과 전체의 관계에서 이런 내적 합목적성을 전형적으로 볼 수 있다.[20] 생명체의 한 기관은 자신의 기능을 적절하게 수행함으로써 신체 전체의 건강을 유지하는 역할을 하지만 또 역으로 신체 전체의 건강함은 그 개별 기관이 튼튼하게 살아서 기능할 수 있게끔 해주는 조건이 된다. 이때 그 기관(예를 들어 심장)은 다른 기관(위나 두뇌나 손)에 의해 함부로 대체될 수 없다.

헤겔은 자신의 역사철학이 지닌 목적론적 성격이 이런 내적 합목적성에 입각한 것임을 분명히 한다. 역사 속에서 이성과 자유를 실현하려는 세계정신의 목적은 그 실현 수단인 민족정신, 그리고 더 나아가 각 개인들 자신의 본질적인 목적이기도 하다. 세계사의 전개는 그것이 아무리 수많은 불행과 절망으로 점철되어 있다 할지라도 이를 담당하는 인간 자신의 완전성을 향한 거대한 도야의 장이다. 세계사는 어떤 신적인 세계정신이 실체로서 먼저 존재하고 인간을 한낱 도구로 삼아 자신의 계획된 목적을 실현하는 그런 유희의 무대가 아니다. 세계정신은 인간의 힘겨운 노동이 만들어가는 역사를 통해 비로소 세계정신이 된다. 그리고 역으로 세계정신의 완성을 통해 인간은 동시에 바로 자기 자신을 완성한다.

우리가 수단이라고 말할 경우 우선 목적에 관여하지 않는 단지 외면적인 것만을 떠올린다. […] 이와 같이 전적으로 외면적인 의미에서 인간이 수단으로서 이성 목적에 관계하는 일은 거의 있을 수 없다. 인간은 이 이성 목적과 동시에, 그리고 이 이성 목적을 기화로 하여 그것과는 내용상 다른 그들 개개의 목적을 만족시킬 뿐만 아니라 이 이성 목적 자체에 관여하고, 바로 그렇게 함으로써 인간은 자기 목적이다.(『역사철학강의』, 43/Gph, 50)

그런데 이렇게 역사에 내재하는 궁극 목적과 원리는 바로 "자유의 의식에서의 진보"에 있다고 헤겔은 주장한다.(『역사 속의 이성』, 96/ViG, 63)[21] 역사는 정신이 자신을 해방시키고 도야하고 자기를 인식하여 자기의식적 정신으로 완성해가는 과정이다. 그런데 정신의 본질과 실체는 자유에 있다. 따라서 세계사는 자유가 확산되고 실현되는 과정이다. 이런 발전의 도정을 헤겔은 다음과 같이 묘사한다.

세계사는 자유의 의식을 실질 내용으로 하는 원리가 발전해가는 **단계적 도정**을 보여준다. […] 직접적 단계인 첫 번째 단계에서는 정신이 자연성에 함몰되어 있는 상태에 머물러서 다만 부자유한 개별성 속에 존재할 따름이다. (한 사람만이 자유롭다.) 그러나 두 번째 단계에서는 정신이 자연성을 벗어나 스스로의 자유를 의식하는 상태로 들어선다. 그런데 이 최초의 탈피는 간접적인 자연성에서 유래하기 때문에 이 자연성과 관련되어 있고 여전히 하나의 계기로서 자연성에 얽매여 있는 까닭에 불완전하고 부분적인 탈피에 지나지 않는다. (몇몇 사람만이 자유롭다.) 세 번째 단계에서는 아직 **특수한**

자유로부터 자유의 순수한 보편성으로의 고양, 즉 정신성의 본질에 대한 자기의식과 자기감정으로의 고양이 이루어진다. (인간은 인간으로서 자유롭다.)(『역사 속의 이성』, 217/ ViG, 155 f.)

이 구절은 자칫 역사의 발전이 마치 한 사람의 자유로부터 모든 사람의 자유를 향해 자유가 그저 양적으로 확산되는 과정으로 오해받을 소지가 있다. 그렇지만 헤겔이 단순히 '자유의 진보'를 말하지 않고 '자유의 의식에서의 진보'를 말하고 있다는 점에 유의해야 한다. 오직 의식된 자유만이 참다운 자유이다. 따라서 역사의 발전이 지닌 진정한 의미는 자유의 보편적 의식화에 있다. 자유의 양적 확산보다 더 본질적이고 근원적인 것은 각 개인이 스스로를 자유로운 존재로서 자각하는 것이다. 그런데 이런 자유 의식의 보편화는 또한 개인의 주관적 의식이 그 내면에서 '보편적 자기의식'으로 성장하는 데 달려 있다.

헤겔이 말하는 역사의 마지막 단계는 모든 인간이 자유로울 뿐만 아니라 내가 그렇듯이 타인도 자유로운 존재라는 것을 우리 모두가 알고 있고 이를 서로 존중하고 인정하면서 이런 상호 승인의 원리에 따른 법과 사회 제도를 창출하는 상태를 의미한다. 역사의 궁극 목적은 결국 모든 개인이 참다운 '긍정적 자유'를 획득하고 이에 기초한 인륜적 공동체를 수립하는 데에 있다. 이렇게 헤겔의 『역사철학』은 그 최종점에서 처음의 출발점이었던 『법철학』으로 되돌아가서 접합한다. 헤겔의 역사철학은 개인의 주체적 자유에 대한 자각과 제도적 보편화를 통해 수립되는 근대적 인륜 공동체의 발생사이다.

정신의 실체는 자유이다. 이로써 역사적 과정 속에서 정신의 목적은 곧 주체의 자유로 제시되었으니, 이 주체는 스스로의 양심과 도덕성은 물론이고 그가 관철시켜야만 할 일반적인 목적을 대자적으로 지닐 뿐만 아니라 또한 이 주체는 무한한 가치를 소유한 가운데 이러한 극단성의 의식에까지 다다르는 것이다. 그리하여 세계정신의 목적이 지닌 이 실체적인 것은 바로 각각의 개인 모두의 자유를 통하여 성취된다.(『역사 속의 이성』, 98/ViG, 64)

세계사의 네 단계 발전 순서

헤겔은 이와 같은 원리에 입각하여 세계사를 네 단계로 구분한다. 그런데 이런 시대 구분은 동시에 "의식의 단계적 순서"이기도 하다.(『역사 속의 이성』, 215/ViG, 155)

첫째로 직접적 현현의 단계에서는 세계정신이 동일성으로서의 **실체적** 정신이라는 형태를 원리로 하는데, 여기서는 개별성이 자신의 본질 속에 함몰된 채 대자적으로는 아무런 권한도 지니지 못한 상태에 머물러 있다.

두 번째 원리는 이 실체적 정신의 앎으로서, 결국 여기서 실체적 정신은 적극적인 내용과 충만함에 다다라서 정신의 생동하는 **형식**으로서 **대자 존재**가 되는바, 이것이 곧 **아름다운** 인륜적 개체성이다.

세 번째 원리는 자각한 대자 존재가 자기 자신 안으로 침잠하여 **추상적 보편성**에 이르고 결국은 정신이 이탈해버린 객관성에 대한 무한한 **대립**에 이르는 것이다.

네 번째의 형태 원리는 정신의 이러한 대립이 전화되어 자신의 내면성 속에서 자신의 진리와 구체적 본질을 받아들이고 객관성 속에 자리 잡고서 화해를 이룬다. 또한 최초의 실체성으로 귀환한 이 정신은 **무한한 대립으로부터 복귀한** 정신이므로 이러한 자신의 진리를 사상(思想)으로서, 그리고 법률적 현실의 세계로서 창출하고 깨우치기에 이른다.(『법철학』, §353)

이런 네 가지 원리에 따른 세계사의 단계적 도정을 헤겔은 각각 ① 동양 세계, ② 그리스 세계, ③ 로마 세계, ④ 게르만 세계에 대응시킨다.(『법철학』, §354)[22] 동양 세계에서는 오직 한 사람(군주)만이 자유로웠고, 그리스와 로마 세계에서는 소수(자유인 계층)만이 자유로웠으며, 게르만 세계에 이르러서야 비로소 모든 인간이 인간으로서 자유롭게 되었다는 것이다.(『역사 속의 이성』, 96 이하/ViG, 63) 헤겔의 역사철학 강의의 상당 부분은 이 네 가지 시대의 역사적 이행과 각 시대의 세부적인 묘사에 할애되는데, 헤겔은 이런 진행을 동양에서 서양으로의 점진적인 문화·정치사적 전환과 자유의 진보로 파악한다.

헤겔의 이런 역사 기술은 여러 가지 비판을 받고 있다. 우선 당장 유럽 중심주의와 그리스도교 중심주의에서 비롯된 왜곡된 동양 이해와 아프리카 및 (신흥 국가인 미국을 제외한) 아메리카 대륙에 대한 비하와 무시가 지적된다. 또한 승자 중심의 시각도 제국주의와 결탁될 소지를 상당히 안고 있다. 그리고 '게르만 세계'라는 용어도 지나치게 광범위하다. 여기서 '게르만'은 독일 민족만이 아니라 게르만어를 사용하는 유럽 북방 민족 일체를 가리키는데, 그 실제 내용은 그리스도교화된 유럽 백인종을 통칭한다. 이에 따라 게르만 세계는 5세기경 게르만인들에 의해 서로마제국이 멸망한 후부터 헤겔 자신의 시대에 이르기까지의 시기, 즉 일반적인 세계사의 구분 기준에 따른다면 중세와 근대에 해당하는 시기를 모두 포괄한다.

또 헤겔이 (종종 그리스 시대와 로마 시대를 무리하게 하나로 묶어서 세계사를 총 3단계로 제시하기도 하지만) 기본적으로 보여주는 4단계의 시대 구분은 헤겔의 변증법이 통상적으로 따르는 3항 구조에도 어긋난다.[23] 이러한 시대 구분은 한편으로는 고대 그리스에 대한 과도한 이상화(理想化)를, 그리고 다른 한편으로는 그때까지 유럽인들이 알고 있던 것보다 훨씬 더 오래된 (구약성경에 의거하여 추정했던 인류의 역사보다도 더 오래된) 역사를 가진 것으로 밝혀진 동양 세계의 발견에 따른 당혹감을 드러내고 있다고 볼 수 있다. 그리고 헤겔이 '게르만 세계'를 세계사가 완성되는 단계라고 단언하면서 이를 넘어서는 새로운 시대의 원리가 등장할 수 있는 가능성을 열어놓지 않았다는 점도 자주 비판을 받는다.[24]

역사를 발전시키는 힘: 정신의 창조성과 자유

자연의 진행은 '반복'하는 반면에 역사의 진행은 '발전'한다고 헤겔은 보았다. 물론 자연도 시간이라는 형식 속에서 자신을 전개하며, 그 안에서 온갖 개체들이 생성했다 소멸하고 변화하고 또 다른 개체로 이행한다. 그러나 이런 자연의 운동은 현상들의 다양성과 다채로움에도 불구하고 법칙의 차원에서 보면 물질의 영역에서건 생명체의 영역에서건 동일한 유의 재생산이라는 양식을 벗어나지 못한다. 거기에는 질적 변형도 없고 근본적인 새로움도 없으며, 따라서 엄밀한 의미에서 발전이란 없다.

헤겔은 자연에 관하여 아리스토텔레스가 생각했듯이 일정한 종 내에서 잠재태로부터 완성태를 향해 나아가는 개체의 진화는 인정하지만 한 종에서 점차 질적으로 다른 종이 발생하는 (다윈적 의미에서의) 종의 진화는 부인한다.(E, § 249 참조) 자연은 자기 복제와 반복의 장이다. 그렇기 때문에 자연 세계에서는 반복 실험을 통한 확증과 예측이 가능하다. 반면에 역사의 세계 속에서는 끊임없이 전혀 새로운 것이 창발하여 등장하고 질적 도약을 이루면서 더 고차원의 것으로 발전한다. 그런 까닭은 역사를 만드는 정신의 창조성, 정신의 자유에 있다. 정신의 활동은 "질적 변경으로서의 변화"이다.(『역사 속의 이성』, 210/ViG, 150) 정신은 자기를 펼치는 활동의 장인 역사 속에서 자기를 스스로 새롭게 만든다.

태양 아래에서는 어떤 새로운 것도 생기지 않는다. 그러나 정신의 태양 아래에서는 사정이 다르다. 그것의 진행과 운동은 결코 자기 반복이 아니며, 정신이 늘 또 다른 형상들 속에서 이루어나가는 변전하는 모습은 본질적으로 진보이다.(『역사 속의 이성』, 106 이하/ViG, 70)

정신은 자유롭다. 바로 이러한 정신의 본질을 실현시킨다는 장점을 성취하는 것이야말로 세계정신이 세계사 속에서 이루고자 노력하는 것이다. 자기 자신을 알고 인식하는 것이 세계정신의 행위이다. 그러나 이는 단번에 이루어지는 것이 아니라 단계적 과정 속에서 완수된다. 각기 새로운 개별적 민족정신은 세계정신이 자기의 의식과 자유를 획득하기 위해 벌이는 정복의 새로운 단계이다. 한 민족정신의 사멸은 삶으로의 이행이지만, 그러나 이것은 어느 하나의 죽음이 다른 또 하나의 동일한 존재를 현존재로 불러일으키는 자연 속에서의 이행과는 다르다. 오히려 세계정신은 하위의 규정으로부터 더 높은 원리, 더 높은 자기 자신의 개념으로, 즉 자신의 이념이 더욱 발전된 표현으로 전진한다.(『역사 속의 이성』, 110/ViG, 73)

정신의 이런 자유로운 창발성 때문에 역사는 일정한 방향성과 제약 조건이 되는 틀은 가지고 있을지언정 자연적 사건과는 달리 예측과 조작이 불가능한 것이다. 이는 역사철학의 한계라기보다는 오히려 자연에 대한 역사의 특권이며 정신의 우월함의 증거이다. 헤겔의 역사철학은 철저하게 회의적인 시각을 유지하는데, 그 이유가 바로 이런 미래의 조작 불가능성에 있다. 그리고 과거에 기대어 현재의 문제를 타개할 수 있는 방안을 얻고자 하는 '실용적 역사'가 제한적인 의미밖에 지니지 못하는 것도 바로 역사가 창조적으로 발전하기 때문이다. 과거를 이해하고 과거로부터 교훈을 얻는 것은 중요하지만 과거가 현재의 난관에 대한 답이나 대안이 될 수는 없다. 이른바 '역사주의'는 근본적으로 보수주의적일 뿐만 아니라 각 시대의 고유성과 독특성을 간과한다는 점에서 실은 '비역사적'이다.

각 시대와 각 민족은 각기 너무나 독특한 환경과 개별적인 상태에 놓여 있으므로, 모든 것은 그 시대와 민족 안에서 자기 자신으로부터 결정되어야 하고 또 그와 같이 결정될 수밖에 없다. […] 세상사의 번잡함 속에서 어떤 일반적인 원칙이나 과거에 있었던 어떤 유사한 관계를 회상하는 것만으로는 아무 도움도 되지 못한다. 왜냐하면 이미 퇴색해버린 추억과 같은 것은 현재의 거센 풍파 속에서는 아무런 위력도 가지지 못하며, 또한 현재가 지니는 활력과 자유에 대해 아무런 힘도 발휘하지 못하기 때문이다.(『역사 속의 이성』, 35/ViG, 19)

그러나 헤겔이 각 시대의 고유성을 인정한다고 해서 각각의 시대가 모두 동등하고 통약 불가능한 가치를 지닌다고 주장하는 극단적인 역사적 상대주의를 지지하는 것은 물론 아니다.[25] 각 시대의 상대적 독립성에도 불구하고 역사는 엄연히 '자유의 의식에서의 진보'라는 일관된 원리와 목표를 향해 발전해가는 일련의 연속적인 과정이며, 이 기준에 의거하여 우리는 '세계 법정으로서의 세계사' 속에서 각 시대가 이룬 성취와 그 한계를 평가할 수 있다. 그렇다면 역사의 연속적 발전과 시대들 간의 불연속적 이행이라는 두 가지 상반되는 경향이 어떻게 하나의 역사 이념으로 통합될 수 있을까? 이 문제를 헤겔은 역사의 운동 및 고찰의 세 가지 상이한 차원을 구분함으로써 해결하려고 한다.

첫째로는 역사적 사건의 실제 수행자인 개인의 차원이 있다. 역사의 '보편적 정신'이라든가 '세계정신' 같은 개념들, 더 나아가 민족이나 국가 같은 사회적 실체들까지도 그 자체만으로는 한낱 추상물에 불과하다. 그런 보편자들은 구체적인 개별자들의 활동을 매개로 해서만 실재성을 지닌다. 역사는 그 역사 속에서 살아가는 개개의 사람들, 그들의 주관적인 의지와 욕망과 이해 관심에 의해 만들어진 사건들로 구성된다. 개인의 열정은 "보편적 행적의 추동자이자 작용자"이기 때문에 **"이 세상에서 그 어떤 위대한 일도 열정 없이는** 달성된 적이 없다."(『역사 속의 이성』, 127/ViG, 85)

> 법칙이나 원리는 직접 자기 자신을 통해 생명력이나 유효성을 지니는 것이 아니다. 이것들을 작동하도록 만들고 현존재로 만드는 활동은 인간의 욕구와 충동, 그리고 더 나아가 인간의 애착과 열정이다.(『역사 속의 이성』, 121/ViG, 81)

그러나 헤겔의 역사철학에서 개인은 역사의 수행자는 될지언정 역사의 주체나 주인공이 되지는 못한다. 우리는 우리가 의도하고 욕구했던 것과는 전혀 엉뚱한 방향으로 역사가 진행되는 것을 자주 경험한다. 내가 아무리 역사의 정의로움을 굳게 믿는다 할지라도 역사는 안타깝게도 나의 뜻과 다르게 움직이는 경우가 많다. 맑스는 이런 개인적 이해 관심의 주관성과 역사 진행의 객관성 사이의 괴리를 "인간 사회의 전사(前史)"가 지닌 특징으로 파악한다.[26] 그것은 '자유로운 개인들의 연합'이 아직 역사의 주체로 일어서지 못하고 자연 필연성에 속박되어 있기 때문에 발생하는 현상으로서 극복되어야 하고 또 극복될 수 있는 과정 중의 한시적 한계이다. 반면에 헤겔에게는 그러한 괴리가 바로 원리상 필연성의 영역을 넘어설 수 없는 역사 자체의 본질적인 한계이다. 역사는 개인의 주관적 의지와 의식의 배후에서 냉혹한 필연성을 가지고서 자신의 길을 간다. 개인의 관점에서 볼 때 역사는 우연하고 이해 불가능하고 부조리한 일들로 가득 차 있다.

그러나 여전히 전진을 거듭해가는 도정으로서의 세계사의 **진행** 그 자체 속에서 주관적인 측면, 즉 의식은 아직 역사의 순수한 궁극 목적, 즉 정신의 개념이 무엇인지를 확고하게 깨우치지 못하고 있다. 그리하여 여기서도 역사의 궁극 목적, 즉 정신의 개념은 의식의 욕구와 관심의 내용이 되지 못한다. […] 이상과 같은 연관성이 내포하는 의미란, 즉 세계사 속에서는 인간의 행위가 목적으로 삼고 달성하고자 하는 것 또는 그것이 직접 알고 의욕 하는 것과는 다른 어떤 것이 발생한다는 것이다.(『역사 속의 이성』, 130/ViG, 87 f.)

물론 개인에게 부당한 일이 벌어질 수도 있다. 그러나 이는 자신이 전진하는 데에 개인을 수단으로 쓰는 세계사에는 아무 문제가 되지 않는다.(『역사 속의 이성』, 114/ViG, 76)

둘째로는 역사의 무대 위에서 번갈아가며 주역을 담당하는 '민족정신'(Volksgeist)의 차원이 있다. 민족정신이란 문화적 ·

법률적·정치적 통일체인 국가를 이룩한 한 민족의 자기의식을 말한다.

> 정신의 의식은 세계 속에서 스스로를 형태화해야 한다. 이 때 이런 현실화의 소재, 그 지반이 다름 아닌 보편적 의식, 즉 민족의식이다. 이러한 의식은 그 민족의 모든 목적과 이해 관심을 내포하고 또 민족의 모든 목적과 이해 관심은 이 의식을 지향한다. 이 의식은 그 민족의 법과 관습과 종교를 성립시킨다. 비록 개인이 이를 깨닫지 못하고 그것이 다만 하나의 전제로서 기정사실로 주어져 있다 하더라도 이 의식은 민족정신의 실체적인 것이다. 그것은 마치 필연성과도 같다. 개인은 이러한 분위기 속에서 자라며 그것밖에는 알지 못한다.(『역사 속의 이성』, 92/ViG, 59)

헤겔은 오직 국가를 이룬 민족만이 역사의 기본 단위이고, 따라서 역사철학의 유의미한 고찰 대상이 될 수 있다고 본다. "우리가 여기서 다루고자 하는 정신은 **민족정신**이다."(『역사 속의 이성』, 91/ViG, 59) 체계상 『법철학』 이후에 비로소 『역사철학』이 다루어지는 이유가 여기에 있다. 헤겔은 『법철학』에서 민족과 국가의 공시적 구조를 제시함으로써 역사철학적 논의가 전개될 수 있는 지평을 마련했다. 그다음에 『역사철학』은 이제 여러 민족과 국가들의 발생과 몰락, 변천과 이행의 과정을 통시적으로 묘사한다. 이런 민족정신의 차원에서 역사의 진행은 단절적이고 불연속적으로 나타난다.

특정한 민족정신은 세계사의 도정에서 한낱 하나의 개체에 지나지 않는다. 물론 한 민족의 삶은 그 나름의 열매를 무르익게 한다. 왜냐하면 그 민족의 활동은 자신의 원리를 완수하려고 하기 때문이다. 그러나 이 열매는 결코 그것을 낳게 한 바로 그 민족의 품에 다시 떨어지지 않으며, 그 민족이 이 열매를 받아서 향유하는 일이라곤 없다. 오히려 그 민족에게는 이 열매가 쓰디쓴 잔이 되고 만다. 그런데도 그 민족은 이 쓴잔을 멀리할 수 없으니, 왜냐하면 그는 기어이 이 잔을 마셔버릴 수밖에 없는 무한한 갈증을 느끼기 때문이다. 그러나 이 쓴잔을 맛보는 것이 그 민족의 파멸을 가져오면서도 동시에 이것은 하나의 새로운 원리를 출현시키는 것이기도 하다. 열매는 다시금 씨앗이 되지만, 이 씨앗은 어떤 다른 민족을 성숙하게 만드는 씨앗이다.(『역사 속의 이성』, 109 이하/ViG, 72)

그리고 마지막으로 역사의 가장 높은 층위에 역사를 내면에서 지배하고 그 목적이 되는 '세계정신'(Weltgeist)이 있다. 세계정신은 "세계사의 사유하는 정신"이며(E, § 552), 민족정신은 이 세계정신이 스스로를 전개하면서 취하는 특수한 형태들이자 그 필연적 단계들이다. 세계정신과 민족정신 사이의 관계를 헤겔은 다음과 같이 설명한다.

세계정신은 인간의 의식 속에서 스스로를 펼치는 세계의 정
신이다. 인간은 이 세계정신에 대하여 마치 자기의 실체를 이
루는 전체에 대한 개별자의 입장과 같은 관계를 가진다. [⋯]
그런데 어떤 특수한 민족의 특수한 정신은 몰락할 수 있지만,
그것은 세계정신의 연쇄적 과정 속의 한 고리에 지나지 않으
며, 이 보편적 정신은 몰락할 수가 없다. 이렇듯 민족정신은
특수하게 형태화된 보편적 정신이며, 세계정신은 즉자적으로
이 특수한 형태보다 더 숭고하긴 하지만 세계정신이 실존하
는 한에서는 이 특수한 형태를 지니기 마련이다.(『역사 속의
이성』, 93/ViG, 60)

필연적인 단계적 순서 속에 있는 민족정신의 원리들은 그 자
체가 단지 보편적 정신의 계기들일 따름이고, 보편적 정신은 이
계기들을 통해 자기 자신을 파악하는 **총체성**으로 스스로를 고
양시키고 완결짓는다.(『역사 속의 이성』, 113 이하/ViG, 75)

"시대의 세계정신은 전진하라는 명령을 내렸다."[27] 이런 세
계정신의 의식과 본질이야말로 세계사의 내용이자 목적이고,
개인과 민족은 이 목적을 달성하기 위한 소재와 수단일 따름이
다. 하지만 그렇다고 해서 세계정신이 직접 역사에 관여하여 역
사의 과정을 만드는 것은 아니다. 역사는 어디까지나 개인들이

만들고 여러 민족들이 그 진행을 집행하는 것이다. 그러나 세계정신은 서로 경쟁하고 반목하는 개인들의 의식과 민족정신의 배후에서 인간의 자각된 보편적 자유의 실현이라는 자신의 목적을 관철시킨다. 이렇듯 개별자들 사이의 상호 대립과 붕괴(Zu-Grunde-Gehen)를 수단으로 삼아 보편자가 그 과정에 직접 개입하지 않으면서도 자신의 목적을 내재적으로 실현하는 것을 헤겔은 '이성의 간계'(List der Vernunft)라고 부른다.[28] 이 이성의 간계를 통해 세계정신은 수많은 민족정신의 명멸 속에서 일관된 원리로서의 자기동일성을 유지하고 역사 발전의 연속성을 확보한다.

특수자는 세계사 속에서 자기의 고유한 이해 관심을 가지고 있지만, 그것은 유한한 것이어서 필경 몰락할 수밖에 없다. 특수자들이 서로 소모적인 투쟁을 하는 가운데 어느 한편은 붕괴된다. 그러나 바로 이러한 투쟁과 특수자의 몰락 속에서 보편자가 그 결과로 등장한다. 이 보편자는 아무런 장애도 입지 않는다. 즉 보편적 이념이 대립과 투쟁에 내맡겨지거나 위험에 노출되는 것은 아니다. 보편적 이념은 아무런 공격이나 침해도 받지 않은 채 배후에 머물면서 열정이라는 특수자를 투쟁 속으로 내보내 스스로 마모되게끔 만든다. 이와 같이 이성이 열정을 독자적으로 작용하게끔 만드는 가운데 이성이 실존으로 정립되도록 만드는 바로 그것을 대가로 지불하고

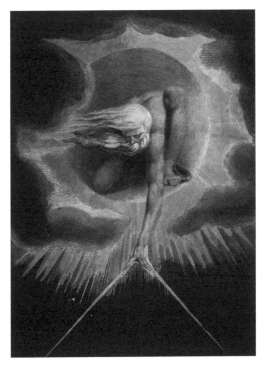

블레이크가 그린 「옛적부터 항상 계신 이」(1794)
세계정신은 서로 경쟁하고 반목하는 개인들의 의식과
민족정신의 배후에서 인간의 자각된 보편적 자유의
실현이라는 자신의 목적을 관철시킨다. 헤겔은 이처럼
보편자가 자신의 목적을 내재적으로 실현하는 것을
'이성의 간계'라고 부른다.

손상되도록 하는 것, 이를 우리는 **이성의 간계**라고 부를 수 있다.(『역사 속의 이성』, 154/ViG, 105)

역사의 변동기, 제2의 보편자의 출현

그렇다면 역사는 무엇을 통해 창조적 발전을 이루어나가는가? 다시 말해 역사의 연속적 진행 속에서 불연속적인 도약을 유발하는 '새로운 것'은 어떻게 출현하는가? 역사 발전의 동인에 관한 이 물음에 대해 헤겔은 '제2의 보편자'를 그 답으로 제시한다.

하나의 민족정신을 싹 틔우고 성숙하게 만들면서 그 시대의 인류 공동체를 지배하는 보편적 원리를 '제1의 보편자'라고 한다면, 제2의 보편자는 제1의 보편자가 자신의 목적을 완수하고 추동력을 소진하여 노년기에 들어섰을 때 그 내부에서 이질적인 원리로 발생하여 결국 제1의 보편자를 내파시키고 대체하는 근본적으로 새로운 보편적 원리를 말한다. 그런데 제2의 보편자는 아직 생동하는 제1의 보편자의 품 안에 머물면서 이에 단지 제한적으로 저항하는 어느 한 개인의 특수 의지의 준칙이나 신념과는 다르다. 그것은 기존의 시대정신이 역사적 소명을 다하고 그 한계에 봉착했을 때 "자기 자신의 더 높은 개념을 향한 정신의 더 진전된 형성, 더 앞으로 나아감, 자기 고양"을 통해 역사의 더 발전된 다음 시대를 여는 또 다른 보편자이다.(『역사 속의 이성』, 142/ViG, 96)

모두가 그것을 위해 활동해야 하고 또 이런 활동을 통해 인류성 전체가 유지되는 이와 같은 보편자에 맞서 제2의 보편자가 현존한다. 이 제2의 보편자는 위대한 역사 속에서 표출되는데, 바로 이를 통해 인류성에 합치되는 태도를 취하는 것의 어려움이 야기된다. [⋯] 제2의 보편자는 기존의 인륜 공동체 내부에 속할 수 없다. 인륜 공동체 내부에서는 이념의 특수한 보편자에 반하는 악덕이나 기만 같은 개별적인 것이 발생할 수도 있지만 이것은 곧 진압된다. 그러나 이와는 달리 하나의 인륜적 전체는 제한적인 것이므로 자기를 능가하는 더욱 고차적인 보편자를 지니게 되는데, 결국 이 보편자로 인하여 인류적 전체는 내적인 파멸을 맞는다. 하나의 정신적 형태로부터 또 다른 정신적 형태로의 이행은 선행하는 보편자가 그 자신의 사유를 통하여 하나의 특수자로서 지양된다는 데에 있다. [⋯] 여기서야말로 기존의 승인된 의무와 법률과 권리, 그리고 이 기존 체제에 대립하여 이를 위반하고 그것의 토대와 현실마저 파괴하면서도 동시에 기존의 것 못지않게 선하고 전체적으로 유익하며 또 본질적이고 필연적인 듯이 보이는 내용을 지니는 새로운 가능성 사이에서 거대한 충돌이 발생하기에 이른다. 이 새로운 가능성이 이제 역사적인 것이 된다. 그것은 한 민족이나 국가가 존립하는 데에 토대를 이루는 보편자와는 다른 종류의 보편자를 내포하고 있다. 이 제2의 보편자야말로 생산적인 이념의 한 계기, 자기 자신을 지향하며 또 그렇게 추동하는 진리의 한 계기이다.(『역사 속의 이성』, 141 이하/ViG, 96 f.)

이제 정신은 자신의 기존 현존재 및 표상의 세계와 단절하고 이를 과거의 유물로 돌려버릴 찰나에 서서 바야흐로 자신을 변혁시키는 와중에 있다. 정신은 한시도 쉬지 않고 끊임없이 전진하는 운동을 하고 있다. 그러나 마치 오랫동안 조용히 자양분을 섭취하며 차츰 성장해온 태아가 드디어 최초의 숨결을 내쉬면서 지금까지 단지 양적으로 증대해오기만 하던 전진의 점진성을 깨뜨리고 질적 도약을 이루어 신생아로 태어나듯이, 스스로를 도야하는 정신도 천천히, 그리고 소리 없이 새로운 형태를 무르익게 하면서 기존의 **세계**를 구축하고 있던 작은 부분들을 하나씩하나씩 허물어버리는데, 이런 기존 세계의 동요는 단지 개별적인 징후들을 통해 암시될 뿐이다. 기존 세계 속에 만연한 경솔함이나 권태로움, 미지의 것에 대한 막연한 예감은 곧 종전에는 볼 수 없던 어떤 다른 것의 도래를 알리는 징후이다. 전체의 골격은 변형시키지 않던 점진적인 와해가 마치 번갯불처럼 일거에 새로운 세계의 구조물을 세워 보이는 해오름에 의해 중단되는 것이다.(『정신현상학 1』, 44 이하/Phä, 18 f.)

이렇게 기존의 '제1의 보편자'와 새로운 '제2의 보편자'가 서로 파열음을 내며 충돌하는 때가 한 시대정신에서 다음 단계의 시대정신으로 이행하면서 발전하는 역사의 거대한 변동기이다. 헤겔에게는 앞서 언급한 세계사의 네 단계들 사이의 과도기가 바로 그런 시기였다. 또한 헤겔은 프랑스 혁명 직후인 자신의 시대도 그런 역사적 변혁이 일어나고 있는 세계사적 전환기로 보았다. 다만 그 이전의 이행기들이 질적으로 새로운 시대정신의 출현을 인도하는 것이었던 반면에 동시대는 세계정신의 원리와 목표가 마침내 완수되고 실현되는 역사의 완성기에 들어서기 위한 마지막 산고(產苦)라는 차이가 있다.

　여기에서 권리의 사상, 권리의 개념이 **일거에** 관철되었고, 이에 대해서 불의한 낡은 구조물은 아무런 저항도 할 수 없었다. 그리하여 권리의 사상에 의거해서 헌법이 제정되고, 그 후 일체는 이 기초 위에 놓이게 되었다. 태양이 창공에 자리 잡고 행성들이 그 주위를 운행하게 된 이후 인간이 머리 위에, 즉 사상 위에서 사상에 의거하여 현실을 구축한 것은 처음 보는 일이었다. 아낙사고라스는 이성이 세계를 지배한다는 것을 최초로 주장한 사람이었다. 그러나 인간은 이제 비로소 사상이 정신적 현실을 지배해야 할 것임을 인식하는 단계에 도달하였다. 그것은 웅장한 해돋이였다. 생각을 가진 사람이라면 모두 이 시대를 함께 축복했다. 숭고한 감격이 이 시대를 지배하고 정신의 열광은 마치 신적인 것과 이 세계의 실제적인 화해가 성취된 것처럼 세계를 전율시켰던 것이다.(『역사철학강

의』, 425 이하/Gph, 529)²⁹

세계정신의 선구자, 세계사적 개인

그럼 이렇게 새로운 시대정신을 움트게 하여 보다 더 발전된 다음 시대를 여는 제2의 보편자는 누구에 의해 어떻게 역사 속으로 도입되는가? 헤겔의 견해에 의하면 기존의 민족 스스로는 그런 개척자의 역할을 하지 못한다. 한 민족에게는 오직 하나의 세계사적 원리를 담당하는 것만이 허용되고, 그 민족이 자신에게 맡겨진 역사적 소임을 다하고 나면 그 내부에서 자신을 다시 새로운 시대정신으로 혁신할 능력을 지니지 못하기 때문이다. 세계사 속에서 어느 한 민족의 주도적 역할은 일회적이며, 자신의 전성기가 지난 후에 그 민족은 역사의 조역으로 물러선다. 비록 제2의 보편자가 기존 민족의 모태에서 발생하더라도 그것을 자기 자신의 원리로 삼아 실현하는 세계사의 다음 주역은 이 새로운 보편자에 부합하는 정신을 지닌 다른 민족에게 이양된다는 것이다.

하나의 민족은 결코 여러 단계를 관통할 수 없으며, 또한 그것은 세계사에서 두 번 다시 획기적인 계기를 마련할 수도 없다. […] 하나의 민족은 세계사적으로 오직 한 차례만 지배적인 민족이 될 수 있으니, 왜냐하면 정신의 과정 속에서 한 민족에게는 오직 한 가지 과업만이 떠맡겨질 수 있기 때문이

다.(『역사 속의 이성』, 245/ViG, 180)

역사는 구체적인 개인들의 활동에 의해 만들어지는 것이고, 제2의 보편자 역시 개인들에 의해 역사 속에 도입된다. 세계사의 전환기에 한 민족의 내부에서 자라났지만 그 민족을 넘어서는 새로운 정신을 역사의 무대에 등장시키는 자는 아주 특별한 세계사적 역할을 수행하는 개인이다. 이렇게 역사의 전기를 마련하여 더 발전된 다음 시대를 이끄는 선구적인 개인을 헤겔은 '세계사적 개인'이라고 부른다. 소크라테스나 예수, 나폴레옹 같은 위인들이 헤겔에게는 그 예가 된다.

물론 모든 개인은 **"자기 시대의 아들"**이자 "특정한 발전 단계 위에 있는 바로 그 민족의 아들"이고, 그 어느 누구도—심지어 이른바 세계사적 개인도—자기가 태어나고 자라난 그 시대와 민족의 정신을 뛰어넘을 수 없다.(『법철학』, 34/Rph, 26 및 『역사 속의 이성』, 140/ViG, 95) 그렇다면 세계사적 개인이 하는 역할은 무엇인가? 그리고 그들은 도대체 어디에서 제2의 보편자를 이끌어오는 것일까?

세계사적 개인이 제2의 보편자를 스스로 창조해내는 것은 아니다. 또한 제2의 보편자는 세계사적 개인이 민족의 외부에서부터 수입해온 전적으로 낯선 것도 아니다. 그것은 비록 그 민족에게 이질적이고 파괴적으로 작용하지만, 어디까지나 그 민족 자신의 내부에서 발생하여 세계사적 개인이 사는 그 시대에 비록 맹

르브룅이 그린 「알렉산더 대왕의 바빌론 입성」(1664)
세계사의 전환기에 한 민족의 내부에서 자라났지만
그 민족을 넘어서는 새로운 정신을 역사의 무대에 등장시키는 자는
아주 특별한 세계사적 역할을 수행하는 개인,
즉 '세계사적 개인'이다.

아의 형태일지라도 이미 현존하고 있는 것이다. 세계사적 개인은 그가 속한 민족이 쇠퇴기에 접어들어 생동성과 열의를 잃고 인습의 타성에 빠져 있을 때 그 안에서 싹터 나오는 새로운 원리를 본능적으로 예민하게 포착하여 이를 '이제 때가 된 것'으로 표명하고 실현하려고 하는 자이다. 제2의 보편자는 제1의 보편자의 '규정된 부정'이다. 그리고 세계사적 개인은 "자신의 시대가 하려고 하고 언표하는 바를 그 시대에 알려주고 완수하는 자"로서 자신의 시대에 '내재적 비판'을 가한다.(『법철학』, §318 Z.)

이렇듯 더 고차적인 보편자를 포착하여 자신의 목적으로 삼고 정신의 좀 더 고차적인 개념에 합치되는 목적을 실현하는 자는 곧 위대한 세계사적 개인이다. 그런 한에서 그들은 **영웅**이라고 불린다. 그들은 자신의 목적이나 사명을 안정된 질서 정연한 체제나 또는 사물의 신성화된 진행 경과에서 얻어내지 않는다. 따라서 그들이 지닌 권한의 정당성은 현존하는 상태 안에 있는 것이 아니라 그들이 길어오는 어떤 또 다른 원천에서 비롯된다. 그것은 현재의 문을 두드리면서도 아직 지하에 모습을 가린 채 현재적인 현존재로까지 성장하지는 못 했지만 이제 밖으로 모습을 드러내려고 하는 은폐된 정신으로서, 이때 현재의 세계는 이 은폐된 정신에게는 한낱 껍데기에 불과한바, 이 껍데기 안에는 그것에 속하는 씨앗과는 또 다른 씨앗이 담겨져 있다.(『역사 속의 이성』, 142 이하/ViG, 97)

그렇지만 헤겔의 역사철학에서 세계사적 개인조차도 역사의 의식적 주체가 되지는 못한다. 역사의 이념과 목적을 파악하는 일은 철학자의 몫이고, 세계사적 개인은 단지 자신의 야망과 열정에 따라 역사적 사건의 현장에서 실천하는 사람일 따름이다. 역사는 다른 개인들과 마찬가지로 세계사적 개인에 대해서도 그의 의식 배후에서 진행된다. 그렇지만 그가 역사적으로 특별한 존재인 이유는 그의 주관적 이해 관심이 '이제 때가 된' 새로운 시대정신에 부합하기 때문이다.

세계사적 개인의 위대함은 탁월한 통찰력이나 높은 도덕성 같은 어떤 개인적 품성이나 소질에 있는 것이 아니다. '세계 법정'은 개인의 도덕성은 물론 민족의 도덕성마저도 넘어서 있다. 그의 위대함은 바로 그가 수행하는 세계사적 역할에 있다. 동시대인들은 아직 감지하지 못한 그 시대의 새로운 요구에 그는 누구보다 민감하게 반응하여 그 이상(理想)을 선포하고 그것의 실현에 자신이 가진 모든 힘과 열정을 쏟는 불굴의 용기를 지닌 것이다.

그는 결코 자신의 시대에 행복을 찾지 못한다. 그가 현실에서 발견하는 것은 고난과 몰이해와 박해이고 그의 혁명적인 시도는 결국 실패로 끝난다. 이런 비극적 운명이 그 시대가 세계사적 개인에게 내리는 형벌이고, 이 처벌은 정당하다. 왜냐하면 그가 주창하는 새로운 정신은 기존 시대의 인류 공동체를 그 토대가 되는 원리에서부터 잠식하여 파괴하는 결과는 가져오기 때문이다.

그러나 역사는 그의 편이다. 실정법적 정당성은 그를 처벌하는 그 시대의 인륜 공동체에 있을지언정 역사적 정당성은 낡은 법의 순교자가 된 세계사적 개인에게 있다. 그가 애써 가꾸었지만 누리지 못한 씨앗의 결실은 다음 세대가 추수한다. 그는 기존의 시대정신에게는 죄인이지만 새로운 시대를 열어 인간의 보편적 자유의 실현이라는 목표를 향한 세계정신의 발전을 견인한 선구자이다.[30]

헤겔 철학, 현실로부터 탄생해 현실을 변혁하다

철학

철학이 이루는 화해는 회색 사상이
회색 현실과 결탁하는 우울한 노후의
체념이 아니라 새로운 사상이 새로운
시대와 함께 빛나는 아침을 맞이하는
'웅장한 해돋이'이다.

철학이 되돌아본 철학

자신의 철학 체계를 집대성한 『철학 백과전서』의 마지막 장을 헤겔은 '철학'에 헌정한다. 여기서 철학은 예술 및 종교와 함께 '절대 정신'의 한 형태, 그것도 그 최종 형태로 다루어진다. 예술과 종교와 철학은 모두 절대 이념이라는 동일한 내용을 가지고 있지만 그중에서도 철학은 절대 정신의 최고 형태이다. 왜냐하면 같은 내용의 진리를 예술은 직관의 방식으로 표현하고 종교는 표상의 방식으로 포착하는 반면에 철학은 절대 이념에 가장 적합한 양식인 개념을 통한 자기의식적 사유의 방식으로 파악하기 때문이다.(E, § 572 및 『대논리학 II』, 549/L III, 410 참조) 철학에서 정신은 정신을 대상으로 삼아 이를 정신적인 방식으로 다룬다. 즉 사유가 사유를 사유한다.

그런데 헤겔이 「철학」 장에서 다루는 내용은 주로 『철학 백과전서』의 체계적 구성, 즉 『논리학』과 『자연철학』과 『정신철학』의 체계 논리적 관계—이를 헤겔은 '삼중의 추론'으로 제시한다—에 대한 방법론적 반추이다. 이로써 형식적으로는 절대 정신의 여러 형태만이 아니라 '논리적인 것'과 '자연'과 '정신'이 모두 철학으로 결집된다.

그러나 내용상으로 철학은 철학적 사유가 철학 자체에 도달하기까지의 긴 여정을 되돌아보는 것 이외에 다름 아니다. 즉 철학적 사유의 운동이 거쳐온 『논리학』과 『자연철학』과 『정신철학』이 바로 철학의 내용 자체인 것이다. 이는 『정신현상학』에서 '절대지'가 의식이라는 형태 속에서 정신이 형성되고 전개되어 온 과정을 회상함으로써 정신이 스스로를 정신으로 투명하게 의식하고 자각하는 앎을 말하는 것이고, 『논리학』에서 '절대 이념'이 절대 이념에 도달하기까지 논리적 사유의 운동과 이에 대한 서술 방법인 변증법 그 자체인 것과 마찬가지이다.

플라톤이 말했듯이 "탐구하고 학습한다는 것은 전적으로 상기(想起)"이다.[1] 이때 상기(회상, Erinnerung)는 단지 과거를 기억하는 심리적 활동을 말하는 것이 아니라 '자기 안으로 들어가기', '내면화하기'(Er-Innerung), 즉 자기 자신에 대한 각성을 의미한다.(W 19, 44 참조)[2] 즉 헤겔에게 철학은 바로 자기 해명과 자기 인식의 과정이다. 이런 면에서 헤겔은 소크라테스 이후의 철학에 대한 전통적인 규정에 충실하게 따르고 있다. 철학은 나 자신이 누구이고 무엇인지를 알고자 하는 것이다.[3]

델포이에 있는 지(知)의 신의 신전에 새겨진 '너 자신을 알라'라는 제명(題銘)은 정신의 본성을 표현하는 절대적인 명령이다.(W 18, 51)

이런 운동이 철학인데, 이 운동은 종국에 자기 자신의 개념을 포착함으로써, 즉 오직 자신의 지(知)를 **되돌아봄**으로써 이미 완수되어 있음을 발견한다.(E, § 573)

철학의 과제: 절대 이념을 개념적으로 파악하다

철학의 대상은 절대 이념이다. 우리가 앞의 여러 장에서 보았 듯이 절대 이념은 주관성과 객관성, 사유와 존재의 사변적 통일 인데, 이런 절대 이념을 그 다양한 형태들과 구성 단계들 속에서 개념적 사유를 통해 구체적 보편으로 파악하는 것이 철학의 과 제이다.

> 절대 이념은 철학의 유일한 대상이자 그 내용이다. 절대 이 념은 **모든 규정성**을 자신 안에 포함하고 있을뿐더러, 또한 그것 의 본질은 그 스스로의 자기규정 내지는 특수화를 통해서 다 름 아닌 자기에게로 복귀하는 데 있으므로 결국 절대 이념은 다양한 형태를 띠고 나타나게 되는바, 바로 이와 같은 다양한 형태들 속에서 절대 이념을 인식하는 일이야말로 철학의 과 업이다.(『대논리학 III』, 410/L III, 549)

그런데 절대 이념의 운동을 철학적으로 파악하고 서술하는 작업은 크게 두 가지 방식으로 이루어질 수 있다. 그 하나는 절 대 이념의 다양한 형태들을 사유라는 순수한 요소 속에서 구조 적·공시적으로 서술하는 것이고, 다른 하나는 이를 시간이라는 경험적 요소 속에서 역사적·통시적으로 서술하는 것이다.(특 히 W 18, 48 참조) 전자의 방식에 따른 것이 『철학 백과전서』,

그중에서도 특히 『논리학』이라면, 후자는 『철학사 강의』라고 할 수 있다. 철학이란 철학을 구성하는 사유 규정과 정신의 형태들을 고찰하는 것이고 또한 철학의 역사를 돌아보는 것이다.[4]

이로써 철학을 다루는 이 마지막 장에서 우리는 헤겔 특유의 원환적 논리에 따라 이 책의 첫 번째 장인 '체계와 서술', 그리고 바로 앞 장인 '역사'로 되돌아간다. 절대 이념의 올바른 서술은 오직 학적 체계를 통해서만 가능하며, 이런 철학의 학적 체계는 역사적 발전을 통해 완성된다. 그런데 헤겔은 '논리적 서술'과 '역사적 서술'이라는 두 가지 서술 방식이 본질적으로 동일한 근원을 가진 것이고, 따라서 이 두 가지 서술 방식 사이에는 상응 관계가 성립한다고 본다.

> 철학사에서 서술된 것과 똑같은 사유의 발전이 철학 자체 안에서 서술되는데, 다만 역사적 외면성에서 해방되어 **순수하게 사유의 요소 속에서** 서술되는 것이다.(E, §14)
>
> **철학사에 대한 연구는 철학 자체에 대한 연구이다.**(W 20, 479)

그런데 우리가 철학사를 되돌아보면 수많은 철학자들의 각기 다른 철학 이론들이 연이어 등장했다가 시대의 흐름에 따라 수정되거나 달리 해석되면서 변천하고 또 때로는 잊혔다가 우연히 재발견되어 새롭게 평가받기도 한다. 또 어느 하나의 철학적 물음에 대해 너무도 다양하고 상반되는 견해들이 답으로 제시되어 경쟁하는 경우도 허다하다. 심지어 철학사의 연구를 통해 '철학이란 무엇인가?'라는 기본적인 물음에 대해 어느 정도 합의된 답변을 구하는 것조차 쉽지 않다.[5] 철학의 영역은 애초에 화해가 불가능한 관점들과 가치들이 부딪치는 '신들의 전쟁터'여서, 여기서는 어떠한 통일된 질서나 합의도 찾을 수 없는 것처럼 보인다. '역사의 철학이 가능한가?'라는 물음 이상으로 '철학의 (철학적) 역사가 가능한가?'라는 물음은 철학사에 나타나는 관점과 주장과 이론들이 극도의 다양성과 반목을 보여준다는 사실 앞에서 더욱 심각하게 제기된다.[6]

그의 『철학사 강의』를 통해 확인할 수 있듯이 헤겔은 고대부터 바로 자신의 동시대에 이르기까지 여러 철학 이론과 사조에 폭넓게 정통해 있었다. 그의 『철학사 강의』는 서양에서 최초의 본격적인 철학사 연구로 평가받는다. 여기서 그는 지리적으로나 역사적으로 다양한 유형의 철학들이 있었고 현재에도 그러하다는 점을 두말없이 인정한다. 그렇지만 그는 철학의 근본적인 다원성, 즉 상이한 원리와 전제를 지닌 여러 가지 통약 불가능한 철학 체계들이 있다는 주장에 대해서는 동의하지 않는다. 마치 세계사에서 등장하는 다양한 시대정신들이 각기 상대적 독립성을 지니면서도 오직 하나의 총체적인 세계정신을 구성하는 양태들이었듯이, 철학사에서 외견상 서로 이종적이거나 대립하는 듯이 보이는 여러 형태의 철학들도 실은 하나의 동일한 이성에 기반을 둔 것들로서 공히 "하나의 철학"을 구성하는 상호

보완적인 계기들이라는 것이다.(W 2, 172)

본질적인 범주는 이런 여러 가지 형태들 모두의 통일, 즉 다양한 계기들 속에서 스스로를 현현하고 드러내는 오직 **하나의** 정신이 있다는 것이다.(W 18, 70)

철학의 정의: 소크라테스와 칸트, 그리고 헤겔

주지하다시피 '철학'을 뜻하는 고대 그리스어 philosophia는 '좋아하다', '애호하다'를 의미하는 philein과 '지혜', '능숙함' 등의 뜻을 지닌 sophia의 합성어이다. 이런 어원에서 철학이란 '지혜에 대한 사랑'이라는 고전적인 정의가 비롯되어 지금까지도 통용되고 있다. 소크라테스가 '지혜로운 자'(sophistes)라는 호칭을 극구 사양하고 단지 '철학자'(philosophos)임을 자처한 것도 자신이 아직 지혜를 갖지 못한 무지한 자이고 다만 지혜를 사랑하고 추구할 뿐이라고 스스로를 여겼기 때문이다. 중세 시대에는 philosophia라는 단어와 더불어 고대 말기에 세네카가 그 본래의 뜻을 살려 제안한 라틴어 번역어 '지혜에 대한 사랑과 추구'(sapientiae amor et adfectatio)가 철학을 일컫는 상용어로 널리 애용되었다.[7]

철학의 이런 제한적인 의미에 충실하게 소크라테스는 이미 지혜로운 자는 더 이상 철학(지혜에 대한 추구)을 하지 않는다고 말한다.[8] 이때에 철학의 목표이자 내용인 진리 자체와 진리를 추구하는 행위로서의 철학이 서로 분리되어 있다. 헤겔은 철학에 대한 이런 겸손한 정의 속에 숨겨져 있는 실재와 과정의 분리에 반기를 들고 철학에 훨씬 더 과감하고 야심 찬 과제를 부여한다. 즉 철학은 단지 진리를 향한 동경만이 아니라 또한 진리 자체에 대한 인식이라는 것이다.

철학이 학문의 형식에 가까워지도록 하는 데 기여하는 것, 말하자면 지에 대한 사랑이라는 이름을 떨쳐버리고 현실적인 지가 되려는 목표에 가까워지는 데 일조하는 것, 이것이 바로 내가 의도하는 것이다.(『정신현상학 1』, 38/Phä, 14)

지적 활동으로서의 철학함과 지의 총체적 체계로서의 철학이 실은 하나이고 분리될 수 없다는 신념은 칸트의 비판철학에 대한 비판으로 이어진다.

칸트는 우선 소크라테스와 유사하게 '모든 철학적 인식의 체계'라는 '객관적 의미'에서의 '철학'과 이런 원형에 도달하고자 하는 주관적 시도로서의 '철학함'을 구분한다. 그리고는 "우리는 철학을 배우지는 못하고 […] 단지 철학함만을 배울 수 있으며", 우리는 단지 "이성의 기술자"로서의 철학자가 될 수 있을 뿐이지 "인간 이성의 입법자"라는 이상적인 의미에서의 철학자는 결코 될 수 없다고 선언한다.[9] 그리고 더 나아가 "모든 선천적 순수 인식과 관련하여 이성의 능력을 검토하는 […] **비판**"과 "순수 이성의 체계(학문)" 자체로서의 **"형이상학"**을 구분하면서 자신의 비판철학을 형이상학에 앞서 이를 준비하는 **"예비학**(예행연습)"으로 규정한다.[10] 여기서 칸트는 형이상학적 물음들을 일단 배제하고 먼저 인간의 인식 능력의 범위와 한계를 비판적으로 검토해보자는 근대 경험주의의 전통을 답습하고 있다.[11]

이에 대해 헤겔은 이성의 인식 능력에 대한 비판은 바로 비판의 대상인 인식하는 이성 자신에 의해 이루어질 수밖에 없으며 철학함이 곧 철학 자체라는 점을 지적한다. 그러면서 그는 이렇게 본격적인 학문에 들어서기에 앞서 이성을 계몽적으로 비판하는 예비학을 수립하려는 시도를 다음과 같이 풍자한다.

> 인식 행위에 대한 검토는 **인식하면서** 이루어지는 도리밖에 없다. 이른바 이와 같은 도구를 검토하는 것은 그것을 인식하는 것과 다르지 않다. 인식하기 전에 먼저 인식하려고 하는 것은 **물속에 과감히 들어가기도 전에 수영하는 법**을 배우려는 어느 스콜라 학자의 현명한 결심만큼이나 부조리한 것이다.(E, § 10 A.)

헤겔이 제시하는 철학에 대한 명목적인 정의는 "대상에 대해 **사유하는 고찰**"이다.(E, § 2) 이때 철학이 고찰하는 궁극적인 대상은 우리가 제2장과 제4장에서 살펴보았던 '절대 이념'이고,

그런 절대 이념에 대해 '사유'한다는 것은 "개념적으로 파악하면서 인식하는 것"을 말한다.(E, §160 Z.) 그리고 다시 '인식'이란 "대상을 그 구체적인 규정성 속에서 파악하는 것", 즉 "어떤 대상이 **존재한다는 사실**과 그것이 **대체** 무엇이며 그것의 **우연하고 외면적인** 규정들에 따르면 무엇인지를 알려고 할 뿐만 아니라 그 대상의 **특정한 실체적 본성**이 어디에 있는지를 알려고 하는 것"이다.(E, §125 Z. 및 §445 Z.) 또한 '개념적 파악'(Begreifen)에 대해서 헤겔은 다음과 같이 부연하여 설명한다.

실제로 어떤 대상을 **개념적으로 파악한다는 것**은 오직 자아가 바로 그 대상을 **자기의 것**으로 만드는 가운데 그 속으로 침투해 들어가서 이것을 **그 자신의 고유한 형식**으로, 즉 그 자체가 곧바로 **규정성**인 **보편성** 또는 그것이 곧바로 보편성인 규정성으로 이끄는 데 있을 따름이다.(『대논리학 III』, 32/L II, 255)

이상과 같은 논의를 요약하여 헤겔은 『철학 백과전서』 전체를 결론짓는 마지막 부분에서 철학의 개념을 "**자신을 사유하는** 이념, 인지하는 진리, 자신의 현실성으로서의 구체적인 내용 속에서 **입증된** 보편성이라는 의미에서의 논리적인 것"으로 규정한다.(E, §574)

철학의 발생 조건과 목표: 분열과 절대적인 것

그런데 사람들은 도대체 왜 철학을 하는 것일까? 다시 말해 발생 연관 속에서 철학의 존재 근거는 어디에 있으며 철학의 역할은 무엇일까? 청년 헤겔은 철학이 성립하기 위한 '두 가지 전제'를 거론한다. 그 하나는 '절대적인 것'(절대자, das Absolute)이고 다른 하나는 '분열'인데, 후자는 철학의 발생 조건이 되고 전자는 철학의 목표와 과제를 지시한다.

> 첫 번째 전제는 절대적인 것 자체이다. 그것은 추구되는 목표이고 이미 현존하는 것이다. […] 또 하나의 전제는 의식이 총체성으로부터 벗어나와 있음, 즉 존재와 비존재, 개념과 존재, 유한성과 무한성으로의 분열일 것이다.(『차이』, 27/W 2, 24)

철학 체계에 반드시 시원(始原)이 있듯이, 철학함에도 시작하는 동기가 있기 마련이다. 플라톤과 아리스토텔레스는 철학의 출발점을 '놀라움'(경이, to thaumazein)에서 찾았다.[12] 실로 우리는 우리가 알고 있다고 믿는 것, 우리에게 익숙한 것, 일상적인 것에 대해서는 놀라워하지 않으며 궁금해하지도 않고 알아보고자 하지도 않는다. 그런 일을 만났을 때 우리는 이미 습관화된 사고의 틀과 행동 양식에 따라 기계적으로 범주화하고 거의 무의식적으로 반응할 뿐이다. 우리가 새삼 주의를 기울이면서 반성적으로 생각하기 시작하는 것은 낯선 것, 이상한 일, 불현듯 돌출한 '문제 상황'에 직면하여 기존의 정형화된 사유와 행동 방식으로는 그것이 제대로 파악되지도 않고 해결되지도 않아서 당혹스러움에 빠졌을 때이다. 그때 우리는 이제 그 효력이 의문시되는 기존의 판단 양식을 중지시키고서 이해와 적응 행위가 저지된 상태를 해소하기 위한 새로운 방안을 모색해야만 한다.[13]

헤겔에 따르면 '통속적인 의식'과 '철학적 의식'의 차이는 통속적인 의식이 당연하게 존재한다고 여기는 것을 철학적 의식은 이제 비로소 인식되어야 할 '문제적 현상'으로 간주한다는 데에 있다.(E, § 131 Z.) 그래서 "철학에서 관건이 되는 것은 알려진 것(bekannt)으로 전제되는 것이 인식되는(erkannt) 일이다."(W 20, 352) 철학은 사유와 존재, 주체와 객체가 친숙했던 직접적 동일성에서 벗어나 서로 불일치하고 어긋나는 낯선 분열 상황에 맞닥뜨렸을 때의 놀라움으로부터 시작된다.

그런데 철학의 역사성을 누구보다도 투철하게 인식하고 있던 헤겔은 여기서 더 나아가 철학의 발생을 역사적 현실과 연관시킨다. 철학에 대한 요구와 욕구는 분열에서 비롯된다. "분열이야말로 **철학적 욕구의 원천**이다."(『차이』, 22/W 2, 20) 그런데 철학의 발생 조건이 되는 분열은 단지 주관과 객관 사이의 인식론적 분열만이 아니라 무엇보다도 (이런 인식론적 분열이 일어나기 위한 전제 조건이 되는) 구체적인 시대 상황 속에서의 인간

존재의 실존적 분열이다. 분열의 시대에 철학은 시대의 필연적인 요구이다. 찢기고 갈라져 고통받는 삶 앞에서 인간은 고뇌하며 진리를 갈구한다. 즉 철학 한다. 아니, 할 수밖에 없다. 헤겔에게 철학은 늘 현실의 삶과 실천적 연관성을 지니는 것이다. "철학의 진정한 욕구는 다름 아니라 철학으로부터, 그리고 철학을 통해 사는 것을 배우는 것으로 귀착된다."(GW 5, 261)

인간의 삶에서 통합의 힘이 사라지고 대립자들이 그들 간의 생동하는 관계와 교호 작용을 상실하여 자립성을 획득할 때 철학의 욕구가 생겨난다. 그런 한에서 철학의 욕구는 우연이지만, 그러나 주어진 분열의 상태 아래에서는 고착된 주관성과 객관성의 대립을 지양하여 지적 세계 및 실제 세계의 기성 존재를 생성으로 파악하고 산물로서의 이들 세계의 존재를 생산 작용으로 파악하려는 필연적인 시도이다.(『차이』, 24/W 2, 22)

철학의 역사적 제한성, 즉 철학은 그 내용이 정신의 역사적 발전 단계에 따라 제약되어 있을 뿐만 아니라 그 발생 자체가 시대의 산물이라는 통찰은 후기 헤겔에게서 더욱더 선명하게 부각된다. 철학은 '사상으로 파악된 자신의 시대'이며, 그 어떤 철학도 자신의 발생 기반이자 활동 지평인 그 자신의 시대를 뛰어넘을 수 없다는 것이다.

모든 철학은 바로 어느 특수한 발전 단계의 서술이기 때문에 그 자신의 시대에 속하며 그 자신의 제한 속에 사로잡혀 있다. [⋯] 모든 철학은 그 자신의 시대의 철학이다.(W 18, 64 f.)

존재하는 것, 바로 그것을 개념적으로 파악하는 일이야말로 철학의 과제이다. 왜냐하면 **존재하는 것**, 바로 그것이 이성이기 때문이다. 개인에 관해서 말하자면 물론 모든 개인은 **자기 시대의 아들**이다. 마찬가지로 철학도 **사상으로 파악된 그 시대**이다. 그 어떤 철학이 현재의 자기 시대를 뛰어넘을 수 있다고 생각한다면, 그것은 개인이 로도스 섬을 뛰어넘으려는 듯이 자기 시대를 뛰어넘으려는 것만큼이나 아둔한 망상이다.(『법철학』, 34/Rph, 26)

철학의 발생이 분열에서 시작되었다면 역으로 철학의 목표와 과제는 그런 분열의 해소, 즉 대립자들의 통일을 통한 화해이다. 이를 헤겔은 절대적인 것의 반성적 재구성, 이성과 현실의 화해, 절대 이념(제2장), 절대 정신(제5장), 사유와 존재의 사변적 통일(제4장), 긍정적 자유(제3장), 인륜성(제7장), 역사의 궁극 목적(제9장) 등으로 다양하게 표현한다.

물론 어떤 철학이건 간에 그것은 그 자신의 시대로부터 발생하기 마련이거니와, 우리가 우리 시대의 분열상을 반(反)인륜성으로 이해하고자 한다면 철학은 반인륜성으로부터 발생하는 것이다.―그러나 철학이 그렇게 발생하는 것은 시대의 파멸에 맞서 인간을 스스로 재건하도록 하고 시대가 갈기갈기 찢어놓은 총체성을 보존하기 위해서이다.(『차이』, 150 이하/W 2, 120 f.)

절대적인 것이 의식에 대해 구성되는 것, 바로 이것이 철학의 과제이다.(『차이』, 28/W 2, 25)

철학의 과제는 그 근본이념인 사유와 존재의 통일 자체를 대상으로 삼아 개념적으로 파악하는 것, 다시 말해 필연성의 핵심, 즉 개념을 파악하는 것으로 규정된다.(W 20, 314)

그런데 우리가 앞선 여러 장들의 논의에서 재차 확인했듯이 이렇게 철학의 목표가 되는 '절대적인 것' 내지 절대 이념은 (적어도 예나 중기 이후의 헤겔에게는) 미리 주어져 있는 전제가 아니라 비로소 정립되고 산출되고 도달되어야 할 과제이다. 실은 이 목표를 자기 자신으로부터 스스로 구성하고 자율적으로 실현하는 과정 자체가 다름 아닌 철학인 것이다.

그러나 이와 같은 존재와 당위의 일치는 고착되고 과정을 결여한 일치가 아니다. 왜냐하면 세계의 궁극 목적인 선(善)은 오로지 스스로를 끊임없이 산출함으로써 **존재하기** 때문이다.(E, § 234 Z.)

철학의 역사적 역할:
미네르바의 올빼미와 아스클레피오스의 뱀

그러면 철학은 이런 시대적 분열을 치유하고 현실과 화해하여 절대 이념 또는 절대 정신을 실현해야 한다는 절실하면서도 지난한 과제를 달성하는 데에 구체적으로 어떤 기여를 할 수 있는가? 철학의 역사적 역할은 무엇인가? 그 자신의 시대에 의해 철저하게 제약받는 철학이 과연 시대의 분열을 뛰어넘어 화해와 통일의 새로운 시대 지평을 열 수 있는가? 만일 그렇다면 발생 연관에서 철학의 역사적 제한성과 타당성 연관에서 철학의 시대 초월성이라는 상반되는 두 조건은 서로 어떻게 조화를 이룰 수 있는가? 결론부터 말하자면 철학이 이런 모순적인 듯이 보이는 요구에 나름의 고유한 방식으로 응답하고 그 해결에 기여할 수 있는 까닭은 그것이 순수 사유의 학문이고 순수한 사유는 "상처를 입히고서는 또한 그 상처를 치유하는 것"이기 때문이다.(E, §24 Z.2)

일단 철학적 사유의 회고적 성격을 고수하는 헤겔에게서 철학을 통한 현실의 미래 지향적 변혁 가능성을 찾기란 그리 쉽지 않다. 특히 후기의 『법철학』과 『역사철학』에서 헤겔은 철학의 역사적 제약성을 과도하게 강조하고 있는 듯이 보인다. 『법철학』서문에 등장하는 그 유명한 '미네르바의 올빼미'의 비유가 이런 평가의 범례적인 증거로 되풀이하여 거론되곤 한다. 그리스·로마 신화에서 올빼미는 지혜의 여신 미네르바(아테나)의 상징이다. 즉 '미네르바의 올빼미'는 철학을 말한다. 올빼미는 여러 사건들로 분주했던 하루 일과가 끝나고 해가 질 무렵에 비로소 활동을 시작하여 소리 없이 날며 밤을 지킨다. 그처럼 철학은 역사의 뜨겁던 젊은 날이 저물고 사상과 현실, 형식과 내용, 영혼과 몸 사이에 균열이 생기는 몰락의 시대에 발생하여 그 노쇠해진 현실을 있는 그대로 인식해서 서술할 따름이고 눈앞에서 무너져 내리고 있는 현실을 치유하거나 혁신하기에는 늘 '너무 뒤늦게' 현실에 당도한다는 것이다. 철학은 과거와 현재를 이해할 뿐 스스로 새로운 미래를 이끌지는 못한다. 미네르바는 디케가 지키는 새벽의 문 앞에서 오로라에게 왕좌를 넘기고, 올빼미는 아침 이슬을 맞으며 잠이 든다.

이제 이 세계가 어떠해야만 하는가에 대한 **가르침**과 관련하여 한마디 하자면, 철학은 그런 교훈을 주는 데에 늘 뒤처진다. 세계의 **사상**으로서 철학은 현실이 그 형성 과정을 완성하여 자신을 마무리하고 난 연후에야 비로소 시간 속에서 나타난다. 개념이 가르쳐주는 바로 이런 점을 역사도 필연적으로 보여주고 있으니, 즉 현실이 무르익었을 때에 비로소 이념적인 것은 실제적인 것에 맞서서 나타나고 실제 세계를 그 실체속에서 파악하는 가운데 이를 지적(知的) 왕국이라는 형태로 구축하게 된다. 철학이 자신의 회색을 회색으로 칠할 때, 삶의

요스트 아만이 그린「미네르바」
'미네르바의 올빼미'는 철학을 말한다.
철학은 과거와 현재를 이해할 뿐 스스로 새로운
미래를 이끌지는 못한다. 미네르바는 디케가 지키는
새벽의 문 앞에서 오로라에게 왕좌를 넘기고,
올빼미는 아침 이슬을 맞으며 잠이 든다.

한 형태가 이미 낡아버린 것이니, 회색으로 회색을 칠한다고
해서 그것이 젊어지는 것은 아니고 다만 인식될 뿐이다. 미네
르바의 올빼미는 황혼이 깃들 무렵에야 비로소 날기 시작한
다.(『법철학』, 36 이하/Rph, 27 f.)

철학은 실재 세계의 몰락과 더불어 시작된다. 철학이 회색
을 회색으로 칠하면서 자신의 추상들과 함께 등장할 때 젊음
과 생동성의 신선함은 이미 사라져버린 것이고, 철학이 가져
오는 화해는 현실에서의 화해가 아니라 관념 세계에서의 화
해이다.(W 18, 71 f.)

회색빛의 암울한 현실을 또다시 회색으로 그리는 철학의 이
런 회고적이고 관조적인 태도는 너무 수동적인 것이고 심지어
무책임한 것이 아닐까?[14] 그런 철학은 발전 동력을 상실하고 몰
락해가는 시대에 대한 무기력한 체념을 넘어서 분열되고 모순
에 찬 현실을 이해(verstehen)한다고 하면서 그 고통스러운 상
황에 암묵적으로 동의(einverstehen)하고 인식(erkennen)한다
고 하면서 그것을 인정(anerkennen)하는 현실 옹호적인 성격을
숨기고 있는 것이 아닐까? 분열에 의한 깊은 상처와 고통이 엄
존하는 현실 앞에서 현실의 필연성에 대한 이성적 통찰을 통
한 '관념 세계에서의 화해'를 말하는 것은 철학의 진정한 실현
이라기보다는 허구적인 '그 자신만의 개인적인 위안'처럼 보
인다.[15]

철학은 내용을, 즉 신적 이념의 현실성을 인식하는 가운데 험담에 시달리는 현실성을 정당화하기를 바란다. […] 철학은 위안이라고 할 수는 없다. 철학은 그 이상의 것이다. 철학은 화해를 가져오고, 또한 잘못된 것으로 보이는 현실적인 것을 이성적인 것으로 정화시켜서 이 현실적인 것을 이념 자체 안에 근거 지움으로써 이성이 만족되어야만 할 것으로 드러내는 것이다.(『역사 속의 이성』, 117/ViG, 78)

이성을 현재라는 십자가에 드리워진 장미로 인식함으로써 이를 즐거이 향유하는 것, 바로 이런 이성적 통찰이야말로 철학이 베풀어주는 현실과의 **화해**이다.(『법철학』, 35/Rph, 26 f.)

그러나 우리가 제2장에서 보았듯이 헤겔에게서 이성과 현실의 일치라는 명제는 이성을 현실 속에서 실현하려는 실천 행위를 배제하기는커녕 오히려 그런 실천이 현실의 이성성을 인식할 수 있기 위한 존재 근거가 된다. 게다가 헤겔에게는 『법철학』 서문에서와는 판이한 목소리도 분명히 있다. 우선 "머리 위에, 즉 사상 위에서 사상에 의거하여 현실을 구축한" 역사적 사건인 프랑스 혁명을 인도한 계몽사상과 관련하여 헤겔은 철학에 훨씬 더 적극적인 역할을 인정하고 부여한다.(『역사철학강의』, 426/Gph, 529) 철학이 사람들의 의식에 깊이 침투하여 관념 세계를 장악했을 때 그것은 이미 부패하고 고루해진 현실에 대해 절대적인 위력을 발휘한다는 것이다.

여기서 철학은 황혼녘에 날기 시작하는 '미네르바의 올빼미'가 아니라 의술의 신 '아스클레피오스의 뱀'으로 등장한다. 지혜의 뱀은 병든 현실을 치유하면서 동시에 그 자신의 낡은 허물을 벗는다. '뒤늦게 오는 것'은 현실을 뒤따르는 철학이 아니라 오히려 '제2의 보편자'를 그 내부에서 전파하는 철학을 억지로 저지하고 억누르려는 시대착오적인 현실이다. 철학이 이루는 화해는 회색 사상이 회색 현실과 결탁하는 우울한 노후의 체념이 아니라 새로운 사상이 새로운 시대와 함께 빛나는 아침을 맞이하는 '웅장한 해돋이'이다.

그러므로 순수한 통찰이 의식에 대해 존재하는 한 그것은 이미 널리 유포된 것이다. 순수한 통찰에 대한 투쟁은 이미 일어난 감염을 드러내 보일 뿐이다. 그 투쟁은 뒤늦은 것이고 모든 처방은 병세를 악화시킬 뿐이다. 왜냐하면 순수한 통찰이 정신적 생명의 골수, 즉 그 개념에 있어서의 의식 또는 의식의 순수한 본질 자체를 장악했기 때문이다. […] "어느 아름다운 아침에 동지를 팔꿈치로 밀치자 쿵쾅, 쿵쾅쾅! 우상이 무너져 나뒹굴군다."[16]—어느 아름다운 아침, 정신적 생명의 모든 기관이 완전히 감염되었다면 그날의 한낮에는 피를 흘리는 일이 없을 것이다. 다만 기억만이 어떻게 해서인지는 모르지만 정신이 지녔던 예전 형태의 사멸한 방식을 지나간 역사로 보존한다. 그리고 신격화된 새로운 지혜의 뱀은 이런 방식으로 시들은 허물을 고통 없이 벗어던질 따름이다.(『정신현상학 2』, 119 이하/Phä, 403 f.)

철학이 수행하는 역사적 역할은 우선 시대의 모순을 내재적으로 폭로하여 '부정적 변증법'을 촉발시킨다는 데에 있다. 즉 철학은 회색빛 현실을 정말 회색으로 그림으로써 사람들로 하여금 환상에서 깨어나 작금의 현실이 바로 회색이라는 사실을 뚜렷하게 자각하도록 만들고 이런 비판적 고발을 통해 낡은 현실을 그 내부에서부터 동요시키고 와해시킨다. 이때 철학은 물체 내부에서 그 물체를 잠식하고 분해를 촉진하는 발효 효소처럼 작동하는 '비판의 무기'이다.

정신의 어느 한 형태가 더 이상 만족스럽지 못하게 되면, 철학은 이런 불만족스러운 점을 통찰하려고 날카로운 시선을 거기에 집중한다. [⋯] 이와 같은 방식으로 등장하면서 철학은 특정한 통찰을 통해 타락을 증대시키고 조장한다. 물론 이에 대해 철학을 비난할 수는 없다. 타락은 필연적이기 때문이다. 정신의 어느 한 특정한 형태는 오직 어떤 근본적인 결함이 그 안에 있기 때문에 부정된다.[17]

더 나아가 철학은 이런 내재적 비판을 통해 사변적 통일의 새로운 형식을 제시한다. 철학이 현실을 변혁시키는 것은 현실에 곧장 개입하여 눈앞의 현안에 대해 직접적으로 발언함으로써 이루어지는 것이 아니다. 위기의 현장에서 역사를 전환시키는 행위자는 철학자가 아니라 열정을 지니고서 실천하는 소박한 개인들, 민중, 세계사적 개인이다. 오히려 철학의 힘은 순수 사유 속에서 현실의 실제 내용과 내세우는 형식, 말하는 것과 그 말 속에 의도된 것, 알고 있는 것과 진리, 행하고 있는 것과 그 행위를 통해 추구하는 목표 사이의 괴리를 드러내고 그것들의 통일이 어떠한 것인지를 밝히는 데에 있다. 그럼으로써 철학은 현실 속에서 좌절된 현실 자체의 본질과 원리를 개념적으로 보여주는 것이다.[18] 철학적 사유는 세상을 바꾸는 행위와 사건의 역사적 필연성과 의미를 통찰한다. 그것은 물론 관념적이고 형식적인 앎이다. 그러나 이런 관념적 통찰이 중요하다. 왜냐하면 바로 그 통찰이 새로운 시대를 잉태하는 '내적 출생지'가 되기 때문이다.

철학은 전적으로 그 시대와 동일하다. 그러므로 철학은 그 시대를 넘어서 있지 않으며, 그 시대의 실체적인 것에 대한 앎일 따름이다. […] 그러나 다른 한편 철학은 그 시대의 실체적 정신이 무엇인지에 대한 사유로서 이 실체적 정신을 자신의 대상으로 만듦으로써 형식의 면에서 그 시대를 넘어서 있다. 철학이 그 시대의 정신 속에 있는 한에서 그 시대의 정신은 철학의 특정한 세속적 내용이 된다. 그러나 동시에 철학은 지(知)로서 그것을 넘어서서 그것을 자신에 대립시킨다. 하지만 이는 단지 형식적인 일일 뿐인데, 왜냐하면 철학이 정말로 다른 내용을 가지고 있는 것은 아니기 때문이다. 그렇지만 이런 앎 자체가 정신의 현실성이자 스스로에 대한 정신의 앎이다. 따라서 형식적인 구별은 또한 실제적이자 현실적인 구별이기도 하다. 그리하여 이러한 앎은 새로운 형식의 발전을 야기하는 것이다. 새로운 형식들은 앎의 여러 방식들일 따름이다. 정신은 앎을 통해 앎과 존재하는 것 사이의 구별을 정립한다. 그리고 이 앎은 다시 새로운 구별을 함축하고 있으며, 이리하여 새로운 철학이 등장한다. 따라서 철학은 정신의 더 나아간 특성이다. 철학은 나중에 현실적인 형태로 등장하게 될 정신의 내적 출생지이다.(W 18, 74 f.)

사유가 현실을 개념적으로 파악하여 인식할 때 사유는 이미 현실에 부정적 활동을 가하여 현실을 둘러싸고 있던 기존의 경험적 외피를 탈각시키고 그 내면의 보편적 실체를 드러낸다. 그럼으로써 사유에 대한 현실의 형식이 변화하는데 이에 따라 현실의 내용도 변화할 수밖에 없다. 사유와 현실이 서로 어긋날 때 사유는 우선 자신을 변화시킨다. 그러나 현실에 일치하도록 사유가 변하면 그 사유의 상관적 대상인 현실도 새로운 현실로 변한다. 이처럼 철학과 역사적 현실은 사변적·변증법적 상호 관계 속에 있다. 이 관계 속에서 철학은 현실로부터 발생하면서 동시에 이론적 실천으로서 그 현실을 변혁한다.

에필로그: 만인에게 열려 있는 철학을 위하여

이상으로 우리는 헤겔의 철학이라는 거대한 산맥을 일차 탐사했다. 이 긴 여정은 '체계와 서술'로 시작하여 여러 주요 거점들을 거쳐 '철학'으로 마무리되었는데, 결국 우리는 '뫼비우스의 띠'처럼 처음의 출발점으로 되돌아온 셈이다. 그렇다고 우리가 헛수고를 한 것은 결코 아니다. 신들이 천상을 노니는 동안 다음번에는 조금 더 높이 오르고자 다시금 근육을 긴장시키고 마음을 다잡는 시시포스가 인간의 운명 아니던가? 우리는 다시 제자리로 돌아왔지만 처음보다 더 고양되고 맑아진 의식과 시각, 그리고 좀 더 튼튼해진 다리를 갖게 되었다. 그러니 다음의 두 번째 탐사에서는 첫 번째보다 훨씬 더 높은 봉우리에 오르고 훨씬 더 깊은 계곡으로 걸어 들어가서 처음에 보지 못했던 많은 것들을 볼 수 있게 될 것이다.

마지막으로 철학을 시작하려고 하는 사람들에게 헤겔이 전하는 조언을 들어보자. 철학은 결코 특정 소수의 전유물이 아니다.[19] 누구나 철학을 할 수 있다. 철학을 시작하는 데에 요구되는 전제 조건은 천재적인 재능도 아니고 세상사에 대한 해박한 지식도 아니다. 다만 **"순수하게 사유하겠다**는 결단", '스스로 끝에 이를 때까지 생각하겠다는 결심'만이 유일하게 필요할 뿐이다.(E, §78 A.) 그렇다고 철학적 진리가 아무런 수고나 노력 없이 얻어지는 것은 아니다. 자유로운 자만이 순수하게 사유할 수

프리드리히가 그린 「안개바다 위의 방랑자」(1818)
우리는 헤겔의 철학이라는 거대한 산맥을
일차 탐사했다. 다음의 두 번째 탐사에서는
훨씬 더 높은 봉우리에 오르고 훨씬 더 깊은 계곡으로
걸어 들어가서 처음에 보지 못했던 많은 것을
볼 수 있게 될 것이다.

있으며, 철학적 진리에 도달하기 위해서는 체계적인 개념적 사유의 팍팍한 사막을 건너가는 힘겨운 노동의 길을 거쳐야만 한다. 그러고 나면 철학의 진리는 만인에게 열려 있는 맑고 투명한 샘물이고 누구나 가슴에 품을 수 있는 장미이다. 진리는 시기하지 않는다.

다른 모든 학문과 예술과 숙련된 기능과 수공업에 관해서는 이를 터득하는 데에 다방면의 노력을 수반하는 학습과 훈련이 필요하다고 통상 확신한다. 반면에 철학과 관련해서는 엉뚱한 편견이 널리 퍼져 있는 것이 요즘의 현실이다. 즉 눈과 손이 있고 거기에 가죽과 도구가 주어져 있다고 해서 누구나 구두를 만들 수 있는 것은 아니지만, 어느 누구든 자신의 자연적 이성에 그 기준을 갖추고 있기 때문에 직접적으로 철학을 할 수 있고 또 철학에 대해 판단할 수 있다는 편견 말이다. 그것은 마치 누구든 자신의 발을 신발의 척도로 가지고 있기 때문에 구두를 만들 수 있다는 말과 다름없다.—더 나아가 이는 지식이나 연구가 없어야만 철학을 얻을 수 있고 지식이나 연구가 시작되면 이미 철학은 끝난다고 하는 것처럼 보인다.(『정신현상학 1』, 105/Phä, 63)

참다운 사상과 학문적 통찰은 오직 개념의 노동 속에서만 얻어진다. 오직 개념만이 지(知)의 보편성을 창출해낼 수 있으니, 이러한 보편성은 평범한 상식이 지닌 저속한 모호함과 빈약함이 아니라 세련되고 완전한 인식이다. 또한 그 보편성은 천재의 나태함과 아집으로 인해 손상되는 이성의 소질이 내보이는 비범한 보편성이 아니라 그 고유한 형식을 향해 뻗어나간 진리―자기의식적 이성을 지닌 만인의 소유물이 될 수 있는 진리이다.(『정신현상학 1』, 109/Phä, 65)

1 헤겔, 평생에 걸쳐 철학의 체계를 완성하다

1 31세에 접어든 1801년에 헤겔은 "반성을 통해 산출된 지(知)의 총체로
  서의 철학은 이제 하나의 체계, 즉 […] 이성이 그 최고 법칙을 이루는
  여러 개념의 유기적 전체가 된다"고 선언한다.(『차이』, 42/W 2, 35) 그
  이전까지는 그리 체계적인 글쓰기를 지향하지 않았던 헤겔이 자신의
  철학을 일관된 체계의 형태로 기획하여 서술하기 시작한 것은 초고의
  형태로 남아 있는 1802/03년의 저작『인륜성의 체계』에서부터이다.

2 가장 최근의 번역본: 임석진 역,『정신현상학 1』및『정신현상학 2』, 한
  길사, 2005.

3 번역본: 서동익 역,『철학 강요』, 을유문화사, 1998.

4 번역본: 전원배 역,『논리학』, 서문당, 1978.

5 번역본: 임석진 역,『대논리학 I』및『대논리학 II』및『대논리학 III』, 벽
  호, 1994.

6 번역본: 박병기 역,『헤겔 자연철학 1』및『헤겔 자연철학 2』, 나남출판,
  2008.

7 번역본: 박구용·박병기 역,『정신철학』, 울산대학교 출판부, 2000.

8 가장 최근의 번역본: 임석진 역,『법철학』, 한길사, 2008.

9 번역본: 임석진 역,『역사 속의 이성』, 지식산업사, 1992; 권기철 역,『역
  사철학강의』, 동서문화사, 2008.

10 번역본: 권정임·한동원 역,『헤겔 예술철학』, 미술문화, 2008; 두행숙

역, 『헤겔 미학 1』 및 『헤겔 미학 2』 및 『헤겔 미학 3』, 나남출판, 1996.

11 번역본: 최신한 역, 『종교철학』, 지식산업사, 1999.

12 부분 번역: 임석진 역, 『철학사 1』, 지식산업사, 1996.

13 이 글은 헤겔 자신이 작성하여 1807년 10월 28일자 *Intelligenzblatt der Jenaer Allgemeinen Literatur-Zeitung*에 실은 『정신현상학』에 대한 선전문이다.

14 이상과 같은 연유에서 헤겔 연구자들에게는 『정신현상학』이 본격적 철학 체계를 준비하는 서론인가 아니면 이미 체계의 일부분인가, 그것이 일차적으로 의식이 경험을 통해 정신으로 도야되는 과정을 내재적으로 서술하는 학문인가 아니면 절대 정신이 현상하는 다양한 의식 형태들을 서술하는 학문인가, 독립 저서로서의 『정신현상학』과 체계의 일부인 「정신현상학」은 서로 어떤 관계에 있는가 등이 여전히 해결되어야 할 문제로 남아 있다.

15 이 점에서 헤겔의 '의식의 사다리'는 비트겐슈타인의 '명제의 사다리'와 대조된다. "나를 이해하는 사람이라면 나의 명제들을 통해—그것을 딛고서—나의 명제들을 넘어 올라섰을 때에는 결국 나의 명제들이 무의미하다는 것을 인식하게 된다는 것을 통해 나의 명제들은 해명한다. (말하자면 그는 사다리를 타고 올라간 후에는 그 사다리를 던져버려야 한다) 그는 이 명제들을 극복해야 한다. 그러면 그는 세계를 올바로 보게 된다."(L. Wittgenstein, *Tractatus logico-philosophicus*, Werksausgabe Bd. 1, Frankfurt/M., 1985, 6.54)

16 이런 내재적 비판의 방법은 맑스에게 고스란히 계승된다. "이성은 늘 실존했지만, 그렇다고 항상 이성적인 형식으로 실존한 것은 아니다. 그러므로 비판가는 어떤 형식의 이론적 의식이나 실천적 의식이건 간에 이를 실마리로 삼아 실존하는 현실 그 자신의 형식들로부터 참된 현실을 실존하는 현실의 당위이자 최종 목적으로 발전시킬 수 있다."(K. Marx, "Briefe aus den „Deutsch-Französischen Jahrbüchern"", *MEW 1*, Berlin, 1956, 345) "우리는 화석화된 상황에다가 그 자신의 멜로디를

노래 불러줌으로써 그 화석화된 상황이 춤출 수밖에 없도록 만들어야 한다."(K. Marx, "Zur Kritik der Hegelschen Rechtsphilosophie", *MEW 1*, 381)

17 "이제 순수 이성의 본래 과제는 다음과 같은 물음에 포함되어 있다. '선천적 종합 판단은 어떻게 가능한가?'"(Kant, 『순수이성비판』, B 19)

18 Th. W. Adorno, *Drei Studien zu Hegel*, Frankfurt/M., 1974, 82.

19 칸트 역시 '체계'를 "하나의 이념 아래에서 잡다한 인식들의 통일"로 정의하면서, 이러한 체계적 통일성을 통해 비로소 학문이 수립된다고 주장했다.(Kant, 『순수이성비판』, B 850)

2 헤겔 철학을 관통한 이성, 이념으로 드러나다

1 이와 유사한 생각은 이미 칸트에게서도 발견된다. "그러나 객관적으로 고찰해보면 오직 하나의 인간 이성만이 존재할 수 있으므로 철학에서도 여러 철학들이 있을 수 없다. 즉 설사 사람들이 한 가지 명제에 대해서조차 다양하고 종종 상반되게 철학을 하곤 할지라도, 실은 원리로부터 나온 오직 하나의 참된 철학 체계만이 가능하다."(Kant, *Die Metaphysik der Sitten*, A VI)

2 물론 칸트도 이성은 오직 하나이고 그 적용에서 구별될 뿐이라는 이유에서 이론 이성과 실천 이성의 통일을 요구하고 있기는 하다.(Kant, *Grundlegung zur Metaphysik der Sitten*, B XIV) 그러나 칸트가 과연 이런 자신의 요구를 그의 철학 체계 속에서 충족시켰는지에 대해서는 의문의 여지가 많다. 게다가 빈학파를 비롯한 칸트의 계승자들은 인식과 가치, 합리성과 도덕성을 이분법적으로 분리시키는 경향이 강하다.

3 그래서 헤겔도 『철학 백과전서』 중 「정신철학」의 「정신학」 장에서 '이론 정신'과 '실천 정신'을 구분하여 다루고 있다.

4 "자아 안에 실천적 능력이 없다면 지성이 존재하기란 불가능하다. […] 역으로 자아가 지성이 아니라면 자아의 실천적 능력에 대한 의식, 그리

고 자기의식 일반이 존재하기란 불가능할 것이다."(Fichte, *Grundlage der gesammten Wissenschaftslehre*, Fichtes Werke I, Hg von I. H. Fichte, Berlin, 1971, 277 f.)

5 피히테에게서 실행(實行, Tathandlung)이란 정립하는 행위(Handlung)와 그 행위 결과(Tat)의 일치, 따라서 정립 주체와 정립된 객체의 동일성, 즉 주체의 직접적 자기 산출 활동을 일컫는 용어이다. 실행은 "어떤 객체도 전제하지 않고 스스로를 산출하며, 따라서 행위가 직접 행위 결과가 되는 그런 활동"이다.(Fichte, *Zweite Einleitung in die Wissenschaftslehre*, Fichtes Werke I, 468)

6 "그런데 우리는 오성의 행위 일체를 판단으로 환원할 수 있다. 그러므로 **오성**은 무릇 **판단하는 능력**이라고 생각할 수 있다. 왜냐하면 오성은 앞서 말한 바에 의하면 사유하는 능력이기 때문이다. 그런데 사유는 개념에 의한 인식이다."(Kant, 『순수이성비판』, B 94) "오성은 규칙들을 매개로 하여 현상들을 통일하는 능력이라고 할 수 있다."(같은 책, B 359)

7 칸트에게서 이성 원리의 규제적 사용과 구성적 사용의 구분에 관해서는 특히 Kant, 『순수이성비판』, B 536 f. 및 B 692 참조.

8 "이성적인 것이 현실적이라는 점은 그 현실이 자기가 말하는 바와 도처에서 정반대로 존재하고 자기가 존재하는 바와 정반대를 말하는 그런 **비이성적인 현실의 모순** 속에서 입증된다."(K. Marx, "Zur Kritik der Hegelschen Rechtsphilosophie", 266)

9 '현실성'에 대한 헤겔의 이런 정의가 독특하고 심지어 자의적으로 보일 수도 있다. 이런 인상은 독일어가 본래 가지고 있던 일상적 어감이 번역어에서는 퇴색되는 문제에서 기인하는 것일 수도 있다. 우리가 '현실성'으로 옮기는 명사 Wirklichkeit는 wirklich라는 형용사 겸 부사에서 파생되었는데, wirklich는 부사적 표현으로 풀이하자면 '실제로', '정말로', '참으로', '진짜로' 등의 의미를 가지고 있다. 즉 독일어의 일상 용법으로도 '진실로' 존재하지 않는 것은 '현실적인 것'이 아니다. 그래서 이런 의미를 살려 Wirklichkeit를 '진정성'으로 번역하자는 제안도 있

다. 그리고 곧 살펴보겠지만 헤겔의 이런 용법은 실은 오랜 철학적 전통에 뿌리를 둔 것이기도 하다.

10 Hegel, *Die Philosophie des Rechts*. Die Mitschriften Wannenmann (Heidelberg 1817/18) und Homeyer (Berlin 1818/19), Hg. von K.-H. Ilting, Stuttgart, 1983, 157.

11 Hegel, *Philosophie des Rechts*. Die Vorlesung von 1819/20 in einer Nachschrift, Hg. von D. Henrich, Frankfurt/M., 1983, 51.

12 물론 칸트도 이론 이성의 세 가지 이념 이외에 법이나 보편사 같은 실천적 이념들, 그리고 숭고 등의 미적 이념들도 언급한다.

13 이런 점에서 나는 Idealismus를 '관념론'보다는 비록 처음에는 조금 생소하더라도 '이념론'으로 옮기는 것이 더 적절하다고 생각한다.

14 헤겔로부터 주관적 관념론자라고 비판받는 피히테조차 이미 이런 입장의 관념론을 '독단적 관념론'이라고 부르면서 거부한다. 여기서 독단적 관념론은 자아를 표상의 실체로, 그리고 표상을 자아의 양태로 설정하면서 그런 자아의 표상 외부에는 어떠한 실재도 존재하지 않는다고 주장하는 철학 체계를 말한다. Fichte, *Grundlage der gesammten Wissenschaftslehre*, 155 f. 참조.

15 Fichte, *Grundlage der gesammten Wissenschaftslehre*, 172 f. 및 281.

3 헤겔 철학, 자유를 향한 뜨거운 열정

1 칸트에게 자유 개념은 "순수 이성, 더 나아가 사변 이성의 체계의 전체 구조물을 위한 **요석**(要石)"이다.(Kant, 『실천이성비판』, A 4)

2 Fichte, *Erste Einleitung in die Wissenschaft*, Fichtes Werke I, 432 f. 그리고 나서 그는 다음과 같이 말한다. "따라서 한 사람이 어떤 철학을 선택하는가는 그가 어떤 사람인지에 달려 있다. 철학 체계는 우리가 마음 내키는 대로 치워버릴 수도 있고 그냥 놓아둘 수도 있는 죽은 집기가 아니라 그 철학 체계를 가지고 있는 사람의 영혼에 의해 생기가 불어넣어져 있

는 것이기 때문이다. 천성적으로 무기력하거나 또는 정신적 노예 상태와 몸에 익은 사치와 허영으로 무기력해지고 뒤틀려진 성품을 가진 자는 결코 자신을 관념론자로 고양시키지 못한다."(같은 책, 434)

3 1795년 4월 16일자 셸링에게 보낸 헤겔의 편지, *Briefe von und an Hegel*, Bd. 1, Hg. von J. Hoffmeister, Hamburg, 1952, 24. 이에 조금 앞선 1795년 2월 4일에 셸링은 헤겔에게 다음과 같은 문구의 편지를 보냈다. "나에게 모든 철학의 최고 원리는 그것이 객체에 의해 조금도 제약되지 않고 오직 **자유**에 의해 정립된 오롯한 자아인 순수 자아, 절대적 자아이다. 모든 철학의 알파요 오메가는 자유이다."(같은 책, 22)

4 E. Gans, "Vorwort zur 2. Ausgabe der Rechtsphilosophie", *Materialien zu Hegels Rechtsphilosophie*, Bd. 1, Hg. von M. Riedel, Frankfurt/M., 1975, 245.

5 "정립: 자연법칙에 따른 인과성은 그로부터 세계의 현상들이 모두 도출될 수 있는 유일한 인과성이 아니다. 세계의 현상들을 모두 설명하려면 그 외에도 자유에 의한 인과성을 필수적으로 상정해야 한다. 반정립: 자유란 없고, 세계 안의 삼라만상은 오로지 자연법칙에 따라 일어난다." (Kant, 『순수이성비판』, B 472 f.)

6 특히 Kant, *Grundlegung zur Metaphysik der Sitten*, B 97 f. 참조.

7 "가정에서 자유인에게는 어떤 일을 마음대로 하는 것이 가장 적게 허락되어 있고 모든 일 또는 대부분의 일이 질서지워져 있는 반면에, 노예와 동물에게는 보편적인 것과 관계있는 일은 아주 조금만 맡겨지고 대부분의 일이 그들의 임의에 맡겨져 있다."(Aristoteles, *Metaphysica*, 1075 a 19~23) 이런 생각은 동양에서 군자의 덕목으로 신독(愼獨)을 강조하는 것과 유사한 점이 있다.

8 이것은 헤겔만의 독특한 주장이 아니라 독일 관념론자들에게서 공통적으로 발견되는 입장이다. 일찍이 피히테도 결정론에 대해 다음과 같은 흥미로운 반론을 제기했다. "자유는 심지어 자연철학에 의거해서도 이해될 수 있다. 자연의 인과성에는 한계가 있다. 이 한계 너머에는 비

록 거기에도 어떤 인과성이 있다 할지라도 필연적으로 이질적인 힘에서 나온 인과성이 놓여 있다. 무엇이 충동에 뒤따르는가는 자연의 작용이 아니다. 자연은 충동을 산출하는 것으로써 소진되었기 때문이다. 이제부터는 내가 그것에 작용하는 것일뿐더러, 더욱이 자연으로부터 유래하기는 하지만 더 이상 **자연의** 힘이 아니라 **나의** 힘인 그런 힘을 가지고 작용하는 것이다. 이 힘이 나의 힘인 까닭은 그것이 일체의 자연을 넘어선 원리인 개념의 지배력 아래 놓여 있기 때문이다."(Fichte, *System der Sittenlehre nach den Principien der Wissenschaftslehre*, Fichtes Werke IV, 135) 또한 Kant, 『순수이성비판』, B 562 역시 참조.

9 부리단(J. Buridan)은 14세기에 활동한 프랑스의 신학자이며, 다음과 같은 우화의 지은이로 유명하다. '몹시 허기진 당나귀 앞에 갈림길이 나타났는데, 양쪽 길 위에는 같은 거리에 같은 양과 질의 건초더미가 놓여 있었다. 당나귀는 어느 쪽으로도 갈 수 있었지만 어디로 가야 할지 모르고 망설이다가 결국 그 갈림길 위에서 굶어죽고 말았다.'

10 이런 자유주의적 자유 개념에 대한 가장 날카로운 비판은 역설적이게도 그 자신이 자유를 '선호하거나 선택할 수 있는 힘 또는 능력'으로 정의하는 대표적인 자유주의자 로크에게서 발견된다. "만약 우리가 이성의 인도로부터 벗어나서 열악한 것을 선택하고 행하는 것으로부터 지켜줄 모든 시험과 판단의 제약으로부터 면해 있는 것을 **자유**, 그것도 진정한 자유라고 한다면, 오직 천치와 바보만이 자유로운 사람일 것이다. 그러나 나는 어느 누구도 그가 이미 천치가 아니라면, 이런 자유를 얻기 위해서 천치가 되고자 원하지는 않으리라고 생각한다."(J. Locke, *An Essay concerning Human Understanding*, Ed. by P. H. Nidditch, Oxford, 1975, 265)

11 자의 속에 내재하는 이런 절대적 자발성과 보편적 가능성은, 이제 곧 보게 되겠지만, 참된 자유를 이루는 중요한 계기 중 하나이다. 이런 점에서 참된 자유는 자의에 대립하거나 단지 부정하는 것이 아니라 그것을 긍정적으로 지양하여 내포하고 있다.

12 칸트에 따르면 독립성과 자발성이라는 부정적 자유는 무법칙적이고 따라서 실천철학을 위해 아무런 결실도 낳지 못하는 것이다.(Kant, *Grundlegung zur Metaphysik der Sitten*, B 97)

13 "그러나 자연권, 즉 인간의 자연적 자유는 시민법에 의해 축소되고 제한될 수 있다. 실로 법을 만드는 목적은 다름 아니라 이런 제한에 있는데, 그러한 제한이 없다면 평화는 도저히 불가능하다. 그리고 이 세계에 법이 도입된 까닭은 바로 개별 인간들이 서로에게 해를 끼치는 것이 아니라 서로를 돕고 공동의 적에 맞서서 단결할 수 있게끔 그들의 자연적 자유를 제한하기 위해서이다."(Th. Hobbes, *Leviathan*, The English Works Vol. III, Ed. by W. Molesworth, London, 1651, Chap. XXVI, 254) 더 나아가 서구 자유주의를 대표한다고 누구나 인정할 만한 두 사상가 밀과 롤스의 말도 들어보자. "한 사람의 존재를 가치 있게 만드는 것은 다른 사람의 행위에 대한 강제와 억제에 달려 있다. 따라서 행위의 규칙들이 특히 법에 의해 부과되어야 한다."(J. St. Mill, *On Liberty*, Ed. by M. Warnock, New York, 1974, 130) "자유의 최상의 배열은 자유에 부과되는 제한의 총체에 달려 있다."(J. Rawls, *A Theory of Justice*, Cambridge, 1974, 203)

14 "그렇다면 자율, 즉 그 스스로가 법칙이 된다는 의지의 특성 이외에 도대체 무엇이 의지의 자유가 될 수 있겠는가? […] 그러므로 자유의지와 도덕 법칙 아래 있는 의지는 같은 것이다."(Kant, *Grundlegung zur Metaphysik der Sitten*, B 98)

15 '주격 나'(I)와 '목적격 나'(me)는 미드에 의해 확립된 사회심리학적 개념이다. 미드에 따르면 자아는 사회적 상호 행위 속에서 타자와의 관계를 통해 형성되고 타자의 관점에서 평가되는 나의 객체적 모습인 '목적격 나'와 이에 대해 창조적으로 반응하는 주체인 '주격 나'의 통일체이다. G. H. Mead, *Mind, Self & Society*, Ed. by Ch. W. Morris, Chicago, 1955 참조.

16 '필연성에의 통찰'이란 문구는 헤겔이 자신의 자유 개념을 설명하는 데

에 직접 사용하지는 않았지만 엥겔스에 의해 도입된 이후로 많은 사람들이 이를 헤겔의 자유 개념에 대한 유용하고 적합한 정의로 받아들였다. 그런데 막상 엥겔스는 필연성에의 통찰로서의 자유를 '자연법칙에 관한 지식에 기반을 둔 자연과 인간 사회의 합리적 지배'로 잘못 해석하고 있다.(Fr. Engels, "Herrn Eugen Dührings Umwälzung der Wissenschaft", *MEW 20*, Berlin, 1962, 106)

17 Kant, "Zum ewigen Frieden", B 19, 주 참조.

18 "상술한 바와 같이 개체성의 개념은 **교호 개념**이다. 즉 그것은 오로지 타자의 사유와의 연관 속에서만 사유될 수 있고 또 타자의 사유, 그것도 형식상 동일한 사유에 의해 조건지어진 개념이다. 모든 이성 존재에게서 개체성의 개념은 그것이 타자를 통해 **완성된 것**으로 정립되는 한에서만 가능하다. 따라서 개체성의 개념은 결코 **나의 것**이 아니라 나 스스로 수긍하고 타자도 수긍하는 바와 같이 **나의 것이자 그의 것, 그의 것이자 나의 것**이다. 그것은 두 의식이 하나로 통일되는 공동의 개념이다."
(Fichte, *Grundlage des Naturrechts nach Principien der Wissenschaftslehre*, Fichtes Werke III, 47 f.) 피히테에 관해서는 그가 자아를 절대화하는 극단적인 자아 중심적 주관주의 철학의 대표자라는 오해가 널리 퍼져 있는데, 방금 인용한 구절, 그리고 이와 유사한 생각을 담고 있는 무수히 많은 구절을 통해 이와 같은 상식이 얼마나 잘못된 것인지를 쉽게 확인할 수 있다. 피히테는 인간을 근본적으로 유적 존재로 파악했다.

4 헤겔의 변증법, 생명과 정신과 사랑 그리고 존재의 모순을 다루다

1 '정-반-합' 또는 '정립-반정립-종합'(Thesis-Antithesis-Synthesis)이라는 친숙한 도식은 헤겔 사후 샬리베우스라는 인물에 의해 최초로 정식화된 후에 일반화되었다. H. M. Chalybäus, *Historische Entwicklung der spekulativen Philosophie von Kant und Hegel*, Dresden, 1837, 300 참조. 그런데 막상 헤겔은 우선 이 도식 자체를 드물게 사용하는 데다가, 그나

마도 칸트의 이율배반론 또는 칸트의 추종자인 피히테나 야코비의 철학을 비판적으로 소개하는 구절에서 언급하는 경우가 대부분이다. 헤겔이 변증법을 자신의 학문 방법론으로 설명하는 데에 이 도식을 적극적으로 사용하는 경우는 없다. 그런데 헤겔의 변증법에 대해 극도로 적대적인 포퍼의 변증법 이해도 이런 피상적인 도식을 벗어나지 않는다. "(현대적 의미에서의, 특히 헤겔이 그 용어를 사용하는 의미에서의) 변증법은 어떤 것이—특히 인간의 사유가—소위 **정립·반정립·종합**이라고 하는 변증법적 3단계에 의해 특징지어지는 방식에 따라 발전한다고 주장하는 이론이다."(K. R. Popper, "What is Dialectic?", *Conjectures and Refutations*, London, 1972, 313) 그의 *The Open Society and Its Enemies*, Vol. 2, London, 1966, 39 역시 참조.

2 특히 Fr. Engels, *Dialektik der Natur*, MEW 20, 307 및 348 참조.

3 가장 상징적인 사건은 1960년대에 독일에서 벌어진 이른바 '실증주의 논쟁'이다. 1961년 독일 사회학회가 '사회과학의 논리'라는 주제로 튀빙겐에서 개최한 학술대회에서 아도르노 및 하버마스(J. Habermas)가 선봉에 나선 프랑크푸르트 비판이론 진영의 변증법 옹호론과 포퍼 및 알버트(H. Albert)가 대표한 비판적 합리주의 진영의 변증법 비판론 사이의 논박이 발단이 된 이 논쟁은 이후 '가치판단 논쟁'을 비롯해 학문 방법론 전반에 관한 광범위한 논쟁으로 비화되었다. 흥미로운 점은 이 학술대회의 발표 논문과 토론 내용이 나중에 아도르노의 편집 아래 단행본(*Der Positivismusstreit in der deutschen Soziologie*, Darmstadt-Neuwied, 1969)으로 출간되었는데, 포퍼와 알버트는 아도르노의 편집이 편파적이라고 항의하며 출판 과정에서 협조를 거부하고 학문의 가치중립성 문제를 주제로 하여 알버트와 토피취(E. Topitsch)가 편집한 그들만의 단행본(*Werturteilsstreit*, Darmstadt, 1971)을 따로 출판했다는 사실이다.

4 "헤겔의 변증법은 무조건 모든 철학의 최종 결론이다. 그러나 다른 한편으로 그에 못지않게 헤겔에게서 변증법이 띠게 된 신비주의적 허

상으로부터 변증법을 해방시킬 필요가 있다."(K. Marx, "Marx an F. Lassalle, 31. 05. 1858", *MEW 29*, Berlin, 1978, 561) "세계를 완성된 **사물들**의 복합체가 아니라 **과정들**의 복합체로 파악해야 하며, 이 과정들 속에서는 외견상 안정적인 사물들이 우리의 머릿속에 있는 그 사유 모사물인 개념들과 마찬가지로 생성과 소멸의 간단없는 변화를 거치고 또 그 모든 외관상의 우연성과 그 모든 일시적인 퇴보에도 불구하고 결국에는 전진적 발전이 관철된다는 이 위대한 사상은 이름을 명시하자면 헤겔 이후로 일상적인 의식에도 파급되어 이런 보편적인 형식으로는 더 이상 거의 이견이 제기되지 않는다."(Fr. Engels, *Ludwig Feuerbach und der Ausgang der klassischen deutschen Philosophie*, MEW 21, Berlin, 1973, 293)

5 "이로부터 우리는 어느 한 이론이 모순을 내포하고 있다면 그 이론은 모든 것을 함의하기 때문에 실은 아무것도 함의하지 않는다는 점을 알 수 있다. 자기가 주장하는 모든 정보에다 또한 그 정보의 부정을 덧붙이는 이론은 우리에게 아무런 정보도 주지 못한다. 그러므로 모순을 포함하고 있는 이론은 **이론으로서** 전혀 쓸모가 없다."(K. R. Popper, "What is Dialectic?", 319)

6 맑스주의의 전통에서는 이런 부정적 변증법만을 참된 변증법으로 인정하는 경향이 있다. "독일에서는 변증법이 신비화된 형식으로 유행했는데, 왜냐하면 그것이 현존하는 것을 미화시켜주는 듯이 보였기 때문이다. 그러나 그 합리적인 형태에서의 변증법은 시민 계급과 그 교의의 대변자들에게 곤혹스럽고 혐오스러운 것이다. 왜냐하면 그것은 현존하는 것에 대한 긍정적인 이해 속에서 동시에 그것의 부정과 필연적인 몰락에 대한 이해 역시 포함하며, 모든 기존의 형식을 운동의 흐름 속에서 또한 그 무상함의 측면에 따라 파악하고, 그 무엇에 의해서도 위축되지 않으며 그 본질상 비판적이고 혁명적이기 때문이다."(K. Marx, *Das Kapital*, Bd. I, MEW 23, Berlin, 1962, 27 f.) 엥겔스에게 변증법은 "모든 교조적인 것을 해체하는 방법"이다. "변증법적 철학 앞에서는 그 어

떤 최종적인 것, 절대적인 것, 신성한 것도 존속하지 못한다. 그것은 모든 것으로부터, 그리고 모든 것에서 무상함을 보여주고, 그 앞에서는 생성과 소멸, 낮은 것에서 높은 것으로의 끝없는 상승의 끊임없는 과정 이외에는 그 무엇도 존립하지 않는다. 변증법적 철학이란 바로 사유하는 두뇌 속에서 이런 과정이 반영된 것일 따름이다."(Fr. Engels, *Ludwig Feuerbach und der Ausgang der klassischen deutschen Philosophie*, 267 f.) 아도르노는 자신의 부정 변증법을 자유 개념에 다음과 같이 적용시킨다. "자유는 오직 부자유의 구체적인 형태에 따른 규정된 부정 속에서 파악되어야 한다. […] 자유가 긍정적으로 되면, 즉 주어져 있는 것으로 정립되거나 주어진 것 가운데 불가피한 것으로 정립되면, 그것은 곧바로 부자유한 것이 되고 만다."(Th. W. Adorno, *Negative Dialektik*, Frankfurt/M., 1982, 230)

7 Platon, *Politeia*, 509 d~511 e 및 534 e; *Phaidros*, 265 d~266 b 참조.

8 여기서 논쟁술이라고 옮긴 Eristik은 본래 그리스 신화에서 '불화의 여신'인 에리스(eris)가 가진 분쟁의 기술(techne)을 의미한다. 논쟁술이 말싸움에서 자신이 승리하는 것을 추구하는 반면, 변증법은 대화를 통한 합의, 즉 처음에는 서로 다른 입지점에 서 있던 두 사람의 뜻과 견해가 일치되는 것을 지향한다. 현대의 해체주의자들이 변증법에 대해 적대적인 것은 우연이 아니다.

9 Platon, *Sophistes*, 263 e.

10 Diogenes Laertius, *Leben und Meinungen berühmter Philosophen*, Hamburg, 1990, 175 참조.

11 이상 Aristoteles, *Topika*, 100 a~b 참조.

12 Kant, 『순수이성비판』, B 86.

13 Kant, 『순수이성비판』, B 365 f.

14 Kant, 『순수이성비판』, B 354.

15 Kant, 『순수이성비판』, B 316 ff. 참조. 칸트에게 반성 개념은 논리적 형식이라는 측면에서 보면 우리가 실제로 판단을 내리기 전에 먼저 판단

에 사용되는 개념들을 주관적 심성 속에서 비교하기 위한 '비교 개념'
이다. 그는 이런 반성 개념으로 '일양성(一樣性)과 차이', '일치와 모
순', '내적인 것과 외적인 것', '규정될 수 있는 것과 규정(질료와 형식)'
을 거론한다.

16 "헤겔의 『정신현상학』과 그 최종 결론——즉 운동과 산출의 원리로서 부
정성의 변증법——이 지닌 위대한 점은 우선 헤겔이 인간의 자기 산출
을 하나의 과정으로 파악하면서 대상화를 대립화, 외화(外化, 소외) 및
이런 외화의 지양으로 파악한다는 것, 따라서 그가 **노동**의 본질을 파악
하고 있고 대상적 인간, 즉 현실적이기에 참다운 인간을 그 **자신의 노동**
의 산물로 이해한다는 것에 있다."(K. Marx, *Ökonomisch-philosophische
Manuskripte aus dem Jahre 1844*, MEW EB. 1, Berlin, 1968, 574)

17 『한비자』, 「難一」.

18 헤겔은 이미 자신의 교수자격 취득 논문의 테제 중 하나로 "모순은 진
리의 규칙이고, 비모순은 거짓의 규칙이다"라는 명제를 내세운다.(W 2,
533)

19 비트겐슈타인에게도 모순은 의미 없는 논리적 상징에 불과하다. "동어
반복과 모순은 현실의 그림이 아니다. 그것들은 어떤 가능한 상황도 묘
사하지 않는다. 왜냐하면 전자는 **모든** 가능한 상황을 허용하며, 후자는
어떤 가능한 상황도 허용하지 **않기** 때문이다."(L. Wittgenstein, *Tractatus
logico-philosophicus*, 4,462)

20 "그러면 이 최후의 의미에서의 절망은 죽음에 이르는 병이다. 자기 자
신에 의한 이 병은 영원히 죽는다는, 죽으면서도 죽지 않는다는, 죽음의
고뇌에 찬 모순이다."(S. A. Kierkegaard, 『죽음에 이르는 병』, 강성위 역,
동서문화사, 2007, 191) 키르케고르에게 죽음에 이르는 병은 유한자인
자기 자신에 대해 절망한 자가 죽고자 하면서도 죽지 못한다는 것, 완전한
무로 붕괴되지 못한다는 것, 그리하여 끊임없이 무너져 내린다는 것에
있다.

21 포퍼는 변증법을 굳이 우호적으로 평가한다면 시행착오법의 일종으로

간주할 수 있다고 주장한다. K. R. Popper, "What is Dialectic?", 312 f. 참조.

5 헤겔 철학의 최후이자 최정점, 절대 정신

1 헤겔이 그리스도교의 삼위(三位)인 성부와 성자와 성신(성령) 중에서 성신을 가장 상위에 놓는다는 것은 매우 상징적이다. "그리스도교 신학에서도 신, 즉 진리는 정신으로 파악되며, 이 정신은 정지해 있는 것, 공허한 단조로움에 머무는 것이 아니라 자기를 자기 자신으로부터 분리하여 자신의 타자를 정립하는 과정 속으로 들어가고서는 이러한 타자를 통해, 그리고 이 타자의 방기(放棄)가 아니라 타자의 보존적 지양을 통해, 비로소 자기 자신에 도달하는 그러한 것으로 고찰된다. 잘 알려진 바와 같이 신학은 이 과정을 표상하는 방식으로 다음과 같이 표현한다. 성부(단순한 보편자, 자기 내 존재자)는 자신의 고독을 포기하고서 자연(자기 자신에게 외적인 것, 자기 외 존재자)을 창조하고 성자(자신의 또 다른 자아)를 낳지만 자신의 무한한 사랑의 힘으로 이 타자 속에서 자기 자신을 직관하고 자신과 동일한 형상을 인식하며 타자 속에서 자신과의 통일로 복귀한다. 이러한 통일은 더 이상 추상적이고 직접적인 통일이 아니라 구별을 통해 매개된 구체적인 통일, 즉 성부와 성자로부터 출발하여 그리스도교 공동체 안에서 그 완전한 현실성과 진리를 획득하는 성신이다. 신이 그 절대적 진리에서 파악되어야 한다면 바로 그와 같은 성신으로 인식되어야 한다."(E, § 381 Z.) 반면에 심지어 플로티노스(Plotinos)에게서조차도 정신은 여전히 유한한 피조물의 세계에 속하는 것이었다.

2 Schelling, *System des transcendentalen Idealismus*, Ausgewählte Werke Bd. 7, Darmstadt, 1982, 331.

3 이 점에서는 셸링의 생각도 다르지 않다. "자연에 대한 완성된 이론은 그것을 통해 자연 전체가 지성 속으로 해소되는 그러한 이론일 것이

다.―자연이 산출하는 의식 없는 죽은 산물들은 자연이 스스로를 반성하려는 시도의 실패한 결과물에 불과하고, 이른바 죽은 자연은 무릇 미성숙한 지성이며, 따라서 그것의 현상들 속에서는 아직 무의식적이긴 하지만 이미 지성의 특성이 간파된다.―자연이 스스로에게 전적으로 객체가 된다는 최상의 목표에 도달하는 것은 최고이자 최후의 반성을 통해 비로소 이루어지는데, 그런 반성은 다름 아니라 인간 혹은 좀더 보편적으로 말하면 우리가 이성이라고 부르는 것이다. 이 이성을 통해 우선 자연은 자기 자신 속으로 온전하게 되돌아가며, 이를 통해 자연이 우리 안에서 지성적이고 의식적인 것으로 인식되는 것과 근원적으로 동일하다는 사실이 드러난다."(Schelling, *System des transcendentalen Idealismus*, 341) 그렇지만 셸링에게 선험철학과 자연철학은 여전히 "**두 가지 근원적인 학문**"으로 병치된다.(같은 책, 340)

4 독일 관념론에서 이루어진 이런 획기적인 전환의 틀을 마련한 것은 피히테이다. 피히테는 "자아 그 자체는 자기 자신에 대해 행위함일 따름이다"라고 말하면서 그의 실행 철학의 근본 원리인 자아를 동사형으로 규정한다.(Fichte, *Grundlage des Naturrechts nach Principien der Wissenschaftslehre*, 1) 그리고는 다음과 같은 각주를 덧붙여 자신이 말하는 자아가 어떤 고정된 실체로 오인되는 것에 대해 강력히 경고한다. "여기서 나는 자칫 자기 안에 힘을 내장하고 있는 어떤 기체(基體)라는 표상을 유발하지 않도록 하기 위해 '행위자'라는 말조차 쓰지 않으려고 한다. 나의 『학문론』(*Wissenschaftslehre*)에 대해 사람들은 여러 가지 다른 문제 제기와 더불어 마치 『학문론』이 자아를 자아의 관여 없이도 존재하는 기체(물 자체로서의 자아)로서 철학의 기초로 삼았던 것처럼 주장했다. 하지만 기체를 송두리째 자아의 필연적인 행위 방식에서 도출하는 것이야말로 『학문론』의 고유한 점이자 주된 사안이고 보면 도대체 어찌 그럴 수 있겠는가?"(같은 곳) "동물은 그것인 바대로 존재한다. 오직 인간만은 근원적으로 그 무엇도 아니다. 그가 어떤 존재이어야 하는지는 그가 그렇게 되어야만 한다."(같은 책, 80) 헤겔의 정신 역시 행

위 능력을 담지하고 있는 어떤 고정된 실체가 아니라 자신의 행위를 통해 자신의 존재를 비로소 구성하고 정립하는, 바로 그런 의미에서 스스로 자기를 산출하는 주체가 되는 행위 운동 자체이다.

5 F. Nietzsche, *Die fröhliche Wissenschaft*, Werke V-2, Hg. von G. Colli/M. Montinari, Berlin-N.Y., 1973, § 125 및 *Also sprach Zarathustra*, Werke VI-1, 8 및 98 등.

6 "**홀로 있음**은 유한성이자 **제한되어 있음**이고, **같이 있음**은 **자유**이자 **무한성**이다. 인간 **혼자서**는 (그냥 통상적인 의미에서) 인간이지만, 인간과 **함께인 인간—나와 너의 통일**—은 **신**(神)**이다.**"(L. Feuerbach, *Grundsätze der Philosophie der Zukunft*, Werke 3, Frankfurt/M., 1975, § 62)

7 "그런데 사유 그 자체는 '그 자체로 가장 좋은 것'에 관계하고, 최고의 사유는 '완전한 의미에서 가장 좋은 것'에 관계한다. 그리고 이성은 사유 대상에 관여함으로써 자기 자신을 사유한다. 이성은 대상을 접하고 사유함으로써 사유 대상이 되고, 그래서 이성과 이성의 사유 대상은 서로 같다. 왜냐하면 사유는 사유 대상, 즉 본질을 받아들이는 것이며, 사유 대상을 가짐으로써 현실태로 활동하기 때문이다. 그러므로 이러한 소유가 가능태보다 더 '사유가 가지는 듯한 신적인 것'이며, 관조 활동이 가장 즐겁고 가장 좋은 것이다. 그런데 우리가 때때로 누리는 그런 좋은 상태에 신은 늘 있다면, 이는 굉장한 일이며, 게다가 신이 놓인 상태가 더 좋다면, 이는 더욱더 굉장한 일이다. 신은 그런 더 좋은 상태에 있다. 그리고 또한 그는 생명을 가진다. 왜냐하면 이성의 현실태는 생명이고, 신은 곧 현실태이기 때문이다. 신의 현실태가 바로 가장 좋은 영원한 생명이다. 그러므로 우리는 신이 영원한 가장 좋은 생명체라고 말한다. 따라서 그는 끊임없고 영원한 생명과 지속을 갖는다. 신은 정말 이러하다."(Aristoteles, *Metaphysica*, 1072b 18~30)

6 타자를 자기 자신으로 자각하는 의식의 운동, 자기의식

1 이 강의는 수강자 중 한 사람이었던 퀴네(R. Queneau)에 의해 단행본
으로 편집되어 A. Kojève, *Introduction à la Lecture de Hegel*, Paris, 1947로
출판되었다.

2 알렉상드르 꼬제브, 『역사와 현실 변증법』, 설헌영 역, 한벗, 1981. 이
번역서는 정확하게 말하자면 역자도 밝히듯이 I. Fetscher가 편집한 독
일어 번역본 A. Kojève, *Hegel – Eine Vergegenwärtigung seines Denkens*,
Stuttgart, 1958을 중역한 것이다.

3 "무릇 의식의 통일은 모든 직관들의 소여에 앞서 있고 그것과 관련해서
만 대상들에 관한 일체의 표상이 가능하거니와, 이런 의식의 통일이 없
고서는 우리에게서 어떠한 인식도 성립될 수 없으며 인식들 서로 간의
결합과 통일도 성립하지 못한다. 나는 이제 이 순수하고 근원적인 불변
의 의식을 **선험적 통각**이라고 부르고자 한다. […] 따라서 자기 자신의
동일성이라는 근원적이면서도 필연적인 의식은 동시에 개념들, 즉 규
칙들에 따른 모든 현상들의 종합이라는 그에 못지않게 필연적인 통일
에 대한 의식이기도 하다."(Kant, 『순수이성비판』, A 107 f.)

4 " '**나는 생각한다**'는 사실이 나의 모든 표상에 수반될 수 있어야 한다. 만
약 그렇지 않다면 전혀 사유될 수도 없는 것이 내 안에서 표상되는 셈
이 될 것이다. 그런데 이는 표상이 아예 불가능하거나 적어도 나에게는
없다고 말하는 것과도 같다. 일체의 사유 이전에 주어질 수 있는 표상
을 **직관**이라고 한다. 따라서 직관의 모든 잡다한 것들은 그것이 발견되
는 바로 그 주체 안에서 '**나는 생각한다**'는 사실과 필연적으로 관련되어
있다. 그런데 이런 표상은 **자발성**의 활동이다. 즉 그 표상은 감성에 속하
는 것이라고 볼 수 없다. 나는 이 표상을 **경험적 통각**과 구별하여 **순수 통
각**이라고 부르거나 또는 **근원적 통각**이라고도 부른다. 왜냐하면 그것은
다른 모든 표상들에 수반될 수 있어야 하고 모든 의식 속에서 동일한 한
가지인 '나는 생각한다'는 표상을 산출하므로, 더 이상의 그 무엇에 의

해서도 수반되지 않는 그런 자기의식이기 때문이다. 나는 이러한 통일을 자기의식의 **선험적** 통일이라고도 부를 터인데, 이는 거기에서 생겨나는 선천적 인식의 가능성을 지칭하기 위해서이다. 왜냐하면 일정한 직관 속에서 주어지는 잡다한 표상들은 만일 그것들 전체가 하나의 자기의식에 속하지 않는다면 그 무엇도 **나의** 표상이 되지 않을 것이기 때문이다. 즉 잡다한 표상들은 (내가 설사 그것들을 나의 표상으로 의식하고 있지 않을지라도) 나의 표상으로서 무릇 그것들을 하나의 보편적인 자기의식 속에 함께 **있을 수 있도록** 만드는 조건에 반드시 부합해야만 하기 때문이다. 그렇지 않다면 잡다한 표상들은 아예 나에게 속하지 않을 것이다."(Kant, 『순수이성비판』, B 132 f.)

5 Kant, 『순수이성비판』, B 157 f. 및 B 277 f.

6 Fichte, *Wissenschaftslehre nova methodo*, Hg. von E. Fuchs, Hamburg, 1994, 172.

7 "따라서 우리가 자연이라고 부르는 현상들 속에서의 질서와 규칙성도 우리 자신이 투여한 것이다. 만약 우리가 또는 우리 마음의 본성이 근원적으로 이런 질서와 규칙성을 집어넣지 않았더라면 그것은 결코 자연 속에서도 발견될 수 없었을 것이다. [⋯] 따라서 오성은 그저 현상들을 비교함으로써 규칙을 만들어내는 능력에 불과한 것이 아니다. 오성은 그 자체가 자연 앞에서 입법자이다. 다시 말해서 오성이 없고서는 그 어디에도 자연, 즉 현상들의 잡다가 규칙에 따라 종합적으로 통일된 것은 없을 것이다."(Kant, 『순수이성비판』, A 125 ff.)

8 "'주격 나'(I)는 전제 조건이지 결코 의식 경험의 표상이 될 수 없다. 왜냐하면 '주격 나'가 표상되는 순간 그것은 객체적 사례로 넘어가버려서, 말하자면 그 사례를 관찰하는 '주격 나'를 전제하게 되기 때문이다. ─그러나 그런 '주격 나'는 객체인 '목적격 나'(me)가 그것에 대해 존재하는 주체이기를 멈출 때에만 드러날 수 있다."(G. H. Mead, "The Social Self", *Selected Writings*, Ed. by A. J. Reck, Chicago, 1964, 142)

9 라캉(J. Lacan) 역시 칸트와 유사하게 보는 나(기의로서의 나, 발화하는

나)와 보이는 나(기표로서의 나, 발화된 나)는 항상 이질적으로 어긋나 있고, 우리에게 '자신을 바라보고 있는 자신을 바라보는 의식'이라는 불가능한 관점이 주어지지 않는 한에서 자기 지시적 의식, 즉 자기의식 이란 불가능하다고 여긴다. 그리고 이로부터 그는 다음과 같은 유명한 명제를 도출한다. "나는 내가 아닌 곳에서 생각한다. 그러므로 나는 내 가 생각할 수 없는 곳에 존재한다."(라캉, 『욕망 이론』, 민승기 옮김, 문 예출판사, 1994, 80)

10 "자기의식을 이미 현존하는 것으로 전제하지 않고는 자기의식을 설명 하는 것이 불가능한 이유는 자기의식의 작용성을 정립할 수 있기 위해 서는 자기의식의 주체가 이미 객체를 다만 객체 자체로서 먼저 정립했 어야만 하기 때문이다."(Fichte, *Grundlage des Naturrechts nach Principien der Wissenschaftslehre*, 31 f.)

11 이런 욕망의 반복 강박성은 라캉의 분석과도 일치한다. "주체는 끊임 없이 뻗어 있는 욕망의 철길 속에 거의 광적으로 사로잡혀 있다. 욕망 은 늘 다른 어떤 것을 끊임없이 추구하는 환유적 운동을 보여준다."(라 캉, 『욕망 이론』, 81) 그러나 라캉의 견해와는 달리 헤겔에게서는 주체 가 충족되지 않는 욕망의 존재로 고착되지 않는다. 주체는 욕망의 자기 부정성을 자각함으로써 욕망하는 자기의식이라는 존재 양식을 탈피할 수 있으며, 또 주체에 상관된 타자 역시 단지 자기중심적 욕망의 대상인 '남근'(Phallus)이 아니라 그 자체가 자립성을 지닌 인격자이기 때문이 다. 라캉이 보는 인간은 사랑(타자와의 화해와 합일)의 영원한 실패자 이다. 나는 내가 바라보는 것을 타인도 바라보고 있기를 원하지만, 타인 은 늘 다른 어떤 것을 바라보고 있기 때문이다. 반면에 헤겔이 보는 인 간은 타인을 사랑하고 타인으로부터 사랑받을 수 있는 존재, 대상화된 타자를 욕망하는 것이 아니라 인격적 타자의 욕망을 욕망하면서 이에 대한 응답을 얻는 존재이다. 나는 당신이 나를 바라보는 곳에서 나를 보 고, 당신은 내가 당신을 바라보는 곳에서 당신을 본다.

12 피히테에게서도 고립된 자기의식에 내재하는 순환과 모순은 오직 다

른 자아와의 만남을 통해 극복될 수 있다. 즉 자기의식이 관계를 맺는 객체가 단지 주체의 작용에 의해 규정되는 피동적인 대상이 아니라 그 자체가 능동적으로 작용하는 주체일 경우에만 논리적 순환을 유발했던 주체의 작용성의 정립과 객체의 정립이 종합되고 통일될 수 있다는 것이다. 이럴 때 자아가 타자에 의해 규정되지만 그 피규정의 결과가 다름 아니라 자아의 자유로운 자기규정이고, 또 역으로 자아가 타자를 규정하지만 그 작용이 타자의 자기규정이 된다. 그러므로 "자기 바깥에 있는 현실적인 이성적 존재를 상정하는 것은 자기의식 및 자아성의 조건이다."(Fichte, *System der Sittenlehre nach den Principien der Wissenschaftslehre*, 220 f.)

13 『철학 백과전서』의 「자기의식」 장은 「욕망」, 「승인하는 자기의식」, 「보편적 자기의식」으로 세분되어 있다.

14 'Anerkennung'의 우리말 번역어로는 현재 '승인'(承認)과 '인정'(認定)이라는 두 가지 용어가 혼용되고 있다. 여기서는 주로 '승인'으로 옮기되 문맥에 따라 '인정'도 병용한다. 일상 용례에서는 '승인'이 흔히 법률적 또는 정치적 재가(裁可)의 의미로 사용되지만 여기서는 독자들이 '받아들여 허락함'이라는 한자어 본래의 의미대로 이해하기 바란다. 필자는 '옳다고 믿어 정함'이라는 사전적 의미를 지닌 '인정'보다는 '받들음'이나 '받아들임'의 의미가 보다 더 강하게 함축된 '승인'이 헤겔적 용법에 더 잘 부합한다고 생각한다.

15 "서로를 이러한 개별성들의 총체로서 승인하고 승인받으려는 양자는 이런 총체성으로서 서로 맞선다. 그리고 그들이 서로에게 부여하는 의미는 각자가 타자의 의식 속에서 자신이 지닌 개별성들의 **외연** 전체로부터 타자를 배제하는 것으로 나타나고, 그가 이러한 배제 속에서 진실로 총체성이라는 점이다. […] **따라서 그들은 서로를 침해할 수밖에 없다.** 그들 각자가 자신의 실존이 지닌 개별성 속에서 스스로를 배타적 총체성으로 정립한다는 점이 현실화되어야 한다."(GW 6, 308 f.)

16 주인과 노예의 관계가 승인 운동에서 핵심적인 역할을 하는 것은 『정신

현상학』에서 전개된 승인이론의 가장 큰 특징이다. 헤겔의 다른 정신철학적 저작에서는 주인과 노예의 관계가 주변적인 역할만을 하거나 심지어 아예 언급조차 되지 않기도 한다. 『정신현상학』에서의 승인 이론이 지닌 또 하나의 특징은 헤겔의 다른 저서들에서는 대부분 개인과 개인 간의 승인 투쟁으로부터 인륜성의 원리가 직접 도출되는 데에 반해서 『정신현상학』의 「자기의식」 장에서 승인 운동은 주인과 노예 사이의 일방적인 지배 관계 및 그것의 여전히 비대칭적인 전도(顚倒)라는 미완결의 상태로 일단 매듭이 지어진다는 점이다. 이러한 사실은 앞서 언급한 코제브의 해석이 지닌 한계를 알려준다. 이에 대해 다음의 두 가지 점을 환기할 필요가 있다. 첫째로 헤겔이 『정신현상학』 이전과 이후의 여러 저작들에서 『정신현상학』에서와는 상당히 다른 내용과 구조를 지닌 승인 이론들을 전개하고 있다는 점이다. 둘째로 『정신현상학』 내에서조차 주인과 노예의 관계는 보다 포괄적인 승인 운동의 과정 가운데 하나의 중간 단계일 뿐이지 그 최종 결과가 아니라는 점이다. 승인 운동은 「자기의식」 장을 넘어서 「이성」 장이나 「종교」 장에서도 지속된다. 따라서 『정신현상학』의 「자기의식」 장 안에서 서술된 승인 이론은 헤겔의 승인 이론 전체를 대표하지 못하며, 오히려 상당히 불완전한 형태만을 보여주고 있을 따름이다.

17 실천적 규범 원리가 자아와 타아의 이성적 관계에서 필연적으로 도출된다는 사상은 헤겔만이 아니라 독일 관념론에 공통되는 기본 사상이다. 그것은 또한 칸트가 '이성의 사실'이라고 단언하며 전제한 정언명법을 상호주관성의 차원으로 확장시키면서 그 근거를 정초하려는 시도이기도 하다. "나의 자아성과 자립성 일반은 타자의 자유에 의해 조건지어져 있다. 따라서 나의 **자립성을 향한 충동**은 **그 자신의 가능성의 조건**인 타자의 자유를 파괴하는 방향으로 나아갈 수는 없다. 그런데 나는 결코 다른 어떠한 동인에 따라서가 아니라 전적으로 자립성을 향한 충동에 따라서만 행위해야 한다. 따라서 타인의 자유를 해치지 말아야 한다는 절대적인 금지와 타인을 자립적인 존재로 간주하고 결코 나의 목

적을 위한 수단으로 이용하지 않아야 한다는 절대적인 명령이 이와 같은 충동의 제약 속에 놓여 있다."(Fichte, *System der Sittenlehre nach den Principien der Wissenschaftslehre*, 221) 같은 생각을 셸링은 좀 더 극적으로 표현한다. "나의 도덕적 힘이 저항에 부딪히는 곳은 더 이상 **자연**일 수가 없다. 나는 소스라치며 멈추어 선다. '여기에 **인간**이 있다'고 그것은 나에게 웅대하여 외친다. 나는 더 나아가서는 **안 된다**."(Schelling, *Neue Deduktion des Naturrechts*, Ausgewählte Werke Bd. 6, Darmstadt, 1980, 129, § 13)

7 인륜성의 근대적 회복을 꾀한 헤겔의 『법철학』

1 청년 헤겔은 이런 방식의 체계 구성을 이미 오래전부터 구상하고 있었다. 1796/97년에 작성된 것으로 추정되는 「독일 관념론의 가장 오래된 체계 강령」에서 그는 "앞으로는 형이상학 전체가 **도덕**으로 귀착할 것이므로 […] 이러한 윤리학은 모든 이념들의 완전한 체계와 다르지 않게 될 것이다"라고 선언한다.(W 1, 234) 반면에 헤겔의 후기 체계에서는 자연과 정신이 분리되는 것과 더불어 이론철학과 실천철학도 체계적으로 분화된다.

2 헤겔은 초기 예나 시대는 물론 후기의 베를린 시대 때에도 거의 빠짐없이 매년 자연법 내지 법철학에 대한 강의를 개설했다. 후기의 강의록들에는 프로이센의 왕정복고 정책이 개혁 운동의 탄압과 출판물의 검열 등을 통해 본격적으로 강화되던 시기에 출판된 『법철학』에서 보다 상대적으로 좀 더 개혁적인 헤겔의 모습이 담겨 있기 때문에 많은 사람들이 관심을 갖고 연구하고 있는데, 지금까지 출간된 편집본들로는 다음과 같은 것들이 있다. K.-H. Ilting (Hg.), *Hegel. Vorlesungen über Rechtsphilosophie 1818-1831*, 6 Bde., Stuttgart-Bad Cannstatt, 1973; D. Felgenhauer (Hg.), *Vorlesungen über die Philosophie des Rechts*, Kollegien 1817/18, 1818/19, 1819/20, Gesammelte Werke Bd. 26.1,

Hamburg, 2013; K.-H. Ilting (Hg.), *Hegel. Die Philosophie des Rechts*, Die Mitschriften Wannenmann (Heidelberg 1817/18) und Homeyer (Berlin 1818/19), Stuttgart, 1983; C. Becker u. a. (Hg.), *Hegel. Vorlesungen über Naturrecht und Staatswissenschaft*, Heidelberg 1817/18 mit Nachträgen aus der Vorlesung 1818/19, Hegel Vorlesungen Bd. 1, Hamburg, 1983; D. Henrich (Hg.), *Hegel. Philosophie des Rechts*, Die Vorlesung von 1819/20 in einer Nachschrift, Frankfurt/M., 1983; E. Angehrn u. a. (Hg.), *Hegel. Vorlesungen über die Philosophie des Rechts*, Berlin 1819/20, Hegel. Vorlesungen Bd. 14, Hamburg, 2000; H. Hoppe (Hg.), *Hegel. Die Philosophie des Rechts*, Vorlesung von 1821/22, Frankfurt/M., 2005; E. Schilbach (Hg.), *Hegel. Philosophie des Rechts*, Nachschrift der Vorlesung von 1822/23 von K. W. L. Heyse, Frankfurt/M. u. a., 1999.

3 『헤겔의 법철학에 대한 비판』(1843)과 그 「서문」(1844)은 초기 맑스의 가장 중요한 저작 중 하나이다. K. Marx, "Zur Kritik der Hegelschen Rechtsphilosophie" 및 "Zur Kritik der Hegelschen Rechtsphilosophie. Einleitung", *MEW 1*, Berlin, 1983.

4 법철학과 실증법학의 관계에 관해서 헤겔은 특히 『법철학』, §3 및 §§ 211~214와 『자연법』, 100 이하/W 2, 509 ff.에서 상세히 논하고 있다. 헤겔은 이 양자의 관계를 "법제도와 로마 민법의 관계", 다시 말하면 전체와 부분의 유기적 관계에 비유한다.(『법철학』, §3 A.) 그리고 철학적 법(자연법)과 실정법 사이에는 "이성적 보편자와 오성적 보편자 및 이를 유한성과 개별성이라는 끝없는 소재에 **적용하는 것**의 차이"가 존재한다고 본다.(『법철학』, §216 A.) 이미 칸트는 법실증주의에 대해 다음과 같이 신랄하게 비판한다. "물론 법률가는 무엇이 법에 부합하는가(quid sit juris), 즉 어떤 특정한 장소에서 어떤 특정한 시기에 법률이 무엇을 말하고 있는지 또는 무엇을 말했었는지를 잘 알려줄 수 있다. 그러나 이 법률이 하고자 하는 바가 과연 올바른지, 그리고 우리가 일반적으로 법(정당함)과 불법(부당함)(iustum et iniustum)을 인식할 수 있게끔 해

주는 보편적 기준이 무엇인지는 법률가에게 숨겨진 채로 남겨져 있다. […] 한낱 경험적인 법론은 (파이드로스의 우화에 나오는 나무로 된 머리처럼) 아름다울 수는 있을망정 안타깝게도 두뇌를 가지고 있지 못하다."(Kant, *Die Metaphysik der Sitten*, B 32)

5 고대 그리스의 이솝 우화에서 유래된 격언으로 "당신이 할 수 있다고 주장하는 일을 지금 여기서 당장 해보아라"라는 뜻이다. 이솝 우화에 따르면 5종 경기 선수 한 사람이 로도스 섬에서는 자신이 멀리뛰기에서 엄청난 거리를 뛰었다고 허풍을 떨자 듣고 있던 사람이 "여기가 로도스라고 하고 한 번 뛰어보아라"라고 요구했다고 한다. 여기서 인용된 문구를 헤겔은 곧이어 다음과 같이 변형시킨다. "**여기**에 장미가 있다. **여기서 춤추어라.**"(『법철학』, 34/Rph, 26)

6 여기에 나오는 장미의 비유 때문에 헤겔이 프리메이슨의 단원일 것이라는 추측이 유포되기도 했지만 적어도 아직까지는 이를 입증할 만한 확실한 증거가 없다.

7 "그런데 이제 여러 마을 공동체로부터 형성되는 완전하고 최종적인 공동체가 바로 국가이다. 국가는 비록 한갓 삶을 위해 발생하지만 완성된 삶을 위해 존립하는 것이기에 완전한 자족이라는 최종 목표에 도달한 것이라고 말할 수 있다. 그러므로 저 최초의 원초적인 공동체들이 자연스럽게 형성된 것이라고 한다면 이는 국가라고 불리는 것에 대해서는 더더욱 그러하다. 왜냐하면 국가는 저 최초의 공동체들의 목표이자 목적인데, 목적과 완성은 오직 그 존재의 자연(본성) 속에 있기 때문이다. 우리는 어느 한 존재가 완전히 발전하여 목표에 다다른 상태를 인간이라든가 말이라든가 가정 같은 개별적인 존재의 자연(본성)이라고 부른다. 그런데 목적과 목표는 최상의 것이고, 자족이야말로 목표이자 최상의 것이다. 이로부터 국가는 자연의 형성물에 속하며 인간은 본성(자연)상 정치적 동물이라는 점이 명백해진다."(Aristoteles, *Politika*, 1252b 27~1253a 2)

8 자연법으로부터 이성법으로의 코페르니쿠스적 전환은 독일 관념론이

지닌 두드러진 특징 중의 하나이다. 이미 칸트는 "일체의 법명제는 이성 법칙(dictamina rationis)이다"라고 선언했다.(Kant, *Die Metaphysik der Sitten*, B 63) 피히테는 이런 획기적인 전환을 보다 더 분명하게 표현한다. "**자연법**, 즉 이성법. 이렇게 불러야 할 것이다. […] 모든 법은 순수한 이성법이다."(Fichte, *Das System der Rechtslehre*, Fichtes Werke XI, 498 f.)

9 '법'과 '권리'를 선명하게 구분하여 대립 관계로 설정한 최초의 인물은 홉스이다. "자연법에 대해 논하는 이들은 통상 **권리**(jus, right)와 **법**(lex, law)을 혼동하곤 하지만 이 두 가지는 서로 구분되어야 한다. 왜냐하면 **권리**는 무언가를 행하거나 삼가는 자유에 있는 반면에, **법**은 무언가를 행하거나 삼가도록 규정하고 의무를 지우는 것이기 때문이다. 이처럼 법과 권리는 한 가지 동일한 사태에서 상반된 관계에 있는 의무와 자유처럼 서로 구별된다."(Th. Hobbes, *Leviathan*, Chap. XIV, 117)

10 로크는 자연 상태를 다음과 같이 정의한다. "자연 상태는 모든 인간이 자연적으로 처해 있는 상태이다. 그것은 모든 인간이 다른 사람의 허락을 구하거나 다른 사람의 의지에 의존하지 않고서도 자연법의 한계 내에서 자신이 적절하다고 생각하는 대로 자신의 행위를 정하고 자신의 재산과 인신을 처분할 수 있는 **완전한 자유**의 상태이다."(J. Locke, *Two Treatises of Government*, Ed. by Th. Hollis, London, 1764, Book II, Chap. II, §4)

11 이는 헤겔이 피히테로부터 배운 통찰이다. "사람들이 종종 그 말을 쓰곤 하는 의미에서의 **자연법**이란 존재하지 않는다. 즉 공동체 속에서, 그리고 실정법 아래에서가 아니라면 인간들 사이에 법적인 관계는 존재하지 않는다."(Fichte, *Grundlage des Naturrechts nach den Principien der Wissenschaftslehre*, 148)

12 이 구절 뒤에는 곧이어 "권리(법)는 인격자가 타인을 대하는 연관 속에서의 **관계**, […] 즉 승인하는 **관계**"라는 정의가 이어진다.(GW 8, 215)

13 그의 자유사상을 통해 독일 관념론에 지대한 영향을 미친 루소가 이미

법을 "공동의 자유의 보증인"으로 규정했다.(J.-J. Rousseau, "Écomonie politique", *The Political Writings of Jean Jacques Rousseau*, Ed. by C. E. Vaughan, Vol. 1, Cambridge, 1915, 254) "어떻게 하여 사람들이 복종하면서도 그 누구도 명령하지 않고, 그들이 섬기면서도 주인이 없으며, 또한 각자가 자신의 자유 중에서 타인의 자유를 해칠 수 있는 부분만을 잃음으로 해서 외관상으로는 종속되지만 오히려 더더욱 자유로워지게 되었는가? 이런 기적이야말로 법이 만들어낸 작품이다. 인간이 정의와 자유를 누리는 것은 오직 법 덕택이다. 바로 이 전체 의지의 유익한 기관이 인간들 사이의 자연적 평등을 법 안에서 복원시킨다."(같은 책, 245)

14 『법철학』, §40 A. 참조. 그 이유는 모든 권리는 자유의 권리이고 오직 이성적 존재로서의 인간만이 그런 권리의 주체이기 때문이다.

15 그래서 헤겔은 '점유'(Besitz, possession)와 '소유'(Eigentum, property)를 범주적으로 구분한다. '점유'는 어떤 사물을 점거하거나 취득하고 있다는 경험적 사실을 지시하는 반면에, '소유'는 법에 의해 유효성과 정당성을 인정받은 권리를 뜻한다. "점유 취득은 **감각적 점거**일 따름이고, 승인을 통해 법적인 것이 되어야 한다. 점유 취득을 하고 있다는 이유로 그것이 곧 법적인 것은 아니다."(GW 8, 216) "마찬가지로 점유는 민족 전체 안에서 그 개별성 속에서도 보편적인 것이 된다. 점유는 특정한 개별자의 점유로 남지만, 이는 그 점유가 보편적 의식에 의해 정립된 한에서만, 또는 그 점유에서 모든 이가 마찬가지로 자신의 몫을 점유하는 한에서만 그러하다. 즉 점유는 **소유**가 된다."(GW 6, 325) 『법철학』에서는 점유를 소유로 전환시키는 근거가 되는 보편적 승인 상태가 이미 전제되어 있기 때문에 점유와 소유가 때때로 동일시되고 있다. '점유'와 '소유'의 개념적 구분은 피히테를 경유해 루소에게로 거슬러 올라간다. "그리고 최초로 차지한 자의 권리, 즉 선점권이나 또는 폭력의 결과인 점유와 법률상의 권리 없이는 성립될 수 없는 소유를 명확하게 구별하는 것이 필요하다."(J.-J. Rousseau, 『사회계약론』, 정성환 역, 홍신문화사, 2007, I, 8, 26)

16 특히 『법철학』, §75 및 §258 A. 참조.

17 특히 『법철학』, §§99~100 및 『자연법』, 66/W 2, 480 참조.

18 특히 『법철학』, §94 참조.

19 그렇기 때문에 청년 시기의 헤겔은 범죄의 내적 정당성을 언급하기까지 한다. 범죄는 법의 추상적 보편성과 강압성에 대항하여 개별 의지가 자신의 절대적 자유를 표출하고 그 유효성을 승인받으려는 자기 회복의 행위라는 것이다. "범죄의 내적 원천은 법의 강제이다.—생활의 궁핍 등은 동물적 욕구에 속하는 외적 원인들일 따름이다. […] 범죄자는 지적 존재이며, 그의 내적 정당화는 이것이 강제라는 것, 자신의 개별 의지를 권한을 지니고 있고 타당하고 인정받은 것으로 복구하려는 것이다. 그는 (헤로스트라토스처럼) **무엇인가가 되고자** 한다. 설사 비록 곧바로 유명해지지는 않더라도, 보편 의지에도 불구하고 이에 맞서 **자기의** 의지를 실행했다는 점에서."(GW 8, 235) 반면에 후기의 『법철학』에서는 범죄의 역할이 이에 대한 법적 대응을 통해 법의 보편적 유효성을 활성화시키고 재인식시키는 부정적 매개물로 축소된다.

20 헤겔은 칸트의 윤리학에 대해 『법철학』의 「도덕성」 장 외에도 『자연법』, 36 이하/W 2, 453 ff. 및 『정신현상학』의 「이성」 장 말미에서 집중적으로 논하고 있다. 헤겔의 견해로는 칸트의 형식주의적 의무론이야말로 근대의 개인주의적 윤리학의 정점이자 가장 세련된 형태의 이론이다.

21 "법론과 윤리론은 우리의 개입 없이도 근원적으로 이성에 의해 분리되어 있으며, 서로 완전히 대립된다."(Fichte, *Grundlage des Naturrechts nach den Principien der Wissenschaftslehre*, 55) 칸트도 전체적으로는 피히테의 이분법을 따르고 있으나 "법론과 덕론은 이들의 상이한 의무를 통해서보다는 오히려 법칙에 이런 동기를 결합시키는가 아니면 저런 동기를 결합시키는가 하는 입법의 상이성을 통해서 구별된다"고 말하면서 법론과 덕론을 포괄하는 통일적 윤리론을 모색한다.(Kant, *Die Metaphysik der Sitten*, B 17) 법과 도덕은 모두 의지의 자유에서 나온다는 것이다.

22 특히 『법철학』, §139 참조.

23 『법철학』, §127 참조. 반면에 칸트는 긴급권을 정당한 권리로서 인정하지 않았다.(Kant, *Die Metaphysik der Sitten*, B 41 f. 참조)

24 총체론(holism)과 전체주의(totalitarianism)는 선명하게 구분되어야 한다. 양자 모두 전체를 부분들의 합계 이상으로 본다는 점에서는 서로 일치한다. 그러나 총체론에서는 전체가 부분들의 유기적 통일이어서 부분들이 전체에 의존하는 만큼 전체도 부분들의 유기적 결합에 의존하는 반면, 전체주의에서는 부분들이 오직 전체를 위해서만 존재하는 대체 가능한 부품에 불과하다. 헤겔의 관점에서 전체주의는 기계적 원자론인 개인주의의 불가분한 이면이자 귀결이다.

25 청년 헤겔은 칸트의 자유 이념에 환호하면서도 그의 의무론적 윤리학이 오히려 "법칙의 지배와 감성의 예속"으로 귀착된다는 점에 강하게 반발한다.(W 1, 352 f.) 진정한 의무는 이성적으로 통찰될 뿐만 아니라 감성적으로도 마음에서 우러나와 찬동하고 따르게 되는 이성과 감성의 통일이어야 한다는 것이다.

8 헤겔의 국가론, 분리 속의 통일을 꿈꾸다

1 "그러므로 일군의 사람들이 하나의 사회로 서로 결합하여 각자가 자신이 지녔던 자연법의 집행권을 포기하고 공중(公衆)에게 양도한다면 언제나, 그리고 오직 이런 조건 아래에서만 **정치사회 또는 시민사회**가 발생한다."(J. Locke, *Two Treatises of Government*, Book II, Chap. VII, §89)

2 "비록 정부가 매우 유용하고 경우에 따라서는 인류에게 절대적으로 필수적인 고안물이긴 하지만, 그렇다고 정부가 어떠한 경우이건 모두 필수적인 것은 아니며 또 이런 고안물에 의지하지 않고서도 사회를 일정 기간 보존하는 것이 불가능한 일도 아니다."(D. Hume, *Treatise of Human Nature*, Ed. by L. A. Selby-Bigge, London, 1896, Book III, Part II, Sect. VIII, 539) 더 나아가 흄은 "정부가 없는 사회 상태야말로 인류

에게 가장 자연스러운 상태"라고 말한다.(같은 책, 541)

3 '정치 경제'(political economy)라는 용어는 근대적 사회 질서를 특징적으로 반영하는 신조어로서 시민사회의 형성과 밀접하게 맞물려 있다. '경제'(economy, oikonomia)라는 용어는 본래 공적 영역인 국가 내지 정치(politics, politeia)와는 구조적으로 분리되어 있는 사적 영역인 가정(oikos)을 관리하고 경영하는 규칙과 방법(nomos)을 뜻했다. 그러나 근대에 들어서면서 개인과 가족의 생존을 위한 사적 경제 활동이 사회 구성원들의 공통된 관심사가 되어 공공의 장으로 침투함으로써 시민사회라는 독특한 사회적 층위가 형성되는 사회 구조의 변동과 더불어 '정치 경제'라는 용어, 그리고 이를 연구하는 새로운 종류의 학문인 '정치 경제학'이 등장하게 된 것이다. '정치 경제'는 적어도 플라톤적인 관점에서는 성립될 수 없는 모순적인 개념이다.

4 고대 그리스적 가치관에서는 생존을 위한 제작 및 경제 활동인 노동(poiesis)은 정치적 활동인 실천(praxis)과 대비되어 자유인에게는 걸맞지 않은 노예적 행위로 간주되었다. 이와 반대로 애덤 스미스는 『국부론』에서 정치인, 공무원, 사제, 예술가, 학자 등의 활동을 '비생산적 노동'으로 규정하는 반면에 제조업자와 상인의 활동은 가치 창조의 유일한 원천인 '생산적 노동'으로 규정한다.(A. Smith, *An Inquire into the Nature and Causes of the Wealth of Nations*, Ed. by R. H. Cmapbell/A. S. Skinner, London, 1976, 특히 330 ff.) 더 나아가 그는 생산적 노동을 비롯한 모든 경제 활동이 이기애(self-love)에 의해 동기가 부여된다고 주장한다.

5 헤겔은 이미 『자연법』에서 시민사회를 "물리적 욕구들에 관한 보편적인 상호 의존의 체계", "노동과 축적의 체계", "정치경제학의 체계", "점유의 체계" 등으로 규정하면서 분석하고 있다.(『자연법』, 69 이하/W 2, 482 f.)

6 루소는 로크의 사회계약론에 대해 그것이 유산자들만을 위한 기만적인 불평등 계약이라고 비판했다. "궁지에 몰리게 된 부자는 결국 지금까지 인간의 마음속에 떠오른 것 중 가장 교묘한 계획을 착안해낸다. 그 계획이란 자신을 공격하던 자들의 힘을 자신에게 유리하도록 사용하고 자신

의 적대자들을 자신의 지지자로 만들며 그들에게 지금까지와는 다른 준칙을 불어넣어 자연법에는 어긋나지만 자기 자신에게는 유리한 다른 제도를 그들에게 제공하는 것이다. […] 이것이 약자에게는 새로운 족쇄를 채우고 부유한 자에게는 새로운 힘을 부여하는 사회와 법률의 기원이거나 그러했을 것이다. 그것은 자연적인 자유를 되돌이킬 수 없을 만큼 파괴하고 소유권과 불평등의 법률을 영원히 고착시키며 교활한 찬탈이었던 것을 불가침의 권리로 변모시키고 소수의 야심가들의 이익을 위해 전 인류를 영구하게 노동과 노예 상태와 비참함으로 몰아넣는 것이다." (J.-J. Rousseau, "Discours sur l'origine et les fondemens de l'inegalite parmi les hommes", *The Political Writings of Jean Jacques Rousseau*, Vol. 1, 180 f.) 루소의 평등주의를 계승한 피히테는 개인이 스스로의 노동을 통해 '살 수 있음'(Leben-Können)의 권리를 국가 계약의 핵심 원리로 삼았다. "모든 이성적인 국가 체제의 근본 원칙은 다음과 같다: 누구나 자신의 노동으로 살 수 있어야 한다."(Fichte, *Grundlage des Naturrechts nach Principien der Wissenschaftslehre*, 212)

7 이렇게 인륜적 정치 공동체의 구성원으로서의 개인을 헤겔은 루소와 칸트를 따라 '시민'(bourgeois)과 구별하여 '공민'(公民, citoyen)이라고 부른다. 공민이야말로 참된 '긍정적 자유'를 자각하고 실현한 개인이다. 그런데 루소와 칸트에게서는 '시민'과 '공민'이 출신에 따라(루소) 또는 재산의 소유 유무에 따라(칸트) 차등적인 참정권을 지닌 상이한 계층들을 지칭하는 사회학적 개념쌍이다. J.-J. Rousseau, "Contrat Social", *The Political Writings of Jean Jacques Rousseau*, Vol. 2, 33, 주 2 및 Kant, "Über den Gemeinspruch: Das mag in der Theorie richtig sein, taugt aber nicht für die Praxis", A 245 참조. 반면에 헤겔에게서는 그 두 용어가 의식적 지향성과 사회적 역할에 따른 한 개인의 상이한 태도를 구분하는 평가적 개념이다. 즉 시민에 속하는 사람이 따로 있고 공민에 속하는 사람이 따로 있는 것이 아니라 한 사람이 시민이 될 수도 있고 공민이 될 수도 있으며 또 시민과 공민의 역할을 동시에 수행하기도 한다.

8 정치경제학에 대한 헤겔의 관심과 연구는 20대 중·후반인 베른 시기 또는 늦어도 프랑크푸르트 시기에 시작되어 후기 『법철학』에 이르기까지 지속적으로 이어진다.

9 헤겔이 초기의 『자연법』에서는 주로 정치를 담당하는 '자유인 계층'과 상업 및 농업에 종사하는 '비자유인 계층'을 구분하였던 반면에(『자연법』, 77 이하/W 2, 489 f.), 『법철학』에서는 농업 계층을 지칭하는 '실체적 계층', 상공인 계층을 포괄하는 '영업 계층', 그리고 공무를 담당하는 '보편적 계층'으로 사회 계층을 구별한다.(『법철학』, §204 ff.) 이런 계층론의 변화 역시 헤겔이 고대 그리스의 폴리스 모델에 경도되었던 초기의 시각에서 차츰 벗어나 시민사회의 부상에 따른 근대적 사회 구조를 자신의 사회 이론에 적극적으로 받아들였다는 것을 보여준다.

10 피히테의 국가론은 그가 법의 근본 원리로 제시하는 상호 승인의 원리에 위배되게 "보편적 이기주의의 전제" 위에 구축된다.(Fichte, *Grundlage des Naturrechts nach Principien der Wissenschaftslehre*, 152) "공동 의지의 대상은 **쌍방의 안전**이다. 그러나 도덕성이 아니라 단지 자기애만이 작동한다는 전제에 따라 타자의 안전을 바라는 것은 자기 자신의 안전을 바라는 것에서부터 시작된다. 전자는 후자에 포섭되며, 타자가 나로부터 안전하다는 것은 타자로부터의 나 자신의 안전이 오직 이 조건 아래에서만 가능한 경우가 아니라면 그 누구에게도 관심거리가 되지 않는다. 우리는 이를 다음과 같은 공식으로 간략하게 표현할 수 있다: **어느 누구나 자신의 사적인 목적을 공동의 목적에 종속시킨다.** (그런데 강제법 역시 이 점을 염두에 두고 있다.)"(같은 책, 150 f.) 피히테의 『자연법론』에 한 해 앞서 출판된 칸트의 『영구평화론』에서도 이와 유사한 구절이 발견된다. "그것이 얼마나 냉혹하게 들리건 간에 국가 수립의 문제는 악마의 민족에게조차도 (그들이 오성만 가지고 있다면) 해결될 수 있어야 하며 다음과 같이 진술된다. '자신들의 보존을 위한 보편적 법칙을 모두 요구하지만 각자는 몰래 자기 자신을 그 보편적 법칙에서 제외시키려는 경향을 지닌 일단의 이성적 존재들을 비록 그들이 사적인 심성에

서는 서로 대립하며 추구하지만 이런 사적인 심성들이 서로를 제지해
서 공적 행위에서는 마치 그들이 그런 악한 심성을 가지고 있지 않은 것
과 똑같은 결과가 나오도록 질서를 부여하고 헌정 체제를 수립할 것.'
이런 문제는 **해결될 수 있어야** 한다."(Kant, "Zum ewigen Frieden", B 61)
반면에 헤겔은 이런 이기주의의 전제가 구성원들 사이의 공동체적 결
속감과 신뢰와 연대성을 상실한 근대의 특수한 사회 조건을 영속화시
키는 것이라고 비판하면서 상호주관적으로 계몽된 인륜적 개인들로 수
립되는 국가를 대안으로 제시한다.

11 헤겔의 인륜적 국가의 이념이 규범 윤리적 성격을 강하게 내포하고 있
다는 사실은 지배와 권력 관계에 초점을 맞춘 베버의 실증주의적 국가
론과 비교해보면 더욱 두드러지게 나타난다. 베버는 국가를 "일정한 영
토 내에서—이 '영토'라는 개념이 그것의 특징 가운데 하나인데—합
법적인 물리적 폭력의 독점을 (성공적으로) 자기 것으로 요구하고 주
장하는 인간 공동체"로 정의한다.(M. Weber, *Wirtschaft und Gesellschaft*,
Tübingen, 1980, 822)

12 민선 감독관제(Ephorat)는 피히테의 국가론에서 공화정 시기 로마의 호
민관(tribunus plebis) 제도를 본떠서 (사법부를 포함하고 있는) 행정부
를 감독하고 권력의 남용을 견제하여 국민의 보편 의지를 직접 관철시키
기 위해 설정한 최고 권력 기구이다. 이 용어는 고대 스파르타에서 시행
되었던, 해마다 새로 선출되는 5인의 민선 행정 감독관(ephoros) 제도에
그 역사적 기원을 두고 있다. 민선 감독관제에 대해서 Fichte, *Grundlage
des Naturrechts nach Principien der Wissenschaftslehre*, 170 ff. 참조.

13 헤겔은 가족 재산과 관련된 논의에서는 장자 상속 제도가 인륜성의 이
념에 어긋난다고 비판하면서도(『법철학』, § 180 A.), 막상 국가의 왕
권과 귀족 계층의 재산에 대해서는 장자 상속을 옹호한다.(『법철학』, §
281 및 § 360)

14 여기서 헤겔은 『자연법』, 68 이하/W 2, 482에서 한 자신의 발언을 인용
하고 있다.

15 이와 유사한 생각은 영구적인 세계 평화를 희구하는 칸트에게서도 이미 발견된다. "전쟁조차도 그것이 질서 있게, 그리고 시민법을 신성하게 존중하면서 수행될 경우에는 그 자체로 어떤 숭고함이 있으며, 또한 동시에 그와 같은 방식으로 전쟁을 수행하는 국민이 더 많이 위험에 처해 그러한 상황 아래에서 용감하게 자신을 주장할 수 있으면 있을수록 전쟁은 그 국민의 사유 방식을 더욱더 숭고하게 만든다. 반면에 오랜 평화는 한낱 **상업 정신**, 그리고 이와 더불어 천박한 이기심과 비겁함과 문약함을 만연시키고 국민의 사유 방식을 저열하게 만들곤 한다."(Kant, 『판단력비판』, B 107) 물론 여기서 칸트는 시민법의 수호를 위한 전쟁을 염두에 두는 반면에, 헤겔에게서 전쟁은 시민법의 체계 자체를 뒤흔드는 기능을 한다.

16 대표적으로 R. Haym, *Hegel und seine Zeit*, Berlin, 1857, 그리고 K. R. Popper, *The Open Society and Its Enemies* 참조.

17 예를 들면 K. E. Schubarth/L. A. Carganico, *Über Philosophie überhaupt und Hegel's Enzyklopädie der philosophischen Wissenschaften insbesondere*, Berlin, 1829 참조.

18 청년기의 헤겔은 통일된 민족 국가를 형성하지 못한 채 낙후된 봉건적 질서 속에서 수백 개의 소규모 제후 및 영주 국가들로 분열되어 있던 당시의 독일 상황 앞에서 "독일은 더 이상 국가도 아니다"라고 선언한다.(W 1, 452)

19 예를 들어 여러 헤겔 연구자들이 『법철학』에서 유독 국가 내부 체제로서 삼권을 논의하면서 그것을 『논리학』에서의 개념의 전개 순서이자 또한 『법철학』에서도 개념적 서술의 순서가 되는 보편성-특수성-개별성의 차례가 아니라 오히려 개별성-특수성-보편성의 역순으로 왕권-정부-입법부를 다루고 있음을 지적하면서, 만일 헤겔이 여기서 자신의 논리학적 개념의 전개 순서에 충실했다면 군주제가 아니라 오히려 민주제라는 결론에 도달했을 것이라고 추정한다.

9 세계를 지배하고 자유를 실현한 이성, 헤겔의 역사철학

1 헤겔이 베를린 시기에 행한 역사철학 강의들은 후에 강의록들을 편찬한 유저로 여러 판본이 출판되었다. 우선 E. Gans (Hg.), *Vorlesungen über die Philosophie der Geschichte*, Hegel's Werke. Vollständige Ausgabe durch einen Verein von Freunden der Verewigten Bd. 9, Berlin, 1837(제2판, Hg. von K. Hegel, 1840)을 시작으로 F. Brunstäd (Hg.), *Vorlesungen über die Philosophie der Geschichte*, Leipzig, 1907; G. Lasson (Hg.), *Die Vernunft in der Geschichte*, Leipzig, 1917(제5판, Hg. von J. Hoffmeister, Hamburg, 1955; 임석진 역, 『역사 속의 이성』, 지식산업사, 1992); H. Glockner (Hg.), *Vorlesungen über die Philosophie der Geschichte*, Hegel Sämtliche Werke Bd. 2, Stuttgart, 1928(권기철 역, 『역사철학강의』, 동서문화사, 1978 및 김종호 역, 『역사철학강의』, 삼성출판사, 1990); E. Moldenhauer/K. M. Michel (Hg.), *Vorlesungen über die Philosophie der Geschichte*, Werke 12, Frankfurt/M., 1986; K. H. Ilting/K. Brehmer/H. N. Seelmann (Hg.), *Vorlesungen über die Philosophie der Weltgeschichte*, Hegel Vorlesungen Bd. 12, Hamburg, 1996 등이 있다. 그리고 물론 『철학 백과전서』의 제3부 『정신철학』 중 법철학에 해당하는 부분의 마지막에도 세계사에 관한 장이 있다.

2 개인과 개인 사이의 승인 투쟁만이 아니라 개인과 보편자 사이의 승인 투쟁을 통해 어떻게 인륜성의 원리와 그 제도가 형성되고 변화하는지를 발생론적으로 보여주는 예나 시기의 체계초고들과는 달리 후기의 『법철학』에서는 주관 정신과 객관 정신이 체계적으로 분리되고 보편적 승인 상태가 이미 완성된 것으로 전제되기 때문에 개별과 보편의 변증법적 운동, 즉 인륜적 제도들의 발생역학에 대한 서술이 누락된다. 이 때문에 『법철학』에서는 한 국가 내부에서 국가 체제가 변혁되어 스스로 혁신할 수 있는 길이 제시되지 않는다. 헌정 질서는 입법에 앞서 주어진 것이지 입법으로 만들어지는 것이 아니라는 것이다.(『법철학』, §

298 Z. 참조) 이런 체계 구성은 『법철학』에서 헤겔이 제시하는 국가가 전체주의적인 듯한 인상을 주는 빌미가 된다. 또한 그것은 『역사철학』에서 하나의 민족이 역사의 무대에 한 번밖에 주역으로 등장할 수 없다고 생각하게 된 이유이기도 하다.

3 그 자신이 대표적인 법실증주의자였다가 제2차 세계대전 당시 나치즘의 만행 앞에서 법실증주의가 얼마나 무기력하고 심지어는 체제 옹호적이었는지를 뼈아프게 경험한 후에 법실증주의를 비판하는 입장으로 선회한 법학자 라드브루흐는 「법률적 불법과 초법률적 법」이라는 글에서 다음과 같이 말한다. "정의가 추구되지조차 않을 때, 실정법을 정하면서 정의의 핵심을 이루는 평등이 의식적으로 부정될 때, 그때 법률은 단지 '옳지 않은 법'일 뿐만 아니라 법의 본성을 결여하고 있는 것이다. 실정법을 포함하여 법이란 그 의미에 있어서 정의에 봉사하도록 규정된 질서와 제정이라고밖에는 달리 정의될 수 없기 때문이다."(G. Radbruch, "Gesetzliches Unrecht und übergesetzliches Recht", *Süddeutsche Juristenzeitung*, 1946, 107)

4 "조악한 국가는 단지 실존하는 데 지나지 않는 그러한 국가일 뿐이다. 병든 육체도 실존하기는 하지만 참된 실재성을 지니고 있지는 못하다."(『법철학』, § 270 Z.)

5 "세계사는 세계 법정이다"라는 구절은 헤겔이 실러의 시 「체념」("Resignation", 1786)에서 원용한 것이다. 그런데 헤겔에 대해 지극히 적대적인 쇼펜하우어에게서도 유사한 발언이 발견된다. "세계 자체가 세계 법정이다."(A. Schopenhauer, *Die Welt als Wille und Vorstellung I*, Zürich, 1977, 438)

6 물론 선사 시대에 발생한 사건들이 중요한 역사적 의미를 지니지 않는다는 말은 아니다. 또 선사 시대에 속했던 것일지라도 후대의 기록과 사료 연구를 통해 얼마든지 역사의 장 안으로 편입될 수도 있다.

7 아리스토텔레스에 따르면 '실제로 일어난 일'을 이야기하는 역사는 심지어 '가능한 일'을 이야기하는 문학보다도 철학과 거리가 더 멀다. "따

라서 시는 역사보다 더 철학적이고 중요하다. 왜냐하면 시는 보편적인 것을 말하는 경향이 더 강하고, 역사는 개별적인 것을 말하기 때문이다."(Aristoteles, 『시학』, 천병희 역, 문예출판사, 1976, 1451b 5 이하) 19세기 후반에 '역사철학의 시대'가 쇠퇴하고 '사실의 시대'가 도래한 후에 역사와 철학을 대립 관계로 보는 시각은 아리스토텔레스의 전통을 따르던 근대 이전보다 오히려 더 강하게 다시 대두된다. "역사철학은 반인반마(半人半馬)의 켄타우로스, 하나의 형용 모순이다. 왜냐하면 역사, 즉 병렬시킴은 비(非)철학이고, 철학, 즉 종속시킴은 비(非)역사이기 때문이다."(J. Burckhardt, *Weltgeschichtliche Betrachtungen* (1885), Hg. von J. Oeri, Berlin-Stuttgart, 1905, 4) 신칸트학파에서는 역사학이 보편적 법칙을 수립하는 학문이 아니라 다만 개별 사례들을 기술하는 학문이므로 "역사적 법칙이라는 개념은 형용 모순"이라고 주장한다.(H. Rickert, *Die Grenzen der naturwissenschaftlichen Begriffsbildung*, Tübingen, 1929, 258) 역사철학에 대해 가장 단호하게 거부하는 입장은 포퍼에게서 찾아볼 수 있다. "역사는 의미를 지니지 않는다. 이것이 나의 주장이다."(K. P. Popper, *The Open Society and Its Enemies*, Vol. 2, 278)

8 헤겔은 당시 독일의 학문적 담론에서 일반화된 용례에 따라 'Historie'와 'Geschichte'를 병용하지만, 그중에서 'Historie'는 과거에 일어난 경험적 사실이라는 의미를 좀 더 강하게 내포하고, 'Geschichte'는 이에 대한 학적 서술이라는 의미를 좀 더 강하게 내포한 용어로 사용한다. 그래서 그는 예컨대 자신의 '역사철학'을 일컬을 때에는 'Philosophie der Geschichte'라고 하고, 반면에 'Historie' 또는 'historisch'는 주로 역사적 사실이나 이를 실증주의적으로 지향하는 태도를 지시할 때 사용한다.

9 "역사는 무엇이든 좋아하는 말을 짜맞출 수 있는 어린아이의 글자맞추기 장난감이다."(J. A. Froude, *Short Studies on Great Subjects*, London, 1873, 21) "역사의 사실은 역사가가 그것을 창조하기 전까지는 어떤 역

사가에 대해서도 존재하지 않는다."(C. Becker, "Detachment and the Writing of History", *Atlantic Monthly*, Vol. 106, Oct. 1910, 528) "역사는 살아온 직접성(생동성, vitalité)도 아니고 논리적·수학적 의미에서 진리(vérité)도 아니며 우리가 그것을 인간의 의식 현실(réalité)이라고 내세워서도 안 된다. 역사는 결코 종결되지 않는 인류의 신화 작품이다."(Th. Lessing, *Geschichte als Sinngebung des Sinnlosen oder die Geburt der Geschichte aus dem Mythos*, München, 1919, 11)

10 "정치 세계는 분명 인간에 의해 만들어진 것이다. 그러므로 정치 세계의 원리는 우리 인간 자신이 지닌 정신의 변형들 속에서 발견될 수 있다. 다음과 같은 사실은 이 문제에 대해 생각해본 사람이라면 누구에게나 놀라움을 줄 수밖에 없다. 즉 신이 창조했으므로 오직 신만이 그것에 관한 지식을 가질 수 있는 자연 세계에 대해서는 모든 철학자들이 그 지식을 얻으려고 그토록 진지하게 애를 쓰면서, 인간이 창조했기에 인간도 지식을 얻을 수 있는 정치 세계에 대해서는 그것을 탐구하는 데에 철학자들이 얼마나 등한시하고 있는가 말이다."(G. B. Vico, *Prinzipien einer neuen Wissenschaft über die gemeinsame Natur der Völker* (*Scienza Nuova*), übers. von V. Hösle/Ch. Jermann, Hamburg, 1990, 142 이하) "선험적 역사는 어떻게 가능한가? — 답변: 예언하는 자가 예고한 사건을 그 스스로 **만들고** 거행할 때이다."(Kant, "Der Streit der Fakultäten", A 132) "인간은 자신의 역사를 만든다."(Fr. Engels, *Ludwig Feuerbach und der Ausgang der klassischen deutschen Philosophie*, 297)

11 "그러나 가장 신성한 것들 가운데서도 역사보다 더 신성한 것은 없을 것이다. 역사는 세계정신의 거대한 거울이고 신적 오성의 영원한 시(詩)이다."(Schelling, *Vorlesungen über die Methode des akademischen Studiums*, Ausgewählte Werke Bd. 8, 543) "우리는 오직 한 가지 유일한 학문, 즉 역사학만을 알고 있다. 역사는 두 가지 측면에서 고찰되어 자연의 역사와 인간의 역사로 나뉠 수 있다. 그렇지만 그 두 가지가 분리될 수는 없다. 인간이 생존하는 한 자연의 역사와 인간의 역사는 서로를

제약한다."(K. Marx/Fr. Engels, *Die deutsche Ideologie*, MEW 3, Berlin, 1958, 18, 주)

12 '역사 속의 이성'이라는 제목은 편집자인 라송(G. Lasson)이 헤겔의 역사철학 강의록을 편집하여 출간하면서 강의록 중 한 문구를 따서 붙인 것이다.

13 이미 피히테와 셸링도 이와 유사한 생각을 가졌다. "학문론은 인간 정신의 실용적 역사이어야 한다."(Fichte, *Grundlage der gesammten Wissenschaftslehre*, 223) 여기서 피히테는 '실용적'(pragmatisch)이라는 용어를 고대 그리스어의 어원에 따라 '실행적' 내지 '실천적'이라는 의미로 사용한다. 또한 셸링도 다음과 같이 말한다. "그러므로 철학은 여러 다양한 시대를 가지고 있는 자기의식의 역사이다."(Schelling, *System des transzendentalen Idealismus*, 399)

14 "이제 우리는 인간의 행위와 정체성의 본성에 관한 이 연구가 처음 출발점으로 삼았던 물음으로 돌아갈 수 있게 되었다. 개인의 삶의 통일성은 무엇에 있는가? 개인의 삶의 통일성은 그 한 사람의 삶에 구현되어 있는 이야기의 통일성이라는 것이 이 질문에 대한 대답이다. [⋯] 인간 삶의 통일성은 설화적 탐구의 통일성이다."(A. MacIntyre, *After Virtue*, Indiana, 1981, 218 f.)

15 Kant, "Idee zu einer allgemeinen Geschichte in weltbürgerlicher Absicht", A 410. "인류 전체의 소명은 **지속적인 진보**이며, 그것의 완성은 우리가 섭리의 의도에 부응하도록 우리의 노력을 경주해야 할 목표에 대한 모든 면에서 매우 유용하지만 하나의 한갓된 이념이다."(Kant, "Rezension zu Johann Gottfried Herders Ideen zur Philosophie der Geschichte der Menschheit", A 156) "철학자가 경험에서 가능한 현상들을 그가 전제한 개념의 통일성으로부터 도출해야 한다면, 그가 이 임무를 수행하는 데에 전혀 경험을 필요로 하지 않고 또 그가 단지 철학자로서, 그리고 자신의 한계 내에 엄격하게 머물면서 그 어떤 경험도 고려하지 않고 전적으로 (전문 용어로 표현하자면) 선험적으로 자기 임무를 수행하고 지

금 우리의 고찰 대상과 관련해서는 시대 전체와 모든 가능한 역사 시기
들을 선험적으로 기술할 수 있어야 한다는 점은 명백하다."(Fichte, *Die
Grundzüge des gegenwärtigen Zeitalters*, Fichtes Werke VII, 5)

16 E. H. Carr, 『역사란 무엇인가』, 황문수 역, 한림미디어, 1996, 56. "텍
스트를 이해하려는 사람은 항상 기투(企投, 기획, Entwerfen)를 수행한
다. 텍스트에서 최초의 의미가 나타나자마자 그는 전체의 의미를 선행
하여 구상한다. 그런데 그런 최초의 의미는 오직 우리가 텍스트를 이미
특정한 의미를 향한 일정한 기대를 가지고서 읽기 때문에 나타나는 것
이다. 이런 선행 기획은 물론 의미 속으로 점점 더 침투해들어감에 따
라 그 결과로 나오는 것에 의해 지속적으로 수정되는데, 이와 같이 선
행 기획을 다듬어 완성하는 일에 바로 현존하는 것에 대한 이해가 존립
한다."(H.-G. Gadamer, *Wahrheit und Methode*, Gesammelte Werke I,
Tübingen, 1986, 271)

17 헤겔의 목적론적 보편사의 이념에 제일 먼저 반기를 든 사람은 키르
케고르이다. "과거를 구성하면서 그것이 어떤 목적에 봉사한다고 이
해하려는 견해는 단지 어떤 목적에 봉사하게끔 오해한 것에 불과하
다."(S. Kierkegaard, *Philosophische Brocken. De omnibus dubitandum est*,
Gesammelte Werke 10. Abt., Übers. von E. Hirsch, Düsseldorf-Köln,
1952, 76)

18 계몽주의적 발전사관이 지닌 낙관론은 프랑스 백과전서파의 한 사람인
튀르고의 저서 『인간 정신의 진보에 관하여』 중 다음과 같은 구절에서
극적으로 표현되고 있다. "마침내 어두운 그림자가 모두 축출되었도다!
사방에서 이토록 밝은 빛이 비추고 있지 아니한가! […] 인간 이성의 이
런 완전함이라니! […] 진리를 향한 험난한 돌투성이 길을 인간들이여
멈추지 말고 새로운 걸음걸이를 내딛기를! 그리고 무엇보다도 인간이
점점 더 선하고 행복해지기를!"(A. R. J. Turgot, *Über die Fortschritte des
menschlichen Geistes*, Hg. von J. Rohbeck/L. Steinbrügge, Frankfurt/M.,
1990, 162 f.) 그러나 같은 시기에 출간된 『학문예술론』에서 루소는 자

신의 동료였던 백과전서파의 역사관에 맞서 퇴보사관을 내세운다. "여기서는 그 결과가 명백하다: 실질적인 타락. 우리의 학문과 기술이 완성을 향해 진보하면 할수록 우리의 영혼은 그만큼 더 부패해갔다."(J.-J. Rousseau, "Discours sur les sciences et les arts", *Schriften zur Kulturkritik*, Hg. von K. Weigand, Hamburg, 1983, 14) 계몽주의적 진보사관과 가장 첨예한 대척점에 서서 파국적 역사관을 대변하는 것은 벤야민의 '역사의 천사'로 알려진 비유이다. "**우리들** 앞에서 일련의 사건들이 전개되고 있는 바로 그곳에서 역사의 천사는, 잔해 위에 또 잔해를 쉼 없이 쌓이게 하고 또 이 잔해를 우리들 발 앞에 내팽개치는 단 하나의 파국만을 본다. 천사는 머물고 싶어하고 죽은 자들을 불러일으키고 또 산산이 부서진 것을 모아서 다시 결합하고 싶어한다. 그러나 천국에서 폭풍이 불어오고 있고 이 폭풍은 그의 날개를 꼼짝달싹 못하게 할 정도로 세차게 불어오기 때문에 천사는 날개를 접을 수도 없다. 이 폭풍은, 그가 등을 돌리고 있는 미래 쪽을 향하여 간단없이 그를 떠밀고 있으며, 반면 그의 앞에 쌓이는 잔해의 더미는 하늘까지 치솟고 있다. 우리가 진보라고 일컫는 것은 바로 **이러한** 폭풍을 두고 하는 말이다."(W. Benjamin, 「역사의 개념에 대하여」, 『발터 벤야민 선집 5』, 최성만 역, 길, 2008, 339)

19 신정론이란 신이 창조한 세계에 악이 현상적으로 존재함에도 불구하고 그 세계의 창조주인 신의 지선(至善)함을 변호하는 신학적 논변이다. 셸링 역시 역사를 신 존재 증명의 하나로 간주했다. "전체로서의 역사는 절대자가 스스로를 점차 드러내는 전진적인 현현이다. [⋯] 인간은 자신의 역사를 통해 신의 현존재에 대한 지속적인 증명을 수행하는데, 이 증명은 역사 전체를 통해서만 완수될 수 있다."(Schelling, *System des transcendentalen Idealismus*, 603)

20 "활동적 원인인 목적이 수단과 산물을 그 실존에서 서로 분리시켜놓아서 수단은 목적을 자기 자신에게서 갖지 못하고 산물은 활동성을 자기 자신에게서 갖지 못할 때 그런 합목적성은 한낱 **외적** 합목적성이다. [⋯] **내적 합목적성**이란 어떤 것이 그 자체에서 상호적으로 목적이자 수

단이고, 그 자신의 산물이자 이 산물이 생산자 자신인 경우이다. 그와 같은 것은 **자기 목적**이다."(W 4, 29) 헤겔에 앞서 칸트가 외적(상대적) 합목적성과 내적 합목적성을 구분하고 내적 합목적성을 유기체론에 적용했다. "그런데 원인과 결과의 법칙적 관계는 두 가지 방식으로 일어날 수 있다. 즉 우리가 결과를 직접 기술적 산물로 간주하거나 또는 결과를 단지 다른 가능한 자연 존재자의 기술을 위한 재료로 간주하거나 두 가지 중의 하나요, 따라서 결과를 목적으로 간주하거나 또는 다른 원인의 합목적적 사용을 위한 수단으로 간주하거나 두 가지 중의 하나이다. 후자의 합목적성은 (인간에 대해서는) 유용성 또는 (다른 모든 피조물에 대해서는) 유익성이라고 일컬어지며 단지 상대적이지만, 전자의 합목적성은 자연 존재자의 내적 합목적성이다."(Kant, 『판단력비판』, B 279 f.)

21 자칭 '계몽된 시대'인 20세기에 벌어진 대량 학살의 참화 앞에서 "왜 인류는 진정으로 인간적인 상태에 들어서기보다는 오히려 새로운 종류의 야만에 빠지게 되었는가"를 고뇌하는 호르크하이머와 아도르노는 '이성과 자유의 진보'라는 헤겔의 역사철학의 이념에 대해 강력하게 이의를 제기한다. "그에 반해 헤겔이 했듯이 세계사를 자유와 정의 같은 범주에 의거하여 구성하려고 하는 것은 일종의 괴상한 발상으로 보인다." (M. Horkheimer/Th. W. Adorno, *Dialektik der Aufklärung*, Frankfurt/M., 1969, 1 및 199)

22 맑스도 이와 유사하게 세계사를 ① 동양적 생산 양식, ② 고대적 생산 양식, ③ 중세적 생산 양식, ④ 근대 부르주아적 생산 양식의 네 단계로 구분하면서 이들을 "경제적 사회 구성체가 진보하는 시대들"로 규정한다.(K. Marx, *Zur Kritik der politischen Ökonomie*, MEW 13, 9)

23 반면에 『철학사 강의』에서는 철학의 역사를 일반적인 시대 구분에 따라 고대와 중세와 근대로 나눈다.(W 20, 131 f. 참조)

24 『역사의 종말』의 저자 후쿠야마가 코제브 식으로 재해석된 헤겔을 자신의 주장을 뒷받침하는 주된 전거로 삼으면서 '역사의 종말'이라는 용

어가 마치 헤겔의 역사철학을 특징짓는 주요 개념 중의 하나인 양 쓰이게 되었다.(F. Fukuyama, 『역사의 종말』, 이상훈 역, 한마음사, 1992) 그러나 우선 헤겔은 이 용어를 직접 쓴 적이 없다. 그뿐만 아니라 헤겔의 『역사철학』에서 비록 이를 연상시키는 구절들이 발견된다 하더라도 그것은 후쿠야마가 주장하는 '역사의 종말'과는 그 내용과 시기가 전혀 다르다. 후쿠야마와는 달리 헤겔은 결코 자유주의적 시장 경제를 역사의 최종 원리이자 목표로 간주하지 않았다. 따라서 역사가 종말에 이르는 시기도 당연히 구 동구권의 현실 사회주의 국가들이 붕괴하는 20세기 말이 될 수가 없다. 헤겔의 생각에 따르면 '게르만 세계'의 원리는 예수에 의해 그리스도교와 더불어 도입되었고 프랑스 혁명과 나폴레옹에 의해 완성된다.

25 "각 시대는 직접 신을 향해 있으며 […] 신 앞에서는 모든 세대가 동등한 권한을 지닌다."(L. von Ranke, *Über die Epochen der neueren Geschichte*, Hg. von Th. Schieder/H. Berding, München, 1971, 60) "과학 혁명으로부터 출현하는 정상과학적 전통은 앞선 것과는 양립되지 않을 뿐만 아니라, 실상 동일 표준상의 비교 불능이다."(Th. S. Kuhn, 『과학 혁명의 구조』, 두산동아, 1992, 155)

26 K. Marx, *Zur Kritik der politischen Ökonomie*, 9.

27 1816년 6월 12일자 니트함머에게 보낸 헤겔의 편지, *Briefe von und an Hegel*, Bd. 2, Hg. von J. Hoffmeister, Hamburg, 1953, 85 f.

28 『대논리학』에서는 도구를 사용한 노동 활동에서처럼 한 객체를 도구로 삼아 다른 객체를 가공함으로써 주체의 목적을 달성하는 목적론적 관계를 '이성의 간계'라고 표현한다. "그런데 목적이 자신을 직접적으로 객체와 관계시켜서 이 객체를 수단으로 삼는 것, 그리고 또한 목적이 수단을 통해서 또 다른 객체를 규정하는 것은 여기서 목적이 객체와는 전혀 판이한 본성을 지니는 것으로 나타나고 그 두 개의 객체가 서로 자립적인 총체성이라는 점에서 **폭력**으로 간주될 수 있다. 그러나 목적이 자신을 객체와 **간접적인** 관계에 놓고 자기와 객체 **사이에** 어떤 또 다른 객

체를 **삽입하는** 것은 이성의 **간계**라고 할 수 있다. […] 그런데 목적은 객체를 수단으로 내세워 그 객체로 하여금 자기를 대신하여 외적으로 사역(使役)하도록 하며, 그것을 소모되도록 내맡기고는 객체의 배후에서 기계적 폭력에 대항하여 자신을 보존한다."(『대논리학 III』, 285/L II, 452 f.)

29 프랑스 혁명에 대해 독일 관념론자들은 한결같이 열광했다. "내가 보기에 프랑스 혁명은 인류 전체에게 중요하다. […] 세계에서 일어나는 모든 사건들은 인류의 위대한 교육자가 인류로 하여금 그들이 필히 알아야만 할 것을 배울 수 있도록 하기 위해 제시하는 교훈적인 그림인 듯하다. […] 그러므로 나에게 프랑스 혁명은 '인권과 인간의 가치'라는 위대한 문구 위에 걸린 화려한 회화처럼 보인다."(Fichte, *Beitrag zur Berichtigung der Urteile des Publicums über die französische Revolution*, Fichtes Werke VI, 39) "오늘날 우리가 목격한 어느 한 재기발랄한 민족의 혁명은 성공할 수도 있고 실패할 수도 있으며, 처참함과 잔혹한 행위로 가득 차서 사려 깊은 사람이라면 만일 이 혁명을 재차 감행할 수만 있다면 행복하게 완수할 수 있기를 바라면서도 그와 같은 대가를 치르고서는 결코 그 실험의 실행을 결정하지 않았을 그런 것일 수도 있다.— 그러나 내가 말하건대 이 혁명은 (그 공연에 몸소 휩쓸려 들어가지 않은) 관객 모두의 심정 속에서 열광에 가까이 맞닿아 있고 그것의 발설 자체가 위험과 결부되어 있기 때문에 오직 인류의 도덕적 성향만이 그 원인이 될 수 있는 그런 참여의 소망을 발견한다."(Kant, "Der Streit der Fakultäten", A 143) 그러면서도 칸트와 헤겔은 혁명 과정 중의 폭력성과 무분별성에 심각한 우려를 표명하면서 혁명 대신에 위로부터의 개혁을 주장했다.

30 헤겔은 세계사적 개인에 대한 역사적 평가의 이런 양면성을 소크라테스의 사례에서 잘 보여준다. "그런데 펠로폰네소스 전쟁이 시작될 즈음 내면성의 원리, 사상 그 자체의 절대적 독립성의 원리가 자유롭게 언표되기 시작했는데, 이는 바로 소크라테스에 의해서이다. 그는 옳음과 좋

음이 무엇인지는 인간이 자기 안에서 발견하고 인식하지 않으면 안 된다는 것, 그리고 이 옳음과 좋음이 그 본성상 보편적인 것임을 가르쳤다. 소크라테스는 도덕 교사로 이름이 나 있지만 오히려 도덕의 **창시자**이다. 그리스인들은 아직까지 인륜성을 지니고 있었다. 이에 반해 소크라테스는 도덕이나 의무 등이 무엇인가를 그들에게 가르쳐주려고 하였다 [⋯] 소크라테스의 원리는 아테네 국가에 대해 혁명적인 원리임이 밝혀진다. 이 국가의 특질은 관습이 국가 존립의 형식이라는 점, 즉 사상과 현실 생활의 불가분성에 있었기 때문이다. [⋯] 그런데 소크라테스가 이제 도래할 수밖에 없는 이 새로운 원리를 언표하였기 때문에 사형 선고를 받았을 때, 거기에는 아테네의 민중이 그들의 절대적인 적에게 유죄 판결을 내린다는 지극히 높은 정당성이 담겨 있는 동시에, 그들이 소크라테스에게서 비난했던 바로 그것이 실은 그들 속에도 이미 확고하게 뿌리를 내렸고 따라서 그들 역시 소크라테스와 똑같이 유죄이든지 그렇지 않으면 소크라테스와 함께 무죄 선고를 받아야 마땅하다는 지극히 비극적인 것이 놓여 있는 것이다. [⋯] 이제 아테네에서는 아테네 국가의 실체적 존립의 부식을 의미하였던 이 더 높은 원리가 갈수록 더욱더 발전하여 정신이 자기 자신을 만족시키고 숙고하는 성향을 지니게 되었다."(『역사철학강의』, 264 이하/Gph, 328 ff.)

10 헤겔 철학, 현실로부터 탄생해 현실을 변혁하다

1 Platon, *Menon*, 81 d.

2 셸링도 다음과 같이 말한다. "그런 한에서 자아에게 철학은 자아가 자신의 보편적 (개체 이전의) 존재 속에서 행하고 겪었던 일에 대한 회상일 따름이다."(Schelling, *Erste Vorlesung in München*, Ausgewählte Werke Bd. 10, Darmstadt, 1989, 377)

3 이 점에서는 칸트도 다르지 않다. "세계 시민적 의미에서 철학의 영역은 다음과 같은 물음들로 귀결된다. 1) 나는 무엇을 알 수 있는가? 2) 나는

무엇을 해야 하는가? 3) 나는 무엇을 바라도 되는가? 4) 인간이란 무엇인가? 첫 번째 물음은 **형이상학**이, 두 번째 물음은 **도덕**이, 세 번째 물음은 **종교**가 답변하며, 네 번째 물음은 **인간학**이 답변한다. 그런데 근본적으로는 이 모두를 인간학에 귀속시킬 수 있을 것인데, 왜냐하면 처음 세 가지 물음들은 모두 마지막 물음에 관련되기 때문이다."(Kant, *Logik*, A 25)

4 "철학은 그 스스로가 **생성되는** 것을 보는 인식, 즉 **발생적** 인식이다."(Fichte, *Die Staatslehre, oder über das Verhältniss des Urstaates zum Vernunftreiche, in Vorlesungen*, Fichtes Werke IV, 379)

5 이 물음에 대한 호르크하이머의 답변은 헤겔을 연상시킨다. "철학에 대한 정의(定義)는 존재하지 않는다. 철학에 대한 정의는 철학이 말해야만 하는 것의 명시적인 서술과 동일하다."(M. Horkheimer, *Zur Kritik der instrumentellen Vernunft*, Frankfurt/M., 1985, 155)

6 헤겔은 『철학사 강의』(W 18, 24)에서 철학은 영원한 진리를 대상으로 삼는 반면에 역사는 가변적이고 시간 속에서 생멸하는 것을 기술하는 것인데 그렇다면 '철학의 역사'라는 개념은 그 안에 내적 모순을 담고 있는 것이 아닌지를 자문한다.

7 L. A. Seneca, *Moral Epistles*, Transl. by R. M. Gummere, Vol. II, Cambridge, 1917, 380.

8 "이미 지혜로운 자는 그가 신이건 인간이건 더 이상 철학자가 아니며"(Platon, *Lysis*, 218 a), "신은 철학을 하지도 않고 지혜롭게 되기를 희구하지도 않는다."(Platon, *Symposion*, 204 a)

9 Kant, 『순수이성비판』, B 866 f. "따라서 철학은 철학적 인식들 또는 개념으로부터의 이성 인식들의 체계이다. 이것이 이 학문에 대한 **교과 개념**이다. **세계 개념**에 따른다면 철학은 인간 이성의 최종 목적들에 관한 학문이다. 이런 고귀한 개념이 철학에 **존엄성**, 즉 절대적인 가치를 부여한다."(Kant, *Logik*, A 23)

10 Kant, 『순수이성비판』, B 868. 그러나 칸트는 다른 한편으로 "『순수이성

비판』에서 해결을 보지 못했거나 적어도 해결을 위한 열쇠가 제공되지 못한 형이상학적 과제는 단 하나도 없다"고 자부하면서 자신의 비판철학에 단순한 예비학 이상의 의미를 부여한다.(같은 책, A XIII)

11 『인간 오성론』의 서두에 삽입된「독자에게 보내는 편지」에서 로크는 자신의 저서의 유래에 대해 다음과 같이 밝힌다. "대여섯 명의 친구들이 내 방에 모여서 이 책의 주제와는 거리가 먼 문제에 관해서 토론했는데 곧 여기저기서 불거진 난점들로 교착 상태에 빠지게 되었음을 발견하였다. 우리를 당혹스럽게 만든 이 의문들을 해결하는 데에 아무런 진전도 보지 못한 채 한동안 어쩔 줄 몰라 하다가 번뜩 우리가 그릇된 길을 가고 있었다는 생각이 들었다. 즉 우리가 그런 본성의 탐구에 착수하기에 앞서서 우선 우리 자신의 능력을 검토하여 우리의 오성이 어떤 대상을 다루는 데에 적합하고 또 적합하지 않은지를 살펴보는 것이 꼭 필요하다는 생각이 든 것이다. 그래서 나는 동료들에게 이를 제안하였고 그들은 모두 기꺼이 찬성하였다. 그리고 그 즉시 이 문제가 우리의 첫 번째 탐구가 되어야 한다는 데에 모두 동의하였다."(J. Locke, *An Essay concerning Human Understanding*, Ed. by P. H. Nidditch, Oxford, 1975, 7) 칸트의 비판철학도 이와 동일한 의도를 지니고 있다. "이제 우리가 경험의 지반을 떠나서 그 유래도 모르면서 소유하고 있는 인식들을 가지고서 그 근원을 아는 바 없는 원칙을 담보로 하여 주도면밀한 검토를 거쳐 먼저 그 토대를 확보하지도 않은 채 곧장 건축물을 세우기보다는 오히려 오성이 도대체 어떻게 이 모든 인식들에 선천적으로 도달할 수 있으며 이런 인식들이 어떤 범위와 타당성과 가치를 지니는지에 대해 먼저 질문을 던지는 것이 자연스러워 보인다."(Kant, 『순수이성비판』, B 7)

12 "왜냐하면 이것이 바로 지혜를 사랑하는 사람(철학자)의 심적인 상태, 즉 놀라워함이라네. 철학의 시작에 그 외에 다른 근원은 있을 수 없고말고."(Platon, *Theaitetos*, 155 d) "예나 지금이나 사람들이 철학함을 시작하는 까닭은 놀라움 때문이다."(Aristoteles, *Metaphysica*, 982b, 12~13)

13 "모든 반성적 사유는 직접적인 경험 속에 나타난 실제적인 문제에서 발

생하며, 이 문제의 해결 내지 해결하려는 시도에 종사한다. 이런 해결은 결국 중지되었던 행위를 계속할 수 있는 가능성에서 발견된다."(G. H. Mead, "Suggestion toward a Theory of the philosophical Disciplines", *Selected Writings*, 7)

14 맑스는 철학의 이런 관조적인 성격을 비판하면서 철학의 실천적 실현을 통한 철학의 지양을 주장한다. "철학자들은 세계를 단지 다양하게 **해석**해왔다. 문제는 세계를 **변화**시키는 일일 것이다."(K. Marx, "Thesen über Feuerbach", *MEW 3*, 7) "**철학을 실현하지 않고서는 철학을 지양할 수 없다.**"(K. Marx, "Zur Kritik der Hegelschen Rechtsphilosophie. Einleitung", 384)

15 "헤겔에 따르면 보편자는 이미 자신을 적합하게 전개했으며 지금 집행되고 있는 것과 동일하다. 이성은 더 이상 자기 자신에 대해 비판적일 필요가 없어졌다. 헤겔에게서 이성은 현실을 이성적인 것으로 채 시인하기도 전에 긍정적으로 되었다. 여전히 실제로 존속하는 모순들 앞에서, 그들 자신에 의해 산출된 관계들에 대해 개인이 무기력한 상황 앞에서 이런 해결은 사적(私的)인 주장, 철학자가 비인간적인 세계와 맺은 개인적인 평화 협정처럼 보인다."(M. Horkheimer, "Traditionelle und kritische Theorie", *Gesammelte Schriften* Bd. 4, Hg. von A. Schmidt, Frankfurt/M., 1988, 178)

16 D. Diderot의 『라모의 조카』에서 인용된 문구.

17 Hegel, *Einleitung in die Geschichte der Philosophie*, Hg. von J. Hoffmeister, Hamburg, 1959, 286.

18 이는 바로 호르크하이머가 철학에 요구하는 역할이다. "철학은 현존하는 것을 그 역사적 연관 속에서 그 자신의 개념적 원리들이 내세우는 요구 주장들에 대질시키는데, 이를 통해 양자 사이의 관계를 비판하고 그럼으로써 이를 뛰어넘기 위함이다."(M. Horkheimer, *Zur Kritik der instrumentellen Vernunft*, 170)

19 바로 이 점에서 헤겔은 청년 시절 절친한 친구였던 셸링과 결별하게 된

다. "그리고 철학은 그 본성상 필연적으로 비교적(秘敎的)이며, 그 자신을 통해 비밀에 붙여지므로 굳이 비밀스럽게 지켜질 필요도 없다." (Schelling, *Bruno oder über das göttliche und natürliche Princip der Dinge*, Ausgewählte Werke Bd. 8, Darmstadt. 1988, 128)

헤겔의 영향과 유파

누구도 피해갈 수 없는 거대한 산, 헤겔 철학

헤겔은 누구보다도 철학의 현실성을 강조한 사상가였다. 그러나 그는 자신의 선행자인 루소나 그의 제자임을 자처했던 맑스처럼 역사의 커다란 변곡점을 마련한 실천적 사상가는 아니었다. 또한 그는 동시대를 살았던 칸트나 피히테처럼 큰 대중적 인기를 누리지도 못했다. 하지만 헤겔의 철학이 남긴 유산은 그 누구보다도 막대하고 풍부하다. 헤겔 철학을 통해 인류의 정신은 근대의 황혼기에 다시 한 번 드높이 솟아올라 역사상 가장 높은 봉우리를 만들어낸다.

산이 높으면 그것이 품고 있는 자락도 그만큼 넓고 깊게 마련. 헤겔 철학은 예나 지금이나 열렬하고 충성스러운 추종자들을 폭넓게 가지고 있다. 반면에 그의 철학을 거부하거나 심지어 극도로 혐오하는 사람도 많다. 헤겔 철학의 영향사는 이 두 극단 사이의 끊이지 않는 치열한 논쟁으로 점철된다. 그러나 헤겔 철학의 지지자는 물론 그것을 비판하거나 배척하는 사람조차도 인간 정신의 본질과 역사에 관해 진지한 관심을 가지고 있는 한 헤겔 철학을 그냥 지나칠 수는 없다. 헤겔 철학을 우회하거나 무시한다면 이는 인류 정신의 가장 귀중한 성과 중 하나를 소홀하게 놓치는 일이 될 것이기 때문이다. 그리고 우리가 서 있는 현대는 그것의 반(反)헤겔주의적인 면모조차도 오직 헤겔 철학을 관통해서만 올바로 이해될 수 있기 때문이다.

헤겔 철학의 수용사는 결코 유리하지 않은 환경 속에서 복잡하게 얽혀 있는 수많은 지류와 와류를 지닌 큰 강이 되어 흐르고 있다. 그런데 이 도도한 흐름 중에도 열광과 고조, 뒤따르는 침체, 무시, 망각, 재발견의 부침이 반복된다.

헤겔 학파의 형성과 분열

헤겔의 첫 제자는 예나 시기 그의 수강생 중 한 명이었던 가블러(G. A. Gabler)라고 할 수 있다. 평생 헤겔 철학의 원리에 충실하고자 했던 그는 훗날 헤겔 사후 베를린 대학교에 헤겔의 후임으로 초빙된다. 하이델베르크 대학교에서 처음 정규 교수로 보낸 2년간에도 헤겔은 자신에게 우호적인 여러 동료들과 카로베, 힌리히스같이 그를 열정적으로 추종하는 일군의 제자들을 얻을 수 있었다.

그러나 학파라고 불릴 수 있을 만한 지속적이고 조직적인 모임이 헤겔을 중심으로 형성되기 시작한 것은 베를린 시기에 이르러서이다. 헤겔의 영향력은 당시의 독일 철학을 지배했고 여러 외국의 많은 학자들과 학생들도 헤겔의 강의를 청강하기 위해 베를린을 찾았다. 적어도 철학을 공부하는 사람이라면 헤겔의 철학에 대해 잘 알고 있어야만 했다. 특히 헤겔이 자신의 제자이자 베를린 대학교 동료인 간스와 함께 창립한 '학술 비평 협회'는 『학술 비평 연감』을 간행하면서 헤겔 철학의 신봉자들이 결집하는 구심점이 되었다.[1]

'학술 비평 협회'는 헤겔 사후에 곧바로 '고인의 친구들의 모임'으로 전환되어 헤겔의 기존 출간물과 강의록들을 편찬한 최초의 헤겔 전집을 출판한다.[2] 이 모임에는 헤겔의 장남인 칼 헤겔과 간스 외에도 마르하이네케, 미슐레(K. L. Michelet), 보우만(L. Boumann), 슐체, 로젠크란츠(K. Rosenkranz), 푀르스터, 폰 헤닝, 호토 등 헤겔의 동료와 직전 제자들이 참여한다. 이들을 최초의 '헤겔학파'라고 일컬을 수 있다.

---

1 이 협회에는 헤겔의 동료와 제자들 외에도 괴테, 훔볼트, 슐레겔(A. W. Schlegel) 등 당대의 여러 지식인과 학자와 문학가들도 가입했다. 그러나 베를린 대학교에서 헤겔과 적대적인 관계에 있던 슐라이어마허와 사비니를 입회시키자는 제안에 대해 헤겔은 크게 분개하면서 거부했다.

2 *Georg Wilhelm Friedrich Hegel's Werke*, Vollständige Ausgabe durch einen Verein von Freunden des Verewigten, 18 Bde., Berlin, 1832~45. 이 전집은 이후에 출판된 여러 헤겔 전집들의 밑바탕이 된다.

1831년 11월 16일에 치러진 헤겔의 장례식을 뒤따랐던 긴 추도 행렬은 당시 헤겔이 거둔 명성과 권위를 상징적으로 보여준다. 그러나 헤겔 사후 그의 영향력은 헤겔주의를 거부하는 외부의 다양한 진영으로부터 쏟아진 격렬한 공격과 더불어 헤겔학파의 내부 분열로 급속도로 쇠락한다. 헤겔 철학의 진정한 핵심은 무엇이고 누가 헤겔 철학의 정당한 상속자인가를 둘러싸고 벌어진 논쟁, 그리고 헤겔 전집의 편찬과 관련하여 불거진 헤겔 유족과 '고인의 친구들의 모임' 사이의 갈등은 헤겔학파의 결속을 그리 오래 가지 못하게 만들었다. 이런 와중에 베를린에서 헤겔의 강의를 청강하고 스스로를 헤겔주의자로 여기던 슈트라우스(D. F. Strauß)가 1835년에 출판한 한 권의 책은 헤겔학파의 분열에 결정적인 기폭제가 되었다.

사람들은 흔히 헤겔학파를 '헤겔 우파'(또는 구(舊)헤겔학파), 헤겔 좌파(또는 청년 헤겔학파), 헤겔 중도파(또는 헤겔 정통파)로 나누곤 한다. 이와 같은 상투적인 구분은 바로 슈트라우스로부터 유래한다.

슈트라우스는 1835년에 출판한 자신의 책 『예수전』(*Das Leben Jesu*)에서 범신론을 옹호하면서 헤겔을 자신의 후견인으로 끌어들였다.[3] 이러한 해석에 바우어(B. Bauer), 바트케(W.

---

3 D. F. Strauß, *Das Leben Jesu*, Tübingen, 1835/1836. 물론 헤겔 자신은 명백히 범신론을 비판했다. 그러나 말년과 사후의 헤겔에게는 늘 범신론의 혐의가 따라다녔다. 그리고 당시에 범신론은 상식적인 수준에서 무신론

Vatke), 포이어바흐(L. Feuerbach) 등은 동조했던 반면에 보수적 헤겔주의자인 가블러, 마르하이네케, 괴셸(C. F. Göschel) 등은 그를 반박했다. 미슐레와 로젠크란츠 등 다수의 헤겔주의자들은 중도적 또는 통합적 입장을 취했다. 이때 제기된 비판에 대해 슈트라우스는 1837년에 출판된 책 『논쟁서』(Streitschriften)로 응수했다.[4] 그런데 바로 이 저서에서 그는 자신의 주장에 대한 반응에 따라 헤겔주의자들을 보수적 우파와 혁명적 좌파, 그리고 중도파로 나누었다. 그러고는 가블러와 괴셸을 우파로, 로젠크란츠를 중도파로, 그리고 자신을 좌파로 분류했다.

이와 같은 구분의 기준이 과연 합당하고 유용한지, 그리고 누구를 어느 입장으로 분류해야 하는지는 그 자체가 다시 끝없는 논쟁의 소재가 되었지만, 헤겔 우파와 헤겔 좌파, 그리고 헤겔 중도파라는 용어는 그 이후 일반화되어 오늘날에도 널리 쓰이고 있다.

이처럼 헤겔학파의 분열은 애초에는 헤겔 철학을 둘러싼 신학적 논쟁에서 비롯되었다. 그러나 '신학의 비밀은 인간학'이라

과 동일시되었다. 이에는 18세기 말에 벌어졌던 스피노자 논쟁(계몽주의자 레싱이 실은 스피노자주의자였고 스피노자의 범신론은 곧 무신론이라는 야코비의 공격에 대해 멘델스존이 레싱을 옹호하면서 촉발된 논쟁. 이 논쟁에서 독일 관념론자들은 야코비를 비판하는 입장에 선다) 그리고 헤겔 사후 범신론에서 출발한 헤겔 좌파가 곧 무신론으로 급격하게 비화되어갔던 상황도 일조를 한다. 후일 셸링이 베를린 대학교에 초빙을 받는 공식적인 사유도 헤겔주의적 범신론을 근절시키기 위한 것이었다.

4 D. F. Strauß, *Streitschriften zur Vertheidigung meiner Schrift über das Leben Jesu und zur Characteristik der gegenwärtigen Theologie*, Tübingen, 1837.

는 포이어바흐의 종교 비판과 세속화, 그리고 관념적인 종교 비판에서 벗어나 현실 속에서 정치적 실천을 할 것을 촉구한 슈티르너(M. Stirner)를 거치면서[5] 헤겔 좌파는 급진적인 정치 성향을 점점 더 강하게 전면에 드러내게 된다. 이와 더불어 헤겔 우파/좌파의 구분도 이제부터는 주로 두 분파의 상반되는 정치적 지향성을 일컫는 용어로 쓰이게 되었다.

보수적인 헤겔 우파는 비스마르크(O. E. L. Bismarck)의 민족주의적 '철혈 정책'을 지지하고 그 일부는 후에 민족사회주의(나치즘)와 결탁하게 된다. 이들은 그들 방식의 헤겔 수용을 통해 민족주의 진영에서 제기하는 비판으로부터 헤겔을 성공적으로 방어할 수 있을 것이라고 믿었다. 그러나 이는 역으로 자유주의 진영으로 하여금 헤겔 철학에 수구성과 전체주의의 낙인을 찍도록 만드는 좋은 빌미를 제공하게 된다. 에르트만(J. E. Erdmann)과 라송(A. Lasson), 그리고 신(新)헤겔주의 시기에 속하는 빈더(J. Binder), 해어링(Th. L. Haering), 글로크너(H. Glockner), 둘카이트(G. Dulckeit), 라렌츠(K. Larenz) 등이 대표적인 헤겔 우파이다.[6]

---

5 L. Feuerbach, *Das Wesen des Christentums*, Leipzig, 1841; M. Stirner, *Der Einzige und sein Eigentum*, Leipzig, 1845. 포이어바흐와 슈티르너는 모두 베를린 대학교에서 헤겔 강의의 수강생이었으며, 포이어바흐는 한동안 '학술 비평 협회'에 가입하여 함께 작업을 하기도 했다.

6 J. E. Erdmann, *Versuch einer wissenschaftlichen Darstellung der Geschichte der neuern Philosophie*, Leipzig, 1834/1853; A. Lasson, *Das Kulturideal und der*

이에 반해 헤겔 우파와 헤겔 좌파를 중재하려고 노력했던 중도파는 바로 자유주의적 입장에서 헤겔을 긍정적으로 해석하고 옹호하려고 노력한다. 헤겔 철학은 파시즘의 전조가 아니라 실은 프랑스 혁명의 이념적 계승이자 완성이라는 것이다. 미슐레와 로젠크란츠를 비롯한 상당수의 직전 제자들 외에 20세기 중반에 활동한 리터(J. Ritter)가 여기에 속한다.[7]

반면에 헤겔 좌파는 그 내부에서 다시 자유주의, 무정부주의, 사회주의, 공산주의 등 다양한 스펙트럼으로 분화되는 과정을 거치면서 점점 더 헤겔 철학에 대해 비판적인 입장을 강화해간다. 그들은 헤겔이 보수주의적 국가 철학자라는 자유주의 진영의 비판에 공감하면서도 헤겔 철학이 지닌 혁명적 요소를 추출하여 발전시키려고 시도한다. 맑스는 이런 헤겔 좌파의 가장 강력한 대변인이다. 헤겔의 현실 옹호와 사변적 관념성, 그리고 범논리주의 등을 신랄하게 비판하고 헤겔 철학을 유물론적 관점에서 '전복'시키려고 하면서도 그는 헤겔의 학도임을 자처하며

Krieg, Berlin, 1868; J. Binder, *Philosophie des Rechts*, Berlin, 1925; Th. L. Haering, *Hegel. Sein Wollen und sein Werk*, Leipzig–Berlin, 1929/1938; H. Glockner, *Hegel und seine Philosophie*, Heidelberg, 1931; G. Dulckeit, *Rechtsbegriff und Rechtsgestalt*, Berlin, 1936; K. Larenz, *Hegelianismus und preußische Staatsidee*, Hamburg, 1940.

7 K. L. Michelet, *Einleitung in Hegel's philosophische Abhandlungen*, Berlin, 1832; K. Rosenkranz, *Georg Wilhelm Friedrich Hegels Leben*, Berlin, 1844; J. Ritter, *Hegel und die Französische Revolution*, Köln, 1957.

헤겔 변증법의 합리적 핵심을 보존하려고 노력했다.[8] '경제학자가 된 헤겔'인 맑스에게 헤겔 철학은 '폐기'가 아닌 '지양'의 대상이었다.[9]

특히 레닌(V. I. Lenin)이 헤겔의 논리학에 대한 철저한 이해 없이는 맑스의 자본론을 제대로 이해할 수 없다고 단언한 이후,[10] 역설적이게도 유물론적 맑스-레닌주의 진영은 헤겔 철학을 가장 집중적으로 연구하는 유파가 되었다. 또한 구(舊)소련과 동유럽을 중심으로 발전한 맑스-레닌주의와는 다른 시각에서 서유럽 맑스주의 진영에서도 헤겔 철학의 연구와 비판적 수용이 적극적으로 활발하게 이루어진다. 이런 흐름은 루카치(G. Lukács)와 블로흐(E. Bloch) 등에 의해 선도되었고,[11] 아도르노, 호르크하이머(M. Horkheimer), 마르쿠제 등이 주도한 비판이론(프랑크푸르트학파)으로 계승된다.[12]

8 K. Marx, "Zur Kritik der Hegelschen Rechtsphilosophie" (1843); 같은 이, *Ökonomisch-politische Manuskripte aus dem Jahre 1844* (1844); 같은 이, *Das Kapital* (1867), Bd. 1.

9 F. Lassalle, "Lassalle an Marx am 12. 5. 1851", *Nachgelassene Briefe und Schriften*, Bd. 3, Hg. von G. Meyer, Stuttgart, 1922, 29.

10 V. I. Lenin, *Philosophische Hefte* (1915), Werke 38, Berlin, 1973, 170.

11 G. Lukács, *Der junge Hegel*, Zürich, 1948; E. Bloch, *Subjekt-Objekt*, Berlin, 1949.

12 H. Marcuse, *Reason and Revolution*, London, 1941; Th. W. Adorno, *Drei Studien zu Hegel*, Frankfurt/M., 1963; 같은 이, *Negative Dialektik*,

헤겔학파의 내부 구분에 대해서는 슈트라우스 이후 여러 학자들에 의해 다양한 비판이 제기되고 수차례 수정이 이루어졌다. 그동안의 논의를 재검토하여 오트만(H. Ottmann)은 헤겔학파를 정치적 관점에서 다음과 같이 구분한다.[13]

좌파	중도파	우파
E. 간스 (1797~1839) A. 루게 (1802~80) L. 포이어바흐 (1804~72) M. 슈티르너 (1806~56) B. 바우어 (1809~82) M. 헤스 (1812~75) K. 맑스 (1818~83) F. 엥겔스 (1820~95) F. 라살레 (1825~64) E. 블로흐 (1885~1977) G. 루카치 (1885~1971) A. 코제브 (1900~68) 프랑크푸르트학파: M. 호르크하이머 (1895~1973) Th. W. 아도르노 (1903~69) 등	H. F. W. 힌리히스 (1794~1861) K. L. 미슐레 (1801~93) K. 로젠크란츠 (1805~79) J. 리터 (1903~74) 리터학파에서: H. 뤼베 (1926생) G. 로어모저 (1927생) O. 마르쿠아르트 (1928생) 등	J. E. 에르트만 (1805~92) C. 뢰슬러 (1820~96) A. 라송 (1832~1917) J. 빈더 (1870~1939) Th. L. 해어링 (1884~1964) G. 둘카이트 (1904~54) K. 라렌츠 (1908~85) 등

Frankfurt/M., 1966.

13 H. Ottmann, "Georg Wilhelm Friedrich Hegel", *Klassiker des politischen Denkens 2*, Hg. von H. Maier/H. Denzer, München, 2007, 144. 오트만은 착종된 헤겔 수용사에 관한 방대한 연구서 *Individuum und Gemeinschaft bei Hegel*, Bd. 1: Hegel im Spiegel der Interpretationen, Berlin, 1977를 낸 바 있다.

헤겔 철학이 맞닥뜨린 비판들

그러나 헤겔의 철학이 어디서나 늘 환영받았던 것은 아니다. 오히려 헤겔주의는 도전적인 혹은 심지어 적대적인 환경 속에서 꿋꿋하게 생존해왔다고 할 수 있다. 앞에서 언급한 헤겔학파 내부에서의 비판 이외에도 헤겔 철학은 이미 그의 생존 당시부터, 그리고 그의 사후에는 더욱 거세게 다양한 진영으로부터 수많은 공격과 비판을 받아왔다.

게다가 19세기 중·후반에 이루어진 자연과학과 기술의 급속한 발전은 특히 헤겔의 자연철학과 정신철학을 시대에 뒤떨어진 낡은 이론처럼 보이도록 만들었으며,[14] 신칸트주의와 실증주의의 득세에 따른 개별적 경험 사실의 강조는 헤겔의 사변적 논리학과 역사철학을 극복되어야 할 과거의 형이상학이나 신학의 의문스러운 잔재로 격하시켰다. 실존주의나 생철학, 구조주의, 해체주의 등 현대 철학의 여러 조류들은 근대적 합리성의 정점인 헤겔 철학에 대한 반발을 통해 성립되었다고 해도 과언이 아니다.

---

14 19세기 중 후반은 16 17세기 이후 또 한 번의 과학혁명이 이루어진 시기라고 할 수 있다. 헤겔 철학에 대한 평가와 관련된 몇 가지 예를 들어보면 물리학의 영역에서는 에너지 보존의 법칙 등을 비롯한 열역학의 발견이 있었고, 생물학 및 생리학 분야에서는 유전법칙과 세포설, 그리고 무엇보다도 다윈(Ch. Darwin)에 의해 진화론이 발전하였으며, 또 그때까지 철학의 일부였던 심리학이 경험적 개별 학문으로 분리되어 정착되기 시작했다. 헤겔은 자신의 사변적 정신학을 '심리학'(Psychologie)이라고 불렀었다.

정치적으로는 복고적 전체주의의 혐의를 받고, 학문 방법론의 측면에서는 실증주의에 의해 분쇄될 위기에 처하면서 헤겔의 사변철학은 그의 사후 급격하게 쇠퇴하고 헤겔주의는 긴 침체기를 맞는다. 한때 헤겔 철학이 필수품처럼 유행했듯이 이제는 헤겔 철학에 대한 조롱과 비난이 소일거리마냥 유행이 되어서 이미 19세기 중반에는 헤겔이—맑스가 한탄했듯이—'죽은 개' 취급을 받게 된다.[15]

헤겔은 『법철학』의 출판 이후 이미 생존 시에 프로이센의 어용 철학자라는 비판을 받았다. 서로 다른 이유에서이지만 쇼펜하우어와[16] 자유주의 진영으로부터 유포되기 시작한 이런 평가는 하임(R. Haym)에 이르러서는 왕정복고의 절대주의 체제에 봉사하는 반동 철학자이자 현존하는 모든 것을 이성의 이름으로 신성화하는 수구적 현실 옹호자라는 비난으로 격화된다.[17]

좌파 헤겔주의자들도 폭넓게 공유하게 되는 이런 해석은 비스마르크 정부와 양차 세계대전의 경험을 거치면서 지속적으로 확대 재생산되었다. 약 100년이 지난 후 헤겔은 포퍼(K. R. Popper)에 의해 급기야 나치즘과 파시즘의 선구자로서 '열린

---

15 K. Marx, *Das Kapital*, Bd. 1, 27.

16 쇼펜하우어는 여러 저작에서 헤겔을 원색적으로 비난하는데, 예를 들면 그의 대표작인 A. Schopenhauer, *Die Welt als Wille und Vorstellung*, Vorrede zur 2. Auflage, Leipzig, 1844도 그중 하나이다.

17 R. Haym, *Hegel und seine Zeit*, Berlin, 1857.

사회'의 주적(主敵)으로 지목받는다.[18] 특히 독일과 정치적 적대 관계에 있던 프랑스와 영국과 미국 등에서 헤겔 철학에 대한 이런 편견과 거부가 더욱 심했는데, 마르쿠제의 『이성과 혁명』 (1941)은 이와 같은 분위기 속에서 헤겔 철학에 대한 오해를 바로잡기 위해 저술된 책이다.

헤겔의 정치철학이 그가 생존할 당시에 왕당파들로부터는 혁명 사상을 고취시키는 반역적이고 반(反)민족주의적 이론으로서 프로이센 제국과는 양립할 수 없다는 비난을 받았다는 사실을 떠올리면 헤겔 수용의 이런 역사적 진행은 역설적이기까지 하다.[19] 헤겔이 사망한 지 11년 후에 프로이센 정부는 헤겔주의를 일소하기 위해 헤겔의 옛 친구이자 가장 강력한 적수인 셸링을 헤겔이 갖고 있던 교수직의 후임자로 임명한다.

헤겔 철학의 근본 원리에 대한 다양한 문제 제기와 비판도 뒤따랐다. 좌파 헤겔주의자들의 헤겔 비판에 대해서는 앞에서 간략하게 살펴보았다. 그런데 이 맥락에서 맑스 못지않게 포이어바흐도 각별히 주목받을 만하다. 타자, 논리적 사유의 바깥, 감

---

18 K. R. Popper, *The Open Society and Its Enemies*, London, 1945.

19 K. E. Schubarth/L. A. Carganico, *Über Philosophie überhaupt und Hegels Encyclopädie der philosophischen Wissenschaften insbesondere*, Berlin, 1829; F. J. Stahl, *Die Philosophie des Rechts nach geschichtlicher Ansicht*, Bd. 1, Heidelberg, 1830; K. E. Schubarth, *Über die Unvereinbarkeit der Hegelschen Staatslehre mit dem obersten Lebens- und Entwicklungsprinzip des Preußischen Staats*, Breslau, 1839.

성, 경험, 차이의 문제, 구체적 현존재, 자아 또는 정신에 의한 타자의 수직적 종속이 아니라 나와 너의 병렬적 공속과 대화 등 이후에 헤겔 철학에 대해 제기되는 전형적인 비판들의 상당 부분을 그가 이미 선취하고 있기 때문이다.[20]

노년의 셸링이 베를린 대학교에서 한 강의를 수강하기도 했던 키르케고르는 헤겔의 보편자에 맞서 시간 속에 있는 일회적이고 개별적인 것, 단독자, 유한성, 직접적 실존을 내세웠다.[21] 또한 니체는 욕망, 이기적 생존 본능, 권력 의지, '작은 이성'인 정신과 대비하여 '큰 이성'인 신체, 논리의 원천인 비논리와 무의식의 세계를 강조했다.[22]

과학 기술의 발달에 힘입어 19세기 말에서 20세기 초를 풍미했던 실증주의 진영은 헤겔 철학에 대하여 철저하게 셸링의 제안, 즉 무시와 망각의 전략을 따랐다. 경험적으로 검증 가능한 개별 사태나 논리적 명제만을 진리의 유일한 원천으로 여기는 실증주

20 L. Feuerbach, "Zur Kritik der Hegelschen Philosophie", *Hallische Jahrbücher* Jg. 1839; 같은 이, "Vorläufige Thesen zur Reformation der Philosophie", Hg. von A. Ruge, *Anekdota zur neuesten deutschen Philosophie und Publizistik*, Zürich, 1843.

21 S. Kierkegaard, *Entweder-Oder*, Kopenhagen, 1843; 같은 이, *Philosophische Brocken*, Kopenhage, 1844.

22 F. Nietzsche, *Die fröhliche Wissenschaften*, Chemnitz, 1882; 같은 이, *Also sprach Zarathustra*, Chemnitz, 1883; 같은 이, *Jenseits von Gut und Böse*, Leipzig, 1886.

의자들이 헤겔을 직접 언급하면서 본격적으로 공격하기 시작한 것은 헤겔의 변증법과 정치철학에 대한 포퍼의 원색적인 비난이 도화선이 되어 1960년대에 프랑크푸르트학파와 비판적 합리주의 사이에서 벌어진 이른바 '실증주의 논쟁'에서이다.

다시 빛난 헤겔 르네상스

신칸트학파의 위세에 밀려나 헤겔에 대한 간헐적인 연구조차 신칸트주의 진영의 학자들에게 빼앗기고[23] 오랜 침체기를 겪던 헤겔주의가 다시 주목받으면서 '헤겔 르네상스'를 맞이하게 된 것은 20세기 초에 이르러서이다. 딜타이(W. Dilthey)와 그의 제자 놀(H. Nohl)이 헤겔의 초기 사상을 연구하고 베른 시기와 프랑크푸르트 시기의 저작들과 초고들을 편집하여 출판한 것이 이런 신(新)헤겔주의 운동의 발단이 되었다.[24]

이 두 사람의 연구는 신학적 관점에 경도되어 있다는 한계를 지니고 있었지만 그때까지 잘 알려져 있지 않았던 헤겔의 청년기 저

---

23 O. Liebmann, *Kant und die Epigonen*, Stuttgart, 1865; K. Fischer, *Hegels Leben, Werke und Lehre*, Heidelberg, 1901; W. Windelband, *Die Erneuerung des Hegelianismus*, Heidelberger Akademie-Vortrag, 1910. 피셔와 빈델반트는 신칸트주의에 속하면서도 헤겔 르네상스의 도래에 중요한 역할을 한다.

24 W. Dilthey, *Die Jugendgeschichte Hegels*, Berlin, 1905; H. Nohl (Hg.), *Hegels theologische Jugendschriften*, Tübingen, 1907.

작들에 대한 접근을 가능하게 만듦으로써 헤겔 철학의 형성과 발전의 역사에 대한 연구에 새로운 발판을 마련해주었다. 이러한 연구는 이후 새로운 헤겔 전집의 간행과[25] 더불어 『정신현상학』 이전의 예나 초·중기 체계 초고들의 출판으로 이어진다.[26]

특히 예나 체계 초고들의 편찬은 그것이 헤겔 철학의 발전사 연구에서 지니는 중요성 때문만이 아니라 비슷한 시기에 이루어진 맑스의 『1844년 경제학 철학 수고』와 『정치경제학 비판 요강』의 출판과 맞물리면서 청년 헤겔과 맑스의 연관성 때문에도 다시금 많은 연구자들의 비상한 관심을 받았다.[27] 현재에도 예나 초·중기 체계 초고들 속의 정신철학에서 전개된 승인이론은 가장 활발하게 이루어지고 있는 헤겔 연구의 주제들 가운데 하나이다.

이 시기의 중요한 헤겔 연구자로는 독일에서는 크로너(R.

---

25 G. W. F. Hegel, *Sämtliche Werke*, Hg. von G. Lasson (나중에 J. Hoffmeister), Leipzig, 1911 ff.; 같은 이, *Sämtliche Werke. Jubiläumsausgabe in zwanzig Bänden*, Hg. von H. Glockner, Stuttgart, 1927 ff.

26 G. W. F. Hegel, *Schriften zur Politik und Rechtsphilosophie*, Hg. von G. Lasson, Leipzig, 1913; 같은 이, *Jenaer Realphilosophie II*, Hg. von J. Hoffmeister, Leipzig, 1931; 같은 이, *Jenaer Realphilosophie I*, Hg. von J. Hoffmeister, Leipzig, 1932.

27 K. Marx, *Ökonomisch-philosophische Manuskripte aus dem Jahre 1844*, MEGA Abt. 1 Bd. 3, Berlin, 1932; 같은 이, *Grundrisse der Kritik der Politischen Ökonomie*, Hg. von Marx-Engels-Lenin-Institut, Moskau, 1939.

Kroner), 헤겔 전집의 편찬자이기도 한 글로크너 그리고 그 후
속 세대인 뢰비트(K. Löwith) 등이 있고,[28] 이탈리아에서는 크
로체(B. Croce)가 대표적이며,[29] 영국에서는 조금 앞선 시기
의 그린(Th. H. Green)과 브래들리(F. H. Bradley)를 뒤이어
맥타가르트(J. E. McTaggart), 보상케(B. Bosanquet) 등이 있
고,[30] 미국에서는 듀이(J. Dewey)와 미드(G. H. Mead)가 헤
겔 철학의 명맥을 이었으며,[31] 프랑스에서는 코제브, 이뽈리
트(J. Hyppolite) 등이 활약했다.[32] 이와 같은 헤겔 르네상스는
결국 헤겔 서거 100주기를 맞이하여 1930년 '국제헤겔연맹'
(Internationale Hegelbund)의 결성과 이 학회가 주최한 제1회

---

28 R. Kroner, *Von Kant bis Hegel*, Tübingen, 1921/1924; H. Glockner, *Der Begriff in Hegels Philosophie*, Tübingen, 1924; K. Löwith, *Von Hegel zu Nietzsche*, Zürich, 1941.

29 B. Croce, *Ciò che è vivo e ciò che è morto nella filosofia di Hegel*, Bari, 1907.

30 Th. H. Green, *Prolegomena to Ethics*, ed. by A. C. Bradley, Oxford, 1883; F. H. Bradley, *Ethical Studies*, London, 1876; 같은 이, *Appearance and Reality*, London, 1893; J. M. E. McTaggart, *Studies in the Hegelian Dialectic*, Cambridge, 1886; 같은 이, *A Commentary on Hegel's Logic*, Cambridge, 1910; B. Bosanquet, *The Philosophical Theory of the State*, London, 1899; 같은 이, *Three Lectures on Aesthetic*, London, 1915.

31 J. Dewey, *German Philosophy and Politics*, New York, 1915; G. H. Mead, *Movements of Thought in the Nineteenth Century*, Chicago, 1936.

32 A. Kojève, *Introduction à la lecture de Hegel*, Paris, 1947; J. Hyppolite, *Genèse et structure de la Phénoménology de l'esprit de Hegel*, Paris, 1946.

헤겔학회(Hegelkongreß in Den Haag)의 개최로 결실을 맺는다.

그러나 국제헤겔연맹은 1933년 로마에서의 제3차 헤겔학회를 마지막으로 더 이상 지속되지 못했다. 유럽 전역이 제2차 세계대전의 전화에 휩쓸림에 따라 헤겔 연구도 헤겔 우파가 나치즘과 결탁하여 잠시 동안 득세했다가 순식간에 몰락하는 불행한 역사를 겪은 후에 다시 깊은 침체기에 빠져든다. 그러다가 전후 복구와 더불어 1955년에 '독일헤겔학회'(Deutsche Hegel-Gesellschaft)가 결성되었다가 1958년에 '국제헤겔학회'(Internationale Hegel-Gesellschaft)로 확대·개편되었다. '국제헤겔학회'는 1956년 이후 지금까지 지속적인 헤겔학회의 개최와 함께 학술지로 『헤겔연보』(Hegel-Jahrbuch)를 발간하고 있다.

1982년에 '국제헤겔학회'에서부터 '국제변증법철학회'(Internationale Gesellschaft für dialektische Philosophie(Societas Hegeliana))가 독립 학회로 분리되어 1983년부터 『국제변증법철학회연보』(Annalen der Internationalen Gesellschaft für Dialektische Philosophie—Societas Hegeliana)를 간행하고 있다. 또한 1962년에는 '국제헤겔협회'(Internationale Hegel-Vereinigung)가 설립되어 대략 2년 주기로 열리는 '헤겔회의'(Hegel-Tage)와 1975년 이후 6년 주기로 슈투트가르트에서 정기적으로 열리는 '국제헤겔학회'(Internationale Hegelkongress)를 개최하고 있으며 『헤겔연구』(Hegel-Studien)를 학술지로 간행하고 있다. '국제헤겔협회'는 보훔 대학교에 있는 '헤겔문헌

연구소'(Hegel-Archiv)와 협력하여 새로운 비판적 헤겔 전집의 발간에 적극적인 역할을 하고 있기도 하다.[33]

현재 독일에서는 이와 같은 학회를 중심으로 하여 일팅(K.-H. Ilting), 헨리히(D. Henrich), 풀다(H. Fr. Fulda), 킴멀레(H. Kimmerle), 토이니센(M. Theunissen), 슈네델바흐(H. Schnädelbach), 짚(L. Siep) 등을 비롯하여 수많은 전문 헤겔 연구자들이 활동하고 있다.

우리나라의 헤겔 연구

우리나라에는[34] 일제 강점기에 신남철, 안호상, 김계숙 등에 의해 헤겔 철학이 처음 유입되어 연구되기 시작했다.[35] 독일에

---

33 G. W. F. Hegel, *Gesammelte Werke*, Hg. von der Rheinisch-Westfälischen Akademie der Wissenschaft, Hamburg, 1968 ff.

34 한국에서 헤겔 철학의 수용사와 연구사에 관한 보다 상세한 논의는 백종현, 「독일 철학의 유입과 수용 전개(1900~1960)」, 『철학사상』 5호, 서울대학교 철학사상연구소 편, 1995; 김윤구·이동희, 「헤겔연구문헌목록」, 『철학논총』 17호, 새한철학회 편, 1999; 김윤구, 「한국에서의 헤겔연구사」, 『대동철학』 7집, 대동철학회 편, 2000; 같은 이, 「헤겔의 이론철학에 대한 연구사」, 『철학논총』 20호, 새한철학회 편, 2000; 이동희, 「한국의 헤겔연구사」, 『철학논총』 20호 참조.

35 최화운, 「헤겔 철학과 엔겔스」, 『개벽』 68호, 1926; 신남철, 「헤-겔 百年祭와 헤-겔復興」, 『신흥』 5호, 1931; 김계숙, 「헤겔사상의 전사」, 『신흥』 5호; 신남철, 「新헤-겔주의와 其批判」, 『신흥』 6호, 1932; 소철인, 「<포이엘빠흐>철학—헤겔을 기념하는 의미에서」, 『신흥』 6호; 김달인, 「헤-겔

576

서 유학한 안호상을 제외하고 이 시기 대부분의 헤겔 연구자들은 주로 일본을 거쳐 소개된 우파적 신헤겔주의를 통해 헤겔을 접했고 이렇게 덧칠된 헤겔 철학을 맑스주의적 관점에서 비판하는 노선이 주류를 이루었다. 해방기와 전후 1950년대에는 여전히 제1세대 연구자들이 주도하고 있었지만 이전에 비해 보다 더 적극적인 헤겔 연구가 이루어졌고 또 최초로 헤겔 원전의 번역서도 출간되었다.[36]

1960년대에는 이들과 1960년대 초에 독일 유학에서 귀국한 임석진의 영향 속에서 최초의 박사학위 논문들과 다수의 석사학위 논문들이 나오면서 자생적 헤겔 연구의 기반이 마련되었다.[37] 연구 논문도 우선 양적으로 이전보다 훨씬 더 풍부해졌는

과 팟씨講」, 『비판』 3권 1호, 1933; 안호상, 「헤겔의 哲學의 始初와 論理學의 始初」, 『학회논집』 1호, 1934.

36 신남철, 「歷史의 發展과 個人의 實踐」, 『학술』 8월호 제1집, 1946; 같은 이, 『역사철학』, 서울출판사, 1948; 김계숙, 「헤에겔에 있어서의 自由와 倫理의 문제」, 『서울대학교 논문집』, 1959; 최재희, 「헤겔 법철학강요의 한 비판」, 『박종홍 박사 환력기념논문집』, 철학연구회 편, 1963. 이 시기에 원전 번역서로는 전원배 역, 『논리학: 철학체계 제1부』, 고림서적, 1954와 김계숙 역, 『헤겔논리학』, 민중서림, 1955가 출판되었다.

37 김계숙, 『헤에겔연구 ── 청년시대 사상을 중심으로』, 서울대 박사학위논문, 1960; 임석진, *Der Begriff der Arbeit*, 프랑크푸르트 대학교 박사학위논문, 1961; 최재희, 『헤겔 <法 哲學 綱要> 批判』, 서울대학교 박사학위논문, 1965. 1950년대에는 이순종과 이영재가 작성한 단 2편의 석사학위논문이 있었으나 1960년대에는 김희준, 이삼열, 윤노빈, 최성묵, 최재근, 홍선희 등에 의한 10여 편의 석사학위 논문이 나온다.

데, 이 시기에는 헤겔의 논리학, 정신현상학, 법철학, 역사철학이 연구자들의 주된 관심 대상이었다.

그러나 헤겔 철학에 대한 본격적인 연구가 시작된 것은 권기철, 서동익, 우기동, 위상복, 윤노빈, 이강조, 이석윤, 이수윤, 이영재, 장춘익, 전두하, 최성묵, 최재근, 하일민, 한단석, 한동원, 홍선희 등 제2세대 연구자들이 활동한 1970~80년대부터라고 할 수 있다.[38] 1980년대에는 군사 정권하의 암울한 현실 앞에서 헤겔과 맑스의 변혁 사상에 대한 관심이 폭발적으로 증가했고, 이에 따라 헤겔의 변증법과 정치철학, 역사철학을 중심으로 한 연구 성과물들도 급속도로 축적되어갔다.

특히 1979년에 '헤겔연구회'가 창립되고 1987년에 '한국헤겔학회'로 확대·개편되어 정기적인 학술발표회를 지속적으로 열고 또 1984년부터는 『헤겔연구』를 학술지로 발간하면서 헤겔 연구의 중심축으로 자리 잡게 되었다. 또한 임석진의 주도 아래 1980년에 출판된 『정신현상학』을 필두로 하여 『대논리학』(1983), 『역사에 있어서의 이성』(1987), 『법철학』(1989) 등 헤겔의 주요 저서에 대한 번역서들이 출간되어 헤겔 철학에 대한 폭넓

---

38 이하에서 언급된 학자들의 연구 성과물들은 양적으로 방대할 뿐만 아니라 비교적 쉽게 검색하고 접근할 수 있으므로 상세한 열거는 생략한다. 여기서 거론되지 않았지만 뛰어난 헤겔 연구자들이 여전히 많이 있음을 양해하기 바란다. 각 연구자를 특정 시기에 배치하는 것은 연구 활동이 여러 시기에 걸쳐 있기 때문에 경계가 유동적이지만 박사학위 취득 시기를 주된 기준으로 삼았다.

은 접근이 가능하게 되었다.

1990년대에는 1980년대에 독일로 유학을 갔던 연구자들이 대거 귀국하고 또 국내 연구자들도 수준 높은 연구 성과물들을 내놓음으로써 헤겔 철학의 연구가 양적인 면에서나 질적인 면에서나 비약적으로 발전한다. 또한 연구 영역도 기존의 논리학과 사회철학 중심에서 미학, 종교철학, 청년기 저작들로까지 확산된다. 1970년대를 우리나라에서 헤겔 연구의 부흥기라고 한다면, 1980~90년대는 헤겔 연구의 전성기라고 할 수 있다. 1990년대의 주요 연구자로는 강순전, 김옥경, 박이성, 박준건, 백훈승, 양운덕, 연효숙, 유헌식, 윤병태, 이광모, 이병창, 이부현, 이정은, 이창환, 임재진, 정미라, 조관홍, 최신한, 황설중 등을 들 수 있다.

2000년대에 들어서서는 다원주의와 해체주의의 유행으로 헤겔 철학에 대한 관심이 사회 전반적으로 소강 상태에 접어든다. 그러나 기존의 학자들 외에도 권대중, 나종석, 남기호, 박배형, 서정혁, 이재성, 이정은, 이종철, 정대성, 조종화 등 역량 높은 연구자들이 가세하여 내실 있는 헤겔 철학 연구를 진행하고 있다. 또한『종교철학』(최신한, 1999),『정신철학』(박구용·박병기, 2000),『믿음과 지식』(황설중, 2003),『자연법』(김준수, 2004),『예나 시기 정신철학』(서정혁, 2006),『인륜성의 체계』(김준수, 2007),『예술철학』(한동원·권정임, 2008),『자연철학』(박병기, 2008),『예나 체계기획 III』(서정혁, 2012) 등 채 번역되지 않고 남아 있던 헤겔 저작들에 대한 번역 작업이 이루어지면서 헤겔의 주요 저작들이 대부분 번역되어 출판되었다.

연구 영역도 변증법, 자기의식 이론, 시민사회론, 국가론, 역사철학 등 기존의 주된 관심 대상 이외에도 예나 초기를 비롯한 청년기 철학, 헤겔 철학의 형성 및 발전사, 미학, 자연철학, 종교철학, 상호주관성 이론 등으로 다변화되고 있다. 또한 칸트, 피히테, 횔덜린, 셸링 등 동시대에 영향을 주고받은 사상가들과의 관계, 자유주의-공동체주의 논쟁 속에서 헤겔 철학의 의의와 역할, 그리고 현상학, 실존주의, 구조주의, 해석학, 정신분석학 등에 미친 영향에 관한 연구로도 그 폭이 넓어지고 있다.

헤겔을 알기 위해 더 읽어야 할 책

1. 1차 문헌

(1) 전집

G. W. F. Hegel, *Gesammelte Werke*, Hg. von der Rheinisch-Westfälischen
Akademie der Wissenschaft, Hamburg, 1968 ff.

G. W. F. Hegel, *Werke in 20 Bänden*, Frankfurt/M., 1986.

(2) 번역서

『기독교의 정신과 그 운명』, 조홍길 역, 철학과현실사, 2003.

『김나지움 논리학입문』, 위상복 역, 용의숲, 2008.

『논리학』, 전원배 역, 서문당, 1978.

『대논리학 I, II, III』, 임석진 역, 벽호, 1994.

『믿음과 지식』, 황설중 역, 아카넷, 2003.

『변증법과 회의주의』, 황설중 역, 철학과현실사, 2003.

『법철학』, 임석진 역, 한길사, 2008.

『역사 속의 이성』, 임석진 역, 지식산업사, 1992.

『역사철학강의』, 권기철 역, 동서문화사, 2008.

『예나 체계기획 III』, 서정혁, 아카넷, 2012.

『인륜성의 체계』, 김준수 역, 울력, 2007.

『자연법』, 한길사, 김준수 역, 2004.

『정신철학』, 박구용·박병기 역, 울산대학교 출판부, 2000.

『정신현상학 1, 2』, 임석진 역, 한길사, 2005.

『종교철학』, 최신한 역, 지식산업사, 1999.

『철학 강요』, 서동익 역, 을유문화사, 1998.

『철학사 1』, 임석진 역, 지식산업사, 1996.

『청년 헤겔의 신학론집』, 정대성 역, 인간사랑, 2005.

『피히테와 셸링 철학체계의 차이』, 임석진 역, 지식산업사, 1989.

『헤겔 미학 1, 2, 3』, 두행숙 역, 나남출판, 1996.

『헤겔 예나 시기 정신철학』, 서정혁 역, 이제이북스, 2006.

『헤겔 예술철학』, 권정임·한동원 역, 미술문화, 2008.

『헤겔 자연철학 1, 2』, 박병기 역, 나남출판, 2008.

『헤겔의 음악 미학』, 김미애 역, 느낌이있는책, 2014.

2. 2차 문헌

(1) 전기

테리 핀카드, 『헤겔, 영원한 철학의 거장』, 전대호·태경섭 역, 이제이북스, 2006.

R. Haym, *Hegel und seine Zeit*, Berlin, 1857.

K. Rosenkranz, *Georg Wilhelm Friedrich Hegels Leben*, Darmstadt, 1963.

F. Rosenzweig, *Hegel und der Staat*, Aalen, 1920.

(2) 전반적인 소개서, 개설서

강순전, 『칸트에서 헤겔로』, 철학과현실사, 2008.

권기철, 『헤겔과 독일관념론』, 철학과현실사, 2006.

윤병태, 『칸트 그리고 헤겔』, 용의숲, 2011.

이광모, 『세계정신의 오디세이』, 프로네시스, 2007.

임홍빈, 『근대적 이성과 헤겔철학』, 고려대학교출판부, 1996.

카를 뢰비트, 『헤겔에서 니체로』, 강학철 역, 민음사, 2006.

헤르베르트 마르쿠제, 『이성과 혁명』, 김현일 역, 중원문화, 2011.

프레더릭 바이저, 『헤겔』, 이신철 역, 도서출판b, 2012.

K. 베커, 『헤겔과 마르크스』, 황태연 역, 중원문화, 2012.

G. 비더만, 『헤겔』, 강대석 역, 서광사, 1999.

피터 싱어, 『헤겔』, 연효숙 역, 시공사, 2000.

월터 카우프만, 『헤겔』, 김태경 역, 한길사, 1985.

R. 크로너, 『헤겔』, 유헌식 역, 청아, 1990.

오토 푀겔러, 『헤겔철학서설』, 황태연 역, 중원문화, 2010.

한스 F. 풀다, 『게오르그 빌헬름 프리드리히 헤겔』, 남기호 역, 용의숲, 2010.

찰스 테일러, 『헤겔』, 정대성 역, 그린비, 2014.

N. 하르트만, 『헤겔철학 개념과 정신현상학』, 박만준 역, 천지, 1990.

비토리오 회슬레, 『헤겔의 체계 1』, 권대중 역, 한길사, 2007.

(3) 정신현상학

이병창, 『불행한 의식을 넘어』, 먼빛으로, 2012.

한자경, 『헤겔 정신현상학의 이해』, 서광사, 2009.

리차드 노만, 『헤겔 정신현상학 입문』, 오영진 역, 한마당, 1984.

알렉상드르 꼬제브, 『역사와 현실 변증법』, 설헌영 역, 한벗, 1981.

베르너 마르크스, 『헤겔의 정신현상학』, 장춘익 역, 서광사, 1984.

장 이뽈리뜨, 『헤겔의 정신현상학 I, II』, 이종철 · 김상환 역, 문예출판사, 1989.

(4) 논리학, 변증법

안재오, 『청년 헤겔, 통일의 철학』, 한울, 2001.

이광모, 『헤겔 철학과 학문의 본질』, 용의숲, 2006.

H. 가다머, 『헤겔의 변증법』, 한정석 역, 경문사, 1993.

블라디미르 I. 레닌, 『철학노트』, 홍영두 역, 논장, 1989.

W. 뢰트, 『변증법의 현대적 전개 1』, 임재진 역, 중원문화, 1986.

J. E. 맥타가르트, 『헤겔 변증법의 쟁점들』, 이종철 역, 1993.

디이터 반트슈나이더, 『변증법 이론의 근본구조』, 이재성 역, 다산글방, 2002.

미하엘 볼프, 『모순이란 무엇인가』, 김종기 역, 동녘, 1997.

G. 슈틸러, 『모순의 변증법』, 김재용 · 양운덕 역, 중원문화, 2012.

테오도르 아도르노, 『부정변증법』, 홍승용 역, 한길사, 1999.

하워드 P. 케인즈, 『헤겔 철학의 현대성』, 이명준 역, 문학과지성사, 1998.

미하일 토이니센, 『존재와 가상』, 나종석 역, 용의숲, 2008.

R. P. 호르스트만 편, 『헤겔변증법연구』, 김창호 · 장춘익 역, 풀빛, 1983.

(5) 자연철학

이동희, 『헤겔과 자연』, 제우스, 2006.

L. G. 리히터, 『헤겔의 자연철학』, 양우석 역, 서광사, 1998.

(6) 법철학, 정치철학, 사회철학

나종석, 『차이와 연대』, 길, 2007.

나종석, 『헤겔 정치철학의 통찰과 맹목』, 에코리브르, 2012.

G. 루카치, 『청년 헤겔』, 김재기 · 서유석 · 이춘길 역, 동녘, 1987.

M. 리델, 『헤겔의 사회철학』, 황태연 역, 한울, 1992.

요하임 리터, 『헤겔과 프랑스혁명』, 김재현 역, 한울, 1983.

칼 마르크스, 『헤겔 법철학 비판』, 강유원 역, 이론과실천, 2011.

슬로모 아비네리, 『헤겔의 정치사상』, 김장권 역, 한벗, 1990.

칼 R. 포퍼, 『열린 사회와 그 적들 2』, 이명현 역, 민음사, 1992.

찰스 테일러, 『헤겔 철학과 현대의 위기』, 박찬국 역, 서광사, 1988.

(7) 역사철학

유헌식,『역사이성과 자기혁신』, 철학과현실사, 2009.

수잔 벅모스,『헤겔, 아이티, 보편사』, 김성호 역, 문학동네, 2012.

B. T. 윌킨스,『헤겔의 역사철학』, 최병환 역, 서광사, 1995.

(8) 종교철학

이부현,『이성과 종교』, 서광사, 1995.

최신한,『헤겔철학과 종교적 이념』, 한들, 1997.

귄터 델브뤼거,『인식의 상처와 치유』, 현욱 역, 서광사, 2012.

(9) 철학사

클라우스 뒤징,『헤겔과 철학사』, 서정혁 역, 동과서, 2003.

하워드 P. 케인즈,『헤겔 근대 철학사 강의』, 강유원·박수민 역, 이제이북스, 2005.

(10) 연구논문집

한국헤겔학회 편,『헤겔연구』, 1984 ff.

Hegel-Kommission der Deutschen Forschungsgemeinschaft (Hg.), *Hegel-Studien*, 1961 ff.

Internationale Gesellschaft für Dialektische Philosophie (Hg.), *Annalen der Internationalen Gesellschaft für Dialektische Philosophie—Societas Hegeliana*, 1983 ff.

Internationale Hegel-Gesellschaft (Hg.), *Hegel-Jahrbuch*, 1961 ff.

Internaltione Hegel-Vereinigung (Hg.), *Hegel-Studien Beiheft*, 1964 ff.

The Hegel Society of America (ed.), *The Owl of Minerva*, 1969 ff.

The Hegel Society of Great Britain (ed.), *The Bulletin of the Hegel Society of Great Britain*, 1980 ff.

헤겔을 이해하기 위한 용어 해설

가상(Schein) 가상은 '지양된 존재'이다. 즉 그 자체로 직접 존재하고 확고하게 실재한다고 여겨지던 것(존재)이 실은 다른 것(본질)에 의존하고 다른 것에 의해 정립된 비본질적인 것이라고 반성될 때 그것은 '그 자체로 비존재인 존재', '비존재의 직접성', '반성된 직접성'인 가상이 된다. 직접적으로 현존하는 모든 것은 가상이다. 왜냐하면 존재는 이미 항상 매개된 것이기 때문이다. 이성의 변증법은 오성 규정이 가상임을 폭로한다. 그러나 가상은 단순한 허구나 무(無)가 아니다. 가상은 '본질 자신의 가상', '본질 자신의 고유한 정립'으로서 본질에 본질적이다. 즉 가상은 본질이 가현(假現, scheinen)한 것이다. 그리고 가현하지 않는 본질, 현상을 지니지 않는 본질은 본질이 아니라 그 자체가 한낱 가상에 지나지 않는다. 본질은 '그 자신이 자기 안으로 가현하는 것'이다. 특히 예술미는 '이념의 감성적 가현'이고, 따라서 가상(가현)은 아름다움의 생명이다.

개념(Begriff) 개념은 '존재와 본질(반성)의 통일'이다. 사유하는 주체와 사유되는 대상 사이에서 인식 수단의 역할을 하는 '범주'나 '표상'과는 달리 개념은 그 자체가 인식 주체이자 인식 대상이다. 그래서 개념적 사유는 대상의 내면적 본질을 객관적으로 파악하면서 동시에 그렇게 파악하는 주관적 인식 행위 및 그 주체를 자각적으로 의식화한다. 개념은 자기 안에 내재하는 절대적 부정성을 통해 자신을 근원적으로 분할(판단, ur-teilen)하고 자기 매개를 통해 자신을 재통일하는 자기 전개의 운동을 하면서 대상을 관통하여 대상의 본질과 실체를 구성한다. 따라서 개념이 야말로 '진정한 물 자체이자 이성적인 것'이고 '생명의 단순한 본질, 세계의 영혼, 보편적 혈액'이다.

참다운 개념은 형식 논리학이 제시하는 한낱 추상적 보편과는 달리 자기 운동 속에서 보편성과 특수성과 개별성을 그 계기로 갖는 구체적 총체이다. 주체의 주관적 개념은 스스로를 '객관적인 것'으로 실현한다. 이렇게 현실화된 개념은 '이념'이 되고, 개념이 자신을 내재적으로 전개하는 논증 형태는 학적 '체계'가 되며, 그것이 자유로운 주체로 실존할 때 '정신'이 된다. 학문의 목적은 세계와 정신을 개념적으로 파악(begreifen)하는 데에 있다.

개별성(Einzelheit) 참다운 개별성, 즉 '개념의 개별성'으로서의 개별성은 보편성과 특수성을 자신의 계기로 포함하고 있는 '구체적 보편' 또는 '총체성으로 정립된 개념'이다. 그것은 특수성 속에서 보편성으로 귀환한 '진정한 고차원의 보편성', '보편성의 현실태'이다. 이러한 개별성이야말로 '주체'의 참된 규정이고 '개성과 인격성의 원리'이다. 반면에 '개념의 상실'을 통해 정립된 '추상적 개별성'은 보편성 및 특수성에 대립한 직접적 개별성, 타자와 유리된 배타적 대자 존재, '양적인 일자(一者) 또는 이것'이다. 개인주의의 원리가 되는 이러한 추상적 개별성은 실은 자립성을 지니지 못하는 가상이다.

(절대적) 관념론((absoluter) Idealismus) '이념'(Idee)의 관점에서, 즉 사유와 존재의 동일성이라는 원리에 입각하여 세계를 파악하고 현실을 대하는 사상 체계를 말한다. 실재론(Realismus)과 대립된 개념으로 사용될 때 관념론은 개별적인 경험 대상들이 주관과 독립하여 존재하는 실체가 아니라 한낱 '관념적인 것', 즉 유한하고 덧없는 가상일 따름이라는 입장이다. 실재론을 자신의 구성 계기로 내포하는 더 적극적인 의미로 사용될 때 관념론은 오직 '이념적인 것', 즉 사유와 존재의 통일, 그런 의미에서 무한자 또는 절대자만이 참다운 존재라는 사변적 이성을 원리로 삼는 철학 체계이다. 이것이 '절대적 관념론'인데, 이때 '절대적'이란 주관과 객관, 유한

과 무한, 필연성과 자유가 사변적으로 통일되어 있는 것을 일컫는다.

대자(Fürsich) '자기를 위해', '자기에 대해', '스스로', '홀로', '그 자체만으로.' 대자는 '타자 존재의 부정을 통한 자기 관련'이다. 우선 타자 관계를 사상시킨 즉자(Ansich)와는 달리 대자 속에는 타자와의 관계가 의식적으로 정립되어 있다. 그래서 대자 존재(Fürsichsein)는 한편으로 타자에 의존적인 '대타 존재'(Sein für Anderes)이다. 더 나아가 대자는 즉자의 직접적 동일성을 부정하고 자신의 타자로 외화된 것이기 때문에 그 자체가 '타자 존재'(Anderssein)이다. 그러므로 대자 속에서는 '특수성'의 계기가 지배적이다. 즉 대자 존재는 자신을 타자와도 구별하지만 즉자 존재로서의 자기 자신과도 분열되어 있다.

그러나 다른 한편 대자는 '자기를 보존하는 자기 관련'이다. 그래서 대자 존재는 자기 자신을 위한 존재, 자각된 자기동일성, 무한한 자립성이다. 이러한 '자기 관련적 부정성으로서의 개별자'인 대자는 정신, 자기의식, 개념, 모든 살아 있는 것, 자유의 근본 규정이다. 하지만 대자의 자기 관련이 타자에 대한 부정적인 관계를 통해 획득된 것일 때 대자 존재는 배타적으로 오직 자기 자신뿐인 개별자, 즉 '일자'(一者, Eins)이다. 그러나 추상적 동일성을 고수해서 자기 자신이 되고자 하는 일자는 실은 타자에 의해 제약되어 있는 대타 존재일 따름이다. 진정한 대자는 타자 속에서의 자기 자신, 즉 즉자 대자(An und für sich)이다.

동일성(Identität) '단순한 자기 관련'으로서의 동일성은 '추상적 동일성'이다. 그런데 이렇게 자신의 추상적 보편성에 매몰되어 타자와의 관련을 사상시켜버리고 차이를 배제한 동일성은 아무런 내적 구별도 없고 내용도 없는 공허한 형식적 동일성에 불과하다. 형식 논리학이 말하는 동일률('A는 A이다.')은 바로 이런 추상적 동일성에 기반을 둔 무의미한 것이다. 반면에 참다운 동일성은 '스스로를 자기 자신과 관련시키는 단순한 부정성', '자기 자신과 동일한 구별'이다. 그것은 자신과 구별되는 타자를 매개로 하여 스스로를 재구축하는 동일성이다. 그 안에는 동일성 못지않게 차이가 본질적인 계기로 포함되어 있으며, 그 두 가지 계기는 구별 속에서 통일되면서 또 통일 속에서 구별된다.

이러한 구별 속의 통일, 동일성과 비동일성의 동일성, 타자 관련 속에서의 자기 관련이야말로 '구체적 동일성' 또는 '절대적 동일성'이다. 이러한 절대적 동일성이 주체, 정신, 절대자의 근본 규정을 이룬다. 또한 추상적 동일성이 고정된 동일성인 데 반해, 절대적 동일성은 스스로를 동일화하는 행위이고 과정이다. 존재하는 것은 자기동일성, 다시 말해 자기동일화의 운동을 통해 정체성(Identität)을 획득한다.

매개(Vermittlung) 서로 다른 두 개념이나 존재 내지 사태 사이(Mitte)에서 그 둘을 연관시키는 것 또는 한 상태에서 다른 상태로 변화하도록 중간 수단(Mittel)을 통해 이행·발전하게끔 만드는 것. 예를 들어 판단 'A is B'에서 주어 A와 술어 B는 계사(繫辭) is를 통해 매개된다. 그런데 헤겔에게 매개는 두 매개항이 제3의 매개체에 의해 외적으로 연결되는 것이 아니라 본질적으로는 매개항 자신이 스스로를 자기 자신과 매개하는 자기 매개이다. 그러므로 매개하는 것과 매개되는 것은 사변적으로 동일하다. 즉 A(예를 들어 순수 존재, 보편성)는 스스로를 타자화하여 B(무(無), 특수성)가 되고 자신의 타자 B를 매개로 하여 구체적 보편으로서의 A 자신(생성, 개별성)으로 복귀한다. 그래서 A와 B는 그 자신이자 자신의 대립항이면서 동시에 양자를 연결하는 매개항이기도 하다. 매개의 대립 개념은 무매개성 또는 직접성(Unmittelbarkeit)이다. 오성에게는 직접적인 것으로 간주되는 어떤 존재나 지식도 실은 모두 매개된 것이다. 실재하는 모든 것, 모든 참된 것은 매개와 직접성 두 가지를 다 자신의 계기로 가지고 있는 '지양된 매개' 내지 '매개된 직접성'이다.

모순(Widerspruch) 하나의 명제와 그것의 모순 대상이 되는 부정 명제를 동시에, 그리고 같은 관점에서 진술하는 것 또는 그와 같이 진술되는 존재 내지 사태는 모순적인 것이다. 형식 논리학에서 모순율은 모순 관계의 두 명제가 동시에 양립할 수 없으며 둘 다가 참이거나 거짓일 수 없다는 모순 배제의 원칙을 말한다. 형식적 사유 법칙으로서의 모순율은 동일률과 마찬가지로 추상적이고 공허하다. 헤겔에게 엄밀한 의미에서의 모순은 자기가 자기를 부정하는 타자를 필연적으로 요청하면서 동시에 부정하는 관계, 다시 말해 자기가 타자와의 관계 속에서 자기를 긍정하면서 동시에 부정하는 자기모순이다. 이런 모순은 '온갖 운동과 생동성의 근원'이고 오성의 제약을 넘어서는 '변증법적·이성적인 것'이다. 모든 존재와 개념은 '대립물들의 통일'이기 때문에 자신 안에 모순을 내포하고 있다. 그러나 사변적 논리학의 목표는 이런 모순에 단지 머무는 것이 아니라 이를 인정하면서도 긍정적으로 극복하는 '모순의 해소'와 이를 통한 절대적 동일성의 정립에 있다.

무한성(Unendlichkeit) 한낱 '유한의 피안'이나 '유한의 단순히 공허한 부정'으로서의 무한성은 '오성의 유한성'인 '악(惡)무한'(schlechte Unendlichkeit)이다. 무한이 유한에 대립해 있는 한 그것은 여전히 유한에 의해 제약되어 있고, 따라서 그 자체가 유한이다. 이때 무한은 대립항 사이에서의 영속적인 왕복, 유한의 영구적인 연장으로 표상된다. 반면에 '이성의 무한성'인 '진(眞)무한'(wahre Unendlichkeit)은 유한성을 자신의 계기로 포함하는 무한성, '하나의 과정으로서 무한 및 유한의 자기 지양'이다. 참된 무한은 자신의 반대인 유한 속에서 유한의 진리로서 현재한다. 진무한은 자기 자신으로 생성하는 자기 운동, 스스로를 자기 자신과 연관시키는 자기규정이다. 자기의식이나 정신, 생명, 사랑은 이런 의미에서 무한하다. 자신을 제약하는 타자가 바로 자기 자신이어서 더 이상 제약이 아니기 때문이다. 악무한을 무한히 진행하는 직선에 비유한다면 진무한은 자신을 펼쳤다가 자기 안으로 되접는 원환으로 형상화할 수 있다. 영원에 대한 악무한적 이해가 시간의 양적 지속이라면 진무한으로서의 영원은 '영원한 현재'이다.

반성(Reflexion) 대상(의 표상들)을 서로 비교하고 결합하는 의식의 활동, 이런 의미에서 '순수한 매개 일반.' 의식은 반성을 통해 대상을 규정하면서 동시에 의식 자신을 규정하기 때문에 '타자로의 반성'(Reflexion in Anderes)과 '자기로의 반성'(Reflexion in sich), 외부를 향한 직선적 지향(intentio recta)과 자기 내부로 굴절된 지향(intentio obliqua)이라는 두 방향성을 가진다.

반성은 반성하는 주체와 반성되는 객체의 분리를 전제하기 때문에 초기의 헤겔은 반성을 절대적 총체성인 진리에 적합하지 않은 오성의 활동 형식으로 보았다. 그러나 '철학적 반성'의 사변적 구조를 깨달은 후로는 반성을 '절대자의 긍정적 계기'이자 '철학의 도구'로 받아들인다. 통상적인 반성인 '외적 반성'(äußerliche Reflexion)은 반성의 대상을 의식에 전제되어 직접 주어져 있는 것(앞서 정립된 것, ein Vorausgesetztes)으로 미리 설정해놓고 시작된다. 그러나 그렇게 전제되어 있는 것이 실은 의식에 의해 비로소 정립된 것(Gesetztsein)인데, 이렇게 자기로부터 시작하는 반성이 '정립하는 반성'(setzende Reflexion)이다. 의식의 전제(Voraus-setzen)인 타자는 의식 자신이 정립한(Setzen) 것이고, 또 역으로 의식의 자기 정립은 의식에 전제된 타자에 의해 촉발된다. 이처럼 전제하는 반성과 정립하는 반성이 통일된 것이 '규정하는 반성'(bestimmende Reflexion)이다.

대상에 대한 반성은 의식의 자기반성이고, 이 의식의 자기반성은 또한 대상 자체가 스스로를 내재적으로 매개하는 반성이기도 하다. 자기의식, 그리고 빛에서 볼 수 있듯이 '자기로의 반성'과 '타자로의 반성'은 근본적으로 하나이다. 그리고 이런 반성을 통해 직접지(直接知)의 암흑에서 벗어나 절대자에 대한 분별적 지식의 빛이 주어진다.

법(Recht) 인간에 의해 정해진(gesetzt) 이성적인 규범과 제도 일반. 법의 기반은 정신적인 것인 자유로운 의지이고, 법은 '자유의지의 현존재', '자유의 모든 규정들의 현존재'이며, 법체계는 '실현된 자유의 왕국'이다. 법의 보편적 원리는 각 개인이 만인으로부터 승인받은 자유로운 존재로 존중받는다는 데에 있다. 좁은 의미의 법은 법률(Gesetz), 특히 헌법을 비롯한 실정법을 가리킨다. 헤겔은 이런 법률적 법을 '추상법'이라고 일컫는다. 그는 법의 개념을 이런 좁은 의미 외에도 자주 넓은 의미로도 사용하는데, 이때 법은 추상법만이 아니라 도덕성과 인륜성, 심지어는 세계사까지 포괄한다. 독일어 'Recht'는 '법'과 '권리', 그리고 '올바름', '정의로움', '정당함' 등 다양한 의미를 동시에 지니고 있으며, 헤겔의 용법은 이런 다중적인 의미를 염두에 두고 있다.

변증법(Dialektik) 변증법은 '이성의 본성'이고 '유일한 학적 방법론'이자 또한 '모든 운동과 모든 생명과 모든 활동의 원리'이다. 즉 변증법은 사유의 논리적 방법이자 동시에 사회와 역사를 포함한 모든 현실적 존재의 운동 법칙이다. 넓은 의미의 변증법은 변증법적 이성은 물론 오성과 사변적 이성도 포함한 '논리적인 것' 일체, 즉 사유 일반의 원리를 포괄적으로 지칭한다. 이런 광의의 변증법은 곧 사변적 논리와 동의어이다. 반면에 좁은 의미의 변증법은 '논리적인 것의 세 측면' 가운데 '부정적·이성적인 측면'을 한정하여 가리킨다. 이런 엄밀한 의미의 변증법은 오성에 의해 고착된 사고를 유동화하고 유한한 사유 규정과 존재에 내재하는 모순을 드러낸다.

부정적 변증법은 유한자의 무화(無化)를 통해 모순을 부정적으로 해소한다. 반면에 사변적 변증법은 '대립물을 통일 속에서 혹은 긍정적인 것을 부정적인 것 속에서 파악'하면서 모순을 긍정적으로 해소하고 발전시킨다. 변증법은 '보편의 특수화를 해소하면서 또한 산출해내는 개념의 운동 원리'로서 '자기 안에 머물음'(즉자, 존재, 동일성, 주관성, 보편성, 직접성), '외화와 타자 존재'(대자, 본질적 관계, 차이와 모순, 객관성, 특수성, 매개), '타자 속에서 자기 자신에게 복귀하여 있음'(즉자 대자, 주체로서의 개념, 재구축된 동일성, 이념, 구체적 보편으로서의 개별자, 매개된 직접성)이라는 3단계 구조를 기본적인 형식으로 갖는다.

보편성(Allgemeinheit) 보편성은 '자기 자신과의 절대적 동일성', '단순한 자기 관련'이다. '개념의 보편성', 즉 참다운 보편성은 개별성과 특수성을 포함하고 있는 자기동일성, 극도의 구별과 규정을 자기 안에 내포하고 있는 통일이다. 이러한 보편성은 '대상의 내적 본성이자 본질'이고 '개별자의 근거와 토대, 그 근원과 실체'이다. 보편자는 학적 사유 속에서는 이후의 발전을 위한 절대적 토대가 되는 첫 번째 것(시원)이지만, 경험적 실존에 있어서는 최후의 것이고, 현실적으로는 특수자 안에 있다. 반면에 개별자로부터의 추상을 통해 구성되고 아무런 내적 구별과 규정도 지니지 않는 보편성, 개별성과 대립해 있는 보편성은 한낱 '반성의 보편성' 또는 '추상적 보편성'이다.

헤겔은 보통 추상명사의 형태로 나타나는 이런 보편성을 참된 보편성과 구분하여 '공통성'(Gemeinschaftlichkeit) 또는 '전체성'(Allheit)이라고 부른다. 공통성 속에서는 개별자들이 서로 무관하게 대자적으로 존립하면서 외적 반성을 통해 강제로 하나의 양적 유개념 아래 묶일 뿐이다. 그런데 이런 보편성은 특수성과 대립하여 있으므로 그 자체가 또 하나의 특수성에 불과하다. 이런 외면적 관계 속에서 개별자는 보편자 속에 폭력적으로 종속된다. 이에 반해 참다운 보편성은 개별자에 대한 '자유로운 사랑이고 한없는 축복', 개별자 자신의 진리이다.

부정(Negation) 형식 논리학에서는 '긍정'(Position)을 통해 정립되는 '실재성'(Realität)에 대립되는 범주. 그러나 헤겔에게는 '긍정적인 것'과 '부정적인 것', '실재성'과 '부정'이 본질적인 내면적 상호 작용 속에 있다. 무엇인가가 긍정적으로 실재할 수 있기 위해서는 필연적으로 그 안에 부정이 내포되어 있다. 왜냐하면 실재하는 것은 규정된 것이고 규정은 무한한 것 또는 무규정적인 것을 부정하여 한정짓는 것이기 때문이다. 모든 규정은 부정이다. 따라서 부정은 한낱 추상적인 무(無)로 귀결되는 것이 아니라 오히려 '존재의 원리'이다. 부정은 '사유의 활동'이고 '순수 자아의 활력'이며 '보편자의 본질적 계기'이다.

절대자란 다름 아닌 자기 안에서의 무한한 부정이다. 자기 내 부정성, 절대적 부정을 통해 직접성은 매개로 이행한다. 그리고 유한자가 자신의 한계를 넘어서는 것도 부정을 통해서이다. 그런데 부정은 단지 어떤 것을 부정할 뿐만 아니라 부정 자체를 내재적으로 부정한다. 이를 헤겔은 '부정의 부정' 또는 '자기 관련적 부정성'이라고 부른다. 부정의 부정을 통해 사변적 긍정이 발생한다. 생성은 존재에 대한 부정(무)의 부정이고, 정신은 이념에 대한 부정(자연)의 부정이며, 형벌은 법에 대한 부정(범죄)의 부정이다. 부정은 '모든 활동, 생명과 정신의 자기 운동의 가장 핵심적인 원천이고 변증법적 영혼'이다.

사변(Spekulation) 사변은 대립자들의 상호 작용 속에서 긍정적 통일을, 모순 속에서 그 절대적 동일성을 보는 것이다. 사변적 사유는 곧 이성적 사유이며, 이는 '규정들의 통일을, 그 대립 속에서 파악하고, 그 규정들의 해체와 이행 속에 담겨 있는 긍정적인 것을 파악'하는 데에 있다. 사변적 이성은 개별자들의 대립 속에서 그 통일을, 그리고 통일 속에서 개별자들의 차이를 인식한다. '동일성과 비동일성의 동일성'을 파악하는 사변적 사유는 절대자를 인식하는 최고의 사유 형식이고, 사변적 철학은 다름 아닌 절대적 관념론이다. 헤겔은 정신, 생명, 자유, 사랑 등을 사변적인 것의 실례로 거론하는데, 이런 '사변적인 것'은 오성에게는 모두 일종의 '신비'로 나타난다. 예를 들어 사랑은 하나됨과 분리됨의 사변적 통일인데, 이는 '오성으로서는 도무지 해결할 수 없는 가장 엄청난 모순'이다.

소외(Entfremdung) 자기를 외화(外化)하고 탈자화(脫自化)하여 자기 자신에게 낯선 존재가 되는 것 또는 그러한 상태. 헤겔에게 소외는 근본적으로 자기 소외이다. 모든 존재는 자기 스스로를 외화하여 소외시키고 또 이 소외를 극복함으로써 비로소 참다운 그 자신이 될 수 있다. 그러므로 소외는 신을 포함한 모든 존재의 '운명'이며, 생동하는 주체, 그리고 그것의 운동을 개념적으로 파악하는 철학에는 '타자화와 소외에 대한 진지함, 그리고 이런 소외의 극복에 대한 진지함'이 요구된다. 주체는 스스로를 변화(Veränderung)시킬 뿐만 아니라 스스로를 타자화(Veranderung)한다.

헤겔은 '소외'와 '외화'(Entäußerung)를 동의어로 사용하는 경우가 많다. 외화는 필연적으로 소외로 첨예화될 수밖에 없기 때문이다. 그러나 두 용어를 주의 깊게 구분하자면 우선 외화는 내면의 본질이 스스로를 실존태로 표현하고 외면화하는 것을 뜻한다. 예를 들어 노동은 내면의 주관적 목적을 외화하여 사물화하는 행위이고 노동의 산물은 그런 목적을 실현한 객관적 외화태이다. 반면에 이러한 외화가 주체의 타자화와 자기 부정을 수반할 때 그것은 소외가 된다. 노동의 산물이 오히려 노동하는 주체를 구속하고 지배하는 낯선 힘이 된다면 주체는 자신의 노동에서, 그리고 그 노동의 산물에서 소외된 것이다.

승인(Anerkennung) '인정'(認定)으로도 번역된다. 승인은 인간이 본질적으로 타인과 상호주관적 관계 속에 있는 공동 존재임을 논증하는 헤겔의 상호주관성 이론의 핵심 개념이다. 승인이란 타자 속에서의 자기 발견과 타자로부터의 자기 회복이라는 쌍방적 이중 운동을 통해 두 대자적 자기의식들이 서로 안에서 화해하여 변증법적 통일을 이루는 것을 말한다.

승인 운동은 자기의식의 탈자화(脫自化), 자신의 타자 존재의 지양, 자기 복귀라는 세 가지 계기로 구성되고, 호혜성과 평등성과 대칭성을 원리로 하며, 삶과 죽음을 건 치열한 투쟁을 매개로 하여 수행된다. 승인 운동을 통해 자기의식은 자신의 배타적 개별성을 극복하고 타자와 상호주관적으로 공유된 보편성을 자율적으로 창출하며, 이러한 보편성 속에서 각자가 자유로운 타자 속에서 자신의 구체적인 자유와 정체성을 발견하고 실현한다. 그들은 '서로를 승인하는 존재로서 서로 승인'하여 '승인받은 존재'(Anerkanntsein)가 된다. '승인받은 존재'는 자유로운 타자의 자기 구성과 자기 이해를 자유로운 존재로서의 자기 자신의 구성과 자기 이해를 위한 본질적인 계기로 받아들이고 존중한다. 상호 승인의 운동을 통해 인륜적 자기의식을 지닌 자유로운 개별자들이 연대하여 만드는 보편성의 장이 형성된다. 이와 같은 승인은 헤겔에게서 긍정적 자유, 정신, 법, 인륜성 등의 발생 근거가 되면서 실천철학 전반의 규범적 근본 원리의 역할을 한다.

실재철학(Realphilosophie) 헤겔의 전체 철학 체계를 구성하는 논리학과 자연철학과 정신철학 중에서 '형식적 학문'인 논리학과는 달리 실제적인 내용을 지닌 학문인 자연철학과 정신철학을 지칭하는 용어. 논리학은 '즉자 대자적 이념의 학'이고, 자연철학은 '그 타자 존재 속에 있는 이념의 학'이며, 정신철학은 '그 타자 존재에서 자기 안으로 복귀한 이념'의 학이다.

실체(Substanz) 전통적인 형이상학에서 실체는 '자기에 의한 존재'(ens per

se), '자기 내 존재'(ens in se), '자기로부터의 존재'(ens a se), '자기 원인'
(causa sui) 등으로 정의되며, 변화하는 현상과 다양한 양태들의 배후에
있는 불변의 무한한 기체(基體)로 이해되었다. 헤겔은 한편으로는 이런
무제약적 보편성이 학적 사유의 출발점이 되어야 한다는 생각을 받아들
이지만, 다른 한편으로는 그것이 한낱 추상적 보편성, '아직 전개되지 않
은 즉자 또는 근거'에 불과하다고 비판하면서 실체를 변증법적으로 해체
하고 유동화하여 주체로 전환시킨다. 주체는 '생동하는 실체'이다. 주체
야말로 전통적인 형이상학이 추구한 절대적 무한자라는 실체의 규정을
충족시킬 수 있는 참다운 실체이다. 비본질적인 현상과 양태에 대립해 있
는 본질적인 기체라는 의미에서의 실체는 '악무한'에 불과하며 스스로
비본질적인 것으로 전도된다. 실체는 양태들과 괴리되어 그 배후에 미지
의 근거로 따로 있는 것이 아니라 변화하는 우유적(偶有的) 양태들의 총
체가 곧 실체 자체이다.

오성(Verstand) 사유 능력 가운데 '분리하는 활동'이자 '제한하는 힘', '추
상과 보편성의 형식을 통해 대자적으로 확정되는 규정된 개념의 능력.'
오성은 한 대상을 다른 대상과 분리시켜 구별하고 추상을 통해 범주화된
개념으로 규정한다. 오성의 활동은 '분리하고 추상하기'이며, 그 활동의
기반이 되는 것은 동일성과 유한성의 원리이다. 오성적 사유란 대상을 추
상적인 동일률에 따라 일면적으로 파악하고 유한한 규정으로 고착시키
는 사유이다. 이런 오성을 통해 우리는 어떤 것을 다른 것과 분별하여 이
해할(verstehen) 수 있게 된다.

그러나 진리는 사변적 총체이므로 오성에 의해서는 파악되지도 않고 표
현되지도 않는다. '절대자'는 오성에게 '공허한 추상물'로 나타나거나 회
피해야 할 모순의 형식으로만 드러난다. 오성은 한 사물을 다른 사물과
대립시키고 개념 규정들을 서로 독립적인 '범주들'로 고착시킬 뿐만 아
니라 직접성과 매개, 전체와 부분, 더 나아가 사유와 대상, 주체와 객체를
서로 분리시킨다. 오성을 절대화할 때 '오성의 형이상학'인 '동일성의 체
계'가 등장한다.

오성은 그 자체만으로는 '부정적인 것'이지만 전체의 계기로 파악될 때에는 진리의 필수적인 구성 요소이다. '오성이 없다면 이성은 아무것도 아니지만, 이성이 없어도 오성은 무언가 있는 것이다.' 왜냐하면 오성을 통해 비로소 규정과 분별이 생기고 논변이 가능해지며, 진리란 누구나 이해할 수 있는 것이어야 한다는 의식의 정당한 요구를 충족시킬 수 있기 때문이다. 오성이 그 생성의 운동 속에서 계기로 파악될 때 자기 자신을 인지하는 정신 자신의 활동이며, 그러한 한에서 이미 이성적인 것이다.

의식(Bewußtsein) '정신의 직접적 현존재' 또는 '관계 내지 반성의 단계'에서 '현상하는 정신.' 정신은 오직 의식의 형태를 통해서만 현실적일 수 있다. 그래서 예를 들어 세계사는 단지 세계정신의 자유의 진보만이 아니라 '자유의 의식에서의 진보'이다. 또한 참다운 자유는 '의식된(자각된) 자유'이다. 넓은 의미의 의식은 정신의 모든 주관적 현존재 형태를 가리키며, 그것이 관계하는 객관의 다양성에 따라 자신 외부의 자립적 대상과 맞서 있는 좁은 의미의 '의식', 의식 자신과 관계하는 '자기의식', 자신이 산출한 사상을 대상으로 삼는 '이성'이라는 다양한 형태로 나타난다. 이때 좁은 의미의 의식은 다시 '감성적 의식'과 '지각'과 '오성'으로 세분된다.

의식 일반은 '대상에 대한 자아의 관계'이고, 그것의 활동 형식은 '반성'이며, 지(知, Wissen)를 그 내용으로 갖는다. 의식은 대상에 대한 의식(대상 의식, 타자로의 반성)이면서 동시에 자기 자신에 대한 의식(자기의식, 자기로의 반성)이고, 대상에 대한 앎(타자 관련)이자 또한 이렇게 인식하는 자기 자신에 대한 앎(자기 관련)이다. 좁은 의미의 의식은 이러한 자신의 두 구성 계기 사이에서 모순에 빠지는데, 의식의 자기모순을 해소하고 그 진리로 등장하는 것이 자기의식이다.

이념(Idee) 이성의 주관적 개념이 객관적 현실성을 획득하여 사유와 존재가 사변적으로 통일되어 있는 것, '자신의 실재성 속에서 오직 자기 자신과 일체를 이루는 이성적 개념.' 명목적 정의에 따르면 이념은 '개념과 실재성의 통일', '주관과 객관의 통일', 현실성과 합치하는 '일치된 개념'(adäquater Begriff)이다. 이는 전통적으로 진리 일치설 내지 대응설이 주장하는 진리에 대한 정의와도 같다.

헤겔 역시 이념을 '절대적 진리이자 진리 일체'로 규정한다. 그러나 이때의 진리는 단순히 우리의 표상과 그 대상의 우연하고 형식적인 일치와는 다르다. 이념은 객관적 대상 속에서 그 자신을 완수한 개념, '절대적인 타자 존재 속에서의 순수한 자기 인식'이며, 이런 객관적 개념 속에서 대상은 자기 자신과 일치한다. 이념의 자기동일성은 오성의 고정된 추상적 동일성이 아니라 변증법적 운동을 거치며 이루어진 사변적 이성의 매개된 동일성, 재구축된 동일성이다. 이념 속에서 주관과 객관은 서로 화해를 이루어 통합되지만, 이념은 '개념이 그 속에서 획득하는 자유로 인해서 자신 안에 가장 극심한 대립도 안고 있다.' 이념은 '규정들의 총체'이기 때문에 '구체적 보편'이고, 따라서 유기적 체계의 형태로만 서술될 수 있다. 이념은 '모든 학문의 본질이자 절대적 학문인 철학의 본질'이다. 이런 사변적 이념을 구성하고 파악하는 능력이 바로 '이성'이며, 이념의 주체이자 현실태가 '정신'이다. '이념'으로부터 '관념론'(Idealismus)이라는 용어가 유래한다.

이성(Vernunft) 모든 인식에 체계적 총체성과 원리적 통일성을 부여하는 무제약적 이념을 사유하고 이 이념에 따라 세계를 구성하는 능력. 이성은 진리를 인식하는 능력으로서 '정신의 실체적 본성'이다. '이성적인 것'과 '이념'은 결국 동의어이다. 그러므로 철학은 곧 이성의 체계이다. 이론 이성과 실천 이성을 분리한 칸트와는 달리 헤겔은 이성 안에 이론과 실천, 인식과 행위가 근원적으로 통일되어 있는 것으로 파악한다. 헤겔에게 이성은 주관적 사유의 원리이자 동시에 객관적 존재의 원리이다. 이성에 의해 사유와 존재의 동일성이 매개되어 확보되며, 이성은 이런 주관(사유, 개념)과 객관(존재, 현실)의 통일을 그 차이 속에서 파악하는 능력이다. 이성은 오성보다 더 상위에 있는 '최고의 사유 단계'이지만, 그렇다고 오성에 단지 대립해 있는 것이 아니라 오성을 긍정적으로 지양한 그 진리이다.

그러한 이성은 다시 '부정적·변증법적 이성'과 '긍정적·사변적 이성'

으로 구분된다. '부정적·변증법적 이성'은 오성에 의해 추상적 동일성의 원리에 고착된 사고를 유동화하고 뒤흔들어 일면적이고 유한한 오성 규정들에 내재하는 모순을 드러낸다. 반면에 '긍정적·사변적 이성'은 '규정들의 통일을 그 대립 속에서 파악하고, 그 규정들의 해체와 이행 속에 담겨 있는 긍정적인 것을 파악'한다. 이성은 '자신이 곧 모든 실재라는 의식의 확신'이며, 이 확신을 인식과 실천을 통해 현실 속에서 실현하고 확인한다. 이성이 스스로를 객관적으로 실현하려는 것이 '이성의 관심'이고, 세계는 그런 강력한 힘을 가진 '창조적 이성'의 산물이다. 그래서 '이성이 세계를 지배'하며, '이성적인 것은 현실적이고, 현실적인 것은 이성적'이다.

이행(Übergang) 하나의 개념 규정 또는 존재자가 타자화되어 다른 규정 또는 타자로 옮겨가는 매개 운동. 변증법적 진행 방식 중의 하나로서 '존재'의 영역 및 현상학적 서술에서 '타자로의 이행'이 일어난다. 예를 들어 '순수 존재'는 '무'(無)로, '감성적 확신'은 '지각'으로 이행한다. 반면에 본질의 영역에서는 '가현'(Scheinen)이, 개념과 정신의 영역에서는 '전개'(Entwicklung)가 근본적인 변증법적 운동 방식이다. 이행과 가현을 통해서는 자신과 상이한 것이나 대립된 것이 정립되지만, 전개의 운동 속에서는 자신 안에 이미 즉자적으로 존재하는 것이 대자적으로 정립된다. 그러나 이행 역시 이미 개념의 변증법적 진행 방식 중의 하나이기 때문에 이행은 항상 '이중적 이행'에 의한 원환 운동이다. 즉 타자로의 이행은 필연적으로 부정의 부정을 통해 자기 자신으로의 귀환(Rückgang)을 수반한다. 그래서 '무'로 이행한 '존재'는 이미 다시 '무'로부터 자기 자신인 '존재'로 이행하여 '생성'이 된다.

인륜성(Sittlichkeit) 헤겔의 실천철학에서 최상위의 규범 단계이자 근본 원리를 지시하는 개념으로서 법의 추상적 보편성과 외면성, 그리고 도덕의 주관적 특수성과 내면성이 상호 침투되어 유기적 통일을 이룬 상태, '개인들이 자립적인 현실성을 갖는 가운데 그들의 본질이 절대적인 정신적 통일을 이루는 것'을 뜻한다. 인륜성 속에서 '보편 의지와 특수 의지의 동일성', '의무와 권리의 절대적 동일성'이 확보된다.

자유의지의 현존재라는 법의 개념은 인륜성에 이르러 완전하게 전개되고 보편적 정신의 형태로 실현된다. 그러므로 인륜성은 '자유 개념의 진리', 즉 '현존하는 세계가 되고 자기의식의 본성이 된 자유의 개념'이다. 인륜성은 상호주관적 · 긍정적 자유가 보편적 사회 제도로 체제화되고 또 이것이 개인의 성숙한 연대적 의식 속에서 자신의 진정한 자유의 실현으로 자각되어 공동체적 규범과 행위 양식이 구체적인 삶 속에서 생생하게 실행되고 정서적으로 공유되고 당연한 책무로 자연스럽게 내면화된 상태를 말한다. 상호 승인을 통해 형성된 '보편적 자기의식'이 인륜성의 발생 근거이며, 인륜성의 주체는 민족정신이다. 그리고 인륜성의 실체를 이루는 사회 제도들은 가족과 시민사회와 국가이다. 헤겔의 실천철학이 지향하는 근본 목표는 개인의 법적 권리와 도덕적 주체성을 구성 요소로서 내포하고 있는 근대적 인륜성을 수립하는 것이다.

절대자, 절대적인 것(das Absolute) 타자에 의존하지 않는 무제약적 실재. 어원이 되는 라틴어 'absolutus'는 '해방된', '놓여난', '완전한', '무한한' 등을 뜻한다. 전통적 형이상학에서 '절대자'는 '무한자', '실체', '신'(神) 등과 동의어로 사용되었다. 셸링은 절대자를 주관(정신)과 객관(자연)의 무차별적 동일성으로 규정하면서 모든 인식과 존재의 근원으로 삼았다. 헤겔은 절대자에 대한 전통적 정의를 명목적으로 수용하되 절대자의 고정성과 초월성과 인식 불가능성을 거부하고 변증법적으로 역동화하여 구체적 총체로서의 그 구조를 해명하고 서술하려고 시도한다.

절대자는 '사변적인 것'이다. 이에 따라 절대자는 '동일성과 비동일성의 동일성', '이념적인 것과 실재적인 것의 동일성', '무차별과 관계의 동일성' 등으로 새롭게 정의된다. 또한 절대자는 '무한한 주체성'이다. 그것은 실체처럼 직접적으로 주어져 있는 불변의 고정된 존재가 아니라 자기 매개와 자기 생성의 운동을 통해 비로소 산출되는 결과이면서 또한 그러한 운동의 주체이다. 절대자에게 타자가 없는 까닭은 절대자가 타자를 배제하고 파괴하기 때문이 아니라 스스로 타자가 되고 자립적인 타자를 자기 자신으로 인식하여 승인함으로써 타자를 포월하기 때문이다. 다시 말해 참다운 절대자는 타자와 관계를 끊어버린 것이 아니라 오히려 타자와 하나로 풀어헤쳐져서 타자와의 관계가 곧 자기 자신과의 관계가 된 완전한 보편자이다. 사변적인 것으로서 절대자는 이념이나 정신과 같은 것이다.

정신(Geist) 이성의 주체이자 '이념의 진정한 현실태'이고 '절대자의 실재.' 정신은 이성과 자연, 사유와 존재, 자유와 필연성, 주관과 객관의 사변적 통일이자 지성의 이론적 능력과 의지의 실천적 능력을 함께 갖추고 있는 자기의식적 주체이다.

정신의 근본 규정은 '타자 존재 속에서 자기 자신에게 있음', '자신의 타자 존재로부터 자기 안으로 복귀한 이념'이다. 이때 정신의 타자는 자연이거나 정신 자신이다. 자연과의 연관 속에서 정신은 '자연의 진리이고 최종 목적'이다. 다른 정신과의 연관 속에서 정신은 '상호 승인'이다. '정신의 개념'은 '대자적으로 존재하는 상이한 자기의식이 완전한 자유와 자립성을 지니면서 대립하고 있는 가운데 이 양자의 통일인 절대적 실체, 우리인 나이자 나인 우리'라는 데에 있다. 따라서 정신은 '인륜적'이다. 정신의 본질은 순수한 활동성이며, 정신의 활동은 '스스로를 자기 자신의 타자로 정립하고 이러한 자신의 타자를 지양하는 운동'이다. 정신의 운동은 정신 스스로가 자신의 운동의 시원이면서 또한 결과이기도 한 자기 매개 내지 자기 현현의 운동이다. 그러므로 정신의 실체는 자유이다. 이때 자유는 '타자 밖에서 성취한 독립성이 아니라 타자 안에서 성취한 타자에 대한 독립성'이다.

헤겔의 철학 체계의 최종 단계인 '절대 정신'은 주관 정신과 객관 정신의 통일로서 사유와 존재, 자아와 타자, 형식과 내용, 개념과 현실이 합일된 정신, '스스로가 정신임을 아는 정신'이다. 변증법은 즉자, 대자, 즉자 대자라는 세 가지 계기들로 이루어진 정신의 운동 형식에서 나온 것이다. 그리고 정신의 자기 현현 운동은 한편으로는 철학으로, 다른 한편으로는 역사로 현시된다.

주관적(subjektiv) '주관적'이라는 용어는 ① 자기의 의지에 근거하고 자신으로부터 자율적이고 자각적으로 비롯된다는 의미에서 '주체적', ② 자기 자신만의 자의적이고 특수한 견해와 목적과 내용이라는 의미에서 '개인적' 또는 '사적'(私的), ③ 아직 생각 속에만 있고 수행되거나 실현되지 않았다는 의미에서 '내면적' 등의 다양한 의미를 지닌다. 이에 상응하여 '객관적'이라는 용어도 ① 대상 또는 타자에 의존하고 있다는 의미에서 '객체적', ② 그 자신의 참다운 규정과 개념에 부합하고 널리 공유된다는 의미에서 '보편적' 또는 '공적'(公的), ③ 외적 실존의 형태로 현실화되어 존재한다는 의미에서 '외면적' 등의 의미를 지닌다. 헤겔이 『논리학』의 제3부 「개념론」을 '주관 논리'라고 부를 때에는 ①의 의미를 염두에 둔 것이다. 반면에 도덕성의 영역에서 등장하는 '주관적 의지'에는 물론 ①의 의미도 있지만 ②와 ③의 의미가 좀 더 강하게 부각된다. 정신은 그 자체가 이미 주체적이면서 보편적인 것이므로 '주관 정신'과 '객관 정신'의 구분은 주로 ③에 의거한다.

주체(Subjekt) 'Subjekt'는 '실체' 혹은 '객체'와 대비해서는 '주체'로, '객관'과 대비해서는 '주관'으로, '술어'에 대비해서는 '주어'로 번역된다. 주체는 객체의 상관적 관계항이자 이러한 상호 관계의 총체이다. 논리적 규정에 따르면 주체는 '개념의 계기로서의 개별성', 다시 말해 '총체성으로 정립된 개념'이다. 이러한 주체는 '무한자', '이념', '절대 정신'에 다름 아니다.

헤겔 철학의 관건은 진리 또는 절대자를 '실체로서가 아니라 또한 주체로서 파악하고 표현'하는 데에 있다. 여기서 주체는 '활동 존재 일반', 자기 관련적 부정성에 의한 자기 매개의 운동, 이를 통해 재구축된 '자기 자신과의 자유롭고 보편적인 동일성', '절대적 대자 존재'이다. 이러한 주체의 의식적 형태가 '자아'(Ich)이다. 그런데 헤겔에게는 실체의 주체화 못지않게 주체의 실체화도 중요하다. 이때 실체화란 정지해 있는 기체(基體)로의 회귀가 아니라 오히려 주체가 자신의 개별성과 일면성을 극복하면서 스스로를 탈중심화하고 객관화하고 보편화하는 과정을 말한다. 객관적 보편성에 대립한 주체는 한낱 '개별적 주체', 공허한 형식적 주관성에 불과하다. 참다운 주체는 또한 참다운 실체인데, 이는 주체와 객체, 자아와 타자, 주관성과 객관성의 사변적 통일이다. 객체가 물질 세계로서의 자연, 신체, 타인, 제도와 역사로 표현되는 문화 세계, 신 등으로 다층적인 만큼 이에 상관적인 주체도 영혼, 자아, 자기의식, 지성, 의지, 정신 등의 다양한 형태로 나타난다.

즉자(Ansich) '그 자신에', '그 자체로', '그 자체', '본래.' '즉자'는 '대자'의 짝패 개념으로서 '직접적 자기 관련', 아직 분화되지 않고 전개되지 않은 동일성, 무매개적 직접성, 무규정성을 뜻한다. 즉자는 정신과 이념이 펼치는 운동 일체의 출발점이고 소멸되지 않는 기반이다. 즉 이후의 모든 운동 양태들은 즉자 자신의 전개일 따름이다. 이런 의미에서 즉자는 '보편성의 최초 형식'이다. 그러나 대자에는 타자 관계가 의식적으로 정립되어 있는 반면에, 즉자는 이 타자 관계를 사상시키고 망각하여서 얻어지는 것이기 때문에 그 자체는 공허한 추상물, 내용과 규정을 갖추지 못한 것, 각성되지 못한 것, 생동하지 못하는 죽은 것에 불과하다. 모든 개념과 존재는 실은 이미 항상 매개된 것이다. 즉자가 즉자일 수 있는 까닭도 타자와의 관계 속에서 이 타자를 부정하기 때문이다. 그러므로 무매개적 자기 관련이어야 할 즉자는 그 자체로 이미 타자 관련이고, 이러한 자기 안의 절대적 부정성에 의해 즉자는 스스로를 부정하고 외화하여 자신의 타자인 대자로 이행한다. 즉자 자체는 추상적 보편성, 공허한 동일성이다. 진정한 즉자는 타자 속에서의 자기 관련, 즉 즉자 대자이다.

즉자 대자(An und für sich) 즉자와 대자의 사변적 통일. '타자 속에서 자기 자신에게 복귀하여 있음', 구체적 보편으로서의 개별성, 재구축된 동일성, 매개된 직접성. 즉자 대자 속에서는 자기와 타자, 직접성과 매개, 동일성과 차이, 보편성과 특수성, 무한성과 유한성이 대립의 긴장 속에서도 하나의 동일한 존재로 지양되어 변증법적 조화를 이룬다. 즉자 대자는 '사변적인 것'이고 총체적 진리이다.

지양(Aufheben) 이행의 사변적 방식을 지시하는 개념으로서 '철학의 가장 중요한 개념 가운데 하나이자 단적으로 도처에서 되풀이되는 근본 규정'

이다. 지양은 ① '부정하다' 또는 '중지시키다', ② '보존하다', ③ '넘어서다' 또는 '고양시키다'의 뜻을 동시에 가지고 있다. '지양된 존재'(지양태, Aufgehobensein)는 지양되는 것을 부정한 것이고, 지양되는 것은 그 직접적인 형태로는 '지양된 존재' 속에서 폐기된다. 그러나 그러한 부정은 '규정된 부정'이기 때문에 '지양된 존재'는 한낱 무(無)가 아니라 일정한 내용을 지닌 '매개된 것'이며, 지양되는 것은 계기로서 '지양된 존재' 속에 보존되어 있다. 더 나아가 지양의 운동 속에서는 단지 최초의 지양되는 것만이 아니라 그 대립물 역시 지양되므로, 그 둘은 '지양된 존재' 속에서 '부정의 부정'의 긍정적 결과인 고차적 통일로 고양된다. 이런 의미에서 모순은 진리로 지양된다.

진리(Wahrheit) 진리는 철학의 목표이자 철학 자체이다. 헤겔은 진리란 사유(주관, 개념, 판단)와 존재(객관, 실재, 사실)의 일치라는 전통적인 견해를 받아들이면서 진리를 명목상 '일치된 개념', '개념과 현존재의 일치', '개념과 객관성의 통일', '개념에 일치하는 실재성으로서의 이념 그 자체' 등으로 정의한다. 그러나 그는 '철학적 진리'를 주관적 앎과 경험적 사실의 우연한 일치인 '역사적 진리'나 명제들 사이의 형식적 정합인 '수학적 진리'와 구분한다. 역사적 진리나 수학적 진리는 엄밀한 의미에서 진리가 아니라 '옳은 것'(richtig) 또는 '정확한 것'에 불과하다. 철학적 진리는 '이성의 앎', 즉 사변적 '이념'이다. 다시 말해 진리를 인식하는 능력이 이성이고, 그런 이성 인식의 요소는 개념이며, 이성의 개념적 파악을 통해 정립된 진리가 이념이다.

또한 진리는 한낱 독단적으로 단언된 '확신'과도 다르다. 진리는 오직 합리적 논변을 통해 입증된 진리, 인식되고 깨달은 진리, 사유를 통해 산출되고 정립된 진리이어야 한다. 따라서 학적 논변에서 진리는 처음의 전제가 아닌 마지막의 결과로 등장한다. 철학의 사변적 진리는 형식 논리학에서의 판단 형식으로는 올바로 표현되지 않는다. 판단은 주어와 술어, 명제와 그 명제가 지시하는 사태, 더 나아가 판단하는 주체와 판단되는 대상을 분리하기 때문이다. 반면에 진리는 '주체와 객체의 통일'에 있다. 그러나 그와 같은 진리는 '미리 만들어져 있는 주조된 동전'이 아니라 '자기 자신의 생성', '직접성에 대한 부정을 통해 자기 자신에게로 귀일'하는 과 정이다. 그리고 최고의 진리는 최고의 대립과 모순의 해소이다.

진리는 바로 이런 변증법적 자기 운동의 '구체적 통일이자 총체성'이다. 따라서 지식의 유기적 전체를 구성하는 학적 체계를 통해서만 진리는 진 리로서 정립되고 표현될 수 있다. '진리는 곧 전체이다. 그러나 전체는 자 신을 전개하여 스스로 완성하는 본질이다.' 또한 진리는 단지 거짓에 대립 된 개념이 아니라 오히려 '거짓 속에도 현존'한다. 가상, 잘못된 판단, 억 견, 일면적인 견해, 불충분한 이론조차도 학적 체계로서의 진리 속에서 자 신에 합당한 위치와 한계를 부여받으면서 진리의 계기로서 지양된다.

총체성(Totalität) 부분들 자체가 유기적으로 조직하는 체계적 전체, 구별을 내포한 통일, '구체적 보편.' 유기적 통일체인 총체 속에서 부분들은 전체 에 의해 규정되지만 역으로 '각각의 부분은 동시에 전체'이다. 이런 점에 서 총체는 서로 무관한 부분들의 기계적 집합인 단순한 전체와 구분된다. 총체성은 '이중의 이행'을 통해, 즉 '상이성으로 이행한 개념의 계기들이 단일성으로 귀환'하는 변증법적 운동을 통해 구축된다. 이때 각각의 상이 한 계기들은 서로를 매개하여 자기 안에서 총체성을 이룬다. 총체성의 근 본 구성 계기들은 '보편성', '특수성', '개별성'이다. 이런 의미에서 총체 성으로서의 절대 이념은 자연이라는 객관적 총체성과 정신이라는 주관적 총체성으로 스스로를 분화하고 외화하고 절대 정신 속에서 자기 자신으 로 되돌아온다. 무한자는 유한자들의 총체이고, 근거로서의 본질은 가상 들의 총체이며, 인륜적 국가는 자유로운 개인들의 총체이다. 진리, 이념, 정신, 세계사, 철학은 모두 총체성이다.

헤겔에 대해 묻고 답하기

1. 헤겔의 변증법은 정-반-합의 논리인가?

정확한 이해라고 할 수 없다. 우선 헤겔이 자신의 변증법을 설명하는 데에 '정-반-합'이라는 도식을 사용한 적이 없다. 게다가 이 도식으로는 변증법이 마치 상반되는 두 가지 독립적인 입장이 타협이나 절충을 통해 새로운 입장으로 수렴되는 것 정도로 오해될 소지가 있다. 이런 이해 방식에서는 처음 두 계기 사이에서 성립하는 내재적 부정성의 상호 관계와 상호 이행, 두 계기 각각의 내부 안에서 이루어지는 자기 부정 및 대립항과의 본질적 통일, 이를 통해 두 계기의 자기모순의 지양과 새로운 계기로의 통일, 이런 사변적 통일의 새로운 계기 속에서 처음 두 계기의 자기완성 등 변증법의 핵심적인 운동들이 전혀 드러나지 않는다는 문제점이 있다. '정-반-합'이라는 용어보다는 '즉자-대자-즉자 대자'라는 용어가 그나마 헤겔의 변증법을 특징짓는 데에 좀 더 적합하다. 그러나 이런 도식에 의존하거나 변증법을 어떤 몇 가지 법칙으로 환원시키기보다는 개념 또는 정신의 자기 운동을 자신의 사유 속에서 스스로 수행하면서 반추하여 성찰하는 것이 변증법을 올바로 이해하는 유일한 길이다.

2. 헤겔은 프로이센의 전제 왕정을 옹호한 전체주의적이고 수구적인 어용 철학자인가?

한마디로 아니다. 이런 평가는 그동안 수많은 전문 연구들에 의해 얼마나 근거 없는 것인가가 누누이 밝혀졌음에도 불구하고 좀처럼 사라지지 않는 고질적인 오해이다. 헤겔은 근본적으로 개혁적인 공화주의자이고 근대적 입헌주의자이다. 물론 그는 정치적 지배 형태로 군주정을 지지했고 자유주의가 안고 있는 결함을 지적했다. 또한 그가 근대 국가의 완성을 프로이센에다가 기대했었다는 것도 사실이다. 그러나 그가 옹호하려 했던 프로이센은 왕정복고의 프로이센이 아니라 근대적 개혁과 계몽을 추진해가던 프로이센이다. 헤겔은 일생 동안 프랑스 혁명의 열렬한 지지자였으며 당시에 발흥하기 시작한 독일의 배타적 민족주의에 대해 대단히 비판적이었다. 그는 자신의 자녀들을 독일식 학교 대신 프랑스식 학교에 보냈으며 유대인 사회와도 우호적인 관계를 유지했다. 그는 자신의 정치철학에서 당시의 프로이센에는 아직 존재하지 않았고 프랑스나 영국에서 그 유사한 사례를 볼 수 있는 여러 가지 정치적·법적 제도와 정책들을 제안했다. 성숙한 개인의 자유가 바로 근대적 질서의 규범 원리이고 또 그러해야 한다는 것이 그의 근본 신념이다. 또한 그는 인류의 역사가 모든 사람의 보편적 자유를 향한 진보라고 믿었다.

3. 헤겔의 철학은 타자를 자아 안에 객체화하거나 수단화하여 흡수하는 유아론적 주체 철학인가?

이는 또 하나의 뿌리 깊은 오해에서 비롯된 상투적인 비판이다. 독일 관념론은 상호주관성의 철학이다. 헤겔을 비롯한 독일 관념론자들은 모두 자아와 타자가 필연적으로 상호 구성적인 관계 속에 있으며 자아의 완성은 타자에 대한 지배나 타자의 배제를 통해서 이루어지는 것이 아니라 자아와 타자가 동등하게 참여하고 공유하는 공동성의 자율적인 형성에 있다고 보았다. 헤겔은 인간을 본질적으로 유적인 존재로 파악했고, 개인은 이런 보편성 속에서 비로소 자신의 온전한 개별성을 성취할 수 있다고 보았다. 주체의 진리는 '나'와 '너'가 하나가 되어 형성하는 '우리'에 있다고 그는 강조했으며, 이것이 바로 그가 말하는 '정신'의 개념이다. 정신 또는 주체의 본질은 자유인데, 참다운 자유는 '타자 속에서 자기 자신에 있음'이다. 타자가 내 안에서 자유로울 때 나 역시 타자 안에서 자유로울 수 있으며, 이때 나와 타자는 함께 진정한 주체가 된다. 헤겔의 변증법은 타자를 지배함으로써 자아의 자유를 확보하려는 시도가 어떻게 자기 파괴의 모순적인 결과를 초래하는지를, 그리고 자유로운 주체가 되기 위해서는 얼마나 철저한 자기 부정과 탈자아중심화가 요구되는지를 보여준다. 헤겔의 철학은 결코 유아론적이지도 않고 독백론적이지도 않다.

4. 헤겔은 역사의 종말을 주장했는가?

'역사의 종말'이라는 문구는 헤겔의 저서 그 어디에서도 나오지 않는다. 다만 그는 자신의 시대에 역사의 진정한 주체인 절대 정신의 모든 본질적인 계기가 이미 펼쳐져 드러났다고 보았다. 물론 그것이 역사의 시간적 종말을 의미하거나 헤겔 자신의 시대 이후에는 어떤 중요한 사건이나 철학 사상도 발생하지 않을 것이라는 허무맹랑한 주장은 아니다. 다만 만약 헤겔의 생각이 옳다면 본질적인 의미를 지니는 새로운 세계사적 원리는 더 이상 등장하지 않을 것이다. 그리하여 마치 헤겔에 따르면 예술의 본질과 역사적 역할이 그리스 시대에 완수되고 그 이후에 나오는 다양한 예술 형식들은 예술 속에 남아 있는 개별적 계기들의 표출일 뿐 더 이상 역사를 새로운 단계로 이끌지 못하듯이, 헤겔 이후의 역사 진행에서도 이미 현현한 역사 원리의 세부적인 완성과 철학적 반성만이 남을 것이다. 그러나 자신의 역사철학의 이러한 귀결에 대해 노년의 헤겔 자신도 의구심을 토로하면서 자본주의의 모순을 드러내는 사회적 빈곤의 문제와 사회 해체를 추동하는 자유주의의 문제를 미결의 난제로 남겨놓았다. 하지만 우리가 살고 있는 현대가 과연 후기 자본주의 사회인가 아니면 탈자본주의 사회인가, 또는 포스트모던이 후기 근대인가 탈근대인가 하는 물음은 우리 자신에게 여전히 논쟁거리로 남아 있지 않은가?

5. 헤겔이 말하는 절대 정신은 결국 신을 의미하는가?

이 질문은 헤겔의 정신철학이 일종의 신학이 아닌가라는 물음을 함축하고 있다. 헤겔에게 절대 정신은 자기 자신에게 투명해진 정신, 자기가 바로 정신임을 아는 자기의식적이고 자유로운 정신을 뜻한다. 우리는 모두 이성적이고 정신적인 존재로서 절대 정신이 될 수 있다. 그러므로 의미 있는 질문이 되기 위해서는 앞의 질문을 뒤집어서 다음과 같이 질문을 해야 한다. "신은 절대 정신인가?" 헤겔에게 신학의 비밀은 정신철학이다. 신학의 비밀을 인간학에서 찾는 포이어바흐와 맑스의 관점에서는 신이 높아지면 높아질수록 인간은 더 소외되고 비천해지지만, 헤겔의 관점에서는 신이 높아지면 높아질수록 그만큼 인간도 더 완전해지고 고귀해진다. 만일 신이 피조물의 세계를 넘어선 어떤 배후의 초월적 실체를 지칭한다면, 헤겔의 절대 정신은 신이 아니다. 그러나 신이 인간의 정신과 역사와 자연 안에 실재하며 스스로를 완성해가는 보편적 절대자를 뜻한다면, 그것은 절대 정신이다.

6. 헤겔의 저서들은 어떻게 읽는 것이 좋은가?

헤겔의 저작들은 난해하기로 악명 높다. 여기에는 쉽게 파악되지 않는 사색의 깊이와 유달리 번잡한 만연체의 문장, 그리고 사전 지식이 필요한 많은 철학적 전문 용어들이 그 직접적인 원인이지만 번역서의 문제점도 있다. 어려운 원전을 이해하는 데에는 해설서가 도움이 된다. 그러나 특히 헤겔 철학에 관해서는 해석자마다 관점과 평가가 워낙 다양하고 상반되어서 원전에 대한 이해 없이 해설서를 통해서 헤겔 철학에 접근할 때에는 일면적인 잘못된 이해에 그치거나 오히려 혼란이 가중되는 경우가 많다. 원전과 좋은 해설서, 그리고 독자 자신의 경험과 사색 사이에서 '해석학적 순환'의 방법에 따른 균형 잡힌 독서가 필요하다. 헤겔의 원작에 대해서는 여러 가지 독서 방법이 있겠으나 필자의 경험으로는 『정신현상학』, 『철학 백과전서』, 『논리학』, 『법철학』, 『역사철학』의 순서로 우선 그의 주저를 읽는 것이 좋을 듯하다. 다만 헤겔의 철학 체계가 지닌 독특한 원환적이고 중첩적인 구조를 고려하여 각 저서를 처음부터 스스로 사유하는 행위자가 되어 꼼꼼하게 마지막까지 따라가면서 읽은 후에 역으로 결론의 관점에서 그 책을 다시 한 번 읽는 이중의 독서가 요긴하다. 이런 독서 방법은 한 저서 안에서만이 아니라 저서들 사이의 연관성과 관련해서도 유효하다.

헤겔에 관한 증언록

"이제는 더 이상 별칭이 없는 철학이라고는 말할 수가 없게 되었습니다. 당신은 번갈아가며 어용 철학자라거나 철학적 어용이라고 비난받고 있기 때문입니다. 그래서 이 올곧은 책(『법철학』)의 일부는 역사적·철학적 논쟁서가 되고 말았습니다."

  ■ 니콜라우스 폰 타덴, 1821

"헤겔은 구원자라는 면에서 그리스도와 마찬가지로 사유하고 행위 하는데에 항상 명예로웠습니다. 그의 신성한 가르침 속에서 그는 인간 정신의가장 심오한 정수를 인식하고 있었고, 신의 자식으로서 자신을 고통과 죽음에 넘겨주고 정신으로서 자신의 공동체로 영원히 돌아갔습니다. 이제 그는자신의 진정한 고향으로 돌아갔고, 죽음을 거쳐 부활과 광휘의 세계로 나아갔습니다."

  ■ 필리프 K. 마르하이네케, 1831

"나로서는 이른바 헤겔 철학을 그것의 고유한 점에서 보자면 그저 근대철학사 속의 한 가지 에피소드, 그것도 한낱 서글픈 에피소드로 보지 않을수 없다. 진정한 발전의 노선으로 되돌아오기 위해서는 헤겔 철학을 지속시키기보다는 그것과 완전히 결별하고 그것이 존재하지 않는 것처럼 간주해야 한다."

  ■ 프리드리히 J. W. 셸링, 1832

"그러나 널리 유포된 야유와 험담에도 불구하고 이 책(『법철학』)에 다가서서 깊이 파고든 사람은 무엇을 발견하는가? 그는 이 저작 전체가 자유라는 금속으로 지어져 있다는 것을 발견하지 않는가? 그가 어떤 거슬리는 노선, 어떤 퇴행적이고 현재의 상황 속에서 중세를 신봉하고 현 시대에 부응하지 않은 움직임을 하나라도 발견하는가?"

■에두아르트 간스, 1833

"이로써 헤겔의 학설은 프로이센 국가에 불충스럽고 적대적이라는 점이 밝혀졌다. 그리고 그의 학설 속에는 오직 기존의 국가 질서를 변혁시키라는 호소가 숨겨지고 은폐된 채로 담겨져 있다는 사실을 간파할 수 있다. 아니, 이러한 학설은 현재 상태의 국가가 국가의 이념과 그 현실성에 부합하는 완벽하게 완성된 국가나 제대로 수립된 국가가 아니라는 확신을 일깨우거나 또는 그런 확신을 일깨우는 것을 그 본성상의 사명으로 삼고 있기 때문에 그것은 곧 폭동과 반란을 촉구하는 것이다."

■칼 E. 슈바르트, 1839

"이제 이 모든 것으로 인해 철학은—그것을 아직도 철학이라고 부르고자 한다면—점점 더 그리고 점점 깊숙이 침몰하여 결국 장관의 꼭두각시인 헤겔에게서 나락의 가장 깊은 단계에 도달할 수밖에 없게 되었다. 이 자는 칸트를 통해 성취한 사상의 자유를 다시 질식시키기 위해 이성의 딸이자 진리의 예비 어머니인 철학을 이제 국가의 목적과 반계몽주의와 개신교 예수회의 도구로 만들어버렸다. 그러면서도 수치스러움을 감추고 동시에 사람들의 두뇌를 가능한 한 최대한 백치화하기 위해 그는 적어도 정신 병원 밖에서는 들어본 적이 없는 허황된 장광설과 더없이 무의미한 헛소리의 은폐 망토를 그 위에 걸친다."

■아르투르 쇼펜하우어, 1839

"헤겔의 철학은 특정한 시대에 태어났으며, 각 시대마다 그러하듯이 인류가 특정한 관점에 서 있고 특정한 철학이 존재했던 어느 한 시대에 발생했다. 헤겔의 철학은 이 특정한 시대의 철학과 관련되어 있고 또 스스로도 자신을 이 특정한 시대의 철학과 연계시켰다. 그러므로 헤겔의 철학은 그 자체가 어느 한 특정한 성격, 따라서 유한한 성격을 가질 수밖에 없다."

■ 루트비히 포이어바흐, 1839

"헤겔이 본래 정치적 실천의 적대자라든가 의지로 표출되고 또 의지와 협력하는 실질적인 사유의 적대자는 아니다. 그의 초기 활동이 이를 입증한다. 하지만 순수한 통찰의 체계를 정초하고 관철시키는 것을 업으로 삼는 그의 평생 직업은 그를 일방적인 이론적 관점으로 내던졌다."

■ 아르놀드 루게, 1842

"헤겔은 절대자입니다."

■ 프리드리히 횔덜린, 1843

"헤겔 철학과 관련하여 그것이 과거에도 그렇고 현재에도 그렇고 자신에게 걸맞은 의미와 중요성을 획득하지 못했다는 것은 서글픈 진리이다. 만일 과거가 사람들을 과거 속으로 서둘러 내모는 대신에 과거를 자기 것으로 만드는 데에 조금 더 많은 현재적 평온을 허락했다면 그리고 만일 현재가 사람들로 하여금 현재를 넘어서도록 지칠 줄 모르고 부추기지만 않았더라면 헤겔 철학은 그에 합당한 의미와 중요성을 획득했을 것이다. 헤겔은 소재가 되는 이념을 올바로 설정했고, 이를 통해 덧없는 고전 작품들, 이 가벼운 존재들, 여명의 몽상가들을 고전의 전당으로부터 축출했다."

■ 쇠렌 키르케고르, 1843

"헤겔의 철학은 그 원리가 너무 심오하고 그 구상이 너무 광범위해서 이미 완성되어 있다는 것이 불가능하다. 헤겔 철학의 적대자들이 헤겔 철학을 이미 몰락해버린 것으로 간주한다면 그것은 실은 그들이야말로 그들의 일면성 때문에 확실한 몰락에 빠져 있으면서 스스로를 위안하는 착각일 따름이다. 만일 헤겔 철학이 이미 죽었다면, 헤겔 철학의 실종을 선언하는 바로 그들이 헤겔 철학에 맞서 싸우면서 벌이는 격렬한 논쟁에 사람들은 놀라워할 수밖에 없을 것이다. 이미 죽은 것이 그토록 활기찬 반론을 불러올 수는 없는 노릇 아닌가."

■ 칼 로젠크란츠, 1844

"권력자들의 총애를 등에 업고 자신의 저작이 거둔 성공과 명성에 호의호식하면서 독일을 지배하는 철학적 독재자인 헤겔은 자신의 노력이 추구하는 목표에 도달했다. […] 그와 같은 행운과 찬란함과 영향력과 명성 속에 그의 정신노동에 허무함의 인장을 내리찍을 파괴적인 힘이 가장 많이 숨겨져 있었다. 이 초세속적이면서 동시에 세속적인 성향을 지닌 관념론은 시간과 현실 속에 완전히 확고하게 뿌리를 박아서 이 시간과 현실과 더불어 번성했다가는 시들게 되었다. 그것은 시대의 철학이 되었고 프로이센의 철학이 되었다. […] 헤겔의 체계는 프로이센의 왕정복고 정신의 학문적 거처가 되었다."

■ 루돌프 하임, 1857

"나는 내가 저 위대한 사상가의 학도임을 공개적으로 고백했고 심지어 가치이론에 관한 장 여기저기서 헤겔의 고유한 표현 방식으로 치장하기도 했다. 헤겔의 손에서 변증법이 겪은 신비화는 그가 처음으로 변증법의 일반적인 운동 형식을 포괄적이고도 의식적인 방식으로 서술했다는 사실에 아무런 장애가 되지 않는다. 헤겔에게서는 변증법이 거꾸로 서 있다. 그 신비스러운 껍질 속에 있는 합리적인 핵심을 발견하게 위해서는 헤겔의 변증법을 전복시켜야 한다."

■ 칼 맑스, 1873

"사람들은 이렇게 헤겔식으로 이해된 역사를 비웃으면서 지상에서의 신의 행로라고 일컬었다. 이때의 신은 역으로 역사를 통해 비로소 만들어진 것이다. 그런데 이 신은 헤겔의 두개골 속에서 스스로에게 투명해지고 이해할 수 있게 되며 자기 현현에 도달하기까지 그 생성의 모든 가능한 변증법적 과정들을 이미 거쳐 올라왔다. 그리하여 헤겔에게는 세계의 진행 과정의 정점과 목표점이 자기 자신의 베를린 생활과 일치하게 된다. 그는 자신 이후에 발생하는 모든 일들이 실은 세계사적 론도에 덧붙여진 음악적 코다에 불과한 것, 아니 그보다도 한낱 여분에 불과한 것으로 평가해야 한다고 말했어야만 했을 것이다. 물론 그가 그렇게 말하지는 않았다. 그 대신에 그는 그에게 철저하게 물든 세대들에게 '역사의 힘'에 대한 경외심을 심어놓았는데, 이런 경외심은 실제로는 언제든지 성공에 대한 노골적인 경외심으로 급변하고 사실에 대한 우상 숭배로 이끈다."

■ 프리드리히 니체, 1874

"헤겔의 『논리학』 전체를 철저하게 연구하고 이해하는 것 없이는 맑스의 『자본론』, 특히 그 제1장을 완전하게 이해하는 것은 불가능하다. 그 때문에 반세기가 흘렀지만 맑스주의자 그 누구도 맑스를 이해하지 못했다!"

■ 블라디미르 I. 레닌, 1915

"헤겔을 이해한다는 것은 헤겔을 넘어서는 것이 더 이상 전적으로 불가능하다는 사실을 통찰한다는 것을 뜻한다. 만약 '헤겔 이후'가 있다면, 그것은 전혀 새롭게 시작해야만 할 것이다."

■ 리하르트 크로너, 1921

"그런데 헤겔은 민족주의(파시스트적 나치즘을 일컬음)의 역사적이고 전체주의적인 이론을 발전시켰을 뿐만 아니라 민족주의의 심리학적 가능성도 명료하게 예견했다. 그는 민족주의가 한 가지 욕구, 즉 세계 속에서 자신의 확고한 위치를 발견하고 알고자 하며 강력한 집단체에 소속되기를 원하는 인간의 욕망에 부응한다는 사실을 알았다. 동시에 그는 독일 민족주의의 주목할 만한 특징, 즉 특히 영국과 비교하여 (최근의 전문 용어를 사용하자면) 강하게 발달된 열등감을 보여준다."

　■ 칼 R. 포퍼, 1945

"지난 세기의 모든 위대한 철학적 이념들—맑스와 니체의 철학, 현상학, 독일 실존주의, 정신분석학—은 헤겔로부터 비롯된다. 헤겔은 이 시대의 과제로 남아 있는 비이성적인 것을 탐구하고 그것을 확대된 이성으로 통합하려는 시도를 개시한 사람이다. 그는 오성보다 더 포괄적인 이성의 창시자인데, 이 이성은 개인의 의식들이나 문명, 사고방식, 역사적 우연의 다양성과 고유성을 존중하면서도 그런 것들을 그 자신의 진리로 인도하기 위하여 그것들을 장악하려는 시도를 포기하지 않는 것이다. 그런데 주지하는 바와 같이 헤겔의 계승자들은 그가 남긴 유산 중에서 그들이 빚을 지고 있는 것보다는 거부하는 것을 더 강조해왔다. 만일 우리가 관점의 차이를 넘어서 진리를 포기하지 않는다면, 그리고 우리가 주관성에 대한 가장 예민한 감각을 유지하면서도 새로운 고전주의, 즉 하나의 유기적 문명을 위해 계속 헌신한다면, 자신의 헤겔적 기원을 망각하려고 노력하는 은혜를 모르는 교설들과 그 기원 자체 사이의 연결을 복구하는 일보다 문화 질서에서 더 시급한 과제는 없다. […] 헤겔을 해석한다는 것은 금세기의 모든 철학적·정치적·종교적 문제들에 대해 하나의 입장을 취하는 것이라고 말해도 과언이 아닐 것이다."

　■ 모리스 메를로-퐁티, 1946

"이성을 그것과 이질적인 어떤 기준으로 대체하는 것이 아니라, 이성이 아직도 얼마나 비이성적이고 맹목적이며 통제되지 않은 힘들의 희생물인가를 이성 스스로 인식하게끔 만듦으로써 헤겔 철학을 '지양'하는 일은 오히려 헤겔 사상의 가장 핵심적인 노력과 일치하는 것이다."

　■ 헤르베르트 마르쿠제, 1960

"헤겔에게서 해석학적 과제를 해결하는 것은 바로 철학, 즉 정신의 역사적 자기 침투이다. 그것은 역사적 의식의 자기 망각에 대해 정반대의 대척점에 서 있는 입장이다. 그의 철학에서 표상하는 방식의 역사적 태도는 과거에 대해 사유하는 방식의 태도로 바뀐다. 역사적 정신의 본질이 과거의 복원이 아니라 현재의 삶과 사유하면서 매개하는 것에 존립하는 한에서 헤겔은 이를 통해 결정적인 진리를 진술한 깃이다."

■ 한스–게오르크 가다머, 1960

"헤겔의 철학은 아름다움 앞에서 좌초하고 만다. 그는 이성과 현실을 그 매개의 총괄 개념을 통해 서로 동일시함으로써 주관성이 존재자 일체를 마련하는 것을 절대적인 것으로 실체화한다. 비동일적인 것에 대한 경험을 심미적 주체의 목적이자 해방으로 규정하는 대신에 그에게서 비동일적인 것은 오로지 주관성을 속박하는 족쇄로만 등장한다. 변증법적 미학의 전진은 필연적으로 또한 헤겔 미학에 대한 비판이 된다."

■ 테오도르 W. 아도르노, 1967년경

"헤겔은 일반 교육을 받은 거의 모든 사람들이 어느 정도는 안다고 믿는 철학자 중 한 명이다. 그의 철학은 맑스 역사 이론의 선조이지만, 유물론자인 맑스와는 달리, 실재는 궁극적으로 정신이라고 생각했다는 점에서, 그리고 정립/반정립/종합의 과정에 따라 실재가 발전한다고 생각했다는 점에서 그는 관념론자였다. 또한 그는 프로이센 국가 체제를 찬양하여, 그것은 신의 작품이며 완벽하고 인류 역사 전체의 절정이라고 주장했다. 프로이센의 모든 국민은 무조건 국가에 충성할 의무가 있으며, 국가는 국민을 원하는 대로 취급할 수 있다. 절대자라는 거창한 이름으로 불린 무언가를 찬양함으로써 헤겔은 독일 민족주의, 권위주의, 군국주의의 형성에 크게 기여했다. 위의 단락은 첫 문장만 제외하고 모두 옳지 않다."

■ 테리 핀카드, 2000

헤겔 연보

1770년 8월 27일 독일 뷔르템베르크 공국(公國)의 수도 슈투트가르트에서 출생. 아버지 게오르크 루트비히 헤겔(1733~99)과 어머니 마리아 막달레나 루이자 헤겔(1741~83) 사이에서 모두 6남매 중 장남으로 태어났으며 여동생 크리스티아네 루이제(1773~1832) 그리고 남동생 게오르크 루트비히(1776~1812)와 함께 성장했다. 아버지는 공국의 재무 공무원이었고 개신교를 신봉했다.

1777년 (7세) 슈투트가르트 김나지움에 입학하여 그리스와 로마의 고전을 중심으로 공부한다.

1783년 (13세) 어머니가 말라리아로 사망. 헤겔 역시 같은 전염병으로 죽을 고비를 넘긴다.

1788년 (18세) 김나지움을 졸업하고 튀빙겐 대학교 신학부에 입학하여 총 5년의 재학 기간 중에서 2년간 철학과 고전을 수학한 후에 3년간 신학 과정을 이수한다. 같은 해에 입학한 횔덜린 및 2년 후에 입학한 셸링과 교우하면서 그리스 비극과 루소에 심취하고 1789년에 발발한 프랑스 혁명의 이념에 적극 동조한다.

1790년 (20세) 튀빙겐 대학교에서 철학 석사학위를 취득한 뒤 바로 신학부에 등록.

1793년 (23세) 튀빙겐 대학교를 졸업하면서 성직자 자격시험을 통과하여 목사보(牧師補) 자격을 취득. 스위스 베른의 고위 귀족 가문인 폰 슈타이거 가에서 가정교사 생활을 시작한다. 3년간의 베른 시기를 보내면서 칸트와 피히테를 연구하고 기번, 실러 등의 저서를 탐독하는 한편, 종교적·실천철학적 내용을 가진 초고인 「예수의 생애」(1795), 「그리스도교의 실정성」(1795~96) 등을 집필한다.

1796년 (26세) 횔덜린의 소개로 독일 프랑크푸르트에서 상인 고겔 가의 가정교사로 자리를 잡는다. 5년간의 프랑크푸르트 시기 동안 횔덜린과 활발히 토론하면서 칸트와 피히테의 철학을 비판적으로 수용하고 셸링의 자연철학과 선험적 관념론으로부터 영향을 받는다. 또한 베른 시기부터 관심을 가졌던 정치경제학도 집중적으로 연구한다. 베른의 과두정치를 비판하는 장-자크 카르의 선동문을 번역하여 주석을 붙인 「카르의 밀서」(1798)를 익명으로 발표하였는데, 이는 헤겔의 최초 발표문이다. 같은 해에 「뷔르템베르크의 최근 내부 정세에 관하여」(1798) 역시 익명으로 발표한다. 프랑크푸르트 시기에 「종교와 사랑」(1797~98), 「그리스도교의 정신과 그 운명」(1798~1800) 등의 논문 초고를 집필한다. 「독일 관념론의 가장 오래된 체계 강령」도 이 무렵에 작성된다.

1799년 (29세) 뷔르템베르크 공국의 재무부청 고문으로 재직하던 아버지 사망.

1800년 (31세) 예나 대학교에 일찍 자리를 잡고 있던 셸링의 주선으로 예나로 이주하여 공식적인 학문 활동을 시작한다. 예나 대학교에서 「행성의 궤도에 관하여」라는 주제의 논문을 제출하여 교수자격시험을 통과한 후 사강사 직위로 강의를 맡는다. 1807년까지 6년간 예나 대학교에서 논리학, 형이상학, 자연철학, 정신철학, 법철학 등의 강의를 개설한다. 셸링의 동일철학의 입장에서 피히테의 선험철학을 비판하는 『피히테와 셸링의 철학 체계의 차이』를 최초의 공식 저서로 출판한다.

1802년 (32세) 1803년까지 셸링과 공동으로 『철학비평지』를 발행한다. 2년간 각 3호씩 2권으로 발행된 이 비평지에 「상식은 철학을 어떻게 생각하는가」(1802), 「회의주의와 철학의 관계」(1802), 「신앙과 지식」(1802), 「자연법」(1803) 등 여러 편의 논쟁적인 논문들을 발표한다. 이후에는 자신의 철학 체계를 수립하면서 강의 교재로도 쓸 목적으로 『인륜성의 체계』(1802~1803)를 비롯하여 1806년까지 일련의 체계 초고들을 집필한다.

1805년 (35세) 괴테의 천거로 예나 대학교에서 고정 급여가 없는 비정규 교수로 임용됨.

1808년 (37세) 하숙집 여주인이자 가정부였던 크리스티아나 샬로테 요한나 부르크하르트(1778~1817) 사이에서 혼외자 아들 게오르크 루트비히 프리드리히 피셔 헤겔(1807~31) 출생. 나폴레옹의 프랑스군이 예나를 점령하고 예나 대학교가 붕괴되자 친구인 니트함머의 주선으로 『밤베르크 신문』의 편집장을 맡아 밤베르크로 이주. 1805년부터 끌어오던 『정신현상학』의 출판이 마침내 이루어진다.

1811년 (38세) 다시 니트함머의 주선으로 뉘른베르크로 이주하여 에기디엔 김나지움의 교장으로 취임, 8년간 재직하면서 철학백과, 논리학, 정신현상학, 법론 등을 강의한다.

1812년 (41세) 마리 헬레나 수잔나 폰 투허(1791~1855)와 결혼하여 2남 1녀의 자녀로 딸 수잔나 마리아 루이자 빌헬미네 헤겔(1812년 출생 후 곧 사망), 장남 칼 프리드리히 빌헬름 헤겔(1813~1901), 차남 임마누엘 토마스 크리스티안 헤겔(1814~91)을 두게 된다.

1816년 (42세) 프랑스군에 차출되어 러시아로 출정을 나간 남동생 게오르크 루트비히 실종. 『논리학』 중 제1권 「존재론」을 출간. 1813년에 제2권 「본질론」, 1816년에 제3권 「개념론」을 출판하여 사변적 논리학의 주저를 완성한다.

1818년 (46세) 하이델베르크 대학교 정교수로 취임하면서 하이델베르크로 이주. 2년간의 하이델베르크 시기 동안 자신의 철학 체계를 집대성하여 요약한 『철학 백과전서』(1817) 제1판을 출판하고, 『하이델베르크 문예 연감』을 편찬하면서 여기에 「야코비의 저작들」

(1817)과 「뷔르템베르크 왕국 신분 의회의 심의」(1817)를 발표한다. 하이델베르크 대학교에서는 철학백과와 더불어 철학사, 미학, 인간학 및 심리학, 자연법 등의 강의를 개설한다.

1820년 (48세) 프로이센 왕국에 의해 피히테의 후임으로 초빙되어 베를린 대학교 철학 교수로 취임. 이후 베를린 대학교에서 13년간 재직하면서 논리학, 형이상학, 자연철학, 정신철학, 법철학, 역사철학, 미학, 종교철학, 철학사 등을 강의한다. 이 강의록들은 헤겔 사후에 그의 제자들에 의해 편집되어 『역사철학 강의』, 『미학 강의』, 『종교철학 강의』, 『철학사 강의』 등의 유고로 출간된다.

1821년 (50세) 헤겔 자신에 의해 직접 출간된 마지막 주저인 『법철학』 출판.

1826년 (51세) 1년 임기로 철학부 학장에 취임.

1827년 (56세) 제자인 간스와 함께 '학술 비평 협회'를 창립하여 1827년부터 『학술 비평 연감』을 간행한다.

1829년 (57세) 『철학 백과전서』 제2판 출판.

1830년 (59세) 베를린 대학교 총장으로 선출되어 1년 임기로 재임.

1831년 (60세) 『철학 백과전서』 제3판 출판.

1832년 (61세) 『논리학』 제1권의 개정 작업을 마치고 『정신현상학』의 개정 작업에 착수한다. 『프로이센 국가 신문』에 「영국의 개혁 법안에 대하여」를 기고한다. 네덜란드 군대에 입대했던 혼외자 루트비히가 자카르타에서 열병으로 사망한다.

11월 14일 헤겔 사망. 의사들의 진단으로는 독성 콜레라가 사인이지만 만성 위장 질환이 사망의 원인으로 추정된다. 생전의 유지에 따라 베를린에 소재한 도로테아 공원묘지 안 피히테와 졸거의 묘 곁에 안장된다.

친구와 제자들로 결성된 '고인의 친구들의 모임'에 의해 1842년까지 전 19권의 헤겔 전집이 편찬되기 시작한다. 수정 원고에 따른 『논리학』의 「존재론」 제2판이 출판됨. 여동생 크리스티아나 자살.

지은이 **김준수** 金峻洙

중앙대학교에서 경제학사를 취득한 후 독일 프랑크푸르트 대학교(Johann Wolfgang Goethe-Universität)에서 철학, 사회학, 정치학을 수학하고 헤겔에 관한 연구로 철학 석사학위와 박사학위를 취득했다. 현재 부산대학교 철학과 교수로 재직하고 있다. 주된 연구 분야는 독일 관념론, 정치철학, 윤리학, 상호주관성 이론, 소유권 이론 등이다. 주요 연구 성과로는 *Der Begriff der Freiheit bei Hegel*(독일 Peter Lang), 『이성과 비판의 철학』(공저, 철학과 현실사) 등의 저서와 『자연법』(헤겔 지음, 한길사), 『인륜성의 체계』(헤겔 지음, 울력), 『정치사상의 거장들』(마이어/덴처 편, 시와 진실) 등의 역서 외에 다수의 논문이 있다.